一歩
進める

英語学習・研究ブックス

【新装版】

基礎と完成
新英文法

安藤貞雄

開拓社

本書は，著作権者の意向を受け，『改訂版 基礎と完成 新英文法』（数研出版，2003 年 4 月 1 日発行，第 17 刷）を，新装版として復刻したものである．新装版発行を許諾いただいた数研出版の関係者各位に深く感謝申し上げる．

改訂版　はしがき

本書は，初版発行以来，幸い好評をもって世に迎えられた．著者にとって，それは大きな喜びであったが，同時に，本書の読者人口が増えれば増えるほど，ますます“筆の責任”を痛感した次第であった．

このたび改訂の機会を与えられたので，より良い参考書にするために，次のような方針で全巻にわたって改訂増補を行った．

(1) “考える英文法”とも言うべき本書の基本的な特徴は強化する一方，説明をいっそう平明にして，分かりやすくした．

(2) 高校生諸君にとってやや高級と思われる事項を省き，基本的な項目に漏れのないようにした．

(3) 序章「綴り字と発音のルール」，第35章「無生物主語構文」，第37章「複合動詞」を，新しく書き加えた．序章では，アクセントの原則も扱った．

(4) 図版をふやして，視覚的に記憶しやすくした．また，随所に英語のことわざを載せた．

(5) 疑問文，否定文，関係詞節などの作り方では，新言語学の最もすぐれた考え方を利用して，step by step に英文が作られるように工夫した．

(6) 読者が理解度をチェックできるように，適切な練習問題を大幅に増補した．

今回の改訂にあたっては，若い友人の八幡成人氏に初版の綿密な検討をお願いして，数多くの貴重な意見をいただいた．同氏のご援助に対して，厚くお礼を申しあげる．

こうして新しく生まれ変わった本書が代々の高校生諸君に読みつがれ，本書の内容が広く常識化することになるならば，著者にとってこれ以上の喜びはない．

1986年11月

著　者

初版 はしがき(抄)

文法の語学力に対する関係は，骨組のビルディングに対する関係にたとえられる．しっかりした骨組なしに高層ビルディングを建てることが不可能であるように，文法という骨組がしっかりしていない限り，語学力という建造物を構築することは不可能であると断言してさしつかえない．長年にわたる著者の英語教授の経験では，語学に弱い学生諸君は，例外なしに文法の知識があやふやであるようだ．文法がしっかりしていなければ，外国語のテクストを正確に読むことができないばかりか，外国語を書くことも，話すこともできないのである．

文法を知るということは，しかし，文法用語を覚えることと同義ではない．This book is ***mine.*** の mine が“独立所有格”と呼ばれることを知っていても，それだけでは大した意味はない．「彼は農場をもっている.」に対応する英語は，× He ***is having*** a farm. ではなくて，○ He ***has*** a farm. であることを知っていることが，ここで言う“文法の知識”ということなのである．このような文法の知識は，英語を母語とする話し手の場合は幼児期から無意識に身につけていくのであろうが，母語を一通り身につけたあとで英語を外国語として学ぶわれわれの場合は，それを意識的に，母語で養われた言語的直観力を最大限に利用しつつ，できるだけ筋道を立てて，合理的に学習していかなければならない．理解を伴わない無意味なことよりも，理解された有意味なことのほうがはるかに覚え易いということは，学習心理学の教えるところである．以上のような考えに基づいて本書は執筆されているが，その際特に留意したのは，次のような諸点である．

(1) 英文法を無味乾燥な規則の寄せ集めとしてではなく，英語という言語の体系性を反映するものとして，できるだけ筋道を立て，合理的にとらえようとした．

(2) 文法用語は，必要最少限にとどめ，例文も平易で覚え易いものを選んだ．また，例文に用いる単語も，少なくとも最初の10章では，中学で習ったものに限るように努めた．

(3) 高校入学当初から使用できる本にするために，全巻の配列が，おおむね，初級→中級→上級の3段階になるように配慮した．特に最初の3章は，中学英語の総復習になっているので，これを終えただけでも英文法のしっかりした基礎ができると信ずる．

(4) 英語の構文の理解と運用に重点を置いた．品詞よりも，文型と動詞の解説を優先したのも，そのためである．

(5) 例えば，〈英〉，〈米〉，〈文章語〉，〈口語〉などのレーベルをつけて，イギリス英語とアメリカ英語の違い，スタイルの差にも十分な注意を払った．

英文法の知識は，本書を1回読んだくらいで完璧になるものではない．6ページ以下の「本書の使用法」を参考にして何回も反復して読んで，英文法の知識を確実なものにしていただきたい．そうすれば，諸君の英語力は飛躍的に向上し，英語を読み，書き，話すための真の実力が養われてくることを確信している．諸君に古代ローマ人の金言を贈ろう：Festina lente!（ゆっくりと急げ.）

本書の執筆に際しては，多くの方々のご援助を受けている．まず，三登浩成氏，八幡成人氏は，それぞれ初校と5校を丹念に読んで，かずかずの貴重な批評を与えられた．友人のゴールズベリー博士は，本書の本文と練習問題の英文を全巻にわたって校閲して，本書の正確さに大きく寄与された．また，編集部も，より良い，より信頼できる参考書を作るための努力を惜しまれなかった．これらの方々のご好意に対し心からお礼の言葉を申しあげるのは，著者の愉しい義務である．

1983年11月　　瀬戸内海を見はるかす寓居にて

安藤貞雄

本書の使用法

1. 本書の目的と構成

本書は，高校生諸君の英語力を，中学校の英語の総復習から出発して，大学受験に万全になるまで引き上げることを目的として編まれた．そのため，本書の諸章は，おおむね，初級(第1章～第10章)→中級(第11章～第30章)→上級(第31章～第37章)の3段階に配列してある．

2. 読み方

そこで，高校1年生の諸君は，英語の基本文型を扱った第1章から読み始めていただきたい．特に第3章までは中学校の英語の総復習になっているので，5文型，8品詞，句と節，疑問文・否定文・命令文・感嘆文の作り方など，英文法の基礎が余すところなくマスターできるはずである．一通り初めから終わりまで学習したあとは，それを反復して知識を確実なものにしていくわけであるが，高校を卒業するまでに少なくとも3回は読み返すことが望ましい．

3. 例文

文法項目を理解することが第1の目標であるから，例文そのものは，できるだけ平易で覚え易いものを選んである．単語も，少なくとも最初の10章までは，中学校で習ったものに限るように心がけた．これらの例文を暗記するほどになれば，英語の学力は目に見えて向上するであろう．

4. 例題と章末問題

本文で学んだ文法事項をいっそう強化し，応用力を養うため，随所に 例題 を設け，各章末には「章末問題」をつけた．例題 には 考え方 を設け，もう1度学習事項を思い起こし，要点を整理できるようにしてある．同じ主旨から「章末問題」には ヒント をつけてある．理解が十分でないと気づいた項目は，前後参照(§ 123 など)に従って，該当個所を復習することができる．

英文法の全体像をつかむことが何よりも大切なことであるから，章末問題は本文を一通り学習したあとに試みるのが効率的であろう．

5. 各種記号について

§：本書では，とかく断片的になり易い読者の英文法の知識を有機的に結びつけることを目的として，☞ **§ 123** のような形で前後参照をしている．これは，「123 節を参照せよ」という意味で，§ は section (節)を表す記号である．

cf.：本書では，*cf.* は常に「比較せよ」の意味で用いてある．

ポイント：随所に **ポイント** が設けてあるが，これは，まさに英文法のポイント，あるいは“こつ”を，最も凝縮した形で示したものである．

〈NB〉と 参考：〈NB〉は，本文の解説よりもやや特殊な文法事項についての知識を提供し，参考 は，かなり学力の高い読者のために“英文法の考え方”を述べたものである．初読のときは十分に理解できないところがあっても悲観しなくてよい．2 回目か 3 回目に読むころには，必ず分かるようになると信ずるからである．

6. 索引を利用する

索引は，文法事項については見返しに，重要語句については巻末にまとめてある．本書を一通り学習したあとは，英文法についての疑問が生じるごとに，辞書を引くように索引を利用して問題の個所を拾い読みしていただきたい．この本は，大学に入学してからも，読者にそのような利用の仕方をされることを期待しているのである．

目　次

第6章　完　了　形

第7章　進　行　形

第8章　完了進行形

第9章　動詞の活用

第10章　助動詞 I：Be, Have, Do

第11章　助動詞 II：法助動詞

第12章　受　動　態

第13章　名　詞 Ⅰ

第14章　名　詞 Ⅱ

第15章　代　名　詞 Ⅰ

第16章　代　名　詞 Ⅱ

第17章　冠　詞

第25章　不　定　詞

第26章　分　詞

第27章　動　名　詞

第28章　仮　定　法

第29章　接　続　詞

第30章　前　置　詞

第31章　否　　定

第32章　呼　　応

第33章　時制の一致と話法

第34章　文の転換

第35章　無生物主語構文

第36章　特殊構文

第37章　複合動詞

綴り字と発音のルール

日本人の学生は，war を「ウァー」，found を「フォウンド」とローマ字式に発音しがちである．これは，英語の綴り字がどのように発音されるかを，組織的に教えられた経験がないためと思われる．

本章では，**「綴り字あり，発音を求む」**という要望に答えるための基本的なルールを示すことにしよう．

A　子音字の発音

ルール 1　次の子音字は，規則的な発音を示す．

b	[b]		**boy**, **verb** (動詞)
d	[d]		**day**, **stand**
f	[f]		**five**, **golf**
h	[h]	〔語頭・語中〕	**hot**, **behind**
j	[dʒ]	〔語頭・語中〕	**job** (仕事), **enjoy** (楽しむ)
k	[k]		**kind**, **book**
l	[l]		**lion**, **pool**
m	[m]		**mat**, **arm**
n	[n]		**net**, **ten**
p	[p]		**pin**, **ship**
r	[r]	〔語頭・語中〕	**rat**, **very**
s	[s]	〔語頭・語中〕	**sit**, **case**
t	[t]		**time**, **bat** (バット，こうもり)
v	[v]		**very**, **give**
w	[w]	〔語頭・語中〕	**wet**, **reward** (ほうび)
x	[ks]	〔語末〕	**box**
y	[y]	〔語頭・語中〕	**yes**, **beyond**
z	[z]		**zoo** (動物園), **quiz** (クイズ)

ルール 2 次の二重子音字（＋e）も規則的に発音される.

注 同じ発音の子音字があれば，＝で示す.

dge	[dʒ]〔語末〕＝j	**bridge**, **badge**
ck	[k]〔語末〕＝k	**back**, **neck**（首）
ph	[f]＝f	**photo**, **graph**（グラフ）〔ギリシア語〕
sh	[ʃ]	**ship**, **cash**（現金）
tch	[tʃ]〔語末〕	**match**, **catch**
ng	[ŋ]〔語末〕	**king**, **thing**
que	[k]〔語末〕	**unique**（独特の）
gue	[g]〔語末〕	**vague**（ばく然とした），**catalogue**

ルール 3 次の二重子音字は，主に 2 通りに発音される.

ch	[tʃ]	**child**, **chance**, **chair**, **cheese**; **coach**, **bench**
	[k]	**character**（人格），**chorus**（コーラス），**echo**（こだま）〔主にギリシア語〕
qu	[kw]	**queen**, **quick**, **quite**, **quality**（性質），**question**
	[k]〔まれ〕	**conquer**, **etiquette**（作法），**mosquito**（蚊）
gu	[gw]	**language**（言語），**distinguish**（区別する），**extinguish**（消す）
	[g]〔まれ〕	**guard**（番兵），**guest**（客）
th	[ð]	**this**, **that**, **northern**（北の），**leather**（革）
	[θ]	**thank**, **think**; **path**（道），**youth**（若さ）

ルール 4 c は，「a, u, o または子音字」の前，および語末では [k] と発音され，「e, i, y」の前では [s] と発音される.

c [k]	**a** の前	**cat**, **came**
	o の前	**coal**（石炭），**cock**（おんどり）
	u の前	**cut**, **culture**（文化）
	子音字の前	**clock**, **cry**
	語 末	**magic**（魔術），**music**（音楽）

c [s]	**e** の前	**cent, ceiling** (天井)
	i の前	**city, circus** (サーカス)
	y の前	**cycle** (周期), **cylinder** (シリンダー)

ルール 5　g は,「a, u, o または子音字」の前, および語末では [g] と発音され,「e, i, y」の前では [dʒ] と発音される.

g [g]	**a** の前	**gas, game**
	o の前	**go, god**
	u の前	**gun, gutter** (みぞ)
	子音字の前	**glad, grow**
	語　末	**leg, bag**

g [dʒ]	**e** の前	**gem** (宝石), **gentle** (穏やかな)〔■ **get** は例外〕
	i の前	**giant, gin** (ジン酒)〔■ **gift, give** などは例外〕
	y の前	**gym, Gypsy** (ジプシー)

B　母音字の発音

ルール 6　「母音字＋子音字」で終わる語では, その母音字は短音に発音される.

a [æ]	**bad, back, match**
e [e]	**bed, pet, wed** (結婚する), **desk**
i [i]	**bit, bring, pin, sick**
o [英 ɔ/米 ɑ]	**hot, shop, rock**
u [ʌ]	**cut, mud** (どろ), **tub** (たらい)

ルール 7　語中の二重子音字の前の母音字にアクセントがある場合は, その母音字は短音に発音される.

a [æ]	**látter** (後の), **márry** (結婚する)
e [e]	**bétter, mérry**

i [i]　　díffer, dínner, swímming
o [ɔ/ɑ]　　cótton（木綿），clóck〔ck は kk の代わり〕
u [ʌ]　　súmmer, súnny

注意　swim や sun に語尾をつけるとき swimming, sunny のように子音字を重ねるのは，×swiming [swáimiŋ]，×suny [sjú:ni] のように，母音が長音に発音されるのを避けるためである．

ルール 8　「母音字＋子音字＋e」で終わる語では，母音字は長音に発音され，語末の e は発音されない．

注　母音が長母音（[i:, ju:]），二重母音（[ei, ai, ou]）で発音されるとき，その母音は“長音”であるといわれる．

a [ei]　　take, make, name, blame（非難する）
e [i:]〔少数〕　　theme（テーマ），Swede（スウェーデン人）
i [ai]　　time, life, mile
o [ou]　　hope, joke, rope（ロープ）
u [ju:]　　tube（管），tune（曲），June（6月）

ルール 9　母音で終わる音節にアクセントがある場合，その母音は長音に発音される．

注　これは，あまり気づかれていないが，非常に重要なルールである．音節の切れ目は「・」で示す．

a [ei]　　**pá**・per, **ná**・tion（国民），**tá**・ble, **á**・ble（～できる）
e [i:]　　**Pé**・ter（男子名），**mé**・ter（メートル），o・**bé**・di・ent（従順な）
i [ai]　　**í**・dle（怠惰な），**tí**・tle, **bí**・cy・cle（自転車）
o [ou]　　**mó**・tion, **nó**・ble（高

音　節

Sunday を発音すると，[sʌn-di] と 2 つに区切られるのが感じられる．このように，母音を中心にして，前後に切れ目があると感じられる単位を**音節**という．辞書を見ると音節の切れ目が示してある．

cat　1音節
kind・ly　2音節
won・der・ful　3音節

	貴な), har·**mó**·ni·ous (調和のとれた)
u [juː]	**dú**·ty (義務), **fú**·ture (将来), **ú**·nit (単位)

ルール 10　次の二重母音字は，規則的に発音される.

ee	[iː]	gr**ee**n, f**ee**t, s**ee**, d**ee**p, w**ee**p
ea	[iː]	s**ea**, sp**ea**k, h**ea**t, t**ea**m, dr**ea**m
au, aw	[ɔː]	**au**tumn, **au**thor (著者); l**aw** (法律), s**aw**
oo	[uː]	c**oo**l, m**oo**n, t**oo**th, n**oo**n
ew	[juː]	n**ew**, J**ew** (ユダヤ人)
ai, ay	[ei]	r**ai**n, s**ai**nt (聖徒); d**ay**, w**ay**, s**ay**
ei, ey	[ei]	**ei**ght, w**ei**ght (重さ), n**ei**ghbor; pr**ey** (えじき), ob**ey** (服従する)
oi, oy	[ɔi]	**oi**l, v**oi**ce, p**oi**nt; b**oy**, t**oy**, j**oy** (喜び)
ou, ow	[au]	**ou**t, h**ou**se, pr**ou**d; d**ow**n, cr**ow**d (群衆)
oa	[ou]	s**oa**p, b**oa**t, fl**oa**t (浮かぶ), l**oa**d (積み荷)

(参考) **ai, ay**; **oi, oy** のペアーでは，**i** を語頭・語中で用い，**y** を語末で用いる.

au, aw; **ou, ow** のペアーでは，主に **u** を語頭・語中で用い，**w** を語末，および **d, n** の前で用いる.

ルール 11　[tʃ, dʒ, l, r, s] のあとでは，[juː] の [j] が落ちて，[uː] となる.

[tʃjuː] → [tʃuː]	**chew** (かむ)
[dʒjuː] → [dʒuː]	**June** (六月)
[ljuː] → [luː]	**blue** (青い)
[rjuː] → [ruː]	**rule** (規則)
[sjuː] → [suː]	**superman** (スーパーマン)

ルール 12　「母音＋r」は，規則的に発音される.

ar [ɑː]	c**ar**, f**ar**m

er	[əː]	her, term
ir	[əː]	sir, first, bird
ur	[əː]	fur (毛皮), turn, burn
or	[ɔː]	nor (また…ない), horn (角)

ルール 13　語末が「母音字＋re」で，その母音字にアクセントのある場合は，規則的に発音される.

-are [ɛə]　　care, spare (余分の)
-ere [iə]　　here, mere (単なる)
-ire [aiə]　　fire, tire, desire (欲望)
-ure [juə]　　pure, cure (いやす), sure (確信した)

ルール 14　a は，w, qu のあとでは [ɔ] と発音される.

wa- [wɔ]　　war, swan (白鳥), warm, wash, watch
qua- [kwɔ]　　quarter (4分の1), squad (分隊)

ルール 15　or は，w のあとでは [əː] と発音される.

wor- [wəː]　　work, word, world, worst, worm (虫)
〔*cf.* warm [wɔːm] (温かい)〕

C　発音されない子音字

ルール 16　語頭の kn- の k, gn- の g, ps- の p, wr- の w は発音されない.

kn- → n　　know, knife, knee (ひざ), knot (結び目)
gn- → n　　gnaw (かじる), gnat (ぶよ)
ps- → s　　psychology (心理学), psalm [sɑːm] (聖歌)
wr- → r　　write, wring (しぼる), wrap (つつむ)

ルール 17　語末の -mb の b，-mn の n，-ght の gh は発音されない．

-mb → m	**comb**（くし），**bomb**（爆弾），**lamb**（子羊），**limb**（手足）
-mn → m	**autumn**（秋），**solemn**（おごそかな），**column**（柱）
-ght → t	**night**，**knight**（騎士），**eight**，**taught**（教えた）

D　アクセントの重要ルール

ルール 18　1音節の語では，アクセントは母音に置かれる．

cát, dóg, nóte, pén, ínk

ルール 19　語末が長音で終わる語では，その長音にアクセントが置かれる．

[ɑ:]	cig**á**r，guit**á**r（ギター）
[i:]	Chin**é**se，Japan**é**se，agr**ée**，mach**í**ne，pol**í**ce
[εə]	aff**á**ir，million**á**ire（大金持ち）
[iə]	app**é**ar； engin**é**er（技師），mountain**é**er（登山家）；sinc**é**re（誠実な），sev**é**re（厳しい）
[aiə]	des**í**re（欲望），adm**í**re（賛美する），acqu**í**re（獲得する）

ルール 20　接頭辞，接尾辞を含む語では，アクセントは語幹に置かれる．

本来語	be · lóng，be · fóre，a · wáy，un · kínd，kínd · ness，al · thóugh
ラテン系	re · mínd，de · párt（立ち去る），ex · póse（さらす），de · mánd（要求する），re · gárd（みなす），béau · ty（美）

ルール 21　次の接尾辞で終わる語では，終わりから 2 番目の音節にアクセントが置かれる.

-al	mén · **tal** (精神的な), com · mér · **cial** (商業の), es · sén · **tial** (本質的な)
-ant	im · pór · **tant**, con · súl · **tant** (相談員)
-ever	how · **év** · **er**, what · **év** · **er**, for · **év** · **er** (永久に)
-ic	sci · en · tíf · **ic** (科学的な), ec · o · nóm · **ic** (経済的な)
-iar	fa · míl · **iar**, pe · cú · **liar** (特殊な)
-ive	ác · **tive** (活動的な), de · téc · **tive** (探偵の), at · trác · **tive** (魅力的な)
-tion	stá · **tion**, com · plé · **tion** (完成), ed · u · cá · **tion** (教育)
-ous	am · bí · **tious** (野心的な), cou · rá · **geous** (勇気ある)
-bute	con · tríb · **ute** (貢献する), dis · tríb · **ute** (分配する)

ルール 22　次の接尾辞で終わる語では，終わりから 3 番目の音節にアクセントが置かれる.

-cracy	de · mó**c** · **ra** · **cy**, ar · is · tó**c** · **ra** · **cy** (貴族階級)
-graph, gram	phó · to · **graph** (写真), pár · a · **graph** (段落), tél · e · **gram** (電報)
-graphy	pho · tó**g** · **ra** · **phy** (写真), bi · ó**g** · **ra** · **phy** (伝記)
-ity	cu · ri · ós · **i** · **ty** (好奇心), ne · cés · **si** · **ty** (必要)
-polis	me · tró**p** · **o** · **lis** (首都), tech · nó**p** · **o** · **lis** (技術支配社会)
-scope	tél · e · **scope** (望遠鏡), mí · cro · **scope** (顕微鏡)
-tude	át · ti · **tude** (態度), sól · i · **tude** (孤独), grát · i · **tude** (感謝)

-logy	bi・ól・**o**・**gy**（生物学），so・ci・ól・**o**・**gy**（社会学）
-fy	sát・is・**fy**（満足させる），mód・i・**fy**（修正する）
-ize	spé・cial・**ize**（専攻する），a・pól・o・**gize**（わびる），ór・ga・**nize**（組織する）
-tute	cón・sti・**tute**（構成する），súb・sti・**tute**（代用する）
-sis	a・nál・y・**sis**（分析），ém・pha・**sis**（強勢），hy・póth・e・**sis**（仮説）

（参考）以上のように，英語の単語のアクセントは，音節を語頭から数えるよりも，語末から数えることによって規則性が見えてくることに注目しよう．

章 末 問 題

（以下の練習問題は，おもに大学入試問題から選んだので，高校1年生の読者にとっては少々難しいものがあるかもしれない．そういう問題は，あとからアタックしてほしい．）

A　A欄の語の下線部と等しい発音を含む単語が，B欄の各組に1語ずつある．それを選び出して記号を記しなさい．

	A欄	B欄			
(1)	oath	(イ)	method	(ロ)	smooth
		(ハ)	soothe	(ニ)	nevertheless
		(ホ)	worthy	(ヘ)	northern
(2)	chemistry	(イ)	arch	(ロ)	machine
		(ハ)	chamber	(ニ)	chatter
		(ホ)	touch	(ヘ)	mechanic
(3)	cane	(イ)	cancel	(ロ)	cash
		(ハ)	canal	(ニ)	cannibal
		(ホ)	canvas	(ヘ)	capable

B　次の(1)〜(12)の単語の中で，下線部の発音が上下とも同じものを4組選び，その番号を書きなさい．

(1) { teacher / stomach }　(2) { polite / stride }　(3) { bleak / break }

(4) { gauge / vague }　(5) { marine / market }　(6) { flour / flourish }

(7) { scenery / scent }　(8) { serene / scene }　(9) { digest / forget }

(10) { pleasure / pressure }　(11) { fusion / fuss }　(12) { conscience / science }

C　各組の単語のうち，下線部の発音が左の見出し語の下線部の発音と異なるものが1つある．その番号を書きなさい．

(例)　jungle：　(イ) finger　(ロ) singer　(ハ) anger
(ニ) single　(ホ) language　〔解答〕 (ロ)

(1)　allow：　(イ) apart　(ロ) adapt　(ハ) acute
(ニ) across　(ホ) ant

(2)　due：　(イ) muse　(ロ) tune　(ハ) beauty
(ニ) screw　(ホ) feud

(3)　guild：　(イ) build　(ロ) guide　(ハ) guilt
(ニ) gill　(ホ) gild

(4)　loose：　(イ) foot　(ロ) tomb　(ハ) cruise
(ニ) flew　(ホ) brute

(5)　bomb：　(イ) thumb　(ロ) dumb　(ハ) bump
(ニ) comb　(ホ) damn

(6)　belt：　(イ) devil　(ロ) lemon　(ハ) demon
(ニ) realm　(ホ) meant

(7)　bake：　(イ) break　(ロ) steak　(ハ) great
(ニ) take　(ホ) create

(8)　mansion：　(イ) motion　(ロ) occasion　(ハ) cushion
(ニ) passion　(ホ) lotion

(9)　wonder：　(イ) comedy　(ロ) front　(ハ) comely
(ニ) country　(ホ) thunder

(10)　wood：　(イ) bosom　(ロ) doom　(ハ) bullet
(ニ) pull　(ホ) wolf

D 次の各組の語群の中には，下線の部分の発音が他と違ったものが１つずつある．それを選び出して記号で示しなさい．

(1) (イ) appoint (ロ) April (ハ) daily
(ニ) hate (ホ) sale

(2) (イ) asked (ロ) baked (ハ) docked
(ニ) raked (ホ) wicked

(3) (イ) basin (ロ) cousin (ハ) decide
(ニ) listen (ホ) receive

(4) (イ) coal (ロ) hold (ハ) naughty
(ニ) roll (ホ) sew

(5) (イ) busy (ロ) cuckoo (ハ) fruit
(ニ) truth (ホ) wounded

E 次の単語(1)〜(25)の最も強いアクセントのある音節の番号を記しなさい．

(1) in-flu-en-tial (1 2 3 4) (2) pref-er-a-ble (1 2 3 4) (3) in-fa-mous (1 2 3)
(4) man-age-ment (1 2 3) (5) la-bo-ri-ous (1 2 3 4) (6) e-co-nom-ics (1 2 3 4)
(7) mech-a-nism (1 2 3) (8) bi-og-ra-phy (1 2 3 4) (9) an-ces-tor (1 2 3)
(10) ther-mom-e-ter (1 2 3 4) (11) de-ter-mine (1 2 3) (12) con-cen-trate (1 2 3)
(13) pho-tog-ra-phy (1 2 3 4) (14) cu-ri-os-i-ty (1 2 3 4 5) (15) per-ma-nent (1 2 3)
(16) par-tic-i-pate (1 2 3 4) (17) in-ter-rupt (1 2 3) (18) dis-tin-guish (1 2 3)
(19) op-ti-mism (1 2 3) (20) con-grat-u-late (1 2 3 4) (21) in-ter-val (1 2 3)
(22) civ-i-lize (1 2 3) (23) pat-ri-ot-ic (1 2 3 4) (24) oc-cur-rence (1 2 3)
(25) dis-ci-pline (1 2 3)

F 次の対をなす単語の第１アクセントのある音節の番号をいいなさい．

(1) (イ) al-co-hol (1 2 3)
(ロ) al-co-hol-ic (1 2 3 4)

(2) (イ) cus-tom (1 2)
(ロ) cus-tom-a-ry (1 2 3 4)

(3) (イ) dem-on-strate (1 2 3)
(ロ) de-mon-stra-tive (1 2 3 4)

(4) (イ) em-pha-size (1 2 3)
(ロ) em-phat-ic (1 2 3)

(5) (イ) fic-tion (1 2)
(ロ) fic-ti-tious (1 2 3)

(6) (イ) fan-cy (1 2)
(ロ) fan-ci-ful (1 2 3)

(7) (イ) hab-it (1 2)
(ロ) ha-bit-u-al (1 2 3 4)

(8) (イ) mo-nop-o-ly (1 2 3 4)
(ロ) mo-nop-o-lize (1 2 3 4)

(9) (イ) ob-serve (1 2)
(ロ) ob-serv-ance (1 2 3)

(10) (イ) sen-ior (1 2)
(ロ) sen-i-or-i-ty (1 2 3 4 5)

G 次の(1)～(5)の各語群の中には，第1音節に最も強いアクセントがくるものが1つずつある．その語の番号を書きなさい．

(1) 1. conceal 2. concentrate 3. concise
4. congratulate 5. consider

(2) 1. exaggerate 2. exciting 3. excuse
4. execute 5. exhibit

(3) 1. industrial 2. infamous 3. interpret
4. interrupt 5. investigate

(4) 1. percentage 2. perfectly 3. perpetual
4. persist 5. persuade

(5) 1. susceptible 2. suspend 3. suspense
4. suspicious 5. sustenance

■よく使われる英語のことわざ■

- The sun shines upon all alike.
  (太陽はすべての物を同じように照らす.)
- Still waters run deep.
  (浅瀬にあだ波.)〔←音を立てずに流れる川は深い〕
- There is no accounting for tastes.
  (たで食う虫も好き好き.)〔←好みを説明することはできない〕
- Many a little makes a mickle.
  (ちりも積もれば山となる.)〔←多くの小さな物がたくさんの物になる〕

文の構造

この章では，まず，**文**がどのような**要素**から成り立っているか，また，その要素がどのような順序に配列されているかを研究する．

次に，動詞の種類によって**5文型**が生じることを研究する．5文型の知識は，英文の構造を理解する上で基本的に重要である．

A 文の要素

1. 文

a) Yes. / Silence ! / Fire !
b) Good morning, Tom ! / Bye-bye [báibái] !
c) Paris is a beautiful city.
d) Do you like English ?
e) What a nice girl Mary is !
f) Open the window, please.

(訳) a) そうです./静かに./火事だ.　b) おはよう，トム./さよなら.〈口語〉
c) パリは，美しい都市です．　d) 君は英語が好きですか．
e) メアリーは，なんていい子だろう．　f) 窓を開けてください．

解説 上のa)～f)の例は，1語またはいくつかの語から成り立っているが，いずれも1つのまとまった思想や感情を表している．このように，1語またはいくつかの語から成り，1つのまとまった判断・感情・意欲を表す発話の単位を**文**（sentence）という．

話しことばでは，1つの文の終わりは**下降調**(↘)，**上昇調**(↗)などの“言いきりの音調”(＝これで発話が終わったという気持ちを表す音調)で示される．

一方，書きことばでは，文の最初の文字は**大文字**で書かれ，文の終わりには**終止符**（.），**疑問符**（?），**感嘆符**（!）などをつける(詳しくは，☞ 第3章)．

〈参考〉 ただし,「私」を表す I はいつも大文字で書く. それは, 英米人の自己主張を表すものではなく, 小文字の i は形が小さくて, 文中で紛らわしいので, 印刷術の導入とともに I と書くことにしたのにすぎない. 中期英語では, 普通 i と書かれていた.

2. 主部と述部

主　　部	述　　部
a) Fred	got up at seven.
b) An interesting thing	happened yesterday.
c) The pupils	went on a picnic.

(訳) a) フレッドは, 7時に起きた. b) 昨日おもしろいことが起こった. c) 生徒たちは, ピクニックに行った.

解説 文は, 通例, **主部** (subject) と**述部** (predicate) とに分けられる. すなわち, **「…は」「…が」**と文の主題になる部分が**主部**であり, **「～である」「～する」**と主部について述べる部分が**述部**である.

〈NB〉 すべての文が〈**主部＋述部**〉の形式を備えているとは限らない. 例えば, §**1** の a) の諸例のように, 1 語から成る文の場合は, 通例, “新しい情報”を伝える**述部**だけが残っている. また, f) のような命令文では, **主部**である You は省略されるのが普通である.

3. 主語と述語動詞

＜主　部＞		＜述　部＞	
	主　語	述語動詞	
a)	**Fred**	*got up*	at seven.
b) An interesting	**thing**	*happened*	yesterday.
c) The	**pupils**	*went*	on a picnic.

解説 さて, 〈**主部＋述部**〉が, それぞれ, いくつかの語から成っている場合は, それぞれの中心となる語に特別な名称を与えるほうが便利である. その場合, 主部の中心となる語を**主語** (subject word, S と略す) といい, 述部の中心となる語を**述語動詞** (predicate verb, V と略す)

という．（実際には，**主部**全体をさして**主語**ということも多いし，**述語動詞**を単に**動詞**ということも多い．）

上の各文において，太字体の語が**主語**であり，斜字体の語が（**述語**）**動詞**である．　a) の got up は，ひとまとまりで述語動詞と見る．

〈NB〉 a) のように**主部**が1語から成る場合は，Fred は**主部**であると同時に**主語**であるということになる．

4．目的語

a) I saw *a big* **lion** in the zoo.
b) John can speak **French.**
c) We reached *the* **station.**
d) Mary said, "**Good night!**"

(訳) a) 私は動物園で大きなライオン**を**見た．b) ジョンはフランス語**が**話せる．c) 私たちは駅**に**着いた．d) メアリーは，「お休み．」**と**いった．

解説　動詞の中には，Fire **burns.**（火は**燃える．**）のように，それだけで完結した意味を表すものがあるが，一方，**see**（～**を**見る），**speak**（～**を**話す）のように，動作の及ぶ対象を必要とするものがある．このように，動詞の表す動作の対象になる語を，動詞の**目的語**（object, O と略す）という．上の各文において，太字体の語が**目的語**である．

〈NB〉 **目的語**は，典型的には「**～を**」で対応するけれども，b) のように「**～が**」で対応することもあるし，c) のように「**～に**」で対応することも，また，まれに d) のように「**～と**」で対応することもあることに注意．

5．補　語

a) I am **happy.**　[**主語補語**：I＝happy]
b) John became *a* **doctor.**　[**主語補語**：John＝*a* doctor]
c) They made Bill *their* **leader.**　[**目的語補語**：Bill＝*their* leader]
d) I found the boy **clever.**　[**目的語補語**：the boy＝clever]

(訳) a) 私は幸福です．　b) ジョンは，医者になった．
c) 彼らはビルをリーダーにした．d) 私はその少年が賢いのに気がついた．

解説 動詞の中には，I am ☐. (私は☐である) とか，They made Bill ☐. (彼らはビルを☐にした) のように，主語または目的語と結合しただけでは完全な意味を表すことができないものがある．これらの文では，☐の位置に，それぞれ，happy とか，their leader とかを補ってはじめて文意が完全になる．このように，主語または目的語について，それが「**何であるか**」，あるいは「**どんな状態にあるか**」を述べて叙述を完全なものにする語句を**補語** (complement, C と略す) という．

補語には 2 種類あって，a), b) のように主語について叙述するものを**主語補語**といい，c), d) のように目的語について叙述するものを**目的語補語**という．

ポイント 補語と目的語の見分け方

補語は，主語または目的語について叙述するものであるから，それぞれ，「**主語＝主語補語**」，「**目的語＝目的語補語**」という関係が成立している．

ⓐ John is *a* **student**.　[John＝*a* student]
(ジョンは，学生だ．)

ⓑ I left the door **open**.　[the door＝open]
(私はドアをあけたままにしておいた．)

一方，**目的語**は主語とは別なものであるから，主語と目的語とを等号で結びつけることはできない．

ⓒ John met *a* **student**.　[John≠*a* student]
(ジョンは，学生と会った．)

6．文の主要素と修飾語句

a) **John walks** *to school.*
b) **Tokyo is** *the biggest* **city** *in Japan.*
c) **Mary likes** *red* **roses.**
d) *A young* **girl sang** *very sweetly.*

(訳) a) ジョンは，歩いて通学する．　b) 東京は，日本で一番の大都会だ．
c) メアリーは，赤いバラが好きだ．
d) 1 人の若い女の子がとても美しく歌を歌った．

解説 以上述べてきた**主語** (S)，**述語動詞** (V)，**目的語** (O)，**補語** (C) の 4

つは，英文構成上欠くことのできない要素であるから，これらは文の**主要素**と呼ばれる．

文の主要素：S, V, O, C

〈主要素〉以外の部分は，**修飾語句** (modifier, M と略す) と呼ばれる．上の各例において，太字体の語が**主要素**で，斜字体の部分が**修飾語句**である．a)〜d) の文は，次のように図解することができる．

a) John walks to school.
　S V M

b) Tokyo is the biggest city in Japan.
　S V M C M

c) Mary likes red roses.
　S V M O

d) A young girl sang very sweetly.
　M M S V M M

●例題1●

次の各文を和訳し，主語と述語動詞とを指摘しなさい．

(1) The moon shines at night.
(2) The wind is blowing very hard.
(3) The sky is blue.
(4) Here is your hat.

考え方 (1) *at night* は shines を修飾する　(2) is blowing でひとまとまりの述語動詞 (§ 8)　(4) Your hat is here. として考えてみる

解答 (1) (月は，夜照る.) moon (主語) shines (述語動詞)
(2) (風がとても激しく吹いている.) wind (主語) is blowing (述語動詞)
(3) (空は，青い.) sky (主語) is (述語動詞)
(4) (ここにあなたの帽子があります.) hat (主語) is (述語動詞)

B 5 文 型

7. 文 型

§ 6 で述べた**主語** (S)，**述語動詞** (V)，**目的語** (O)，**補語** (C) の4つの文の〈主要素〉の結合の仕方によって，次の5つの**文型**が生じる．

〈1〉 *The* **sun rose.**（太陽が昇った.）
S+V

〈2〉 **John is** *a* **musician.**（ジョンは，音楽家だ.）　**S+V+C**

〈3〉 **I like apples.**　（私はリンゴが好きだ.）　**S+V+O**

〈4〉 **He gave me** *a* **book.**（彼は私に本をくれた.）　**S+V+IO+DO**

〈5〉 *The* **cat made him** *a rich* **man.**
（ネコのおかげで彼は金持ちになった.）
[←ネコが彼を金持ちにした.]　**S+V+O+C**

略記号
S=subject（主語）
V=verb（動詞）
O=object（目的語）
C=complement（補語）
IO=indirect object（間接目的語）
DO=direct object（直接目的語）
M=modifier（修飾語句）

英語の文の大部分は，上の5文型にせんじつめることができる．英語の構文を十分に理解するためには，これらの文型をしっかりと覚えておかなければならない．一般に，初学者にとって最も理解しにくい文型は，〈C〉を含む文型，すなわち，第2文型〈**S+V+C**〉と，第5文型〈**S+V+O+C**〉である．特に，第5文型をマスターすることなく，英語をマスターすることは不可能であるといっていい．

8．第1文型〈S+V〉

S	V
a) **Birds**	**fly.**
b) *His* **father**	**came** *yesterday.*
c) **John**	**lives** *in London.*
d) **Mary**	**went away.**
e) *The* **baby**	**is sleeping** *in the bed.*

(訳) a) 鳥は飛ぶ.　b) 彼の父親は，きのう来た.
c) ジョンは，ロンドンに住んでいる.　d) メアリーは，立ち去った.
e) 赤ちゃんは，ベッドで眠っている.

解説 第1文型は，最も単純な文型で，〈S+V〉だけで陳述が完全になる．この文型の表す意味は，「**…は〜する**」である．a)〜e) の例において，太字体の語がそれぞれ〈S〉と〈V〉であり，残る斜字体の部分は修飾語句〈M〉である．

さて，第1文型に用いられる動詞は，**完全自動詞**と呼ばれる．すなわち，目的語〈O〉をとらないから“自動詞”であり，補語〈C〉を必要としないから“完全”自動詞というわけである．

《NB》 d) の went away のような〈動詞＋副詞〉の結合も，e) の is sleeping のような〈助動詞＋本動詞〉の結びつきも，ひとまとまりで〈V〉とみなす．

9．第2文型〈S＋V＋C〉

S	V	C
a) **This**	**is**	*my* **computer.**
b) *His* **talk**	**was**	*very* **interesting.**
c) **John**	**became**	*a* **teacher.**
d) **Mary**	**seems**	*very* **happy.**

(訳) a) これは私のコンピューターです．
b) 彼の話は，とてもおもしろかった．
c) ジョンは，先生になった． d) メアリーは，とても幸福そうに見える．

解説 第2文型は，〈S〉と〈V〉だけでは陳述が不完全で，さらに〈C〉を必要とする文型である．「**…は〜である**」または「**…が〜になる**」と訳すことができる．第2文型に用いられる動詞は，**不完全自動詞**という．なぜ“自動詞”かといえば，〈O〉をとらないからであり，なぜ“不完全”かといえば，〈C〉を必要とするからである．

さて，〈S＋V＋C〉の文型に用いられる補語〈C〉は，主語について，それが「**何であるか**」，「**どんな状態にあるか**」を述べるものなので，**主語補語**と呼ばれる．したがって，どの例でも，「S＝C」の等式関係が成立している点に注意：a) This＝*my* computer； b) His talk＝*very* interesting；c) John＝*a* teacher；d) Mary＝*very* happy のように．

■よく使われる英語のことわざ■

- Rome was not built in a day.
  (ローマは1日にして成らず.)〔大事業は短い年月ではできない，の意〕

ポイント 補語〈C〉か修飾語句〈M〉かの見分け方

次の2つの文を比較してみよう.

ⓐ *The* metal *looks* **hard**. (その金属は,堅そうに見える.)
S = V C

ⓑ John *works* **hard**. (ジョンは,よく勉強する.)
S V M

ⓐでは *The* metal=hard の関係が成立するので, hard は〈C〉. ⓑでは John≒hard であって, hard は works を修飾する〈M〉である.

10. 第2文型に用いられる主な動詞

〈S+V+C〉の文型に用いられる動詞は,次の4種に分けられる.(〈C〉は,**名詞・形容詞**または**それらに相当する語句**である.)

(A) be 型:「**…である**」という「状態」を表すもの. **be** (Cである), **continue** (なおもCである), **keep** (ずっとCである), **remain** (Cのままである), *etc.*

① I **am** *a student*. (僕は学生です.) [名詞]

② Mary **is** very *charming*. [形容詞]
(メアリーは,とても魅力的だ.)

③ She **continued** *silent*. (彼女はなおも黙っていた.) [形容詞]

④ John **kept** *calm*. (ジョンは,ずっと落ち着いていた.) [形容詞]

⑤ He **remained** *a bachelor*. [名詞]
(彼はいつまでも独身だった.)

(B) become 型:「**…になる**」という状態の「変化」を表すもの. **become** (Cになる), **get** (Cになる), **grow** ((しだいに)Cになる), **turn** ((急に)Cになる), *etc.*

⑥ John **became** *a doctor*. (ジョンは,医者になった.) [名詞]

⑦ The weather **got** *warmer*. [形容詞]
(天気が暖かくなってきた.)

⑧ His hair **is growing** *thin*. (彼の髪は薄くなっている.) [形容詞]

⑨ She **turned** *pale* at the news. [形容詞]
(彼女は,その知らせを聞くと青ざめた.)

(C) 感覚動詞:「感覚」を表す動詞. 〈C〉は通例,形容詞. **feel** (〈人が〉Cと感じる;〈物が〉Cと感じられる), **sound** (Cの音がする, Cに聞こえる[思える]), **smell** (Cのにおいがする), **taste** (Cの味がする).

⑩ I **feel** *wonderful.* (すばらしい気持ちだ.)

⑪ The air **feels** *cold.* (空気がはだ寒い.)

⑫ The music **sounded** *sweet.* (その音楽は,美しかった.)

⑬ Your plan **sounds** *interesting.*
(君の計画は,おもしろそうだね.)

⑭ The rose **smells** *sweet.* (バラは,いいにおいがする.)

⑮ The milk **tastes** *sour.* (その牛乳は,すっぱい味がする.)

(D) **“外見動詞”**:「外見がCに見える」の意味を表すもの. **appear** ((外見が)Cに見える), **look** ((顔つき・目つき・様子が)Cに見える), **seem** (Cと思われる), **prove** (Cと分かる).

⑯ He **appears** *a nice boy.* [名詞]
(彼はいい子のように見える.)

⑰ Mary **looked** *tired.* [形容詞]
(メアリーは,疲れた顔をしていた.)

⑱ This book **seems** very *interesting.* [形容詞]
(この本は,なかなかおもしろそうだ.)

⑲ John **proved** *a true friend.* [名詞]
(ジョンは,真の友人であることが分かった.)

11. 第3文型 〈S+V+O〉

S	V	O
a) **He**	**cut**	*his* **finger**.
b) **We**	**had**	*a good* **time**.
c) **I**	**climbed**	**Mt. Fuji** *last summer.*
d) **He**	**reached**	**Paris** *this morning.*
e) **John**	**married**	**Mary**.

(訳) a) 彼は指**を**切った. b) 私たちは,楽しく時**を**過ごした.
c) 私は去年の夏富士山**に**登った. d) 彼は今朝パリ**に**着いた.
e) ジョンは,メアリー**と**結婚した.

解説 第3文型は,〈S+V〉のほかに,さらに〈O〉を必要とする文型である．この文型は，英語で最も多く用いられる“愛用文型”の1つである．通例，「…**を〜する**」と訳せるが，上例で見るように，「**を**」以外の助詞が対応することもある．

第3文型に用いられる動詞は，**完全他動詞**と呼ばれる．つまり，〈O〉をとる点で“他動詞”であり，〈C〉を必要としない点で“完全”他動詞というわけである．

注意 c)〜e) の例では，英語の〈O〉は日本語の「〜**を**」と対応していない．日本語の助詞につられて，× climbed *to* Mt. Fuji とか，× reached *to* Paris とか，× married *with* Mary とか書いてはいけない．特に日本人に多い誤りは，We **discussed** the problem with John.（私たちは，ジョンとその問題**について**議論した．）の場合，日本語の「〜について」に引かれて，× discussed **about** the problem とする誤りである．

〈NB〉 **〈動詞＋副詞〉と目的語：** 目的語が名詞の場合は，ⓐ 1), 2) のどちらの語順も文法的．

ⓐ 1) I **called up** *John*.（私はジョンに電話をした．）
　2) ＝I **called** *John* **up**.

しかし，目的語が人称代名詞の場合は，ⓑ 2) だけが文法的．

ⓑ 1) × I **called up** *him*.
　2) ○ I **called** *him* **up**.

● 例題 2 ●

次の文の(　)内の正しいものを選びなさい．

(1) The boy looked (ⓐ happy　ⓑ happily) at his mother.
(2) Mary is (ⓐ happy　ⓑ happiness).
(3) The tea tastes too (ⓐ sweet　ⓑ sweetly) for me.
(4) We (ⓐ discussed　ⓑ discussed about) the matter.
(5) He (ⓐ started　ⓑ started from) Osaka and (ⓒ reached　ⓓ reached to) Kyoto.
(6) I want to (ⓐ call up him　ⓑ call him up).
(7) He (ⓐ attended　ⓑ attended at) the meeting.

考え方 (1) happily は looked を修飾　(2) Mary≠happiness　(3) The tea＝sweet (§ **10** Ⓒ)　(4) discuss は他動詞 (§ **11** **注意**)　(5) start は自動詞，reached は他動詞　(6) 目的語の位置に注意 (§ **11** 〈NB〉)　(7) attend は他動詞

解答 (1) ⓑ (その少年は，うれしそうに母親の顔を見た.) (2) ⓐ (メアリーは，幸福だ.) (3) ⓐ (この紅茶は私には甘すぎる.) (4) ⓐ (私たちは，その問題について議論した.) (5) ⓑ ⓒ (彼は大阪を発って，京都に着いた.) (6) ⓑ (私は彼に電話をかけたい.) (7) ⓐ (彼はその会に出席した.)

12. 第4文型 〈S+V+IO+DO〉

S	V	IO	DO
a) *My* **uncle**	**gave**	**me**	*this* **watch.**
b) **John**	**handed**	**Mary**	*the* **letter.**
c) **Father**	**taught**	**us**	**English.**
d) *My* **aunt**	**bought**	**me**	*a* **tape recorder.**
e) **Mother**	**made**	**me**	*a new* **suit.**

(訳) a) おじが私にこの時計をくれた.
b) ジョンは，その手紙をメアリーに手渡した.
c) 父が私たちに英語を教えてくれた.
d) おばが私にテープレコーダーを買ってくれた.
e) 母は，私に新しい服を作ってくれた.

解説 第4文型は，「**…に～を**与える」というように，2つの目的語を必要とする動詞のとる文型である.「**…に**」にあたる部分(たいていく人〉がくる)を**間接目的語** (indirect object, IO) といい，「**～を**」にあたる部分(たいてい〈物〉がくる)を**直接目的語** (direct object, DO) という. この文型の表す意味は，「**…に～を与える**」である. 2つの目的語の語順は，日本語の場合と同様に，〈人**に**物**を**〉であることをしっかりと把握すること. この文型に用いられる動詞は，すべて「**人に物を与える**」という意味を含んでいるので，**授与動詞**と呼ばれることがある.

13. 第4文型に用いられる主な動詞

〈S+V+IO+DO〉の文型をとる主な動詞は，大きく2種類に分けられる. **give 型**と **buy 型**である.

(A) give 型：**award** (授与する)，**fetch** (取ってくる)，**give** (与える)，**hand** (手渡す)，**lend** (貸す)，**offer** (提供する)，**pay** (支払う)，**pass** (回す)，**send** (送る)，**show** (示す)，**teach** (教える)，**tell** (告げる)，

write（〈手紙を〉書く），*etc.*

give 型では，IO が聞き手の知らない“新しい情報”を伝えている場合は，〈**to**+IO〉として〈DO〉のあとへ回すのが普通である．その場合，〈**to**+IO〉は修飾語句 (M) になり，文型は第 4 文型〈S+V+IO+DO〉から第 3 文型〈S+V+O〉に変わる．なぜ **to** が選ばれるのかといえば，それは，**give 型**の IO は，「本を与える → IO **に向かって**」というように，動作の着点 (goal) を示しているからである．

to による書き換え
V+IO+DO ⇨ V+DO+**to**+IO

① a) I(S) gave(V) John(IO) a book(DO).（私はジョン**に**本**を**やった．）

b) ⇨ I(S) gave(V) a book(O) **to** John.(M [**gave** を修飾])

② a) John(S) showed(V) Mary(IO) the letter(DO).

（ジョンは，メアリー**に**その手紙**を**見せた．）

b) ⇨ John(S) showed(V) the letter(O) **to** Mary.(M [**showed** を修飾])

①，② の a) 文と b) 文とは，完全に同義ではない．例えば，① a) は，③ a) に対する答えであり，① b) は，③ b) に対する答えである．

③ a) **What** did you give John?

（君は**何を**ジョンにやったのか．）

b) **Who** did you give a book **to**?

（君は**だれに**本をやったのか．）

(B) buy 型：**buy**（買う），**choose**（選ぶ），**clean**（みがく），**cook**（料理する），**find**（見つける），**get**（手に入れる），**make**（作る），**order**（注文する），**sing**（歌う），*etc.*

buy 型の授与動詞の IO は，例えば，「テープレコーダーを買ってくれる → IO **のために**」というように，動作の受益者を表しているので，IO を“新しい情報”として強調したいときには，〈**for**+IO〉として，DO のあとへ回すことができる．この場合も，文型は第 4 文型〈S+V+IO+DO〉から，第 3 文型〈S+V+O〉に変わる．

for による書き換え

V+IO+DO ⇨ V+**DO**+**for**+IO

④ a) My aunt (S) bought (V) me (IO) a dictionary (DO).
(おばが私**に**辞書**を**買ってくれた.)

b) ⇨ My aunt (S) bought (V) a dictionary (O) **for** me (M [bought を修飾]).

⑤ a) She (S) made (V) her daughter (IO) a new dress (DO).
(彼女は娘**に**新しいドレス**を**作ってやった.)

b) ⇨ She (S) made (V) a new dress (O) **for** her daughter (M [made を修飾]).

buy 型でも，a) 文と b) 文とは完全に同義ではない．例えば，④a) は，⑥a) に対する答えであり，④b) は，⑥b) に対する答えである．

⑥ a) **What** did your aunt buy for you?
(君のおばさんは，**何を**君に買ってくれたのか.)

b) **Who** did your aunt buy a dictionary **for**?
(君のおばさんは，**だれに**辞書を買ってくれたのか.)

〈NB〉 **1. 〈DO〉が人称代名詞の場合の語順：** give 型の場合は，通例，〈DO〉は〈IO〉の前に回される．

ⓐ Give **it** (**to**) **me**. (それを私にください.)

注 〈英〉ではときどき to が落ちる．

したがって，次の文は誤りで，lend **it** (**to**) **you** が正しい．

ⓑ If you want a book to read, I will lend you it. (富山大)
(読みたい本があれば，貸してあげますよ.)

buy 型の場合は，つねに〈**for**+IO〉として文尾に回される．

ⓒ 1) × They bought ***the girl*** **it**.

2) ○ They bought **it** ***for the girl***.
(彼らは，その少女にそれを買ってやった.)

〈NB〉 **2.** 〈**ask**+IO+DO〉の IO は，「…**から**～を求める」という**起点** (source) を示すものであるから，IO が“新しい情報”を伝える場合は，**of** (…から)を用い，〈**of**+IO〉として文尾に回すことになる．

ⓐ May (V) I **ask** (V) you (IO) a question (DO)?
(ひとつお尋ねしてもよろしいでしょうか.)

⇨ May I **ask** a question **of** you? [元の文よりもまれ]
V V O M [**ask** を修飾]

ⓑ Mary **asked** John a favor.
V IO DO

(メアリーは，ジョンに頼みごとをした.)

⇨ Mary **asked** a favor **of** John.
V O M [**asked** を修飾]

[元の文と同じように普通に用いられる]

14. 第5文型 〈S+V+O+C〉

S	V	O	C
a) **John**	**made**	**Mary**	*his* **wife.**
b) **People**	**call**	**him**	**Long John.**
c) **I**	**found**	*the* **box**	**empty.**
d) **Sally**	**left**	*the* **door**	**open.**
e) **We**	**consider**	**him**	*a* **fool.**

(訳) a) ジョンは，メアリー**を**妻**に**した.
b) みんな彼のこと**を**のっぽのジョン**と**呼んでいる.
c) 私は箱**が**からっぽなの**に**気がついた.
d) サリーは，ドア**を**開けたまま**に**しておいた.
e) 私たちは，彼**を**ばかだ**と**考えている.

解説 第5文型は，〈O〉と〈C〉の両方を必要とする文型で，日本人の学生にとって最も分かりにくいものである．この文型をとる動詞は，ほぼ，「**…を～にする**」というような意味を表している．代表的な動詞は，**make** である．〈C〉になれるのは，名詞または形容詞である．

この文型で用いられる補語〈C〉は，目的語〈O〉について，それが「**何であるか**」，または「**どんな状態にあるか**」を説明しているので，**目的語補語**と呼ばれる．したがって，いずれの場合にも，O=C という等式関係が成立している．例えば，a) では Mary=*his* wife であり，c) では the box=empty である．このことをしっかりと押さえておくならば，第5文型は決してむずかしい文型ではなくなってくる．

目的語 (O)=目的語補語 (C)

〈NB〉 **1.** **〈IO+DO〉 か 〈O+C〉 か：** 次の2つの文を比較してみよう．

ⓐ John made Mary (IO) a present (DO). [Mary≒a present]
(ジョンは，メアリー**に**プレゼント**を**した．)

ⓑ John made Mary (O) his secretary (C). [Mary＝his secretary]
(ジョンは，メアリー**を**自分の秘書**に**した．)

ⓐでは，メアリーがプレゼントであるわけがないから，IO≒DO である．一方，ⓑでは，メアリーが秘書になるのであるから，O＝C の関係が成立している．したがって，ⓐは〈IO+DO〉をとる第4文型，ⓑは〈O+C〉をとる第5文型であることが分かる．

〈NB〉 **2.** **〈C〉 か 〈M〉 か：** 次の2つの文を比較してみよう．

ⓐ I found (V) the book (O) **easy** (C). [easy は形容詞で C：the book ＝easy]
(その本は，易しかった．) [←私はその本を易しいと思った]

ⓑ I found (V) the book (O) **easily** (M). [easily は副詞で，found を修飾]
(私は，その本をわけなく見つけた．)

15．第5文型に用いられる主な動詞

第5文型〈S+V+O+C〉に用いられる主な動詞は，大きく2種類に分けられる．**make 型**と **think 型**である．

(A) **make 型：「O を C にする」**という意味を表すもの．**make** (O を C にする)，**get** (O を C にする)，**keep** (O を C にしておく)，**leave** (O を C のままにしておく)，**call** (O を C と呼ぶ)，**elect** (O を C に選ぶ)，**name** (O を C と名づける)，*etc.*

① He **got** his hands *dirty.* (彼は手をよごした．)

② They **named** the child *Mary.*
(彼らは，その子をメアリーと名づけた．)

③ I **kept** him *waiting.* (私は彼を待たせておいた．)

④ We **elected** John *chairman.*
(私たちは，ジョンを議長に選んだ．)

注 官職を表す名詞は無冠詞 (☞ § 203 (B))．

(B) **think 型：「O を C と考える」**という意味を表すもの．スタイルは〈文章体〉．**think** (OをCと考える)，**believe** (OをCと信じる)，**consider** (OをCと考える)，**feel** (OをCだと感じる)，**find** (OをCだと分かる)，

declare（OをCだと断言する），**prove**（OをCだと証明する），**show**（OがCであることを示す），*etc.*

think 型の特徴は，*1)*〈O+C〉の部分が〈普通体〉では that 節に書き換えられること，*2)*〈C〉の前に **to be** を挿入できることである．

⑤ I **think** him (**to be**) *an honest man.*
[=I think **that** he is an honest man.]
（私は彼を正直者（である）と考える．）

⑥ I **believe** the man (**to be**) *rich.*
[=I believe **that** the man is rich.]
（私はその男を金持ち（である）と信じている．）

⑦ We **considered** Bill (**to be**) *a friend.*
[=We considered **that** Bill was a friend.]
（私たちは，ビルを友人（である）と考えていた．）

⑧ I **found** him (**to be**) *a good husband.*
[=I found **that** he was a good husband.]
（私は彼がよい夫（である）と分かった．）

● 例題 3 ●

次の各文を和訳し，文型を指摘しなさい．

(1) ⓐ He made her a cup of tea.
　 ⓑ He made her his wife.

(2) ⓐ I found the book easily.
　 ⓑ I found the book interesting.
　 ⓒ He found me a good seat.

(3) ⓐ We called him Bill.
　 ⓑ We called him a taxi.

(4) ⓐ He left his wife all his money.
　 ⓑ He left the door open.

考え方　〈IO≒DO〉〈O=C〉 ☞ § 14 〈NB〉 1

(1) ⓐ her≒a cup of tea（直接目的語）　ⓑ her=his wife（目的語補語）

(2) ⓐ easily は found（見つけた）を修飾　ⓑ the book=interesting
　 ⓒ me≒a good seat

(3) ⓐ him=Bill　ⓑ him≒a taxi

(4)　ⓐ his wife≠all his money ; left「〈人〉に〈遺産など〉を残した」
　　ⓑ the door＝open ; left「～を…の状態にしておいた」

解答　(1)　ⓐ（彼は彼女に紅茶を1杯入れてあげた.）〈S+V+IO+DO〉
　　ⓑ（彼は彼女を妻にした.）〈S+V+O+C〉
(2)　ⓐ（その本はわけなく見つかった.）〈S+V+O〉
　　ⓑ（その本はおもしろかった.）〈S+V+O+C〉
　　ⓒ（彼は私に良い席を見つけてくれた.）〈S+V+IO+DO〉
(3)　ⓐ（われわれは彼をビルと呼んだ.）〈S+V+O+C〉
　　ⓑ（われわれは彼にタクシーを呼んであげた.）〈S+V+IO+DO〉
(4)　ⓐ（彼は妻にすべての金を残した.）〈S+V+IO+DO〉
　　ⓑ（彼はドアをあけたままにしておいた.）〈S+V+O+C〉

16. 動詞の5種類

上で見たように，英文の基本文型が5つに分かれたのは，つまるところ，英語の動詞に次の5種類があるためにほかならない.

	目的語による分類	補語による分類	文　型
動詞	自動詞（〈O〉をとらない）	完全自動詞（〈C〉不要）	〈1〉S+V
		不完全自動詞（〈C〉必要）	〈2〉S+V+C
	他動詞（〈O〉が必要）	完全他動詞（〈C〉不要）	〈3〉S+V+O
		授与動詞（〈C〉不要　〈O〉を2つとる）	〈4〉S+V+O+O
		不完全他動詞（〈C〉必要）	〈5〉S+V+O+C

17. there 構文その他

英語の文の中には5文型の網の目をもれるものがないわけではない. それらは，“基本文型”である5文型に何らかの変形が加えられてできた“派生文型”と見ることができる.

この節では，そういう“派生文型”のいくつかを考えてみよう. “派生文型”の中で最もありふれていて，しかも重要なものは，物の「存在」を表す **there 構文** である. ①の **there 構文** は，②の〈S+V〉の

文型に **there** を挿入することによって作られている.

① **There** is a book on the desk. ［普通の言い方］

② A book is on the desk. ［まれな言い方］
S V M ［is を修飾する］

②は，次の2つの変形をへて，①の文になる.

③ a) ②の主語を be 動詞の直後へ回す：

△ is **a book** on the desk.

b) あきまになった主語の位置に **there** を挿入する：

There is a book on the desk.

〈S+V〉の例は上にあげたので，他の文型の例をあげてみよう．いずれも，元の文よりも **there 構文**のほうが普通である.

④ 〈S+V+C〉：

Something must be wrong.

⇨ **There** must be something wrong.

（どこか間違っているに違いない.）

⑤ 〈S+V+O〉：

A breeze was stirring the trees.

⇨ **There** was a breeze stirring the trees.

（そよ風が木をそよがせていた.）

〈派生文型〉の他の例をもう少し見ておこう.

⑥ a) To please John is easy.

b) It is easy to please John.

c) John is easy to please.

の場合，3つの文はいずれも「ジョンを喜ばせるのは易しい.」という意味をもっているが，a) が基本文で，b) では to please John という主語が文尾に回され，c) ではさらに目的語の John が文の主語にすえられている.

⑦, ⑧ の a) 文は，b) の2つの文を“かけ合わせ”て派生したと考えるのが最も理にかなっている.

⑦ a) This is John speaking. （［電話口で］こちらジョンです.）

［←こちらはジョンが話しています.］

b) This is John. × John is speaking.
(こちらはジョンです.) (ジョンが話している.)

⑧ a) John left the room angry.
(ジョンは，怒って部屋を出て行った.)

b) John left the room. × John was angry.
(ジョンは，部屋を出て行った.) (ジョンは，怒っていた.)

章末問題 1

A 次の各文の意味をいい，S, V, O, C を指摘しなさい.

(1) My brother is studying English.
(2) I have never been to America.
(3) Mary turned very pale.
(4) ⓐ He has built a big house.
ⓑ He has built himself a big house.
(5) Misfortune drove him mad.
(6) They named their child Tom.
(7) It must have rained.
(8) I saw John yesterday.
(9) Dogs hate cats.
(10) We fill our pen with ink.
(11) She bought him a new shirt.
(12) She will give him the book.
(13) The people elected him President.
(14) ⓐ Mary likes black coffee.
ⓑ Mary likes coffee black.

ヒント A (1) is studying はひとまとまりで V (2) to America は修飾語句 (3) Mary＝pale (4) ⓐ He≒house ⓑ himself は for himself の意味 (5) him＝mad (6) *their* child＝Tom (7) must have rained はひとまとまりで V (10) with ink は M (11) him≒*a new* shirt (13) him＝President (14) ⓑ coffee＝black

B　次の各文を，間接目的語をあとに回して第3文型に書き換えなさい．

(1) I gave *Tom* a record.

(2) Mother bought *me* a new hat.

(3) Please hand *me* that dictionary.

(4) He left *his son* £500.

(5) May I ask *you* a favor?

C　次の各組の文を和訳し，述語動詞の種類をいいなさい．

(1) ⓐ He *remained* in the room.
ⓑ He *remained* poor all his life.

(2) ⓐ He *appeared* in London.
ⓑ He *appeared* very young.

(3) ⓐ He *kept* a dog.
ⓑ He *kept* silent.
ⓒ You must always *keep* your teeth clean.

(4) ⓐ He *made* a poem.
ⓑ He *made* us a meal.
ⓒ The event *made* him a hero.

(5) ⓐ It *proved* the truth of what he said.
ⓑ The rumor *proved* (to be) true.
ⓒ He *proved* himself brave.

(6) ⓐ He *told* a story.
ⓑ He *told* the children a story.
ⓒ He *told* a story to the children.

ヒント **B** (1)～(4) 〈V(=give 型)+IO+DO〉→〈DO+**to**+IO〉 〈V(=buy型)+IO+DO〉→〈V+DO+**for**+IO〉 (5) ☞ **§ 13** 《NB》 2
C (1) ⓐ *in the room* は remained の修飾語句　ⓑ He=poor; all *one's* life「一生の間」 (2) ⓐ *in London* は appeared の修飾語句　ⓑ He=young (3) ⓐ He≒*a* dog; keep「〈ペットなどを〉飼う」 ⓑ He=silent　ⓒ *your* teeth=clean　(4) ⓐ He≒*a* poem　ⓑ meal「食事」　ⓒ him=*a* hero (5) ⓐ prove「証明する」　ⓑ rumor (うわさ)=true; proved (to be)「…(である)と分かった」 ⓒ himself=brave　(6) ⓐ He≒*a* story　ⓑ 〈S+V+IO+DO〉

(7) { ⓐ He *left* the door open.
ⓑ He *left* his children a large fortune.

(8) { ⓐ The earth *turns* round the sun.
ⓑ His hair *turned* gray with age.
ⓒ He *turned* the doorknob.
ⓓ The hot weather *turned* the milk sour.

D 次の対をなす文を訳し分けなさい.

(1) { ⓐ The door opened quickly.
ⓑ He opened the door quickly.

(2) { ⓐ The car stopped in front of the house.
ⓑ He stopped the car in front of the house.

(3) { ⓐ The baby was lying on the bed.
ⓑ She laid the baby on the bed.

(4) { ⓐ The boy stood in the corner.
ⓑ The teacher stood the boy in the corner.

■よく使われる英語のことわざ■

- Ill weeds grow apace.
(憎まれっ子世にはばかる.)〔←雑草は育ちが早い〕
- Everything comes in threes.
(二度あることは三度ある.)〔←あらゆるものは三つずつやって来る〕

ヒント (7) ⓐ *the* door＝open ⓑ 〈S＋V＋IO＋DO〉 (8) ⓐ「回る」 ⓑ「…になる」 ⓒ「～を回す」 ⓓ「～を…に変える」 **D** ⓐ 文の動詞はすべて自動詞 ⓑ 文の動詞は他動詞で，すべて「…させる」という**使役的な意味**をもっている

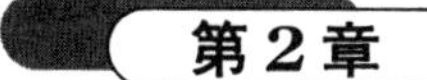

第2章 品詞と句・節

この章では，まず，**語**をとりあげ，すべての語が8つの**品詞**に分類できることを学ぶ．さらに，語よりも大きい単位である**句**と**節**とをとりあげ，それぞれが文中で **名詞・形容詞・副詞** の働きをすることを研究する．

A 品　詞

18. 8 品 詞

School begins at nine. (学校は，9時から始まる.) という文は，school, begins, at, nine という4つの部分から成り立っている．このように，文を構成する最小の独立した意味単位を**語** (word) という．

語はその形式と文中での働きに従って，伝統的に次の8つの**品詞** (parts of speech) に分けられる．

8 品 詞

① 名　詞 (noun [náun])：**America** (アメリカ)，**book** (本)，**water** (水)，**love** (愛)

② 代名詞 (pronoun [próunaun])：**I** (私)，**you** (あなた)，**she** (彼女)，**this** (これ)，**that** (あれ)

③ 形容詞 (adjective [ǽdʒiktiv])：**happy** (幸福な)，**kind** (親切な)，**cold** (冷たい)

④ 動　詞 (verb [və́:b])：**come** (来る)，**go** (行く)，**speak** (話す)

⑤ 副　詞 (adverb [ǽdvə:b])：**slowly** (ゆっくりと)，**quickly** (速く)，**naturally** (自然に)

⑥ 前置詞 (preposition [prèpəzíʃən])：**in** (～の中に)，**on** (～の上に)，**down** (～を下って)

⑦ 接続詞 (conjunction [kəndʒʌ́ŋkʃən])：**and** (そして)，**but** (しかし)，**if** (…ならば)

⑧ 間投詞 (interjection [ìntədʒékʃən])：**ah** (ああ)，**oh** (おお)，**wow** (うわあ)

19．名　詞 (noun) (☞ 第13～14章)

名詞は，**人や事物の名を表すもの**で，文中では**主語・目的語・補語**などの働きをする．

① This **book** is interesting.（この本はおもしろい．）　[**主語**]

② I *like* **music**.（私は音楽が好きだ．）　[動詞の**目的語**]

③ Is there a map *on* the **wall**?　[前置詞の**目的語**]
（壁に地図がかかっていますか．）

④ *John* is a **student**.（ジョンは学生だ．）　[主語**補語**]

⑤ He made *his son* a **doctor**.　[目的語**補語**]
（彼は息子を医者にした．）

20．代名詞 (pronoun) (☞ 第15～16章)

代名詞は，**名詞の代わりに用いられる語**で，名詞と同様，**主語・目的語・補語**などの働きをする．

① **I** *am* an American boy.（私はアメリカの少年です．）[**主語**]

② Do you *know* **him**?（彼を知っていますか．）[動詞の**目的語**]

③ I went *with* **her**.（私は彼女といっしょに行った．）
[前置詞の**目的語**]

④ *It*'s **me**.（僕ですよ．）　[主語**補語**]

⑤ I thought *it* to be **him**.（それが彼だと思った．）[目的語**補語**]

21．形容詞 (adjective) (☞ 第18章)

形容詞は，**名詞・代名詞を直接または間接に修飾する語**である．

① This is a **red** *rose*.（これは赤いバラです．）　[rose を直接に修飾]

② This *rose* is **red**.（このバラは赤い．）　[rose を間接に修飾：**補語**]

注　**冠詞** (**a, an, the**) も**形容詞**に含まれる．

22．動　詞 (verb) (☞ 第9章)

動詞は，**主語の動作・状態を叙述する語**である．

① The wind **blew** all day.（風が1日中吹いた．）　[動作]

② The town **lies** across the river.　[状態]
（その町は，川の向こう側にある．）

注 **will, shall, can, may** のような**助動詞**も**動詞**に含まれる.

23. 副　詞 (adverb) (☞ 第19章)

副詞は, **動詞・形容詞・副詞**または**文全体を修飾する語**である.

① John *ran* **quickly**.（ジョンは, 速く走った.）[**動詞**を修飾]

② This is **much** *better*.（この方がずっとよい.）[**形容詞**を修飾]

③ Mary *sings* **very** *well*. [very は他の**副詞** well を修飾し, very well 全体は**動詞**を修飾]
（メアリーは, とても歌がうまい.）

④ **Certainly** he will come.（きっと彼は来る.）[**文全体**を修飾]

24. 前置詞 (preposition) (☞ 第30章)

前置詞は, **名詞・代名詞の前に置いて, 形容詞句** (☞ § 30), **副詞句** (☞ § 31) **を作る語**である.

① The book **on** the *desk* is John's. [on the desk は book にかかる形容詞句]
（机の上の本はジョンのだ.）

② I went **with** *them*. [with them は went にかかる副詞句]
（私は彼らといっしょに行った.）

注 **前置詞**のあとに置かれる名詞・代名詞を前置詞の**目的語** (object) という. したがって, 代名詞の場合は, ② の them のように, **目的格** (☞ § 168 (B)) がくることになる (× with they は誤り).

25. 接続詞 (conjunction) (☞ 第29章)

接続詞は, **文中の語と語, 句と句, 節と節とを結びつける語**である.

① John **and** Jim are brothers. [**語**と**語**]
（ジョンとジムとは兄弟です.）

② Will you go by bus **or** by train? [**句**と**句**]
（バスで行きますか, それとも列車で行きますか.）

③ Summer is hot **but** winter is cold. [**節**と**節**]
（夏は暑いが, 冬は寒い.）

26. 間投詞 (interjection)

間投詞は，**さまざまな感情を表す語**である．文中の他の部分との文法的関係は非常に弱い．

① **Oh,** how glad I am!（ああ，なんというれしさだろう．）

② **Hurrah!** We've won!（万歳．勝ったぞ．）

27. 品詞の転用

英語のすべての**語**は，以上の“８品詞”のどれかに属しているわけだが，１つの語が１つの品詞だけに属しているとは限らない．同一の語が２つ以上の品詞にまたがって用いられるのがむしろ普通である．したがって，品詞の決定は，語が文中で果たしている役目によって行わなければならない．

① a) I **work** in a factory.（私は工場で**働いている.**）［動詞］
　b) I did a lot of **work** today.［名詞］
　（今日はたくさんの**仕事**をした．）

② a) I have never seen him **before.**［副詞］
　（彼には**以前**会ったことがない．）
　b) He walked **before** all.［前置詞］
　（彼はみんな**の前を**歩いた．）
　c) I must do this **before** I go to bed.［接続詞］
　（私は寝る**前に**これをしなければならない．）

●例題１●

次の文中の各語の品詞をいいなさい．

(1) An ostrich is a large bird.　(2) Stars shine at night.

(3) Thank God, the examination is over.

(4) Though I failed, I will try again.

考え方 (1) 冠詞は形容詞に含まれる（**§ 21**） ostrich「ダチョウ」　(3) Thank God「ありがたい」 (4) Though は I failed という節と，I will try again という節とを結びつけている（**§ 25**） will は助動詞で動詞に含まれる（**§ 22**）

解答 (1) An（形(冠)） ostrich（名） is（動） a（形(冠)） large（形） bird.（名）（ダチョウは，大きな鳥である．）

(2) Stars（名） shine（動） at（前） night.（名）（星は夜光る．）

(3) Thank God, the examination is over.
　　間　形(冠)　名　動　形
　(ありがたい，試験が終わった.)

(4) Though I failed, I will try again.
　　接　代　動　代　動(助動)　動　副
　(失敗したが，もう一度やってみる.)

B　句

28. 句 (phrase)

a) I enjoy **playing tennis**. (私はテニスをするのが楽しい.)

b) He met a lady **in black**. (彼は黒い服を着た婦人と会った.)

c) They walked **in silence**. (彼らは黙って歩いた.)

解説 a) の playing tennis (テニスをすること)は，enjoy (～を楽しむ)の目的語として**1つの名詞の働き**をしている．b) の in black (黒い服を着た)は，a lady (婦人)という名詞を修飾しているので，**形容詞の働き**をしていることが分かる．c) の in silence (黙って)は，walked (歩いた) という動詞を修飾しているので，**副詞の働き**をしていることが分かる．

このように，2つ以上の語が集まって1つの品詞の働きをし，〈主部＋述部〉の形式を備えていないものを**句** (phrase) という．句には，次の3種類がある．

〈1〉 **名 詞 句** (noun phrase)

〈2〉 **形容詞句** (adjective phrase)

〈3〉 **副 詞 句** (adverb phrase)

(**参考**) 以上の**名詞句・形容詞句・副詞句**というのは，〈句〉を文中の“働き”によって分類したものである．一方，〈句〉は，その“形式”によって分類することもできる．その場合は，範例 a) の playing tennis は，**動名詞句**，b) の in black や，c) の in silence は**前置詞句**，また，例えば a red rose (赤いバラ) は**名詞句**，§ **29** の To sing は**不定詞句**ということになる．

29. 名詞句 (noun phrase)

1つの**名詞**に相当する働きをするもの．名詞と同様，文の**主語**・**補語**・**目的語**として用いられる．

① **To sing** is a pleasure.　[不定詞句→**主語**]
(歌うことは，楽しいことだ.)

② The question is **how to do it**.　[不定詞句→**補語**]
(問題は，いかにそれをするかということだ.)

③ I *like* **getting up early**.　[動名詞句→動詞の**目的語**]
(私は早起きが好きだ.)　[<早く起きること]

④ John is fond *of* **reading books**.　[動名詞句→前置詞の**目的語**]
(ジョンは読書が好きだ.)　[<本を読むこと]

ポイント

名詞句は，「…すること」と訳せる

30. 形容詞句 (adjective phrase)

1つの**形容詞**に相当する働きをするもの．形容詞と同様，直接・間接に**名詞**・**代名詞**を修飾する．

① There was *nothing* **to eat**.　[不定詞句→**代名詞を直接に修飾**：= *eatable*]
(食べるものは何もなかった.)　[<食べるべき…]

② He is a *man* **of ability**.　[前置詞句→**名詞を直接に修飾**：= *able*]
(彼は才能のある男だ.)

③ *He* was **in anger**.　[前置詞句→**代名詞を間接に修飾**：= *angry*]
(彼は怒っていた.)

ポイント

形容詞句は，1つの形容詞の働きをする．それは，to eat=*eatable,* of ability=*able,* in anger=*angry* のように，1語の**形容詞**で書き直せるところからも明らかである.

31. 副詞句 (adverb phrase)

1つの**副詞**に相当する働きをするもの．副詞と同様，**動詞**・**形容詞**・**副詞**または**文全体**を修飾する．

① I can *do* it **with ease.**　[前置詞句→**動詞**を修飾：=*easily*]

(そんなことは楽にやれる.)

② German is *difficult* **to learn.**　[不定詞句→**形容詞**を修飾]

(ドイツ語は学びにくい.)　[<学ぶのにむずかしい]

③ He is old *enough* **to go to school.**　[不定詞句→他の**副詞**を修飾]

(彼は学校へ行く年ごろだ.)　[<行くのに十分に…]

④ **No doubt** he will succeed.　[**文全体**を修飾]

(もちろん彼は成功するだろう.)　[<疑いもなく]

ポイント　形容詞句と副詞句との見分け方

次の 2 つの文を比較してみよう.

ⓐ The bird **in the cage** is a canary.

(かごの中の鳥は，カナリアです.)

ⓑ There is a canary **in the cage**.

(かごの中にカナリアがいる.)

同じ in the cage という句でも，ⓐでは bird という名詞を修飾しているので**形容詞句**であるが，一方，ⓑでは is という動詞を修飾しているから**副詞句**である．このように，**句**の種類は，文中での働きによって決まる.

例題 2

次の各文中の下線部の句の種類をいいなさい.

(1) I get up at seven these days.
(2) The book on the shelf is mine.
(3) The time for us to part has come.
(4) My hobby is collecting stamps.
(5) I like playing baseball.

考え方 (1) at seven は get up を修飾；these days は文全体を修飾 (2) The book を修飾 (3) The time を修飾 (4) 主語補語；collect「〈切手などを〉収集する」 (5) like の目的語

解答 (1) 副詞句，副詞句 (私は近ごろ 7 時に起きる.)
(2) 形容詞句 (棚の上の本は，私のです.)

(3) 形容詞句（私たちが別れるべき時がやってきた.）
(4) 名詞句（私の趣味は，切手収集です.） [<切手を収集すること]
(5) 名詞句（私は野球をするのが好きです.）

C 節

32. 節 (clause)

a) **That he is honest** is certain. [名詞節]
(he = S, is = V; That he is honest = S, is = V, certain = C)
（彼が正直であることは確かだ.）

b) This is the *house* **that Jack built**. [形容詞節]
（これはジャックが建てた家です.）

c) He got home **before the sun set**. [副詞節]
（彼は日が沈まないうちに家に帰った.）

解説 a) の That he is honest は，〈主部＋述部〉の形式を備えながらも，文の主語として**1つの名詞の働き**をしている. b) の that Jack built も〈主部＋述部〉の関係をもち，house という名詞を修飾する1つの**形容詞**として働いている. c) の before the sun set は，got home という**動詞句**を修飾する**副詞**として働いている. このように，〈主部＋述部〉の関係を備えて，1つの品詞の働きをする語群を**節** (clause) という. つまり，同じく1つの品詞の働きをしている語群でも，その中に〈主・述〉関係があれば**節**，なければ**句**ということになる.

節は，**句**と同様，次の3種類に分けられる.

〈1〉 **名詞節** (noun clause)
〈2〉 **形容詞節** (adjective clause)
〈3〉 **副詞節** (adverb clause)

33. 名詞節 (noun clause) (☞ §§ 341, 342)

1つの名詞に相当する働きをするもの. 名詞と同様，**主語・補語・目的語・同格語**などとして用いられる. 名詞節は，「**…ということ**」と訳せるのが特徴.

① **How he did it** is the problem.　[主語]
S V C
(彼がそれをどうやったかが問題だ.)　[<どうやった**かということ**]

② The fact is **that I don't know him.**　[主語**補語**]
S V C
(実は，彼を知らないのです.)[<事実は，**彼を知らないということ**である]

③ That is **why I can't come.**　[主語**補語**]
S V C
(それが私の来られない理由です.)

④ I *know* **who did it.**　[動詞の**目的語**]
O
(私はそれをだれがしたか知っています.)

⑤ I walked over *to* **where he sat.**　[前置詞の**目的語**]
O
(私は，彼が腰かけている所まで歩いて行った.)

⑥ The *news* **that he died** was a great shock to us.
=
[news と**同格**]
(彼が死んだという知らせは，私たちには大きなショックだった.)

〈NB〉 **名詞節**を導くのは，**that, whether, if** などの接続詞，**what, why** などの**関係詞**，および **who, when** などの疑問詞である.

34. 形容詞節 (adjective clause) (☞ §§ 255, 265)

1つの形容詞に相当する働きをするもの．ただし，形容詞のように名詞・代名詞**の前に**くることはなく，つねに名詞・代名詞**のあとに**置かれて，それらを修飾する.

① I know the *man* **who wrote this book.**
(私は，この本を書いた人を知っています.)

② I remember the *house* **where I was born.**
(私は，自分が生まれた家を覚えています.)

〈NB〉 形容詞節を導くものは，普通，①の **who** のような**関係代名詞**か，②の **where** のような**関係副詞**である.

35．副詞節 (adverb clause) (☞ §§ 343～352)

1つの副詞に相当する働きをするもの．副詞と同様，**動詞・形容詞・副詞**，または**文全体**を修飾する．

① He *came* **after I left.** [**動詞**を修飾]

(彼は，私が去ったあとやって来た．)

② John is *stronger* **than he was before.** [**形容詞**を修飾]

(ジョンは，以前よりもじょうぶだ．)

③ He studies *harder* **than I ever did.** [他の**副詞**を修飾]

(彼は，かつての私などよりもよく勉強する．)

④ **When he comes,** *we will go.* [**文全体**を修飾]

(彼が来たら，出かけましょう．)

上で見るように，副詞節を導くのは**接続詞**である．

●例題 3●

次の各文中の下線部の節の種類をいいなさい．

(1) It is certain that John will succeed.
(2) We will go on a picnic if it is fine tomorrow.
(3) I don't know what he said.
(4) This is the place where I was born.
(5) He brought us the news that our team had won.

考え方 (1) It と同格の主語節(§ 33)　(2) 文全体を修飾(§ 35)　(3) know の目的語(§ 33)　(4) the place を修飾(§ 34)　(5) the news と同格(§ 33)

解答 (1) 名詞節 (ジョンが成功することは確かだ．)
(2) 副詞節 (あす天気ならピクニックに行きます．)
(3) 名詞節 (彼が何といったのか知らない．)
(4) 形容詞節 (ここは私が生まれた場所です．)
(5) 名詞節 (彼はわれわれのチームが優勝したという知らせをもたらした．)

■よく使われる英語のことわざ■

• Never put off till tomorrow what you can do today.
(今日できることをあすまで延ばすな．)

章末問題 2

A 次の各文の斜字体の語の品詞をいいなさい.

(1) ⓐ She is *but* a child.
ⓑ We could see nothing *but* water.
ⓒ Summer is hot, *but* winter is cold.

(2) ⓐ The earth moves *round* the sun.
ⓑ The ship *rounded* the cape.

(3) ⓐ He is an *early* riser.
ⓑ Come as *early* as possible.

B 次の各文中の下線部の句または節の種類をいいなさい.

(1) I don't know <u>what to say.</u>
(2) You must do it <u>with care.</u>
(3) He is quite <u>at home</u> in English.
(4) He asked me <u>if the news was true.</u>
(5) Do <u>as you were told.</u>
(6) The day <u>when he died</u> is known.
(7) I don't know <u>whether he will go or not.</u>
(8) Come back <u>as soon as you can.</u>

C 次の各文の(　)内に節を導く1語を入れなさい.

(1) It is said (　　) he was killed in the accident.
(2) There's someone at the door. Go and see (　　) it is.
(3) The time will come (　　) there is no war in the world.
(4) This is the man (　　) wanted to see you.

ヒント **A** (1) ⓐ〈文語〉=only ⓑ「〜のほかは」 ⓒ 節と節とを結びつけている (2) ⓑ cape「岬(みさき)」 (3) ⓑ Come を修飾 **B** (1) know の目的語 (2) do it を修飾 (3) at home in「〜に精通して」 (4) 直接目的語；if「…かどうか(ということ)」 (5) Do を修飾 (6) The day を修飾 (7) know の目的語 (8) Come back を修飾 **C** (1)「…ということ」 (2)「だれであるか(ということ)」 (3) 形容詞節；先行詞は The time (4) wanted の主語

(5) (　　) it was very cold, he went out without an overcoat.
(6) He raised his hat (　　) he saw me.
(7) (　　) he says is true.
(8) This is the house (　　) I was born.
(9) (　　) it rains tomorrow, I will not go out.

D 次の各文の(　)内に入れる適当な語句を下から選びなさい.

(1) Our plane reached (　　) at six o'clock this morning.
  a. Anchorage　**b.** at Anchorage　**c.** in Anchorage
  d. on Anchorage
(2) The flower smells (　　).
  a. well　**b.** ill　**c.** sweet　**d.** prettily
(3) His dreams (　　) true.
  a. went　**b.** came　**c.** hold　**d.** kept
(4) We walked through the cemetery, trying to be as (　　) as possible.
  a. bravery　**b.** brave　**c.** bravely
(5) Nobody would like to be buried (　　).
  a. die　**b.** alive　**c.** living　**d.** lively
(6) This drink tastes a little (　　) to me.
  a. strongly　**b.** strong　**c.** so strong
  d. too much strong
(7) His story (　　) rather unlikely.
  a. appeared　**b.** looked　**c.** sounded
  d. supposed　**e.** thought

ヒント (5)「寒かった」,「オーバーなしで出かけた」という2つの節の間には意味的な矛盾がある　(6) raise *one's* hat「(あいさつするために)帽子を上げる」(7)「彼のいうこと」　(8) 形容詞節　(9)「雨ならば」　**D** (1) reach は他動詞 (2) 〈smell＋C〉「Cのにおいがする」　(3)「実現した」　(4) be 動詞の補語 (5)「生き埋めにされる」　(6) 〈taste＋C〉「Cの味がする」　(7)「Cの響きがした」

(8) She looked (　　) with her new necklace.

a. pleased　**b.** please　**c.** pleasing　**d.** to please

(9) I gave (　　) books.

a. back him his　**b.** his back him
c. to him his back　**d.** him back his

(10) Help yourself to a drink, and (　　) yourself at home.

a. go　**b.** set　**c.** make　**d.** come

(11) I found this book (　　) from beginning to end.

a. amused　**b.** enjoying　**c.** interesting
d. interested

(12) She will (　　) him a good wife.

a. make　**b.** become　**c.** come　**d.** turn

(13) "How do you like your coffee?"　"I like mine (　　)."

a. black　**b.** very much　**c.** better　**d.** sweetly

(14) (　　) followed a period of peace and prosperity.

a. When　**b.** There　**c.** But　**d.** What

■よく使われる英語のことわざ■

- Make hay while the sun shines.
  (日の照るうちに草を干せ.)〔好機を活用せよ，の意〕
- What is learned in the cradle is carried to the grave.
  (三つ子の魂百まで.)
  〔←揺りかごで学んだことは墓場までもって行かれる〕
- If you run after two hares, you will catch neither.
  (二兎を追う者は一兎を得ず.)

ヒント　(8) 〈look＋C〉「Cの顔つきをする」　(9)「彼に本を返す」　(10)「くつろぐ」　(11) 〈find＋O＋C〉「OがCだと思う」　(12)「彼のいい妻になるだろう」　(13) 〈like＋O＋C〉「OがCなのを好む」　(14)「平和と繁栄の時代が続いた」

第3章

文 の 種 類

この章では，文は伝達内容によって**平叙文・疑問文・命令文・感嘆文**の４種類に分かれること，および，それぞれの文の作り方・意味・働きなどを研究する．どの種類の文も基本的に重要であるが，否定文・疑問文の作り方は，特に完全にマスターする必要がある．

A　伝達内容による文の種類

①	平叙文	The sun rises in the east.
②	疑問文	Will John come today?
③	命令文	Turn off the radio.
④	感嘆文	What a good mother she is!

(訳) ①　太陽は，東から昇る．
②　ジョンは，きょう来るだろうか．
③　ラジオを切りなさい．
④　彼女はなんという良いお母さんなのだろう．

解説　すべての文は，伝達内容によって，大きく上の４種類に分けられる．“伝達内容による分類”とはいっても，のちに分かるように，形式的特徴も考慮している点に注意すべきである．例えば

①　You will leave immediately.
(すぐ出て行ってもらいたい.)

②　Will you pass the salt, please?
(塩を取ってくださいませんか.)

において，意味的には①は〈命令〉，②は〈依頼〉を表しているけれども，形式的にはあくまでも①は〈平叙文〉であり，②は〈疑問文〉である．

さらに，感嘆文以外の文には，肯定形(＝肯定文)と否定形(＝否定文)の区別がある．

B 平　叙　文

36. 平叙文――肯定形

ある情報を伝達する文を**平叙文** (declarative sentence) という.

形式的特徴：普通，〈S+V〉の語順で，文尾に終止符 (.) をつけ，音調は下降調(↘)を用いる.

① John is a student. (ジョンは，学生です.)
② He has a good dictionary. (彼は良い辞書をもっている.)
③ Mary can read French. (メアリーは，フランス語が読める.)
④ Jim likes coffee. (ジムは，コーヒーが好きだ.)
⑤ He went to America. (彼はアメリカへ行った.)

37. 平叙文――否定形

否定平叙文は，原則的に否定語 **not** (〈口語〉では縮められて **n't** となる) を用いて作る.

▶**否定平叙文の作り方**：それには，2つの場合がある.

(A) 動詞が **be 動詞**，〈所有〉を表す **have 動詞** (ただし，これは〈英〉の語法)，**can, may, must** のような助動詞の場合，それらの動詞の直後に **not/n't** をつける.

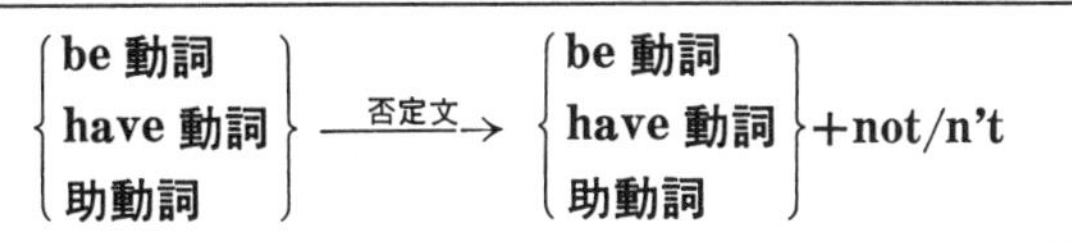

① John **is** a student. (ジョンは，学生だ.)
⇨ John **is not/isn't** a student. (ジョンは，学生ではない.)
② He **has** a good dictionary. (彼は良い辞書をもっている.)
⇨ He **has not/hasn't** a good dictionary.
(彼は良い辞書をもっていない.) 〈英〉
③ Mary **can** read French. (メアリーは，フランス語が読める.)
⇨ Mary **cannot/can't** read French.
(メアリーは，フランス語が読めない.)
注 **can not** という綴りは〈まれ〉.

(**B**) その他の like, go のような動詞(以下，**一般動詞**という)の場合は，さらに助動詞 **do** の助けを借りて，**do [does/did] not** を**その動詞の前に置き，動詞は原形にする．**

一般動詞 —否定文→ **do [does/did]+not/n't+動詞の原形**

---

④ Jim **likes** coffee. (ジムは，コーヒーが好きだ．)
⇨ Jim **does not/doesn't like** coffee.
(ジムは，コーヒーが好きではない．) [× doesn't **likes** は誤り]

⑤ He **went** to America. (彼はアメリカへ行った．)
⇨ He **did not/didn't go** to America.
(彼はアメリカへ行かなかった．) [× didn't **went** は誤り]

(参考) He **doesn't likes** coffee. が誤りなのは，**does** と **likes** のように，時制(および人称・数)を表す要素が2回生じているからである．時制を表す要素は，1つの文につき1回しか現れてはならないのが英文法のルールである．

〈NB〉 〈米〉では，**have** が「もっている」という〈状態〉を表す場合も，普通，"一般動詞"として使用される．この用法は，〈英〉でも普通になりつつある．

ⓐ He **doesn't have** any books. 〈米・英〉
(彼は本は1冊ももっていない．)
=He **hasn't** any books. 〈英〉

ただし，〈英〉〈米〉ともに，**have** が「食べる・受け取る・経験する」のような〈動作〉を表す場合は，当然，"一般動詞"として扱われる．

ⓑ I **didn't have** any breakfast this morning.
(けさは食事をしなかった．) [have=**eat**]

ⓒ **Did** you **have** a good time?
(おもしろかったですか．) [have=**経験する**]

C 疑 問 文

38. 疑問文の種類

相手に情報を求める文を**疑問文** (interrogative sentence) という．

書きことばでは，文尾に疑問符(**?**)をつける．

疑問文は，大きく3つの種類に分かれる．

〈1〉 **一般疑問文**：Yes か No かで答えられるもの．
Is John a doctor? (ジョンは，医者ですか．)

〈2〉 **特殊疑問文**：疑問詞で始まり，Yes/No で答えられないもの．
What is his name? (彼の名前は，何というのですか．)

〈3〉 **選択疑問文**：A か B かの選択を求めるもの．
Would you like tea or coffee?
(紅茶になさいますか，それともコーヒーですか．)

39．一般疑問文——肯定形

ある文の内容の真偽を尋ねる疑問文を **一般疑問文** という． Yes か No かの答えが期待されているので，「**イエス・ノー疑問文**」と呼ばれることもある．音調は，普通，上昇調(↗)を用いる．

▶**一般疑問文の作り方**には，否定平叙文の場合と同様，2通りある．

(A) **be** 動詞，「もっている」の意味の **have 動詞**（ただし，〈英〉の語法），**can, may, must** のような**助動詞**の場合は，これらを主語の前へ回す．

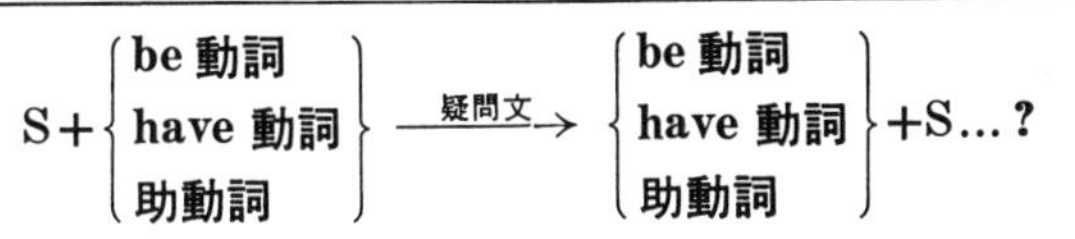

① **He is** very late. (彼はひどく遅れている．)
⇨**Is he** very late? (彼はひどく遅れていますか．)

② **Mary has** an aunt. (メアリーにはおばさんがいる．)
⇨**Has Mary** an aunt?
(メアリーにはおばさんがいますか．)

③ **I must** write to her. (彼女に手紙を書かなければならない．)
⇨**Must I** write to her?
(彼女に手紙を書かなければなりませんか．)

④ **The boat has** left. (船は出ました．)
⇨**Has the boat** left? (船は出ましたか．)

⑤ **John is** writing a book. （ジョンは，本を書いている.）

⇨ **Is John** writing a book?

（ジョンは，本を書いていますか.）

〈NB〉 **〈there is...〉** の構文 (☞ § 17) も **be 動詞**を含んでいるので，**〈Is there...?〉** となる.

Is there any hope of his recovery?

（彼が回復する望みはあるのですか.）

(B) 一般動詞の場合は，主語の前に **Do [Does/Did]** を置き，動詞は**原形**にする.

S＋**一般動詞** —疑問文→ **Do [Does/Did]**＋S＋**動詞の原形...?**

---

⑥ **He loves** his wife. （彼は妻を愛している.）

⇨ **Does he love** his wife? （彼は妻を愛していますか.）

⑦ **They played** football. （彼らはフットボールをした.）

⇨ **Did they play** football?

（彼らはフットボールをしましたか.）

注意 **Does** he **love...** の代わりに，× **Does** he **loves...** としてはいけない. 前述したように，時制を表す要素が2回生じてしまうからである.

〈NB〉 否定文の場合と同様，〈米〉では **have** が「もっている」という意味を表す場合も**一般動詞**として扱い，**Do you have ...?** のように **do** を利用する. この用法は〈英〉でも普通になりつつある.

Do you have a rich uncle? 〈米・英〉

＝**Have you** a rich uncle? 〈英〉

（君には金持ちのおじさんがいますか.）

（参考） 平叙文と同一の語順〈**S+V**〉を用いても，上昇調(↗)で発音する——書きことばでは，文尾に疑問符をつける——ならば，一種の疑問文ができあがる. これは，「イエス」か「ノー」かを尋ねているというよりも，むしろ，答えが yes か no であることを前提とした上で，相手にその確認を求めるもので，**確認疑問文**と呼ばれる.

ⓐ **You will** come in the evening?

（晩においでくださいますね.） [Yes を予想している]

ⓑ **He didn't** win the race? （彼はそのレースで優勝しなかったのですね.） [No の答えを予想している]

40. 一般疑問文——否定形

「A ではないのですか」というように，疑問文にさらに否定のかかった言い方．話し手の側に「A だと思っていたのに」という肯定の予想があった場合に用いられる．そこで，**否定疑問文**は，しばしば話し手の〈失望〉や〈いらだち〉の気持ちを表す．

① **Isn't** this mine?（これ，僕のじゃないの？）
[僕のだと思っていたのに，がっかりだ]

② **Can't** you drive straight?（まっすぐに運転できないの？）
[できると思っていたのに，いやだなあ]

③ **Hasn't** the boat left yet?（船はまだ出てないの？）
[出たと思っていたのに，がっかりだ]

▶ **否定疑問文の作り方：Isn't [Hasn't/Can't/Doesn't] he...?** のように，「動詞＋**not** を縮約した形」を主語の前に回す．もっとこまかく見れば，否定疑問文は，次の順序で作るとよい．

④ a) John **is** a singer.（ジョンは，歌手だ．） [肯定平叙文]
⇨b) John **isn't** a singer.（ジョンは，歌手ではない．） [否定平叙文]
⇨c) **Isn't** John a singer?（ジョンは，歌手ではないんですか．） [否定疑問文]

ポイント

④ a) から，一足飛びに ④ c) を作るのはむずかしい．
④ b) の過程を飛ばさぬことがポイントである．

否定疑問文に答える場合は，答えが肯定なら Yes，否定なら No を用いる．日本語の「はい/いいえ」のちょうど逆になるので注意を要する．

⑤ A: **Aren't** you happy?（君はうれしくないのか．）
B: **Yes,** I am.（**いいや**，うれしいよ．）
No, I am not.（**そう**，うれしくないね．）

⑥ A: **Didn't** he come?（彼は来なかったのですか．）
B: **Yes,** he did.（**いいえ**，来ましたよ．）
No, he didn't.（**ええ**，来ませんでした．）

参考 どうしてこういうくい違いが起こるかといえば，日本語の「はい／いいえ」は**相手の発言に対する賛成・不賛成を表す**のに対して，英語の

Yes / No は，**自分のいおうとする文が肯定であるか否定であるかを予告する**ものであるからである．この意味で，日本語の「はい／いいえ」は〈相手中心的〉，英語の Yes / No は〈自己中心的〉であるといえる．

● 例題 1 ●

次の各文を否定文と疑問文に書き換えなさい．

(1) Mary is a music teacher.

(2) He can speak English very well.

(3) She has gone to America.

(4) He looks very well.

(5) They played baseball yesterday.

考え方 (1), (2), (3) では，〈V＋not〉で否定文，〈V＋S〉で疑問文 (4), (5) では do の助けが必要

解答

	〈否定文〉	〈疑問文〉
(1)	Mary isn't a music teacher.	Is Mary a music teacher?
(2)	He can't speak English very well.	Can he speak English very well?
(3)	She hasn't gone to America.	Has she gone to America?
(4)	He doesn't look very well.	Does he look very well?
(5)	They didn't play beseball yesterday.	Did they play baseball yesterday?

41. 特殊疑問文

特殊疑問文 (special question) というのは，文の一部に不明の要素がある場合，その要素を what, who, which, when のような**疑問詞**にして，その部分に関する情報を求めるものをいう．したがって，Yes / No で答えることはできない．

形式的特徴：疑問詞は**義務的に文頭に**回され（重要なルール！），音調は普通，下降調（↘）である．

(A) 主語が疑問化される場合：主語がその位置で疑問詞化されて，〈**疑問詞＋V**〉の語順となる．

① a) **John**(S) opened(V) my letter. （ジョンが私の手紙を開封した．）

b) **Who**(S) opened(V) my letter? [×**Who did open...** は誤り]

(だれが私の手紙を開封したのか.)

(B) 主語以外の要素が疑問化される場合:〈疑問詞+一般疑問文〉の形式になる. この場合, 特殊疑問文は次のような順序で作られる. (* のついた文は, 実際には用いられないが, 特殊疑問文を作るときに省いてはならない重要な過程を示す.)

② a) John is **a doctor**. (ジョンは, 医者です.)

b) 不明の部分を疑問詞に変える:
John is **what**?
(ジョンが何をしているって?) [疑問詞=C]

c) 〈V+S〉の語順にする:
***Is John** what?

d) 疑問詞を文頭へ回す(義務的):
What is John? (ジョンは, 何をしている人ですか.)

③ a) Mary married **John**. (メアリーは, ジョンと結婚した.)

b) 不明の部分を疑問詞化する:
Mary married **who(m)**?
(メアリーがだれと結婚したって?) [疑問詞=O]

c) 〈V+S〉の語順にする:
***Did Mary** marry who(m)?

d) 疑問詞を文頭へ回す(義務的):
Who(m) did Mary marry?
(メアリーは, だれと結婚したのですか.)

注 〈口語〉では, **Who** did Mary marry? が用いられる.

④ a) He will come back **tomorrow**.
(彼はあす帰って来るだろう.)

b) 不明の部分を疑問詞化する:
He will come back **when**?
(彼がいつ帰って来るって?) [疑問詞=副詞]

c) 〈V+S〉の語順にする:
***Will he** come back when?

d) 疑問詞を文頭へ回す(義務的):
When will he come back?
(彼はいつ帰ってくるのですか.)

〈NB〉 1. ①〜④の b) 文は，相手のいったことばの一部が聞き取れなくて聞き返すとき，実際に用いられる文(＝聞き返し文)である点に注意.

〈NB〉 2. **What** is the capital of France?

(ⓐ どこがフランスの首都ですか.)

(ⓑ フランスの首都はどこですか.)

のような文では，訳文に対応して次の2通りの答えができるが，ⓐのほうが普通とされる.

ⓐ Paris is.　ⓑ It's Paris.

つまり，What をSととる人はⓐの答えをし，capital をSととる人はⓑの答えをするわけである.

42. 選択疑問文

2つ(以上)のものの中で選択を求める疑問文を**選択疑問文** (alternative question) という.

形式的特徴：〈選択〉を表す接続詞 **or** [ɔː] を含み，〈↗A (↗, B) **or** ↘C〉のように，上昇調と下降調で発音する. この疑問文も，Yes / No で答えられない.

① A: Shall we go **by↗bus** ***or*** **by↘train**?

(バスで行きますか，それとも列車で行きますか.)

B: (Let's go) By bus. (バスにしましょう.)

② A: Which do you like better,↗**tea** ***or***↘**coffee**?

(紅茶とコーヒーのどちらがお好きですか.)

B: I like coffee better. (コーヒーのほうが好きです.)

43. その他のタイプの疑問文

(A) 付加疑問文 (tag question)

一般疑問文の一種で，相手にものを尋ねるというよりも，自分の述べたことに対して相手の反応を求めるために，平叙文のあとに付加する簡単な疑問文をいう. 〈口語〉特有の語法で，特に女性に愛用される. 日本語では，「…**ね**」が対応する.

形式的特徴：(1)〈肯定文＋否定疑問文(縮約形)〉，〈否定文＋肯定疑問文〉の組み合わせにする. (2) 作り方は一般疑問文に準じる. (3) 前文の主語が名詞の場合でも，付加疑問文中の主語は必ず**代名詞**に変える. (4) 音調は，自分の言明が正しいと確信している場合は下降調(↘)，確信がなくて相手に Yes か No かで答えてほしいときは上昇調(↗)を用いる.

付加疑問文 ⇨ 肯定文には否定形，否定文には肯定形

〈肯定文＋否定疑問文〉の例：

① **Mary is** here, **isn't she**?
（メアリーは，ここにいるんだね.）

② **You will** tell him, **won't you**? （彼にいってくれるね.）

③ **John came** yesterday, **didn't he**?
（ジョンは，きのう来たんだね.）

④ **There are** some apples on the table, **aren't there**?
（テーブルの上にりんごがいくつかありますね.）

〈否定文＋肯定疑問文〉の例：

⑤ **Mary isn't** here, **is she**? （メアリーは，ここにいないんだね.）

⑥ **You won't** tell him, **will you**? （彼にいわないだろうね.）

⑦ **John didn't** come yesterday, **did he**?
（ジョンは，きのう来なかったんだね.）

⑧ **Ann hasn't** been waiting, **has she**?
（アンは，ずっと待っていたんじゃないね.）

⑨ **There isn't** a bookstore around here, **is there**?
（このあたりには本屋はないんですね.）

なお，次のような特殊な付加疑問文にも注意しよう.

命令文， will you? ～してくれないか
Let's ～，shall we? ～しようよ

---

⑩ Lend me your pen, **will you**?
（ペンを貸してくれないか.）

⑪ **Let's** go to the movies, **shall we**?
（映画を見に行こうよ.）

(B) 修辞疑問文 (rhetorical question)

形式は疑問文であるが，“反語”であるため実質は反対の文意を表す平叙文に等しくなる. 平叙文よりもはるかに感情的・強意的. 〈文章体〉

の語法であるが，英文解釈上は重要である．下降調(↘)で発音する．

肯定の修辞疑問文は，**強い否定の断定**になる．

⑫ How can I help crying? [=I can't help crying.]
(どうして泣かずにいられましょう．)

⑬ What does it matter? [=It doesn't matter at all.]
(それがどうだというのか．)

否定の修辞疑問文は，**強い肯定の断定**になる．

⑭ Who **doesn't** know? [=Everyone knows.]
(だれが知らない者がいようか．)

● 例題 2 ●

次の各文に付加疑問文をつけなさい．

(1) Your father is going to make a speech.
(2) Mary can't speak Japanese.
(3) Your school begins at eight o'clock.
(4) He didn't come.
(5) Sally has blue eyes.
(6) There's a cat on the table.
(7) There's no time for a meal.
(8) Open the door.
(9) Let's have a game of cards.

考え方 〈肯定文＋否定の付加疑問文〉〈否定文＋肯定の付加疑問文〉(§ **43**(A))

(1) make a speech「講演する」 (5)〈英・米〉ともに do を用いるのが普通 (§ **39**(B)《NB》) (9) a game of cards「トランプ(のゲーム)」

解答 (1) Your father is going to make a speech, *isn't he*?
(2) Mary can't speak Japanese, *can she*?
(3) Your school begins at eight o'clock, *doesn't it*?
(4) He didn't come, *did he*?
(5) Sally has blue eyes, { *hasn't she*? 〈英〉 / *doesn't she*? 〈米・英〉 }
(6) There's a cat on the table, *isn't there*?
(7) There's no time for a meal, *is there*?
(8) Open the door, *will you*?
(9) Let's have a game of cards, *shall we*?

D 命　令　文

44. 命令文

命令・依頼・希望などを表す文を**命令文** (imperative sentence) という．命令文について最も重要なのは，普通，目下の人にしか使用できないという点である．

形式的特徴：通例，主語は省略され，**動詞の原形**が用いられる．音調は普通は下降調(↘)であるが，上昇調(↗)を用いれば柔かい感じを与える．書きことばでは，文尾に終止符，もしくは強意の場合，感嘆符(**!**)をつける．

〈命令文＋and/or...〉の構文については，それぞれ，☞ § 335 (C), 337 (C) を参照.

(A) 肯定形：「～せよ」

① **Come** in! （お入り.）

② **Be** careful. （気をつけなさい.）

　注　形容詞の命令文は，〈**Be＋形容詞**〉で表す.

命令文のぶっきらぼうな感じを和げるために，しばしば **please** を文頭または文尾につけて，〈依頼文〉にする.

③ **Please give** me a glass of water.
（水を 1 杯ください.）［文頭では please のあとにコンマ不要］

④ **Shut** the door, **please**. （ドアを閉めてください.）
［文尾ではコンマをつける］

また，命令文に **will you**? という付加疑問文をつけても，〈命令〉が〈依頼〉になる.

⑤ Open the door,↗**will you**? （ドアを開けてくれませんか.）

命令文に **won't you**? を付加すれば，〈勧誘〉になる.

⑥ Have a cup of tea,↗**won't you**?
（お茶を 1 杯いかがですか.）

(B) 否定形：「～するな」——否定の命令文は，〈禁止〉になる.

〈**Don't＋動詞の原形**〉の形式を文頭に置く.

⑦ **Don't worry**. （心配するな.）

⑧ **Don't be** idle. （怠けるな.）

この場合も，**please** をつけて，〈命令〉を〈依頼〉にすることができる．

⑨　A： May I smoke？（たばこを吸ってもいいですか．）
　　B： **Please don't** smoke.（どうか吸わないでください．）

〈NB〉 **1.** 命令文では，相手(＝2人称)に命令していることは場面から明らかなので，主語の You は省略されるのが普通である．しかし，相手に警告したり（ⓐ,ⓑの例），複数の相手の，特にだれに向けられた命令であるかを明確にする(ⓒの例)ために，主語を表すことがある．その場合，you を強く発音する．

ⓐ **You** be quiet!（君，静かにしたまえ．）
ⓑ **You** put it down!（君，それを下に置くんだ．）
ⓒ John, **you** come here, and Mary, **you** go over there.
（ジョン，君はこっちへ来なさい．メアリーはそっちだ．）

ⓐ,ⓑの場合，しばしば強い〈いらだち〉の感情が含まれる．

〈NB〉 **2.** 狭義の**命令文**は，上のように**動詞の原形**を用いたものをいう．次のような文は〈命令〉の意味を表してはいるが，**命令文**ではなく，ⓐは平叙文，ⓑは疑問文である．

ⓐ You will be back soon.（すぐ戻って来てください．）
ⓑ Would you mind opening the window?
（窓を開けてくださいませんか．）

45. let による命令文

行為者が1人称または3人称の場合は，**〈Let＋目的格＋原形〉**の形式を用いる．これには3つの用法がある．

(A)　2人称に対する命令(＝普通の命令文)：**let** が強く発音される．

①　**Let me** go!（行かして[放して]ください．）
②　**Let him** come in!（彼を入れておやり．）

①,② の例では，表面に現れていない2人称（＝you）に対する命令であることに注意．

(B)　〈Let's＋原形〉の形で勧誘・提案を表す：原形が強く発音される．

③　A： **Let's** have a party.（パーティーをやろうよ．）
　　B： Yes, **let's**.（うん，やろう．）

Let's... のあとには，よく付加疑問文の **shall we?** がつけられる．

④　**Let's** watch TV, *shall we*?（テレビを見ようよ．）

(C)　許容：原形が強く発音される．〈文語体〉

⑤ **Let** the wind **blow**！（風吹かば吹け．）

⑥ **Let** each man **decide** for himself.

（各人が自分で決めるがよい．）

◆　**否定形**：**Let's** の否定形は，〈英・米〉ともに **Let's not** が普通の形式だが，〈英口〉では **Don't let's**, 〈米口〉では **Let's don't** も，ときに用いられる．

⑦ a) **Let's not** go.　—No, **let's not.**　〈普通の言い方〉

b) ＝**Don't let's** go.　—No, **don't let's.**　〈英口〉

＝**Let's don't** go.　—No, **let's don't.**　〈米口〉

（行かないでおこうよ．——ええ，そうしよう．）

行為者が3人称の場合は，**Don't let** が用いられる．これは2人称（＝you）に対する普通の命令文である点に注意．

⑧ **Don't let** anyone go.

（だれも行かせるんじゃない．）

E 感　嘆　文

感嘆の気持ちを表す文．**形式的特徴**：最も典型的には **What** または **How** で始まり，語順は平叙文と同様，〈S＋V〉が原則．音調は下降調（↘）で，書きことばでは文尾に感嘆符（**!**）をつける．

46. What で始まる感嘆文

〈What（＋a(n)）（＋形容詞）＋名詞＋S＋V〉の語順．**what** は「なんという」という意味の形容詞だから，あとに名詞がくる．**what** に導かれる名詞句は，文の種々の要素であってさしつかえない．

① **What** *a big crowd* came！　[主語]

（What a big crowd = S, came = V）

（なんとものすごい群衆が来たことか．）

② **What** *beautiful flowers* (they are)！　[補語]

（What beautiful flowers = C, they = S, are = V）

（(あれは)なんという美しい花だろう．）

③ **What** ***nonsense*** you are talking! [目的語]
O S V
(なんというたわごとを言っているのか.)

④ **What** ***a long time*** we've been waiting! [修飾語句]
M S V
(ずいぶん長いこと待たされるね.)

《NB》 ②の例のように，感嘆文の〈S+V〉が〈代名詞+be 動詞〉の場合はよく省略される．何を話題にしているか場面から分かるからである．

ポイント What で始まる感嘆文の作り方

次の順序で考えるとよい．

ⓐ This is **a beautiful rose.**
(これは，美しいバラです.)

ⓑ 名詞句の前に **what** をつける：
This is ***what*** **a beautiful rose.**

ⓒ **what** に導かれる名詞句を文頭に回す(義務的)：
What a beautiful rose this is △ !

47. How で始まる感嘆文

〈**How**（＋形容詞／副詞＋）**S＋V**〉の語順． **how** は「なんと」という意味の副詞だから，他の副詞と同様，あとにくる**形容詞・副詞**または**動詞**を修飾する場合に用いられる．

① **How** ***tall*** John is! (ジョンは，なんて背が高いんだろう.)
C S V

② **How** ***fast*** she ran! (彼女は，なんとまあ速く走ったこと.)
M S V

③ **How** I hate war! (なんて戦争っていやなんだろう.)
M S V O

ポイント 感嘆文と疑問文との違い

1) **感嘆文は〈S+V〉，疑問文は〈V+S〉**の語順である．

ⓐ How old **he is**! [感嘆文]
(彼はなんて年取っているのだろう.)

ⓑ How old **is he**? (彼はいくつですか.) [疑問文]

2) What で始まる感嘆文で，次に単数名詞がくる場合は，**a(n)** がつくが，疑問文ではつかない．

ⓐ What **a** *book* it is! [感嘆文]
(なんという[すばらしい/くだらない，など]本だろう.)

ⓑ What *book* is it? (それはどんな本ですか.) [疑問文]

章末問題 3

A 次の各文を，下線部を尋ねる疑問文に書き換えなさい．

(1) Jim broke the window.

(2) Mary is a doctor.

(3) John is my cousin.

(4) He bought a dictionary at the bookstore.

(5) His daughter was born in Boston.

(6) John came back yesterday.

(7) I go to school by bus.

B 次の各組の文を，文の違いに注意して訳し分けなさい．

(1) ⓐ How tall are you?
ⓑ How tall you are!

(2) ⓐ What a girl she is!
ⓑ What girl is she?

(3) ⓐ How wide is this river?
ⓑ How wide this river is!

(4) ⓐ How far did you walk?
ⓑ How far you walked!

C 次の文を感嘆文に書き換えなさい．

(1) This is a beautiful picture.

(2) He speaks English very well.

(3) He is a very lucky fellow to have such a thing.

(4) She has very nice friends.

(5) It pours.

ヒント **A** 「疑問詞＝主語」→〈S＋V…?〉，「疑問詞≠主語」→〈V＋S…?〉(§ 41) (1)「だれが」 (2)「何者で」 (3)「どんな人で」 (4)「何を」 (5)「どこで」 (6)「いつ」 (7)「いかにして」 **B** (1),(2) 〈S＋V〉なら感嘆文，〈V＋S〉なら疑問文(§ 47) **C** 〈What (＋形容詞)＋名詞〉，〈How＋形容詞[副詞/主語＋動詞]〉(§§ 46, 47) (3) to have「～をもっているなんて」 (5) pour「(雨が)どしゃ降りに降る」

D 次の各文を指示に従って書き換えなさい．

(1) She usually has breakfast at about eight. ［疑問文に］

(2) It's a lovely day. ［否定疑問文に］

(3) You must be careful. ［命令文に］

(4) You must not be lazy. ［命令文に］

(5) Who does not wish to be free? ［Everyone で始めて］

(6) He seldom goes to church. ［付加疑問文をつける］

E 次の各文の(　)内に適当な1語を入れなさい．

(1) Boys, (　　) ambitious! （少年よ，大志をいだけ．）

(2) Open the window, (　　) you? （窓を開けてくれませんか．）

(3) Let's dance, (　　) we? （ダンスしましょうよ．）

(4) (　　) a beautiful sunset it is! （何という美しい日没だろう．）

(5) (　　) lovely this flower is! （この花はなんて美しいことか．）

(6) Don't you speak English? —(　　), I don't.
（英語は話さないのですか．）（ええ，話しません．）

(7) The notice says, "(　　) off the grass."
（芝生に入るべからずと，掲示に出ている．）

■よく使われる英語のことわざ■

• The early bird catches the worm.
（早起きは三文の得．）〔←早起きをする鳥は虫を捕らえる〕

• It never rains but it pours.
（一度あることは二度ある．）〔←降ればどしゃ降り：通例悪いことに，ときに良いことにも用いる〕

ヒント **D** (1) has＝eats; at about「～ごろに」 (2) lovely「上天気の」 (5) 修辞疑問文 (§ **43**(B)) (6) seldom は"準否定語" **E** (1) 形容詞の命令文 (2) ☞ § **43**(A) (3) ☞ § **43**(A) (4) ☞ § **46** (5) ☞ § **47** (6) 日本語の「はい」とのずれに注意 (§**40**) (7)「～に入るべからず→～に近寄るな」

第4章

時　　制

ある事件が発話時よりも前かあとか，それとも同時かという時間関係を表す動詞の形式を**時制**という．英語には，**現在時制**（例：He **goes**）と**過去時制**（例：He **went**）の2つがある．この章では，これら2つの時制の形式と用法とを研究する．

A 時制の組織

ある動作・状態が発話時よりも前かあとか，それとも同時かという時間関係を表す動詞の形式を**時制** (tense) という．英語には，**現在時制**と**過去時制**の2つがある．それぞれの時制は，**単純形**である場合と，さらに**進行形**や**完了形**と組み合わさっている場合とがある．

	〈現在時制〉	〈過去時制〉
単純形	He **takes**	He **took**
進行形	He **is taking**	He **was taking**
完了形	He **has taken**	He **had taken**
完了進行形	He **has been taking**	He **had been taking**

B 現在時制

現在時制は，話し手が現在(＝発話時)において事実であると考えている事柄を表すときに用いられる．

事件
現在(＝基準時)

48．現在の状態

〈状態動詞〉と共に用いられる．発話時をさす **now** を伴うことができる．

① I **love** Mary.（私はメアリーを愛している．）

② John **lives** in London. (ジョンは，ロンドンに住んでいる.)

③ I **can hear** it ***now***. (今は聞こえていますよ.)

④ I **have** a good dictionary. (私は良い辞書をもっている.)

日本語では，すべて「**〜ている**」で対応する点に注意 (例えば④の場合，「辞書を**もつ**」は不自然である). 〈状態〉の中には，〈継続〉の意味が含まれているので，〈状態動詞〉は進行形にしない.

⑤ ×I **am having** a good dictionary.

49. 現在の習慣的行為

〈動作動詞〉と共に用いられる. しばしば，**often, sometimes** のような頻度の副詞語句を伴う.

① I **work** in that office. (私はあの会社で働いています.)

② He ***often*** **arrives** at school late. (彼はよく学校に遅れる.)

③ I **go** to church ***on Sundays***.
(私は日曜日には教会へ行きます.)

この用法は，主語の〈習慣〉を述べているだけで，例えば①で，私は「発話している現在働いている」わけではないことに注意しよう.

50. 目前の動作の解説

〈動作動詞〉と共に，特定の場面で用いられる. この用法では，話し手の関心は〈目前の事実の報告〉にあるので，進行形にはしない.

① [奇術師] I **place** the rabbit in the box and **close** the lid.
(ウサギをこれなる箱に入れます. 次に，ふたを閉じます.)

② [スポーツの実況放送] He **passes** the ball to Smith, and Smith **shoots**! (ボールをスミスにパスしました. スミス，シュートしました.) [この用法は，「タ」形で訳される]

③ a) ***Here*** **comes** the bus! (さあ，バスが来たぞ.)
b) ***There*** **goes** the bell! (あ，鐘が鳴る.)

③のように，方向の副詞語句で始まる場合は，感嘆の気持ちがこもる. 不意に眼前に生じた事件に対して，反射的に感嘆の声が発せられているからである.

51. 普遍的な真理

① Cows **eat** grass. (牛は草を食べる.)

② Oil **floats** on water. （油は水に浮く.）

③ Time **is** money. （時は金なり.）〈ことわざ〉

④ Twice two **is** four. （2×2＝4）

〈普遍的な真理〉に現在時制が用いられるのは，発話時において文の内容が真であると話し手が考えているからである.

52. 未来の確定的な事柄

暦・時間表などであらかじめ決まっている事柄や，決定済みの予定については，現在時制が用いられる．つまり，発話時における〈事実〉として扱われるのである.

通例，未来時を示す語句を伴って用いられる.

① ***Tomorrow*** **is** Sunday. （あしたは日曜日です.）

② Exams **begin** on ***Monday***. （試験は月曜日から始まる.）

③ The train **leaves** ***in ten minutes***.
（列車はあと10分で出ます.）

〈NB〉 × It **rains** tomorrow. （あしたは雨が降ります.） といえないのは，雨降りなどは客観的な実現可能性がないからである.

53. 未来時をさす時・条件の副詞節の中で

このような節で現在時制が規則的に用いられるのは，未来性は主節の動詞によって十分に示されるからである.

① Let me know ***as soon as*** he **comes**.
（彼が来しだい教えてください.）

② ***If*** it **rains** tomorrow, I'll stay home.
（あす雨が降れば家にいます.）

ポイント

未来時をさす時や条件の副詞節中では， will, shall は使わない

〈NB〉 次のような場合は，**will, shall** が使用される.

1) 時や条件の副詞節中の **will** が「もし～してくださるなら」というように，2・3人称主語の〈意志〉を表す場合：

I'll be glad ***if*** you **will** *come*.
（おいでくださればうれしいです.）

2) if 節や when 節が副詞節でない場合：

I don't know ***when*** he **will** *come*.　　　[名詞節]

(彼がいつ来るのか知らない.)

The time will come ***when*** you'll *regret* it.　　　[形容詞節]

(君がそのことを後悔する時が来るだろう.)

54. "歴史的現在"

主に文学作品において，過去の一連の事件を，あたかも話し手の眼前で起こっているかのように生き生きと描写する場合に用いられる. これは，修辞的な技巧であり，過去の〈事件の時〉と現在の〈語りの時〉とがいわば 1 つに重なっているので，当然，現在時制が用いられるのである. テレビで時代劇を見ている場合を考えてみるとよい.

① As I was sitting at breakfast this morning, there **comes** a knock at my door.
(けさ朝食をとっていると，だれかがドアをノックする.)

"歴史的現在" は，新聞の見出しや歴史年表にも利用される.

② EARTHQUAKE **ROCKS** TOKYO.　　　[新聞の見出し]
(東京，地震に揺れる.)

③ 1867——Brahms **finishes** his first symphony.
(1867年——ブラームス，第一交響曲を完成する.)　　　[年表]

55. 現在完了形の代用

say, tell, hear, learn, understand などの情報を伝達したり受け取ったりする動詞は，**過去に生じた事件の現在の結果を表す**ため現在時制が用いられる. ③,④ のような例では，日本語ではタ形で訳される.

① John **tells** me he is moving from No. 20.
(ジョンは 20 番地から転居するといっている.)

② I **hear** Mary has gone into hospital.
(メアリーは入院したと聞いている.)

③ Now I **understand**.　(これで分かりました.)

forget (忘れる), **remember** (思い出す) も，このクラスに入れられる.

④ I **forget** his address.
(彼の住所は忘れてしまった.)

●例題 1●

次の各文の(　)内の適当な形を選びなさい.

(1) We shall have no time to rest until he (comes, shall come, will come) back.

(2) The children will be happy when school (will be, is) over.

(3) Do you mind if I (may open, open, shall open) the window?

(4) The earth (went, goes, go) round the sun once a year.

考え方 (1), (2), (3) 未来時をさす時や条件の副詞節では will, shall は使わない (**§ 53**) (4) 普遍的な真理 (**§ 51**)

解答 (1) comes (2) is (3) open (4) goes

C 過 去 時 制

過去時制は, 過去の基準時において**事実であった**と認められる事柄を表すために用いられる.

事件
過去(＝基準時)　現在

56. 過去の状態

〈状態動詞〉と共に用いられる.

① Mary **looked** happy.
(メアリーは, うれしそうな顔をしていた.)

② There **were** five people there. (そこには5人の人がいた.)

③ I always **respected** John.
(私はいつもジョンを尊敬していた.)

57. 過去の動作

〈動作動詞〉と共に用いられ, 過去の動作を1つの事件として表す.

① John **came** to see me ***yesterday***.
(ジョンは, きのう私に会いに来た.)

② I **saw** Mary at school ***today***.
(きょう学校でメアリーと会った.) [晩方の発言]

③ He **read** ***all morning***. (彼は午前中ずっと読書した.)
[正午ごろの発言]

58. 過去の習慣的行為

通例，頻度を表す副詞語句を伴って用いられる.

① I **got up** at six ***in those days.*** (当時は6時に起きた.)

② Last summer I **went** swimming ***every day.***
(去年の夏は，毎日泳ぎに行った.)

〈used to＋原形〉(～することを常とした) を用いると，〈習慣〉の意味が明確になる.

③ He **used to** take a walk early in the morning.
(彼は早朝散歩するのが常であった.)

●例題 2●

次の日本文を英語に直しなさい.

(1) 彼は昨夜その映画を見ました.
(2) 私は3週間前にこの国へ来ました.
(3) 当時彼らは田舎に住んでいた.
(4) 私はきのう泳ぎに行かなかった.

考え方 **過去の事実**は過去時制で表す. 各文の過去時をさす表現に注目しよう.

解答 (1) He saw the movie last night.
(2) I came to this country three weeks ago.
(3) In those days they lived in the country.
(4) I didn't go swimming yesterday.

章末問題 4

A　次の各文の(　)内の適当な形を選びなさい.

(1) Please wait till (I shall have done, I have done) this work.
(2) I'll put off my departure, if it (rain, rains, will rain).
(3) When (did, has, was) World War II break out?
(4) I can't tell if it (is, will be) fine tomorrow.

ヒント　**A** (1), (2) 時・条件の副詞節では will, shall が使えない (§ 53)
(3) **過去の事実**を尋ねている；When にも注目　(4) この if 節は副詞節ではなく，名詞節

(5) Mr. Smith (lay, lies, laid, lain) great emphasis on world peace in his speech yesterday.

B 次の各文の( )内の動詞を適当な形に変化させなさい.

(1) My brother (go) to school every day.

(2) This dictionary (belong) to me.

(3) John looked tired, when I (see) him last week.

(4) What shall I tell him when he (come)?

C 次の各文の誤りを正しなさい.

(1) I am knowing him well.

(2) If it will rain tomorrow, don't expect me.

(3) Let us start as soon as he will come back.

(4) The sun will set by the time they will get there.

D 各文の( )内に適語を1つ入れ, 日本文と同じ意味になるようにしなさい.

(1) それはご想像に任せます. I'll ( ) it to your imagination.

(2) 釣りとなると, 彼の右に出る人はいない.
There is no one who can surpass him when it ( ) to fishing.

(3) うちの古い車を処分します.
We are going to ( ) ( ) of our old car.

(4) ちょっとお話しさせていただけますか.
May I ( ) a word with you?

(5) よい考えが彼の心に浮かんだ.
A good idea ( ) itself to his mind.

(6) あのピンクのシャツはこの茶色の帽子とうまく合わない.
That pink shirt does not ( ) this brown hat.

(7) 私は, 当然彼が味方をしてくれると思った.
I ( ) it for granted that he would stand by me.

ヒント (5) lie (横たわる)—lay—lain; lay (横たえる)—laid—laid
B (1) 現在の習慣的行為 (**§ 49**) (2) 現在の状態 (**§ 48**) (3) last week は過去の基準時を示す (4) when 節は時の副詞節 (**§ 53**) **C** (1) 現在の状態 (**§ 48**) (2), (3), (4) それぞれ時・条件の副詞節を含んでいる (**§ 53**) **D** いずれも成句的; 辞書を引くこと (6)「合う→調和する」

(8) 正直にしていて常に損はない世の中だ.
We live in a world where it does always (　　) to be honest.

E　次の各文の(　)内に入れる適語を下から選びなさい.

(1) She has nothing to do, so time (　　) heavy on her hands.
a. lags　**b.** stays　**c.** passes　**d.** keeps　**e.** hangs

(2) So many problems still (　　) to be solved.
a. leave　**b.** keep　**c.** remain　**d.** stay

(3) The total number of students in my school (　　) to five hundred.
a. adds　**b.** amounts　**c.** becomes　**d.** reaches

(4) Please (　　) our heartfelt apologies.
a. accept　**b.** except　**c.** intercept　**d.** receipt

(5) He (　　) a girl from drowning and was given a reward.
a. helped　**b.** supported　**c.** rescued　**d.** assisted

(6) The boy (　　) no progress in his speaking ability.
a. made　**b.** gave　**c.** improved　**d.** advanced

(7) Everyone (　　) that you won the contest.
a. delighted　**b.** delights　**c.** is delighted　**d.** was delight

(8) While the typhoon raged, flights to Kyushu were (　　).
a. expanded　**b.** inspected　**c.** performed　**d.** preserved
e. suspended

■よく使われる英語のことわざ■

- Necessity is the mother of invention.（必要は発明の母.）
- Where there's a will, there's a way.
（精神一到何事か成らざらんや.）
〔←意志のあるところ，そこに道がある〕
- Charity begins at home.（愛はまず家庭から始めよ.）

ヒント　(8)「損はない」pay　**E**　(1)「時間をもて余す」(2)「まだ解決されていない」(3)「〜に達する」(4)「受け入れる」(5)「救う」(6)「進歩しない」(7)「喜んでいる」(8)「中止する」; rage「猛威をふるう」

第5章

未来時を示す表現形式

英語には**未来時を示す表現形式**として，will/shall ばかりではなく，He **may [can/must/should/ought to]** come tomorrow. のように，たいていの助動詞は未来時をさすことができる．この章では，そのうちの主要な6つの形式について研究しよう．

A はじめに

英語には“未来時制”はないが，未来時を示す表現形式ならいくつかある．そのうちの主なものは，次の6つの形式である．いずれも「ジョンはあす発ちます」という意味を表す．未来時を示す副詞 **tomorrow** を伴っている点に注意しよう．

〈1〉 John **will leave** *tomorrow.*
〈2〉 John **is going to leave** *tomorrow.*
〈3〉 John **is leaving** *tomorrow.*
〈4〉 John **will be leaving** *tomorrow.*
〈5〉 John **is to leave** *tomorrow.*
〈6〉 John **leaves** *tomorrow.*

（参考） 時制は**動詞の形式**をいう以上，これらはすべて**現在時制**にほかならない．また，〈**will/shall**＋動詞の原形〉の形式を“未来時制”と見ることができないのは，will, shall は，can, may, must と同様，助動詞として種々の意味を表すからである(☞ 第11章)．

B 未来時を示す6つの形式

59. 〈will/shall＋動詞の原形〉

will はすべての人称と共に用いられて，未来時をさすことができるが，必ず話し手の主観的な気持ちが加わることに注意しなければならない．

まず，**2・3人称**の場合は，話し手の〈予言〉または〈保証〉を表す．

① You **will** be in time if you hurry. (急げば間に合いますよ.)

② He **will** be here *soon*. (彼はじきに来ますよ.)

③ It **will** rain *tomorrow*. (あすは雨でしょう.)　[天気予報]

1人称主語の場合は，通例，〈意志〉の意味が加わる.

④ I **will** stop smoking. (たばこをやめよう.)

そこで，〈英〉では，1人称主語で未来の〈予言〉を表す場合には，**shall** を使う人が多い(ただし，〈米〉では，**shall** はほとんど使わないので，この場合も **will** になる).

⑤ {〈英〉I **shall** / 〈米〉I **will**} be rich *one day*. (いつか金持ちになるだろう.)

なお，**will, shall** の意味・用法の詳細については，☞ **§§ 104, 107.**

60. 〈be going to＋動詞の原形〉

be going to は，2つの意味を表す.

(A) 1人称主語と共に用いて，**主語の〈意図・計画〉**を表す.

① I **am going to** play tennis *this afternoon*.
(きょうは午後からテニスをするんだ.)

2人称主語の場合は，疑問文に用いて，相手の〈意図・計画〉を尋ねることになる.

② What **are** you **going to** be? (将来何になるつもりですか.)

③ a) **Are** you **going to** help me?
(手伝ってくれるんだね.)　[相手にその様子が見える]
b) **Will** you help me? (手伝ってくれるかい.)
[手伝ってくれるかどうか不明]

3人称主語の場合は，話し手は，あらかじめ本人の〈意図・計画〉を知っている必要がある. 他人の心の中はのぞけないからである.

④ My son **is going to** be a doctor.
(息子は医者になるつもりだ.)

(B) 物や人間を主語にして，「**将来～しそうだ**」という意味を表す. 〈意図〉を含まないので，“無意志動詞”とともに用いられる. 特に，事の起こりそうな兆しがある場合に用いられる.

⑤ *I feel dizzy.* I think I'**m going to** faint.
(めまいがする. 今に失神するんじゃないかな.)

⑥ It's **going to** rain. *Look at those black clouds.*
（今に雨が降り出すよ．あの黒い雲をごらんよ．）

⑤,⑥ において，斜字体の部分が事の起こりそうな“兆し”を表している．

61．〈be＋現在分詞〉

現在の計画・予定に基づく未来の事件を表す．（詳しくは ☞ §75(D)）

① I **am leaving** *tomorrow.* （私はあす発ちます．）

② The match **is starting** at 2:30 *tomorrow.*
（試合は，あす2時半に始まる．）

③ The Smiths **are coming** *this evening.*
（スミス夫妻は，今晩来ることになっている．）

①,② では，すでに計画済みであり，③ では招待状が出され，相手も承諾していることが分かる．

62．〈will/shall　be＋現在分詞〉

この形式は，2つの意味を表す．

(A)　未来の基準時における動作の進行

① *When* I get home, Mary **will be watching** TV.
（私が帰宅すると，メアリーはテレビを見ているところだろう．）

(B)　「自然の成り行きでそうなる」

② **I'll be seeing** Bob *this evening.* （今晩ボブと会うことになりましょう．）［彼も同じパーティーにやって来るので］

③ We **shall be meeting** every day *soon.* （まもなく毎日お会いすることになりましょう．）［同じ職場になったので］

63．〈be to＋動詞の原形〉

準助動詞としての **be to** の基本的意味は〈取り決め・手はず〉である．

(A)　取り決め・手はず

① We **are to** be married in June.
（私たちは，6月に結婚することになりました．）

(B)　命令（一方的な“取り決め”）：②のように，しばしば親の子供に対する命令に利用される．

② You **are to** do your homework before you watch TV.
(あなたは，テレビを見る前に宿題をするんですよ.)

③ This gate **is** not **to** be opened today.
(この門は，本日は開けぬこと.)

(C) [否定の受動文に用いられて]**不可能**

④ The child **was** *nowhere* **to** be found.
(その子供は，どこにも見つからなかった.)

注 「～することになっていない」→「～することができない」というように，〈不可能〉の意味が生じる.

(D) **運命**(“取り決め”が運命的な場合)

⑤ He **was** never **to** see his wife again.
(彼は2度と妻に会えない運命にあった.)

(E) [条件節で]**「～したいのであれば」**

⑥ ***If*** we **are to** win the race, we must start training now.
(そのレースで優勝したいのであれば，早速練習を始めなければならない.)　[＝If we want to ～]

64. 現在時制

(A) **未来の確定した事柄**を表す.(詳しくは ☞ § 52)

① He **comes** back next Tuesday.
(彼は今度の火曜日に戻ってくる.)

② My plane **leaves** at 9.
(私の(乗る)飛行機は，9時に飛びます.)

③ What time **does** the match **begin**?
(試合はいつ始まるのですか.)

(B) **時・条件の副詞節の中で**(詳しくは ☞ § 53)

④ Let's wait ***till*** he **comes**.　(彼が来るまで待っていよう.)

⑤ I won't go ***if*** it **rains**.　(雨が降れば行かない.)

■よく使われる英語のことわざ■

• Look before you leap.
(ころばぬ先のつえ.)〔←跳ぶ前によく見よ〕

• The eye is the window of the mind.
(目は心の鏡.)〔←目は心の窓〕

章末問題 5

A　次の各文の(　)内に適当な1語を補いなさい.

(1) You (　　) soon get used to the work.

(2) Look out, or you (　　) be run over.

(3) What are you (　　) to do today?

(4) Mary (　　) coming this afternoon.

(5) The Prime Minister is (　　) visit Japan next month.

B　次の各文の誤りを正しなさい.

(1) I am happy tomorrow afternoon.

(2) The sun is setting at 6:30 tomorrow.

(3) John gives a party this evening.

(4) If it will rain tomorrow, don't expect me.

C　次の各文の(　)内の動詞を最も適当な未来表現にしなさい.

(1) Airplanes (be) much faster in the future.
(飛行機は将来ずっと速くなるだろう.)

(2) Just a minute. I think I (buy) a newspaper.
(ちょっと待ってください. 新聞を買おうと思うんです.)

(3) I (read) this book. I bought it last week.
(この本を読むつもりだ. 先週買ったんだよ.)

(4) Look at those black clouds. There (be) a storm.
(あの黒い雲をごらん. 嵐が来るんだよ.)

(5) My train (start) at ten.
(私の列車は, 10時発です.)

(6) The two leaders (meet) in Moscow.
(2人の指導者は, モスクワで会う予定である.)

ヒント　**A**　(1), (2) 話し手の〈予言〉または〈保証〉を表す(**§ 59**)　(3) ☞ **§ 60**　(4)〈予定に基づく未来〉(**§ 61**)　(5)〈手はず〉(**§ 63**); Prime Minister「首相」　**B**　(1) ☞ **§ 59**　(2) このような計画は立てられない(**§ 62**(B))　(3) ☞ **§ 61**　(4) ☞ **§ 53**　**C**　(1)〈予言〉　(2)〈意志〉　(3)〈意図・計画〉　(4)「今に～しそうだ」　(5)「確定した事柄」　(6)〈手はず〉

第6章
完　了　形

完了形〈have＋過去分詞〉は，動作がある基準時に完了していることを表す形式である．この章では，**現在完了形**(例：have gone), **過去完了形**(例：had gone), **“未来”完了形**(例：will/shall have gone) について研究する．

A　完了形の3形式

a)　現在完了形：He **has** ***just*** **written** a letter.
b)　過去完了形：He **had written** a letter ***then.***
c)　“未来”完了形：He **will have written** a letter ***by noon.***

(訳) a)　彼はいま手紙を書き終えたところだ．
b)　彼はその時手紙を書き終えていた．
c)　彼は正午までに手紙を書き終えているだろう．

解説　完了形は，〈**have＋過去分詞**〉で表される．完了形は，**時制**の区別を表すものではなく，動作がある基準時に完了していることを表す形式である．上のように，**現在完了形，過去完了形，“未来”完了形**の3種類がある．

現在完了形では，〈現在時制＋完了形〉という2つの文法的な意味が重なり，**過去完了形**では，〈過去時制＋完了形〉という2つの文法的な意味が重なっていることに注意しよう．例えば，現在完了形の

I **have read** the book.（私はその本を読み終えた．）

という文において，read という過去分詞の部分が**過去の事件**を表し，have という動詞が**現在時**を示している．

いわゆる“未来”完了形〈**will/shall have＋過去分詞**〉は，〈**must/may have＋過去分詞**〉などと平行する形式で，時制の点から見れば**現在時制**にほかならない．

B　現在完了形：〈have/has＋過去分詞〉

65. 現在完了形の用法

現在完了形の基本的意味は，過去の動作・状態が現在(＝基準時)とつながりのあることを示す．(つながりを感じなければ，過去時制が選ばれる.)

次の例では，その“つながり”は[　]内に示してある.

① I **have cleaned** my shoes.
(私は靴を磨いた.) [今はきれいだ]

② He **has been** ill ***for a week.***
(彼は1週間前から病気だ.) [今も直っていない]

③ She **has *often* visited** Canada.
(彼女は何度もカナダへ行ったことがある.)
[だから，よく知っている]

この基本的意味は，動詞自体の意味，および，共に用いられる副詞語句などの意味に影響されて，次の4つの意味を表す.

66. 〈現在までの動作の完了〉：「～してしまった」

動作がいつ**完了**したかということよりも，その**結果**が今どうなっているかに関心がある．この用法は，**I have *just* ——.** のフレームで生じる．つまり，**just** をつけることができれば，〈動作の完了〉を表すと解釈される.

① The lake **has frozen.**
(湖水が凍結してしまった.) [いま凍結している]

② They **have widened** the road.
(道が広げられた.) [いま広くなっている]

③ Look!　We**'ve painted** the kitchen.
(ごらん．台所にペンキを塗ったんだよ.) [いま塗ってある]

just をつければ，ごく最近の完了を表し，まだ完了していない動作には **yet** をつける.

④ He **has *just* gone** out.
(彼はちょうど出かけたところです.) [今ここにはいない]

⑤ You **haven't posted** that letter ***yet.***
(その手紙をまだ投函していないね.) [まだ手もとにある]

67. 〈現在までの動作・状態の継続〉:「ずっと～している」

"状態動詞", または **teach** (教える), **live** (住む), **walk** (歩く), **sing** (歌う), **work** (働く) のような持続的な動作を表す動詞と共に用いられる. しばしば, **for a week** (1週間前から) とか, **since 1970** (1970年以来), **always** (いつも) のような期間の副詞語句を伴う. **I have** —— ***for a week.*** のフレームに生じるなら, この用法と解釈される.

① I **have been** here ***for a week.***
(1週間前からここにいます.) [状態動詞]

② ***How long*** **have** you **known** John? [状態動詞]
(ジョンと知り合ってどれくらいになりますか.)

③ We**'ve lived** in London ***since 1970.*** [持続動詞]
(私たちは, 1970年以来ロンドンに住んでいます.)

④ I**'ve** ***always*** **walked** to work.
(私はいつも歩いて会社へ通ってきた.) [持続動詞]

〈NB〉 完結的な動作を表す動詞の完了形は,〈結果〉を表すので,〈継続〉の意味を表すためには完了進行形にしなければならない. (☞ § 79)

Cf.
- I **have been painting** a picture ***all day.***
  (私は1日中絵を描いている.) 〈継続〉
- I **have painted** a picture.
  (私は絵を描き終えた.) 〈結果〉

68. 〈現在時までの経験〉:「～したことがある」「～している」

ever (今までに), **never** (1度も～ない), **once** (1度), **often** (何度も) のような,〈経験〉の有無や回数を示す副詞語句を伴うことが多い. **I have** —— ***before.*** のフレームに生じるなら, この用法である.

① I **have read** this book ***three times.***
(この本は, 3回読んだことがある.)

② A: **Have** you ***ever*** **written** a book?
B: Yes, I **have.** / No, I **haven't.**
(「今までに本を書いたことがありますか.」
「ええ, あります.」/「いいえ, ありません.」)

③　Many people **have died** in auto accidents.
　　(自動車事故で多くの人が死んでいる.)

日本語では，①,② のように，**反復可能な経験**は「**〜したことがある**」を使い，③のように，**反復不可能な経験**は「**〜している**」を使うことに注意したい．

上の3つの用法は，それぞれ，右のように図示できる．

現在時
(A)〈完了〉
(B)〈継続〉
(C)〈経験〉

〈NB〉 **1.**　〈**have been to 〜**〉と〈**have gone to 〜**〉：この2つの完了形には，次のような意味の違いがある．

ⓐ　He **has been to** London.
　　(ロンドンへ行ったことがある.)　〈経験〉

ⓑ　He **has gone to** London.
　　(ロンドンへ行ってしまった.)　〈完了〉

ただし，〈米〉では，〈**have gone to 〜**〉を ⓐ の意味に用いる人もいるが，一般的ではない．

また，〈**have been to 〜**〉は，場面によっては，「**〜へ行って来たところだ**」という意味にも用いられる．その意味では，よく **just** を伴う．

ⓒ　I **have** (***just***) **been to** the station.
　　((ちょうど)駅へ行って来たところです.)

〈NB〉 **2.**　同じ動詞でも，副詞語句の影響を受けて，上の **3** つの意味を表す場合がある．

ⓐ　He **has** *just* **walked** out.　〈完了〉
　　(彼はちょうど歩いて出て行ったところです.)

ⓑ　I **have** *always* **walked** to work.　〈継続〉
　　(私はいつも歩いて会社へ通ってきました.)

ⓒ　I **have** *once* **walked** in this park.　〈経験〉
　　(私はかつてこの公園を散歩したことがある.)

69．〈未来の基準時における完了〉

時や条件の副詞節では **will/shall** が使えないので，〈未来の基準時における完了〉は現在完了形で代用する．これは，未来代用の現在時制に準じる用法である．(☞ § 53)

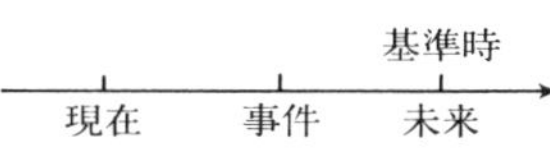

① Please wait ***till*** I **have finished** my letter.
(手紙を書き終えるまで待ってください.)
[×till I *will* have finished]

② Let's start at five ***if*** it **has stopped** raining by that time.
(5時までに雨がやんでいれば，その時出かけよう.)
[×if it *will* have stopped]

70. 現在完了形と過去時制との違い

(A) 現在完了形と過去時制との違いは，**現在完了形**は，過去の事件が何らかの点で発話時とつながりがあると感じられるときに用いられ，**過去時制**は過去の事件が発話時から明白に切り離されていると感じられるときに用いられるという点にある.

ⓐ 現在完了形：
事件 ―――――――― 現在(基準時) →

ⓑ 過去時制：
事件(過去(＝基準時)) ―――――――― 現在 →

すなわち，現在完了形では現在を〈基準時〉とし，過去時制では過去を〈基準時〉としているのである.

(B) 両者の違いは，副詞語句の使用においても明白になってくる.

(1) **yesterday** (昨日)，**two days ago** (2日前)，**last year** (昨年) などの**過去の特定時**を明示する副詞語句は，話し手の心理において，発話時とのつながりを絶つと感じられるので，現在完了形と共に用いることができない.

① I {× **have seen** / ○ **saw**} John ***yesterday/last week.***
(きのう/先週，ジョンと会った.)

(2) **in one's life** (生まれてから)，**formerly** (以前)，**in the past** (昔は) などは，**発話時まで広がる期間をさす**場合，現在完了形と共に用いられる.

② I **have** never **seen** a koala ***in my life.***
(私は生まれてからコアラを見たことがない.)

③ Television sets **have been** costly ***in the past.***
(テレビは，以前は高かったことがある.)

(3)　**always**（いつも），**ever**（いつか），**never**（1度も～ない），**recently**（最近），**today, this morning,** 疑問詞の **when** などは，現在完了形，過去時制のどちらとも用いられるが，それぞれ基準時が異なる．

④　a) **Did** you ***ever*** **meet** John?
　　([その当時]いつかジョンと会いましたか.)
　b) **Have** you ***ever*** **met** John?
　　(これまでにジョンと会ったことがありますか.)

④ a), b) は同義ではないことに注意．話し手が過去の特定時を考えているならば ④ a) が用いられ，一方，発話時まで広がる期間を考えているならば ④ b) が用いられる．

⑤ や ⑥ についても，同様なことがいえる．

⑤　a) I **didn't see** Mary ***this morning.***　[午後になってからの発話]
　　(けさはメアリーに会わなかった.)
　b) I **haven't seen** Mary ***this morning.***　[午前中の発話]
　　(けさはメアリーに会っていない.)

⑥　a) ***When*** **did** you *see* him last?　[過去の特定時]
　　(彼と最後に会ったのは，いつでしたか.)
　b) ***When*** **have** I ever **told** you a lie?　[現在に至るまで]
　　(私があなたにうそをいったことがいつありました?)

(4)　**just**（たった今）は現在完了形，**just now**（つい今しがた）は過去時制と共に用いられるのが普通である．

⑦　He **has** ***just*** **got up.**　(彼は今起きたところです.)
⑧　He **got up** ***just now.***　(彼はついさっき起きました.)

〈NB〉　ただし，〈米口語〉では，***just*** を過去時制と共に使うことがある．
You missed him.　He ***just*** **went out.**
(会いそこねましたね．今出かけたところですよ.)

● 例題 1 ●

次の各文の誤りを正しなさい．

(1)　When have you seen him?
(2)　I have climbed Mt. Fuji last summer.
(3)　He has come back just now.

考え方　時の副詞に注意；現在とつながりがあるのか，過去時を明示するのか．

(§ **70**) (1) When に注目　(2) last summer に注目　(3) just now に注目 (§ **70**(**B**)(**4**))

解答 (1) have you seen → did you see　(2) have climbed → climbed (3) has come → came

C 過去完了形：〈had＋過去分詞〉

71．過去完了形の2用法

過去完了形には，大きく分けて2つの用法があるが，基本的には右のように図示できる．

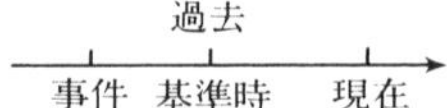

72．現在完了形が過去にずれた場合

過去のある基準時までの動作・状態の *1*) **完了**，*2*) **継続**，*3*) **経験**を表す．つまり，現在完了形が転移した用法である(基準時が現在から過去へ移っている)．

(A)　〈完了〉：「**(その時は)～したところだった**」(☞ § 66)

① ***When*** we arrived, the show **had *just* begun.** (私たちが着いたとき，ショーはちょうど始まったところだった．)

② I **had written** the letter ***by then***.
(私は，その時にはその手紙を書いてしまっていた．)

(B)　〈状態の継続〉：「**(その時まで)ずっと～していた**」(☞ § 67)

③ He **had been** there ***for ten years*** before he **came** to Tokyo. (彼は東京に来る前10年間そこにいた．)

④ He **had** not **seen** me ***for many years*** when I *met* him last week. (先週彼と会ったが，彼はもう長年私と会っていなかった．)

(C)　〈経験〉：「**(その時までに)～したことがあった**」「**～していた**」(☞ § 68)

⑤ I *recognized* the man because I **had met** him once ***before.***
(前に1度会ったことがあったので，その男が分かった．)

⑥ He *said* that he **had *once* been** to America.
(1度アメリカへ行ったことがある，と彼はいった．)
[時制の一致の例 (☞ § **401**)]

73. 過去が転移した場合

過去のある基準時よりも前に起こった事柄を表す．これは，過去時制が転移した用法で，“**大過去**”とも呼ばれる．

① *cf.* a) John **posted** the letter which he **had typed.**
(ジョンは，タイプした手紙を投函した.)
b) John **typed** the letter and **posted** it.
(ジョンは手紙をタイプして投函した.) [*post*＝〈米〉mail]

過去に起こった事件を単文の形式で時間的順序に並べる場合は，① b) のように，共に過去時制を用いる．しかし，① a) のように，**先行する事件をあとに回す場合**は，時間のずれを明示するために過去完了形を用いる．

さらに，次の例を見てみよう．

② *cf.* a) He *said* he **had sent** the parcel ***a week before.***
(彼は1週間前に小包を送ったといった.)
b) He said, “I **sent** the parcel ***a week ago.***”

② a) が過去時制の転移したものであることは，② b) のように，直接話法（☞ § 403）への書き換えによって明白である（過去の特定時を明示する a week ago があるので，現在完了形が転移したものではあり得ない）．

〈NB〉 **1.** 時間のずれのある場合は，先行する事件が必ず過去完了形になると考えるのは誤りである．例えば，接続詞によって時の前後関係が明示される場合は，過去時制で代用することがある．

ⓐ ***After*** he **finished** the book, he *went* to sleep.
(その本を読み終えたあと，彼は眠りについた.)

また，次のように，時の前後関係よりも，他のことに重点がある場合にも，過去時制が使用される．

ⓑ John *was punished* because he **broke** a window.

ⓑ の場合は，「窓をこわしたから罰せられた」という“因果関係”に重点が置かれているのである．

〈NB〉 **2. hope**（希望する），**intend, mean**（～するつもりである），**want**（欲する），**expect**（期待する）などの過去完了形は，**過去の希望などが実現しなかった**ことを表す．

I **had hoped** to see him, but could not.
(彼に会いたいと思っていたが，会えなかった.)

D “未来”完了形：〈will/shall have＋過去分詞〉

74．“未来”完了形の用法

“未来”完了形は，未来のある基準時までの動作・状態の *1)* **完了**，*2)* **継続**，*3)* **経験** を表す．

未来
現在　事件　基準時

(A) 〈完了〉：**「〜してしまっているだろう」**

① He **will have finished** the work ***by evening.***
（彼は夕方までには，その仕事を終えていることだろう．）

② ***When*** you wake, these fancies **will have gone.**
（目がさめれば，こんな空想は消え去っているだろう．）

(B) 〈状態の継続〉：**「ずっと〜していることだろう」**

③ We'll **have lived** here three years ***in June.***
（6月でここに3年間住んだことになります．）

(C) 〈経験〉：**「〜したことになる」**

④ ***By the time*** this course is over, I **shall have read** this book three times. （このコースが終わるころには，私はこの本を3回読んだことになる．）

“未来”完了形は，〈形式ばった〉スタイルである．

〈NB〉 次の〈will have＋過去分詞〉は，**発話時までに**事件が完了しているだろうという〈推量〉を示すもので，“未来”完了形とは別用法．
He **will have had** his tea ***by now.*** [now が発話時を表す]
（今ごろはもうお茶をすませているだろう．）

例題 2

次の各文の(　)内の動詞を適切な形に変えなさい．

(1) I explained that I (forget) my keys.
(2) I (intend) to make a cake, but I ran out of time.
(3) I lost the book which I (buy) the day before.
(4) He (be) here for seven years next August.
(5) He (finish) the painting by evening.

考え方 (1), (3) 2つの動詞の表す時は，どちらが「以前」か (2) 希望の非実現 (§ **73** 〈NB〉 2)；run out of time「時間がなくなる」 (4) next August が基

準時 (§ **74**(B)) (5) by evening が基準時 (§ **74**(A))

解答 (1) had forgotten (2) had intended (3) had bought (4) will have been (5) will have finished

章末問題 6

A 次の各文中の( )内に適当な1語を入れなさい ((5)〜(7) は2つの文が同義になるように).

(1) ( ) had I seen him when he ran away.

(2) When I reached home, I discovered that I ( ) lost my books.

(3) He will have arrived in Paris ( ) this time tomorrow.

(4) We ( ) hoped that he would recover.

(5) It is five years since he died.
He has ( ) ( ) for five years.

(6) She died ten years ago.
Ten years ( ) ( ) ( ) she died.

(7) I shall be through with the work before you return.
I shall ( ) ( ) the work before you return.

B 次の各文中の( )内の動詞を適当な形に変化させなさい.

(1) I (know) him for many years before he went into business.

(2) I lent him the book I (buy) the day before.

(3) Yesterday I (buy) a new watch, as my old one (be stolen).

(4) They told him they (not meet) him before.

(5) I (begin) to read Hamlet last week and just (finish) it.

ヒント **A** (1) when に注目(〜するやいなや) (2) discovered する以前にlost している (3)「あすの今ごろまでに」 (4) 実現しなかった過去の希望 (§ **73** 〈NB〉2) (5) 現在までの〈継続〉 (6)〈完了〉 (7)「終えてしまっているだろう」
B (1) 彼が「実業界に入った(=過去)」とき, それ以前から彼を知っていた (2)「貸した」よりも「買った」ほうが以前 (3) yesterday で過去形が決まる 古い時計を盗まれたのは「それ以前」 (4) not meet は told (=過去)よりも「以前の行為」 (5) last week で過去形が決まる ; 後半は just に注目

(6) My father (be) dead for six years.

(7) The earthquake of last night was the severest we (have).

C 次の各文の( )に入れる適当な語句を，下の語群から選びなさい．

(1) I don't know what spinach tastes like. ( ).
  a. I did not try it **b.** I have not tried it
  c. I had not tried it

(2) Mary has learned much ( ) she first arrived at college.
  a. when **b.** since **c.** before

(3) Some of us remained until all of the crowd ( ) left the hall.
  a. have **b.** did **c.** had

(4) The results last term ( ) better than anyone had expected.
  a. would have been **b.** were **c.** had **d.** had been

(5) I ( ) finished the work two days before it was needed.
  a. had **b.** should **c.** did **d.** was

(6) He ( ) as a writer even before he became a politician.
  a. has been well known **b.** had been well known
  c. had well known

D 次の各文に誤りがあれば正しなさい．

(1) It has passed three years since he died.

(2) I have written it just now.

(3) I have gone to the station to see a friend off.

(4) I have read this book when a child.

(5) He said that his father returned the day before.

(6) When have you finished your homework?

ヒント (6) for six years「この6年間」→「6年前から」 (7) 現在を基準時にして話している **C** (1) 現在までの〈経験〉; spinach「ホウレンソウ」 (2)「～以来」 (3)〈完了〉 (4) last term「先学期」が基準時 (5), (6) 過去よりも〈以前の時〉を表している **D** (1) three years が宙ぶらりん (2) just now「ついさっき」は過去時を明示する (**§ 70**(4)) (3)「～へ行って来たところだ」(**§ 68**〈NB〉1) (4) when a child が過去時を明示 (5) said より returned のほうが以前 (6) When が過去時を明示

(7) I am knowing him since we were boys together.

(8) Last year I have gone to Hokkaido for my holidays.

(9) I knew him at once, for I often saw him before.

(10) I do not read the book yet.

(11) I live in this city for ten years.

(12) Our school is closed since last week.

(13) No sooner we reached the house than the rain began to pour in torrents.

(14) He has and always will be delicate.

(15) The sun will set by the time they get there.

(16) I told my employer that I left my tools at home.

(17) Suddenly I remembered that I forgot the ticket.

E　次の日本文を英語に直しなさい.

(1) その後その子供がどうなったか知る人はない.

(2) その雑誌はまだ読んでいないので捨てないでください.

(3) 予期したとおり，晴天となった.

(4) 今度パリを訪ねるならば，3回行ったことになる.

ヒント　(7), (12) since「～以来現在まで」　(8) Last year が過去時を明示　(9) knew よりも saw のほうが以前　(10) yet は「(現在まで)まだ」　(11) 10年前から「現在まで」　(13) reached のほうが began よりも「以前」　(14) has のあとに本動詞がない　(15)「沈んでしまっているだろう」　(16), (17) 従属節の動詞のほうが主節の動詞よりも「以前」　**E**　(1)「～がどうなったか」what has become of　(3)「～となる」turn out (to be)　(4)「行ったことになる」shall have been there

第７章
進　行　形

進行形〈be＋現在分詞〉は，動作がある基準時に進行していることを示す文法形式である．この章では，**現在進行形**（例：is reading），**過去進行形**（例：was reading）について研究する．“**未来**”**進行形**〈will/shall be＋現在分詞〉については，すでに § 62で研究した．

Ａ　進行形の形式と意味

a)　現在進行形：He **is reading** ***now***.
b)　過去進行形：He **was reading** ***then***.
c)　“未来”進行形：He **will be reading** ***tonight***.

(訳) a)　彼は今読書**している**．　　b)　彼はその時読書**していた**．
c)　彼は今夜読書**しているでしょう**．

解説　進行形は，〈**be＋現在分詞**〉という形式で表現される．日本語では，「**～している**」が対応する．進行形には，**現在進行形，過去進行形，“未来”進行形**の３種類がある．そのうち，“未来”進行形は，§ 62で扱ったので，この章では扱わない．

進行形の基本的意味は，次のようなものである．

現在・過去・未来の基準時における事件の進行を表す

(参考) 進行形は，完了形と同様，**時制**の区別を表すものではない．例えば，

ⓐ　The baby **sleeps** in that bed.
　　(赤ちゃんは，あのベッドで寝ます．)
ⓑ　The baby **is sleeping** in that bed.
　　(赤ちゃんは，あのベッドで眠っています．)

という２つの文において，**時制**は共に**現在**であるが，ⓐには〈非進行〉，ⓑには〈進行〉という動作の**あり方**の違いがある．

𝔹　現在進行形：〈is/am/are＋現在分詞〉

75．現在進行形の用法

現在進行形の，**〈基準時である現在に事件が進行している〉**という基本的意味は，右のように図示できる．

事件
現在（＝基準時）

(A)　**〈現在（＝基準時）における事件の進行〉**

① She's **making** a cake ***now.***
（彼女は今ケーキを作っています．）

② He **is sleeping** ***right now.***　（彼はちょうど今眠っています．）

③ John **is writing** another book.
（ジョンは，今別の本を書いている．）

①, ② では，now, right now が現在の〈基準時〉を明示している．③は，本を書き始め，まだ書き終わっていないということをいっているのであって，たとえ発話時にゴルフをしていても，本を執筆中という〈事件〉は依然として進行しているのである．

（参考）次の 2 つの文を比較してみよう．

ⓐ John **is living** in London.
（ジョンは，（目下）ロンドンに住んでいる．）

ⓑ John **lives** in London.　（ジョンの住まいはロンドンにある．）

ⓑはロンドンが**定住地**であることを，ⓐは**一時的な居住地**であることを表している．

(B)　**〈限られた期間に反復される動作〉**

now（今），**this week**（今週），**lately**（最近）のような限られた期間を表す副詞語句を伴う．

④ a) I'm **going** to work by bus ***now.***　〈一時的な反復〉
（今はバスで会社へ行っている．）［車が故障したので］

b) I **go** to work by bus.　〈習慣的な事実〉
（私はバスで会社へ行っている．）

(C)　**〈絶えず継続している動作〉**

always（いつも），**continually**（絶えず），**for ever**（始終）などの副詞語句と共に用いられる．一種の“誇張表現”で，しばしば〈不快・いらだち〉などの感情的色彩を伴う．

⑤ He **is** ***always*** **smoking.**
(彼はいつもたばこをふかしている.)［いやだな］

⑥ The child **is** ***for ever*** **eating.**
(その子は，始終何か食べている.)［食いしんぼうだなあ］

(D) 〈現在の計画・予定に基づく未来の事件〉(☞ § 61)

この用法は，**come**（来る），**go**（行く），**start**（出発する），**arrive**（到着する）のような“運動の動詞”に多いが，その他の，前もって計画できるような行為を表す動詞にも拡大使用される．通例，未来時を示す副詞語句を伴う．

⑦ I **am leaving** *tomorrow.*（私はあす発ちます.）

⑧ **I'm going away** *tonight.*（私は今夜ここを去ります.）

⑨ My wife **is having** a baby *in June.*
(妻は，6月に子供が生まれます.)［出産予定日が決まっている］

⑩ He **is bringing** his wife with him.（彼は妻を同伴してくる.）

いずれの場合も，現在すでに準備に取りかかっているという含みがある．

〈NB〉 この用法の進行形は，人為的に計画された行動についてしか用いないので，次のような文は誤りである．
×Tomorrow it **is snowing.**

76. 進行形にできない動詞

前節で見たように，〈状態〉を表す動詞は，進行形で用いることができない．〈状態〉は，すでに〈進行〉の意味を含んでいるからである．〈状態動詞〉には，次の3種類がある．

(A) 精神活動を表す動詞：think（考える），**hope**（望む），**forget**（忘れる），**believe**（信じる），**love**（愛する），**understand**（分かる），*etc.*

① I **think** that's mine.（それは私のだと思う.）

② I **hope** it's true.（本当であればいいが.）

③ I **believe** that it's true.（それは本当だと信じる.）

④ I **forget** what he said.（彼が何といったか忘れてしまった.）

(B) 感覚動詞：see（見える），**smell**（においがする），**hear**（聞こえる），**feel**（感じる），*etc.*

⑤ I **see** a dog over there.（向こうに犬が見える.）

⑥ I **hear** music.（音楽が聞こえる.）

⑦ I **feel** cold.（寒い.）

(A), (B) の動詞の場合，主語はほとんどいつも I である点に注意.〈精神活動〉も〈感覚〉も，話し手にしか自覚できないという特徴をもっているからである.

(C) 関係動詞：**contain**（含む），**belong**（属する），**depend**（依存する），**equal**（等しい），**have, own**（持つ），**owe**（負う）など，2つの物の "関係" (relation) を表す動詞.

⑧ The box **contains** sugar.（その箱には砂糖が入っている.）

⑨ This book **belongs** to me.（この本は私のものだ.）

⑩ Four times four **equals** sixteen.（4 の 4 倍は 16 である.）

⑪ He **owns** a big house.（彼は大きな家をもっている.）

ポイント

〈状態動詞〉は進行形にならない

77.〈状態動詞〉の進行形

進行形が〈動作の進行〉を表すものである以上，用いられる動詞は〈動作動詞〉でなければならない．例えば，次の a) は誤りである.

① a) × I **am having** two sons.
　 b) ○ I **have** two sons.（私には息子が 2 人いる.）

しかし，**何らかの条件が加わって，〈状態動詞〉が〈動作動詞〉として用いられた場合は，進行形で用いることができる**．それには，次の2つの場合がある.

(A) 別義の〈動作動詞〉になっている場合

以下の例文において，a) 文は〈状態動詞〉，b) 文は〈動作動詞〉の例.

② a) I **see** a ship in the distance.（遠方に船が見える.）
　 b) I **am seeing** a lot of John these days.［＝会う］
　 （近ごろは，ジョンと度々会っている.）

③ a) The soup **tastes** perfect.
　 （このスープの味は申し分なしだ.）

b) The chef [ʃef] **is tasting** the soup. [＝味見する]
(コック長は，スープの味見をしている.)

④ a) The sun **feels** warm. (日差しが暖かく感じられる.)
b) The doctor **is feeling** her pulse. [＝さわって調べる]
(医者が彼女の脈をみている.)

⑤ a) I **think** you are stupid. (君はばかだと思うよ.)
b) I **am thinking of** visiting John. [＝熟考する]
(ジョンを訪ねてみようかなと思っている.)

⑥ a) He **has** a big nose. (彼は大きな鼻をしている.)
b) He's **having** breakfast. [＝食べる]
(彼は朝食を食べている.)

〈be＋being＋形容詞〉の形式についても，同様なことがいえる.

⑦ a) She **is** kind. (彼女は親切だ.) [恒久的な性質]
b) She **is being** kind. (彼女は親切にふるまっている.)
[一時的な言動：**be kind**＝act kindly]

(B) 動作の〈発展的な経過〉を表す場合

しばしば，〈経過〉を示す副詞語句を伴う. a) 文が〈状態動詞〉.

⑧ a) I **forget** it. (そんなことは忘れた.)
b) **I'm** ***already*** **forgetting** it. (もう忘れかけている.)

⑨ a) Do you **like** fish? (魚は好きですか.)
b) How **are** you **liking** your new job?
(今度のお仕事はいかがですか.)
[相手はまだ好きかきらいかの状態に達していない]

⑩ a) I **hear** it. (聞こえてるよ.)
b) **I'm hearing** it ***better*** now. (今はさっきよりはよく聞こえてるよ.) [マイクのテストなど]

C 過去進行形：〈was/were＋現在分詞〉

78. 過去進行形の用法

過去進行形は，基準時が過去に置かれているほかは，ほぼ**現在進行形**と平行した意味を表す.

事件
過去(＝基準時)　現在

(A)　〈過去の基準時における事件の進行〉（☞ § **75**(A)）

〈過去の基準時〉は，**then**（その時），**in those days**（当時），**when I entered**（私が入ったとき）などの副詞語句で示されている場合がある．

① He **was reading** ***then***.（彼はそのとき読書していた．）

② John **was watching** TV ***when*** Mary came in.
（メアリーが入って来たとき，ジョンはテレビを見ていた．）

進行形に含まれている〈未完了〉の意味は，過去進行形ではいっそう明らかになる．これに対して，単純過去形は，通例，〈完了〉の意味を含む．次の2つの文を比較してみよう．

③ a) The man **was drowning**.　〈未完了〉
（その男は，おぼれかけていた．）
b) The man (**was**) **drowned**.　〈完了〉
（その男は，おぼれ死んだ．）

(B)　〈過去の限られた期間に反復された動作〉（☞ § **75**(B)）

④ a) I **was going to** work by bus ***in those days***.
（そのころはバスで会社へ通っていました．）
[一時的な反復：今は車をもっている]
b) I **went** to work by bus.（私はバスで会社へ通った．）
[過去の習慣的事実]

(C)　〈過去に絶えず継続していた動作〉（☞ § **75**(C)）

⑤ He **was** ***always*** **smoking**.
（彼はいつもたばこをふかしていた．）［いやだった］

⑥ She **was** ***always*** **asking** silly questions.
（彼女はいつもくだらない質問をしていた．）

この場合も，〈不快・いらだち〉などの感情的色彩を伴うことが多い．

(D)　〈過去の基準時から見た近接未来〉（☞ § **75**(D)）

⑧のように，しばしば「計画は中止した」という意味を表す．

⑦ He told me he **was going** to York.
（私はヨークへ行くんだ，と彼がいった．）

⑧ I **was coming** to see you tomorrow.
（明日あなたに会いにくることにしていました．）
［が，その計画は中断した］

章末問題 7

A 次の各文に誤りがあれば正しなさい.

(1) I am knowing that it was done by him.

(2) Of these dictionaries one is belonging to me, and the other to a friend of mine.

(3) My brother is going to school every day.

(4) Tomorrow it is raining.

(5) He is having a big farm.

B 次の各組の文を訳し分け，違いを述べなさい.

(1) ⓐ He is a fool.
ⓑ He is being a fool.

(2) ⓐ I go to school by bus.
ⓑ I am going to school by bus this week.

(3) ⓐ I leave for America next month.
ⓑ I am leaving for America next month.

(4) ⓐ I read a book last night.
ⓑ I was reading a book last night.

C 次の各文の( )内の動詞を適当に変化させなさい.

(1) I usually (go) by taxi but tomorrow I (go) in Tom's car.

(2) He (have) a bath now.

(3) Hardly anyone (wear) a hat nowadays.

(4) It (rain) hard now.

ヒント **A** (1), (2), (5) 〈状態動詞〉は進行形にしない (§ **76**)　(3) 現在の習慣 (§ **49**)　(4) 雨降りは“人為的に計画”できない (§ **75**(D))　**B** (1) ⓐ 恒久的な性質　ⓑ 一時的な言動 (§ **77**(A))　(2) ⓐ 習慣的な行為 (§ **49**)　ⓑ 限られた時間帯の活動 (§ **75**(B))　(3) ⓐ 未来の確定的な事柄 (§ **52**)　ⓑ 現在の計画に基づく未来の事件 (§ **75**(D))　(4) ⓐ 〈完了した行為〉　ⓑ 〈未完了の行為〉(§ **78**(A))　**C** (1) ☞ § **49**, § **75**(D)　(2) ☞ § **75**(A)　(3) nowadays「近ごろは」; ☞ § **49**　(4) now に注目

(5) She (work) in Tokyo at present.
(6) What (do) you at 8 p.m. last night?
(7) John always (complain).
(8) Carol (own) a sportscar.
(9) She (travel) in Asia at that time.

■よく使われる英語のことわざ■

- A bird in the hand is worth two in the bush.
  (明日の百より今日の五十.)
  〔←手の中の1羽の鳥は，やぶの中の2羽の値うちがある〕
- A stitch in time saves nine.
  (ころばぬ先の杖.)〔←早目の1針で9針の手間が省ける〕
- Spare the rod and spoil the child.
  (かわいい子には旅をさせよ.)
  〔←むちを惜しむと子供がだめになる〕
- A cat has nine lives.
  (猫に九生あり.)〔猫はなかなか死なない，の意〕
- Barking dogs seldom bite.
  (あきだるは音が高い.)〔←ほえる犬はめったにかみつかない〕
- Virtue is its own reward.
  (徳行は自ら報いる.)
- You cannot eat your cake and have it too.
  (二つ良いことはない.)
  〔←ケーキを食べて，しかもそれを持っていることはできない〕

ヒント (5) at present「目下」に注目　(6) at 8 p.m. last night に注目
(7) always に注目　(8) own は〈状態動詞〉　(9) at that time に注目

第8章

完了進行形

完了進行形〈have been＋現在分詞〉は，過去・現在・未来の基準時までの事件の〈**継続**〉を表す．この形式には，〈時制＋完了形＋進行形〉という**3**つの文法的な意味が重なっていることに注意すべきである．

A 完了進行形の3形式

a) 現在完了進行形：It **has been raining** *for a week.*
b) 過去完了進行形：It **had been raining** *for a week.*
c) “未来”完了進行形：It **will have been raining** *for a week.*

(訳) a) 1週間前から雨が降り続いている．
b) (そのとき) 1週間前から雨が降り続いていた．
c) (そのとき) 1週間，雨が降り続いていることになる．

解説 完了進行形は，〈**have been＋現在分詞**〉の形式をもち，過去・現在・未来の基準時までの事件の〈**継続**〉を表す．

現在完了進行形では，〈現在時制＋完了形＋進行形〉という3つの文法的意味が重なり，**過去完了進行形**では，〈過去時制＋完了形＋進行形〉が重なっていることに注意する必要がある．**“未来”完了進行形〈will/shall have been＋現在分詞〉**は，〈**may/must＋have been＋現在分詞**〉などと平行する形式で，時制の観点からは，〈現在時制＋完了形＋進行形〉と分析される．

B 現在完了進行形：〈have/has been＋現在分詞〉

79. 現在完了進行形の用法

(A) 〈**過去の事件の発話時までの継続**〉

この関係は，右のように図示できる：

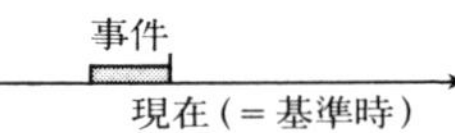

① It **has been snowing** *since morning.*
(朝方から雪が降っている.)

② I **have been writing** letters *all afternoon.*
(午後からずっと手紙を書いています.)

〈継続〉を表す以上，共に用いられる副詞語句は，①,② のように，“期間”を示すものでなければならない.

(B)　“最近の過去”

現在完了進行形は，動作が発話時より少し前に終わっていても，結果が現在に残っていると感じられる場合には使用することができる．次の③,④ では，現在の〈結果〉は，斜字体で示した前の文に現れている.

③ *Be careful*!　John **has been painting** the door.
(気をつけなさい．ジョンがドアにペンキを塗っていたんですよ.)［ペンキが乾いていない］

④ *Please excuse my dirty clothes.*　**I've been weeding** the garden all day.（服が汚れていてお許しください．1日中庭の草を取っていたものですから.)

（参考）live, learn, teach, work　など持続を表す動詞は，完了形・完了進行形のどちらでも〈継続〉を表す.

ⓐ I **have taught** here *for years.*
(長年ここで教えてきました.)［今後も教え続ける］

ⓑ I **have been teaching** here *recently.*
(最近ここで教えてきました.)［将来，他へ移るかもしれない］

しかし，完了形がⓐのように多少とも〈恒久的〉な情況を表すのに対して，完了進行形の場合は，ⓑ のように特に〈一時的〉な情況に用いられる傾向がある.

C　過去完了進行形：〈had been＋現在分詞〉

80. 過去完了進行形の用法

過去完了進行形は，過去のある基準時までの事件の〈継続〉を表す.

① I **had been reading** *for an hour when* he came.
(彼が来たとき，私は1時間ほど読書していたところだった.)

② John *noticed* that Mary **had been crying.**
(ジョンは，メアリーが泣いていたことに気づいた.)

〈過去の基準時〉は，①では「彼が来たとき」，②では「ジョンが気づいたとき」である．

①,②は，右のように図示できる．

事件
過去(＝基準時)　現在

D “未来”完了進行形：〈will/shall have been＋現在分詞〉

81．“未来”完了進行形の用法

“未来”完了進行形は，未来のある基準時までの事件の〈継続〉を表す．

事件
現在　未来(＝基準時)

① ***Next Christmas*** I **shall have been living** here *for ten years.*
(来年のクリスマスで，私はここに10年間住んだことになる．)

② ***By the end of this month*** he **will have been learning** English *for five years.*
(今月の終わりで，彼は5年間英語を学んでいることになる．)

〈未来の基準時〉は，①では「来年のクリスマス」，②では「今月の終わりで」の部分で示されている．

章 末 問 題 8

A 次の各文の(　)内の動詞を適当な形に変化させなさい．

(1) “What you (do) all this time?” “Oh, nothing particular.”

(2) It (rain) the whole day without a stop.

(3) You (telephone) for ages.

(4) I (read) an English novel for about an hour when he came to see me.

ヒント **A** すべて動作の〈継続〉を表す (1) all this time (今までずっと)に注目 (2) the whole day ((きょう)丸1日)に注目 (3) for ages (ずいぶん長く)に注目 (4) came が過去で，read はそれ以前の行為の〈継続〉；for about an hour に注目

(5) I am tired of the rain. It (rain) since last Saturday.
(6) I (study) in this school half a year by next November.
(7) She (learn) French for five years.
(8) John (collect) stamps since he was a child.

B 次の各文に誤りがあれば正しなさい.

(1) I was waiting an hour when she appeared.
(2) He has suffered from influenza for weeks.
(3) I live in this city for ten years.
(4) It has snowed since last night.
(5) By next April he will learn English seven years.

C 次の各文を, ( )内の語句を用いて書き換えなさい.

(1) Jane wears glasses. (for 15 years)
(2) John is lying in bed. (since breakfast)
(3) He is reading his paper. (for 10 minutes)
(4) I have been working hard. (I felt tired because...)
(5) Bob has been crying. (Tom knew that...)

ヒント (5) since last Saturday に注目　(6) by next November に注目　(7) for five years に注目　**B** (1) appear した時よりも wait している時が以前　(2) suffer from ～「〈病気〉をわずらう」は“状態動詞”ではない　(3) live だけでは, 〈継続〉が表せない　(4) snow は“状態動詞”ではない　(5) By next April に注目 (§ 81)　**C** (1), (2), (3) 現在完了進行形　(4), (5) 過去完了進行形

第9章

動詞の活用

英語の動詞には5つの活用形がある．そのうち**原形・過去形・過去分詞形**の3つを主要形という．動詞の活用には，規則的なものと不規則なものとがあるが，日常よく使用されるのは，むしろ不規則なものであることに注意したい．

A 動詞の活用

英語の動詞には，次の5つの**活用** (conjugation) がある．

原　形	現在形	過去形	過去分詞形	ing 形
come	come(s)	**came**	**come**	coming
go	go(es)	**went**	**gone**	going

これらの形のうち，**現在形と ing 形**は，原形にそれぞれ **-(e)s, -ing** をつけて，機械的に作ることができるので，活用を覚えるのは**原形・過去形・過去分詞形**の3つの形でよいことになる．そこで，これらの3つの形を**主要形**と呼び，狭義に活用というときには，これら3つの主要形をさすのが普通である．

このうち，述語動詞として単独で用いられるのは，**現在形**と**過去形**であり，**原形**は命令文においてのみ単独で用いられる．例：**Come** here.（こちらに来なさい．）

過去分詞形と **ing 形**は，述語動詞として単独で用いられることはない．

B 活用形の作り方

82. -(e)s のつけ方

主語が3人称単数のときは，動詞の現在形には**原形に -(e)s** をつける．例：John teach**es** English in this school. **-(e)s** をつける場合の綴

りの変化，および発音は，名詞の複数形の **-(e)s** の場合と同じである．(☞ § 155)

	語　　尾	綴　り	発音	〈例〉
(1)	[s, z, ʃ, ʒ, tʃ, dʒ] で終わる語	-es をつける*	[iz]	miss → **misses** [mísi**z**] touch → **touches** [tʌ́tʃ**iz**]
(2)	母音または [z, ʒ, dʒ] 以外の有声音で終わる語	-s をつける	[z]	play → **plays** [plei**z**] read → **reads** [ri:d**z**]
(3)	[s, ʃ, tʃ] 以外の無声子音で終わる語	-s をつける	[s]	make → **makes** [meik**s**] sit → **sits** [sit**s**]
(4)	〈子音字＋y〉で終わる語	y を i に変えて -es をつける	[z]	study → **studies** [stʌ́di**z**] carry → **carries** [kǽri**z**]
(5)	〈子音字＋o〉で終わる語	-es をつける	[z]	go → **goes** [gou**z**] do → **does** [dʌ**z**] (×[du:z])

* 語尾が e で終わる語は，**-s** [z] のみをつける：refuse → **refuses** [rifjú:ziz]

83. 規則動詞の活用

規則動詞とは，**原形に -(e)d** をつけて過去形・過去分詞形を作るものをいう．この型は，英語動詞の活用の主流派であり，新しく作られたり借用されたりした動詞は，すべてこの型に従う．規則動詞の活用語尾 -(e)d の発音は，次のように，少しも例外がない．

〈-(e)d の発音〉

(1) **有声音で終わる語** → [**d**]：learned [-d], arrived [-d]
(2) **無声音で終わる語** → [**t**]：asked [-t], liked [-t]
(3) [**t**], [**d**] **で終わる語** → [**id**]：invited [-tid], needed [-did]

〈NB〉 **learned** が形容詞の場合は [**-id**] と発音して区別する．

Cf. ⓐ Much can be **learned** [lə:nd] from a good teacher.
(良い教師からは多くのことが学べる.)
ⓑ Mr. Smith is a **learned** [lə́:nid] man.
(スミス氏は，学者だ.)

しかし，**-(e)d** をつける場合，次のような，守るべき若干の英語の正書法(=正しい綴り字法)上の約束がある.

	語尾		-(e)d のつけ方	〈例〉
(1)	**e で終わる語**		**-d のみをつける**	like → **liked** [-t] die → **died** [-d]
(2)	**〈子音字+y〉で終わる語**		**y を i に変えて -ed をつける**(1)	try → **tried** [-d] carry → **carried** [-d]
(3)	**〈母音字+y〉で終わる語**		**そのままで-ed をつける**	play → **played** [-d] stay → **stayed** [-d]
(4)	**c** [k] **で終わる語**		**k を加えて -ed をつける**(2)	picnic → picni**cked** [-t]
(5)	**〈1母音+1子音字〉で終わる語**	母音に強勢がある場合	**最後の子音字を重ねて -ed をつける**	dróp → dro**pped** [-t] admít → admi**tted** [-id] prefér → prefe**rred**[-d]
		母音に強勢がない場合	**そのままで -ed をつける**	límit → **limited** [-id] óffer → **offered** [-d]

注 (1) なぜ **try** を **tried** に変えるかといえば，英語では [i] 音を示すとき，**y を語尾**に，**i** を**語頭・語中**に使い分けているからである.
(2) なぜ **k** を加えるかといえば，英語の正書法では e の前の c は [s] と発音させるので(例：cent [sent])，picniced では [píknist] と発音されてしまうからである.

84. 不規則動詞の活用

不規則動詞とは，**-ed** によらないで過去形・過去分詞形を作るものである．この類は，英語の動詞において少数派ではあるが，英語本来の，日常よく使用される動詞であることに注意しなければならない．英米人の子供でも，何度も日常使用しているうちに覚えていくのであり，母親などに直されるまでは hit, see の過去形を ×hitted, ×seed としたりするのである．

不規則動詞の活用は，大きく次の５つの型に分けられる．大部分は，語中の母音の交替によって語形を区別するものである（日本語の nobiru—nobasu, agaru—ageru なども同じ現象である）．

(A)　[**A–A–A 型**]（-t または -d で終わる動詞）

cut（切る）—cut—cut　　hit（打つ）—hit—hit
set（すえる）—set—set　　shut（閉じる）—shut—shut
put（置く）—put—put　　spread（広がる）—spread—spread

(B)　[**A–B–A 型**]

come（来る）—came—come　　run（走る）—ran—run
become（なる）—became—become

注　**welcome**（歓迎する）は，welcome—welcomed—welcomed と規則活用．

(C)　[**A–B–B 型**]（仲間が非常に多い）

make（作る）—made—made　　sell（売る）—sold—sold
stand（立つ）—stood—stood　　tell（話す）—told—told
read [ri:d]（読む）—read [red]—read [red]

(D)　[**A–B–C 型**]（過去分詞に -(e)n がつく動詞）

give（与える）—gave—given　　speak（話す）—spoke—spoken
take（取る）—took—taken　　begin（始める）—began—begun

(E)　[**A–A–B 型**]（次の１語のみ）

beat（打つ）—beat—beaten

■よく使われる英語のことわざ■

- None are so blind as those who won't see.
（心ここにあらざれば見れども見えず．）
〔←見ようとしない者ほど目の見えない者はいない〕
- Wit without learning is like a tree without fruit.
（学びて思わざれば，すなわち暗し．）〔←学問のない機知は，実のない木のようなものだ〕

85. ing 形の作り方

ing 形は， 原形に -ing をつけ，[-iŋ] と発音する.

	語尾		-ing のつけ方	〈例〉
(1)	〈子音字＋e〉で終わる語		e を除いて -ing をつける[(1)]	hope → hop**ing** make → mak**ing**
(2)	〈母音＋e〉で終わる語		そのままで -ing をつける	see → see**ing** shoe → shoe**ing**
(3)	ie [ai] で終わる語		ie を y に変えて -ing をつける[(2)]	lie → l**ying** tie → t**ying** die → d**ying**
(4)	c [k] で終わる語		k を加えて -ing をつける[(3)]	picnic → picnic**king**
(5)	〈1母音＋1子音字〉で終わる語	母音に強勢がある場合	最後の子音字を重ねて -ing をつける[(4)]	stóp → stop**ping** admít → admit**ting** prefér → prefer**ring**
		母音に強勢がない場合	そのままで -ing をつける	límit → limit**ing** vísit → visit**ing** órder → order**ing**

注 (1) ただし，be [biː] は e を除かずに be**ing** とする.

(2) -ye [ai] で終わる語は，そのまま -ing をつける：
dye [dai]（染色する）→ dye**ing**；eye（じろじろ見る）→ eye**ing**

(3) k なしに picnicing と綴れば，[píknisiŋ] と発音されてしまう.
（☞ § 83 注 (2)）

(4) 最後の子音字が重ねてあるということは，逆にいえば，その前の音節に強勢があるという印でもある.

♣ ♣ ♣

86. 紛れやすい動詞の活用形

このセクションでは，日本人学生の間でよく混同される動詞の活用形を整理しておこう.

bind（しばる）—bound—bound
bound（はねる）—bounded—bounded

fall（落ちる）—fell—fallen
fell（切り倒す）—felled—felled

find（見つける）—found—found
found（設立する）—founded—founded

lie（横たわる）—lay—lain
lie（うそをつく）—lied—lied
lay（横たえる）—laid—laid

hang（つるす）—hung—hung
hang（絞殺する）—hanged—hanged

shine（輝く）—shone—shone
shine（磨く）—shined—shined

wind [wáind]（巻く）—wound—wound
wound [wú:nd]（傷つける）—wounded—wounded

章末問題 9

A 次の動詞に -(e)s をつけ，その発音を A [z], B [s], C [iz] の中から選びなさい.

(1) miss　(2) wash　(3) judge　(4) sit
(5) stop　(6) love　(7) play　(8) study

B 次の動詞に -(e)d をつけ，その発音を A [d], B [t], C [id] の中から選びなさい.

(1) listen　(2) arrive　(3) need　(4) invite
(5) cry　(6) stay　(7) ask　(8) drop

ヒント　A ☞ § 82　B ☞ § 83

C 例にならって，次の動詞の活用を示しなさい．

[例] go—goes—went—gone—going

(1) keep ( ) ( ) ( ) ( )
(2) ( ) ( ) ( ) lain ( )
(3) fall ( ) ( ) ( ) ( )
(4) ( ) shuts ( ) ( ) ( )
(5) ( ) ( ) caught ( ) ( )
(6) ( ) ( ) ( ) taken ( )
(7) teach ( ) ( ) ( ) ( )
(8) ( ) ( ) thought ( ) ( )

D 次の各文中の( )内から動詞の適当な語形を選びなさい．

(1) The soldier was (wound, wounded) in the leg.
(2) When was your school (found, founded)?
(3) The classroom was (hung, hanged) with maps.
(4) The criminal was (hanged, hung) yesterday.
(5) The scene of the story is (laid, lain) in the Alps.

E ( )内に入れる適当な動詞を，下の語群から選びなさい．

(1) Such conduct does not ( ) a gentleman.
a. be **b.** begin **c.** become **d.** belong **e.** behave
(2) Don't ( ) me seriously; I was just joking.
a. take **b.** regard **c.** mind **d.** think
(3) I shall ( ) the dictionary to find the meaning of it.
a. consult **b.** consult with
(4) He wanted to ( ) the whole message to memory.
a. commit **b.** admit **c.** transmit **d.** permit

[ヒント] **C** 現在形については，☞ **§ 82**，過去形については，☞ **§ 83**，ing 形については，☞ **§ 85**；なお，手もとの辞書の不規則動詞変化表を参照すること
D (1)「傷つける」 (2)「創立する」 (3)「掛ける」 (4)「絞首刑にする」 (5)「置く」 **E** (1)「〜にふさわしい」 (2)「本気で受け取る」 (3)「〈辞書を〉引く」 (4)「暗記する」

(5) I hope this letter will (　　) you in good health.

a. lead　**b.** prove　**c.** find　**d.** bring

(6) I can't (　　) $40 for one book! Haven't you got a cheaper edition?

a. cost　**b.** allow　**c.** afford　**d.** provide

(7) As the grass is long, he has offered to (　　) it.

a. mow　**b.** sow　**c.** grow　**d.** reap

(8) As it is a very popular play, it would be wise to (　　) seats well in advance.

a. buy　**b.** reserve　**c.** occupy　**d.** preserve

(9) You must (　　) into account the fact that he is not an early riser.

a. enter　**b.** get　**c.** make　**d.** take

(10) August is a good time to (　　) on the beach and get a suntan.

a. lie　**b.** lay　**c.** laid　**d.** lain

(11) I never wear blue because it doesn't (　　) me.

a. match　**b.** like　**c.** help　**d.** suit　**e.** meet

(12) A slight wind began to (　　) the branches of the trees.

a. flicker　**b.** flap　**c.** spin　**d.** stir

(13) Would you like to (　　) this jacket on for size, sir?

a. dress　**b.** get　**c.** have　**d.** try　**e.** wear

(14) His suffering does not (　　) his cheerful attitude.

a. defect　**b.** affect　**c.** effect　**d.** inflict

(15) If you want to ask a question in our class, you have to (　　) your hand.

a. race　**b.** rise　**c.** rice　**d.** raise

ヒント　(5)「見つける」　(6)「～の余裕がない」　(7)「刈る」　(8)「〈座席などを〉予約する」　(9)「～を考慮する」　(10)「横たわる」 suntan「日焼け」　(11)「～に似合う」　(12)「そよがせる」　(13)「試着する」　(14)「影響する」　(15)「〈手を〉上げる」

第10章
助動詞 I: Be, Have, Do

助動詞は，本動詞を助けて，その時制・法・態などを示すか，またはその意味を補う動詞である．この章では，そのうち，進行形・受動態を作る **be**, 完了形を作る **have**, 疑問文・否定文などを作る **do** の3つをとりあげる．

A　助動詞の一般的特徴

87．動詞句の構造

	助動詞				本動詞	
	法助動詞	**have** (完了形)	**be** (進行形)	**be** (受動態)		
1)					takes	現在時制
2)				is	taken	*1)* の受動態
3)					took	過去時制
4)				was	taken	*3)* の受動態
5)		has			taken	現在完了形
6)		has		been	taken	*5)* の受動態
7)		had			taken	過去完了形
8)		had		been	taken	*7)* の受動態
9)			is		taking	現在進行形
10)			is	being	taken	*9)* の受動態
11)			was		taking	過去進行形
12)			was	being	taken	*11)* の受動態
13)		has	been		taking	現在完了進行形
14)		has	been	being	taken	*13)* の受動態*
15)		had	been		taking	過去完了進行形
16)		had	been	being	taken	*15)* の受動態*
17)	may†				take	
18)	may			be	taken	*17)* の受動態
19)	may	have			taken	
20)	may	have		been	taken	*19)* の受動態
21)	may		be		taking	
22)	may		be	being	taken	*21)* の受動態*
23)	may	have	been		taking	
24)	may	have	been	being	taken	*23)* の受動態*

注　*のついた受動態はくまれ〉.
†ここでは法助動詞として **may** をあげてあるが，**can, could, might, will, would, shall, should, must, ought to** でも同じ.

解説　前ページの表は，英語の動詞句がとりうるすべての構造を示したものである.

まず，注意したいことは，動詞句の一番右側にくるのが**本動詞** (main verb) であり，その左側にくる語はすべて**助動詞** (auxiliary verb) であるという点である.

どの欄もうまっている構造は，*24*) である．ここでは，may have been being とすべての助動詞が登場し，そのあとに本動詞 taken がきている．大事な点は，助動詞が並ぶときは，**この順序で並ぶ**という点である．×being have may been などという並び方は，英語には存在しないのである.

88．助動詞の一般的特徴

助動詞には，次のような一般的特徴がある.

(A)　疑問文：主語の前にくる.

① **Can** Mary swim?　(メアリーは，泳げますか.)

② **Has** he seen the film?　(彼はその映画を見ましたか.)

③ **Does** John work?　(ジョンは働いているのですか.)

(B)　否定文：**not/n't** を直後に付加して否定文を作る.

④ Mary **can't** swim.　(メアリーは，泳げない.)

⑤ He **hasn't** seen the film.　(彼はその映画を見なかった.)

⑥ John **doesn't** work.　(ジョンは，仕事をしていない.)

(C)　強調：助動詞に強勢を置くことによって，文の内容が事実であることを強調することができる.

⑦ A: Mary **can't** swim.
B: You're wrong. Mary **can** [kǽn] swim.　(「メアリーは泳げないんだ.」「違うね．メアリーは，確かに泳げるよ.」)

⑧ A: John **doesn't** work.
B: You're wrong. He **does** [dʌ́z] work.
(「ジョンは仕事をしていない.」「違うよ．確かに働いている.」)

(D) 動詞句の代用：同じ動詞句は助動詞だけで代用することができる.

⑨ Mary **can** ***swim***, and I **can**, too.
(メアリーは泳げる. 僕もだ.) [=I can *swim*]

⑩ He **has** ***seen the film***, and I **have**, too.
(彼はその映画を見た. 僕もだ.) [=I have *seen the film*]

⑪ John ***works***, and I **do**, too.
(ジョンは，働いている. 僕もだ.) [=I *work*]

(E) 助動詞は，**be, have, do** を除き，3人称・現在・単数の場合でも語尾に **-(e)s** をつけない. また，**不定詞・分詞・動名詞**をもたない.

以下，次章で扱う法助動詞以外の助動詞 **be, have, do** の用法を調べることにしよう.

B Be

89. be の語形変化

	人称	肯定形		否定形	
		非縮約形	縮約形	非縮約形	縮約形
現在	I	am	'm	am not	'm not/aren't †
	we/you/they	are	're	are not	're not/aren't
	he/she/it	is	's	is not	's not/isn't
過去	I/he/she/it	was	——*	was not	wasn't
	we/you/they	were	——*	were not	weren't
原形		be			
現在分詞・動名詞		being		not being	
過去分詞		been			

* was, were は，縮約されない. † aren't は，aren't I? という形で用いられる.

90. be の用法

助動詞としての **be** は，進行形と受動態で用いられる.

(A)　進行形：〈**be＋現在分詞**〉（詳しくは ☞ 第7章）

　① I'm **learning** English now.（私は今英語を学んでいます.）

　② He **was having** lunch then.
　　（彼はその時昼食を食べていた.）

(B)　受動態：〈**be＋過去分詞**〉（詳しくは ☞ 第12章）

　③ America **was discovered** by Columbus.
　　（アメリカは，コロンブスによって発見された.）

　④ English **is spoken** all over the world.
　　（英語は，世界中で話される.）

〈NB〉 〈**be to＋動詞の原形**〉という準助動詞については，☞ **§ 63**

C　Have

91. have の語形変化

	人　　称	肯　定　形		否　定　形	
		非縮約形	縮 約 形	非 縮 約 形	縮　約　形
現 在	I/we/you/they he/she/it	have has	've 's	have not has not	've not/haven't 's not/hasn't
過 去	全　人　称	had	'd	had not	'd not/hadn't
現在分詞・動名詞		having		not having	
過去分詞		had			

92. have の用法

助動詞としての **have** は，完了形〈**have＋過去分詞**〉と〈**have got**〉という形式で用いられる.

(A)　〈完了形〉：〈**have＋過去分詞**〉（詳しくは ☞ 第6章）

　① Your letter **has** *just* **arrived.**　［現在完了形］
　　（お手紙ただいま受け取りました.）

　② He **had visited** Paris before.　［過去完了形］
　　（彼は以前パリへ行ったことがあった.）

(B)　〈**have got**〉：「**もっている**」

この形式は，元来は完了形であるが，現在では〈完了〉の意味を失って，have と同義に用いられる．〈英口語〉では，“所有”を表す場合，**have** よりも **have got** のほうが多く用いられる．

③　We **haven't got** much money.（金はあまりもっていない．）

④　She**'s got** blue eyes.（彼女は青い目をしている．）

　　注　このような“永久的所有”の場合は，She **has** blue eyes. ともいう．

⑤　A：**Have** you **got** a car?（車をもっていますか．）

　　B：Yes, I **have**. / No, I **haven't**.

　　（ええ，もっています．/いいえ，もっていません．）

　　注　×Yes, I **have got**. とはいわない点に注意．

（参考）③，⑤のような場合，〈米〉では一般に **do** を使う．〈英〉でも，**do** の使用が普通になりつつある．

⑤′　A：**Do** you **have** a car?

　　B：Yes, I **do**. / No, I **don't**.

93. do の語形変化

	人　称	肯 定 形	否定形	
			非縮約形	縮約形
現　在	I/we/you/they he/she/it	do does [dʌz]	do not does not	don't doesn't
過　去	全 人 称	did	did not	didn't

注　「～する」という意味の本動詞としての **do** には，現在分詞・動名詞形 **doing**，過去分詞形 **done** がある．

A：What have you been **doing** today?

B：I haven't **done** much, I'm afraid.

（「きょうは何をしていたんですか．」「たいしたことはできなかったようです．」）

94. do の用法

助動詞としての **do** は，次のような場合に用いられる．

(A)　否定文 (☞ § 37(B))

① I **do**n't know Susan.　(私はスーザンと知り合いではない.)

② He **did**n't stay long.　(彼は長居はしなかった.)

(B)　疑問文 (☞ § 39(B))

③ **Do** you like tea?　(紅茶はお好きですか.)

④ **Did** it rain yesterday?　(きのう雨が降りましたか.)

(C)　付加疑問文 (☞ § 43(A))

⑤ A: Tom lives in Rome, **does**n't he?　B: Yes, he does.
(「トムはローマに住んでいるのでしょう.」「ええ，そうです.」)

⑥ A: Tom doesn't live in Rome, **does** he?
B: No, he doesn't.
(「トムはローマに住んでいないのでしょう.」「ええ，そうです.」)

(D)　文意の強調：〈do/does/did＋動詞の原形〉

この場合の do は強く発音される.

⑦ A: Why didn't you tell him?　B: I **did** [díd] tell him.
(「なぜ彼にいわなかったのですか.」「確かにいいましたよ.」)

⑧ **Do** [dúː] sit down!　(どうかお掛けください.)

⑨ **Do** [dúː] be quiet!　(静かにしろったら.)

(E)　倒置文 (☞ § 431)

95. 動詞の代わりをする do（代動詞）

do は，前に出た動詞(句)の反復を避けるために用いられる．この **do** は，④のように目的語をとったり，⑤,⑥ のように過去分詞形や現在分詞形をもっているのを見ても分かるように，助動詞ではなく，本動詞である.

① A: Who *cried out*?　B: Jim **did** (=cried out).
(「だれが大声で叫んだのか.」「ジムです.」)

② A: Do you *like coffee*?　B: Yes, I **do** (=like coffee).
(「コーヒー，お好きですか.」「ええ，好きです.」)

③ I *like Mary* and so **do** they (=they like Mary, too).
(私はメアリーが好きだし，みんなだってそうだ.)

④ Mary *loved* John much more than she **did** (=loved) me. (メアリーは，私よりもずっとジョンのほうを愛していた.)

⑤ He *lived in the country* as he had always **done** (=lived in the country). (彼は従来どおり田舎に住んでいた.)

⑥ Will he be able to *skate* as you are **doing** (=skating) now? (今あなたがやっているように，彼もスケートができるでしょうか.)

章末問題 10

A be, have, do から1つを選んで正しい形にし，(　)に入れなさい.

(1) The phone rang while I was (　　) my bath.

(2) (　　) you have a car?—No, I (　　)n't.

(3) (　　) sit down!

(4) Not only (　　) he refuse to help me but he did so in a very rude manner.

(5) Standing as it (　　) on a hill, the church commands a fine view.

(6) Why didn't you see her?——I (　　) see her.

(7) I like apples very much.——So (　　) I.

(8) John didn't like the play.——Nor (　　) we.

B 次の各文に誤りがあれば正しなさい.

(1) I am not rich, nor am I wish to be.

(2) They will start at five, and so do I.

(3) He has been waiting an hour and so was I.

(4) These workmen do not their work well.

(5) Who did go to rescue him?

ヒント **A** (1) bath「入浴」 (2) 一般動詞の疑問文・否定文を作る助動詞は何か (3),(6) 文意の強調 (**§ 94**(D)) (4) 文頭に否定語がくる場合 (**§ 431**(A)) (5),(7) 動詞の反復を避ける本動詞 (**§ 95**) (8) 倒置文 (**§ 431**(E)) **B** (1) 倒置文 (**§ 431**) (2),(3) 前文の動詞の形と一致させる (4)「する」という意味の本動詞がない (5) 疑問詞が主語のとき do はつけない (**§ 41**(A))

(6) Never I saw such a beautiful sight.

C 次の各文の( )の動詞を適当な形に変化させなさい.

(1) Jane (talk) to a friend at the moment.

(2) It not (rain) now.

(3) (work) John today?

(4) This medicine must (take) after meals.

(5) The car (steal) yesterday.

(6) I not (learned) French at school.

(7) (rain) it yesterday? —Yes, it (do).

(8) I just (write) that letter.

(9) (see) you Mary today?

(10) (eat) you ever rabbit?

■よく使われる英語のことわざ■

- Time and tide wait for no man.
  (歳月人を待たず.) 〔*tide は〈古語〉で「時間」〕
- You can lead a horse to the water, but you can't make him drink.
  (馬を水辺へ連れて行くことはできるが，水を飲ませることはできない.)〔その気のない者に，他人がいくらやらせようとしてもむだである，の意〕
- Blood is thicker than water.
  (血は水よりも濃い.)〔親族は大事にすべきである，の意〕
- No news is good news.
  (便りがないのは良い便り.)
- Hunger is the best sauce.
  (すき腹にまずいものなし.)
- Health is better than wealth.
  (健康は富にまさる.) 〔-lth が韻を踏んでいるところがミソ〕

ヒント (6) 文頭に否定語がくると，100%倒置が起こる (**§ 431(A)**)

C (7) **yesterday** に注目 (8) **just** に注目 (9) **today** に注目 (10) **ever** に注目

第11章

助動詞 II：法助動詞

助動詞のうち，〈意志・可能・必要・義務・許可・推量〉などの意味を付加するために本動詞に前置して用いられるものを**法助動詞**という．この章では，それぞれの法助動詞の意味・用法を研究する．その際，過去形は，現在形よりも意味・用法が限られていることに注意しよう．

A　法助動詞の種類

法助動詞 (modal auxiliary) は，〈可能・必要・義務・許可〉などの意味を付加するために本動詞に前置して用いられる助動詞で，〈法〉とは「話し手の心的態度を表す」という意味である．次のような種類と語形がある．

肯定形		否定形	
非縮約形	縮約形	非縮約形	縮約形
can		cannot/can not[a]	can't
could		could not	couldn't
may		may not	(mayn't)[b]
might		might not	mightn't
will	'll	will not	'll not/won't
would	'd	would not	'd not/wouldn't
shall		shall not	shan't[c]
should		should not	shouldn't
must		must not	mustn't [mʌ́snt]
ought to		ought not to	oughtn't to
used to		used not to	usedn't [júsnt] to
need		need not	needn't
dare		dare not	daren't

注 ⓐ **cannot** と **can not** とでは，**cannot** のほうが普通.
ⓑ **mayn't** は〈英〉に限られ，しかも〈まれ〉．ⓒ **shan't** は〈米〉では〈まれ〉．

〈NB〉 **法助動詞とその他の助動詞 (be, have, do) との違い：**

	be	have	do	法助動詞
1) 動詞句のトップにくる	×	×	×	○
2) 単語としての意味をもつ	×	×	×	○
3) 進行形・受身を作る	○	×	×	×
4) 完了形を作る	×	○	×	×
5) 〈V+S〉で疑問文を作る	○	○	○	○
6) 〈V+not〉で否定文を作る	○	○	○	○

上の表で分かるように，be, have, do と〈法助動詞〉との決定的な違いは，1), 2) の特徴である．

B　Can/Could

96．can の意味・用法

(A)　〈能力〉：主語の精神的・肉体的な〈能力〉を表す．

① I **can** speak English.（私は英語が話せる．）

注 I **am able to** speak English. ともいえるが，**can** のほうが普通．

② He **can** swim very well.（彼は上手に泳げる．）

(B)　〈可能性〉：「外部に行動を妨げる情況がないのである行動ができる」という意味を表す．

③ You **can't** use this radio; it's out of order.
（このラジオは使えませんよ．故障しているんです．）

④ **Can** you come to the party tomorrow?
（あすのパーティーに来ることができますか．）

〈可能性〉の can は，「**～のことがある**」と一時的な可能性を表すときも使われる．

⑤ Even specialists **can** be wrong.（専門家でも間違うことはある．）［=Even specialists **are sometimes** wrong.］

また，**Can I...?** の形で，自分に〈可能性〉があることを示唆することによって，相手の利益になる行為を〈提案〉することができる．

⑥　**Can** I carry your bag?（かばんをお持ちしましょうか．）

Can you…? の形では，〈依頼〉の意味が暗示される．

⑦　**Can** you help me?（手伝っていただけますか．）

(C)　〈許可〉：「(規則によって)**〜してもよい**」という意味を表す．〈口語〉では **may** よりも多く用いられる．

⑧　You **can** smoke in this room.
（この部屋では喫煙してよろしい．）

⑨　[子供] **Can** I go for a swim?　[親] No, you **can't.**
（「泳ぎに行ってもいい？」「いいえ，いけません．」）

(D)　〈推量〉：[疑問文で]「**いったい〜であろうか**」，[否定文で]「**〜のはずがない**」（肯定文にはこの用法はない）

⑩　**Can** it be true?（いったい本当だろうか．）

⑪　It **can't** be true.（本当のはずがない．）

注　It **must** be true.（それは本当にちがいない．）(☞ § 110(B))

(参考) (A), (B)の意味において，未来形，完了形が必要な場合は，**be able to** で代用する．

ⓐ　When you are older, you'll **be able to** read Greek.
（大きくなったら，ギリシア語が読めるようになるでしょう．）

ⓑ　I haven't **been able to** finish in time.
（間に合うように終えることができなかった．）

97．could の意味・用法

大きく，2つの用法がある．

(I)　過去時をさす場合

〈能力〉，〈可能性〉，〈許可〉の意味で用いられる．

(A)　〈能力〉：習慣的用法，または否定文においてのみ用いられる．

①　I **could** swim when I was eight.　[習慣的]
（私は8つのとき泳げた．）

②　I *never* **could** play the violin.　[否定文]
（私にはどうしてもバイオリンがひけなかった．）

(B)　〈可能性〉：習慣的用法，または否定文でのみ用いられる．

③　She **could** be very unreasonable ***at times***.　[習慣的]

（彼女は時々とてもむちゃをいうことがあった.）

④ I ran fast, but **couldn't** catch the bus. ［否定文：1回の不達成］
（私は速く走ったが，バスに間に合わなかった.）

《NB》〈1回限りの達成〉を could で表すことはできないので，**was able to ～, managed to ～**（何とか～した），**succeeded in ～ing**（首尾よく～した）などを用いなければならない.

× I ran fast, and **could** catch the bus.
○ I ran fast, and **managed to** catch the bus.
（速く走ったのでうまくバスに乗れた.）

(C) 〈許可〉：習慣的用法でしか用いられない.

⑤ When I was ten, I **could** only watch TV until nine o'clock.
（私が10歳のころはテレビは9時までしか見てはいけなかった.）

《NB》〈1回限りの許可〉は，次のⓑの言い方で表される.

ⓐ × I **could** see her yesterday evening.
ⓑ ○ I **was allowed to/had permission to** see her yesterday evening. （昨晩彼女に会うことを許された.）

(II) 現在時をさす“丁寧語法”

⑥ 〈可能性〉 He **could** be telling lies.
（ひょっとしたら，うそをいっているということもある.）

⑦ 〈可能性→提案〉 **Could** we help you?
（お手伝いしましょうか.）

⑧ 〈許可→依頼〉 A: **Could** I use your phone?
B: Yes, of course you **can.**
（「電話を貸していただけますか.」「ええ，もちろんどうぞ.」）
注 答えに **could** を使わない点に注意.

98. 慣用表現

(1) 〈as ... as S can〉「できるだけ…」

① I will come **as** *soon* **as** I **can.** （できるだけ早く来ます.）

(2) 〈cannot but＋原形〉〈文章体〉＝**〈cannot help＋動名詞〉「～しないわけにいかない」**

② I **cannot but** believe him.
（彼のことばを信じないわけにいかない.）

③ I **could not help** laugh**ing** at the joke.
（その冗談を聞いて笑わないではいられなかった.）

(3)　〈cannot＋原形＋too＋形容詞/副詞〉「いくら…しても～しすぎることはない」

④ You **cannot** be **too** careful in driving a car.
（車を運転するときは，いくら注意してもしすぎることはない.）

⑤ We **cannot** praise his bravery **too** highly.
（彼の勇気をいくらほめてもほめすぎることはない.）

注　次のような変化形もある：I **can never** thank you **enough**.
（いくら感謝しても足りないくらいです.）

C　May/Might

99. may の意味・用法

(A)　〈許可〉「**～してもよい**」：話し手が権限をもって与える〈許可〉について用いられる．つまり，目上の者から目下の者へという方向であり，当然，×**May you…?** という形の文は存在しない.

① You **may** go now.（もう帰ってよろしい.）

② You **may** come if you wish.（来たければ来てよろしい.）

May I/he…? は，聞き手の〈許可〉を求める場合に用いる.

③ **May** we smoke in here?――Yes, you **may.**/No, you **may not.**（「ここで喫煙してもいいですか.」「ええ，いいですよ./いいえ，いけません.」）

注　**may not** は，**must not** のように〈禁止〉を表すのではなく，〈不許可〉を表す.

④ **May** John come with us?――Yes, he **may.**
（「ジョンもいっしょに来ていいですか.」「ええ，いいですよ.」）

〈許可〉を求める **May I …?** は，また，〈丁寧な提案〉にも利用される.

⑤ **May I** help you?――Please do.
（「お手伝いしましょうか.」「お願いします.」）

(B)　〈推量〉「**～かもしれない**」：肯定文・否定文にのみ用い，疑問文では **can** を用いる（☞ § 96 (D)）．この用法の **may** は強勢を受けて

[méi] と発音される.

⑥ His story **máy** be true. (彼の話は本当かもしれない.)

⑦ He **máy** come, or he **máy** not.
(彼は来るかもしれないし, 来ないかもしれない.)

〈NB〉 〈推量〉の **may** は強勢を受けるので, 話しことばでは〈許可〉の **may** と区別できる.

ⓐ He **may** [méi] come tomorrow. 〈推量〉
(彼はあす来るかもしれない.)

ⓑ He **may** come tomorrow. (彼はあす来てもよろしい.) 〈許可〉

(C) 〈**可能性**〉: can の弱い意味〈文章体〉.

⑧ Anyone **may** see the difference.
(だれにもその違いは分かるだろう.)

この意味の may の否定は **cannot** で表される:

⑨ You **may** call him a genius, but you **cannot** call him a good teacher.
(彼は天才といってもいいが, 良い教師とはいえない.)

100. 仮定法代用の may

(A) 〈**May+S+V**〉の語順で, 話し手の願望を表す. この用法は〈文章体〉で, 〈口語〉ではほとんど使用されない.

① Long **may** you live! (どうか長生きなさいますように.)

(B) 譲歩の副詞節中で:「**たとい…でも**」

この用法も〈文章体〉で, 普通のスタイルでは **may** を使用しない.

② Whatever you (**may**) say, I shall not change my opinion.
(君が何といおうとも, 私は意見を変えない.)

(C) **so that, in order that** に導かれる目的の副詞節の中で: これも〈文章体〉で, 普通のスタイルでは, 意味に応じて can, will を用いる.

③ Let the dog loose **so that** it **may/can** have a run.
(犬が走り回れるように放してやりなさい.)

④ I am lighting the fire **so that** the house **may/will** be warm when he returns. (彼が帰ってきたとき部屋が暖まっているように, 暖炉に火をつけているところです.)

〈NB〉 **so that** と **in order that** では, so that のほうが普通.

101. might の意味・用法

（I）　**過去時をさす場合**：過去用法はない．

〈許可〉を表したければ，代わりに **was allowed to/had permission to** を用いる．

① He **was allowed to** go out for an hour.
（彼は1時間外出を許された．）

〈推量〉は話し手が発話時（＝現在）においてするものだから，当然，過去用法はない．

(II)　**現在時をさす“丁寧用法”**：仮定法過去の might からきた用法で，may よりも控えめで丁寧な言い方になる．

② 〈許可〉**Might** I go?—Yes, of course you **may** [×**might**].
（「行ってもよろしいでしょうか．」「ええ，もちろんいいですよ．」）

③ 〈推量〉It **might** rain tonight.
（今夜ひょっとしたら雨が降るかもしれない．）

〈可能性〉を表す might は，〈口語〉において，いわば，いんぎん無礼に相手を非難する場合にも利用される．「許可を求めることができるのに，そうしないんだね」という気持ち．

④ You **might** ask before you use my car.
（私の車を使うときには，まずそういってもらいたいね．）

102. 仮定法代用の might

(A)　譲歩の副詞節中で〈文章体〉：

① However much he **might** try, he would not succeed.
（どんなに努力したところで，彼は成功しないだろう．）

(B)　**so that, in order that に導かれる目的の副詞節中で**：この場合の **might** は時制の一致（☞ § 401）によって過去形になっている．〈文章体〉なので，普通のスタイルでは，意味に応じて could, would を用いる．

② He came in quietly **so that** he **might/would** not wake his wife.（彼は妻の目をさまさせないように静かに入ってきた．）

103. 慣用表現

(1)　**〈may well＋原形〉**　ⓐ［意志動詞と共に］**「〜するのはもっとも**

だ」 ⓑ [無意志動詞と共に]「**たぶん〜だろう**」

① ⓐ You **may well** say so.（君がそういうのはもっともだ.）

注 この may は〈可能性〉を表すもの(§ **99**(C)).

ⓑ His story **may well** be true.

（彼の話はたぶん本当なのだろう.）

(2) 〈**may (just) as well＋原形 (＋as not)**〉「(しないよりは)**〜するほうがよい**」(▶as not は，普通，省略する)

② You **may as well** start now.（今出発するほうがいいよ.）

〈NB〉 **may (just) as well〜 と had better〜**：前者は，「ほかにより良いこともないので，しないよりは〜するほうがよい」という控えめな提案をする場合に用いられる．一方，後者は，実質的には **'ought to'** という意味の命令口調になる．

(3) 〈**might (just) as well＋原形**〉 ⓐ「(そうするくらいなら)**〜したほうがましだ**」「(そんなことをするのは)**〜するのも同然だ**」(▶(4)の **as B** が略された形)〈口語体〉

③ You **might (just) as well** say that white is black.

（[そんなことをいうのは]白を黒だというのも同然ですよ.）

ⓑ 「**…したほうがよいかもしれない**」(▶(2)の仮定法過去形)

④ I **might as well** go myself.

（私が自分で行ったほうがよいかもしれない.）

(4) 〈**might (just) as well A as B**〉「**B するくらいなら A するほうがましだ**」(▶might は仮定法過去)

⑤ I **might (just) as well** die **as** marry such a man.

（あんな男と結婚するくらいなら死んだほうがましだ.）

D Will/Would

104. will の意味・用法

(A) 〈意志〉：主語の〈意志〉を表す.

まず，1人称主語の例から見ていこう.

① **I'll** see you tomorrow.（あすお会いしよう.）

② I **won't** do that again.（あんなこと，2度としません.）

2人称主語の場合は，**Will you…?** の形で，相手の〈意志〉の有無を尋ねることによって，間接的に〈依頼〉や〈招待〉を表す．

③ **Will you** pass me the salt, ***please***?—Certainly. Here you are. 〈依頼〉[この意味では，よく please を伴う]
（「塩を回していただけませんか.」「はい．さあどうぞ.」）

④ **Will you** have some more cake? 〈招待〉
（もう少しケーキをいかがですか.）[×**any** more cake]

③, ④ で分かるように，話し手の利益になる行為は〈依頼〉になり，聞き手の利益になる行為は〈招待〉になる．

Won't you…? の場合は，〈招待〉の気持ちが強くなる．

⑤ **Won't you** sit down?（お座りになりませんか.）

Will you…?/You will… は，また文脈次第では，やや高飛車な〈命令〉を表すことができる．

⑥ **Will** [wíl] **you** do as I say? ＝**You will** do as I say.
（いったとおりにしてくれないか.）

won't は，1・3人称の〈拒絶〉を表す．

⑦ Will you go?—No, I **won't**!
（「行ってくれますか.」「いいや，いやだね.」）

⑧ He **won't** help me.（彼は私を助けてくれようとしない.）

この用法は，"動く機能をもった無生物"にも転用される(擬人化)．

⑨ This window **won't** open.（この窓は開こうとしない.）

(参考) すべての人称にわたって，〈意志〉の **will** に強勢を置くことによって〈固執〉を表すことができる．〈固執〉の意味は，強勢によって〈意志〉の意味が強化された結果と考えられる．

ⓐ I **wíll** do as I like.（おれは絶対に好きなようにするんだ.）[1人称]

ⓑ Why **wíll** you keep making jokes about John?
（なぜ君はジョンのことをのべつ笑いぐさにするのか.）[2人称]

ⓒ He **wíll** have his own way.
（彼はあくまでも自分の勝手にしようとする.）[3人称]

2・3人称の場合は，相手の頑固さに対する腹立ちの気持ちが強く表れる．

(B)〈習性〉：「よく～する，～するものだ」

人が進んですることはたびたびするので，〈意志〉の will から反復的・習慣的な行動を表す用法が発達する．通例，**sometimes, often** などを伴って**3人称主語について**用いる.

⑩ He **will** ***often*** sit there for hours doing nothing.
（彼はよく何もしないで何時間もそこに座っていることがある.）

(C) 〈予言〉:「**(きっと)〜でしょう**」

ある事柄がまず間違いなく起こると話し手が信じていることを表す.（学習文法で“単純未来”と呼ばれているのは，この用法である.）すべての人称に用いられる.

⑪ One day I [you/he] **will** die.
（いつか私(あなた/彼)は死ぬでしょう.）

〈予言〉の **will** は，⑫,⑬で見るように，If A, (then) B（A ならば B となるだろう）という構文でよく用いられる.

⑫ You'll be in time *if* you hurry.（急げば間に合いますよ.）
[話し手が〈予言〉または〈保証〉をしている]

⑬ The ice **will** melt *if* the sun comes out.
（太陽が出れば，氷は解けるでしょうよ.）

〈予言〉の **will** は，また，当然，天気予報に用いられる.

⑭ Tomorrow's weather **will** be cold and cloudy. [天気予報]
（あすの天気は，はだ寒く曇りでしょう.）

(D) 〈推量〉:「**〜でしょう**」

現在または過去の事態についての〈推量〉を表す. **(C)** からの発展.

⑮ That **will** be the postman.（あの音は，郵便屋さんだろう.）

⑯ You **will** have heard about this.
（このことはお聞き及びでしょう.）
注 ⑯は，いわゆる“未来完了”とは別用法.

105. would の意味・用法

(A) 過去時をさす場合：〈意志〉と〈習性〉の用法がある.

① a) 〈意志→固執〉 I told him not to but he **would** [wúd] do it.（彼にするなといったのに，どうしてもするといってきかなかった.） [not to=not to do it]

b) 〈意志→拒絶〉 The door **wouldn't** open.
（ドアはどうしても開かなかった.）
注 「ドア」が多少とも擬人化されている.

② 〈習性〉 He **would** ***often*** sit there doing nothing.
（彼はよく何もしないでそこに座っていたものだ.）

(B) 現在時をさす“丁寧用法”: I would で〈控えめな意志〉を, **Would you…?** で〈丁寧な依頼〉を, **He/She/It would** で〈断定的でない推量〉を表す.

③ 〈意志〉: I **would** like a cup of tea.
（お茶を一杯いただきたいものですね.）

④ 〈意志→依頼〉: **Would you** open the window, ***please***?
——Certainly.
（「窓を開けてくださいませんか.」「承知しました.」）

⑤ 〈推量〉: That **would** be the milkman.
（あれ(＝音)は, たぶん牛乳屋だろう.）

どの用法においても, **will** を用いた場合よりも, 控えめまたは丁寧になる.

106. 慣用表現

(1) would rather [〈まれ〉**sooner**] **～(than…)**「(…よりも) **むしろ～したい**」

① I **would** [〈口語〉**I'd**] **rather** watch TV (**than** go out).
（(外出するより)テレビを見るほうがいい.）

(2) would like to ～「**～したいものだ**」(控えめな希望表現)

② I **would** [〈口語〉**I'd**] **like to** see him.（彼に会ってみたい.）

● 例題 1 ●

次の各文の(　)内に適当な1語を入れなさい.

(1) (　　) it be true that he committed suicide?
(2) He is as poor as poor (　　) be.
(3) However hard he (　　) work, he will not succeed.
(4) He raised his hand in order that the bus (　　) stop.
(5) (　　) you return home safe!

考え方 (1)「いったい本当だろうか」 (2)〈**as…as S can be**〉「この上なく…」 (3) 譲歩節(§ **100**(B)) (4) 目的節(§ **102**(B)) (5) 祈願文(§ **100**(A))

解答 (1) Can (2) can (3) may (4) might (5) May

E Shall/Should

107. shall の意味・用法

(A) 〈主語の意志とは無関係に，必ず実現する〉

主に〈英〉で **I/we shall** の形で用いられる．学習文法では“単純未来”と呼ばれることもある．

① One day we **shall** die.（われわれは，いつか(きっと)死ぬ．）

② I **shall** [〈口語〉**will**] be nineteen in a week's time.
（私は1週間したら19歳になります．）

(B) 〈話し手の意志・約束〉：「〜してやる」〈主に英・まれ〉

You shall, He shall の形で，話し手の意志による〈約束〉を表す．

③ If you are a good boy, **you shall** have a cake.〈約束〉
（行儀よくしていれば，ケーキをあげます．）
[＝**I will** let you have a cake.]

相手にとって不利益な〈約束〉は，〈おどし〉になる．

④ He says he won't go, but I say **he sháll** (go).
（彼は行かないといっているが，きっと行かせてやるぞ．）

③, ④ の用法は，ひどく横柄な感じを伴うので，〈英〉でもペットや幼い子供に向かってしか使わない．

Shall I/he ...? の形で，相手の〈意志〉を尋ね，それに従う用意があることを暗示する．**「私が〜しましょうか/彼に〜させましょうか」**

⑤ **Shall I** carry your bag?——Yes, please./No, thank you.
（「かばんをお持ちしましょうか.」「ええ，お願いします./いや，けっこうです.」）

⑥ **Shall the taxi** wait?（タクシーを待たせましょうか.）

Shall we...? では，〈提案〉の意味が生じる．**「〜しましょうか」**

⑦ **Shall we** go to the cinema tonight?——Yes, let's.
（「今夜映画へ行きましょうか.」「ええ，そうしよう.」）

この **Shall we...?** は，付加疑問にも生じる．

⑧ Let's dance, **shall we**?（ダンスしましょうよ.）

(参考) 〈意志〉が話し手のではなく，いわば法律・規則のそれである場合，**〈立法の shall〉** の用法へと発展する：**「〜すべし」**〈文章体〉

ⓐ The Emperor **shall** be the symbol of the State.
（天皇は，日本国の象徴である.）［日本国憲法］

ⓑ Passengers **shall** not converse with the driver while the bus is in motion.　（乗客の皆さんは，バスの運行中は運転士に話しかけないでください.）［掲示］

108. should の意味・用法

（I）　過去時をさす用法：この用法はない.

（II）　現在時をさす用法

（A）　"丁寧用法"：1人称に用いて，表現を控えめにする.「**～なのですが**」

① I **should** like to go.（［できれば］行きたいものですが.）

注　〈口語〉では，would を使う傾向がある.

② He is over fifty, I **should** think [say].
（彼はまあ50を越えているでしょうね.）

（B）　現在時の〈義務〉：「**～すべきだ**」（▶すべての人称に用い，話し手の主観的な見解を表す. ought to よりも意味が弱い.）

③ You **should** go and see her some time.
（いつか彼女に会いに行くべきだよ.）

④ Brothers **should** not quarrel.
（兄弟はけんかをすべきではない.）

（C）　現在時の〈十分な見込み〉：「**～のはずだ**」（▶すべての人称に用いる. この場合も，ought to よりも確信度がやや弱い.）

⑤ According to the map this **should** be the way.
（地図によれば，この道のはずだ.）

⑥ The bus **should** have arrived at ten, but it didn't turn up.（バスは，10時に到着しているはずなのに，来なかった.）
［***turn up**「姿を現す」］

109. 仮定法代用の should

3つの用法がある.

（A）　〈命令・要求・必要・提案・決定〉などを表す動詞・形容詞に続く that 節で：「**…するように**」（▶*1*）通例，主節の動詞の時制に関係なく用いる．*2*)〈米〉では，主節の時制に関係なく，通例，仮定法現在形（should を用いない形）を用いる．*3*)今では〈英〉でもしばしば仮定法現在形を用いる．)

① He ***demanded/insisted*** that I (**should**) go at once.
（彼は私がすぐ行くように要求した/主張した.）

② The doctor ***recommended/advised/suggested*** that she (**should**) take a holiday.
（医者は彼女に休暇をとるように勧めた/忠告した/提案した.）

③ It was ***necessary*** that my uncle (**should**) be informed.
（おじに知らせる必要があった.）

④ I'm ***anxious*** that nobody (**should**) be hurt.
（だれもけがをしないように願っています.）

この構文で用いられる動詞・形容詞には，次のようなものがある.

⑤ a) 動詞：**command**（命令する），**order**（命令する），**insist**（主張する），**request**（依頼する），**suggest**（提案する），**advise**（忠告する），**recommend**（勧める），**decide**（決定する），*etc.*

b) 形容詞：**necessary**（必要な），**anxious**（切望して），**desirable**（望ましい），**important**（重要な），**imperative**（ぜひ必要な），**essential**（必須な），*etc.*

(B) **natural**（当然な），**normal**（正常な），**lucky**（幸運な），**unfortunate**（不運な），**surprising**（驚くべき），**odd**（変な），**strange**（不思議な），**a pity**（残念なこと）などの，文の内容に対する話し手の判断を表す表現に続く that 節中で：「**…とは**」(▶この構文では，**(A)**と異なり，仮定法現在を用いない.)

⑥ ***It is very odd*** that he **should** do that.
（彼がそんなことをするなんてとても変だ.）

⑦ ***It was unfortunate*** that he **should** be ill just then.
（ちょうどその時彼が病気だったとは運が悪かった.）

⑧ ***It is surprising*** that he **should** say so.
（彼がそんなことをいうなんて驚きだ.）

⑨ ***I'm sorry*** that he **should** have died so young.
（彼がそんな若さで死んだとは気の毒だ.）

次のような疑問詞と共に用いる表現では，疑問詞の部分に話し手の判断が反映されていると考えられる．

⑩ ***Why* should** she object？＝***Why is it*** that she **should** object？（いったい何で彼女は反対するのか．）

⑪ ***How* should** I know？（どうして私が知っていようか．）

〈NB〉 文の内容を“客観的な事実”として述べる場合は，**should** を用いない：「…**ことは**」

ⓐ It is very odd that he **does/did** that.
（彼がそんなことをする/した**ことは**とても変だ．）

ⓑ It was unfortunate that he **was** ill just then.
（彼がちょうどその時病気だった**ことは**運が悪かった．）

(C) **〈lest…should ～〉「…が～しないように」**〈文語〉用法で，〈口語〉では用いない．（▶〈米〉では，通例，**should** を落として，仮定法現在を用いる）

⑫ We didn't move **lest** we (**should**) wake him up.　〈文語〉
＝We didn't move **in case** we woke him up.　〈口語〉
（彼が目をさましてはいけないので私たちは動かなかった．）

F　Must

110. must の意味・用法

(A) **〈主語への強制〉：「～しなければならない」**

① I **must** stop smoking.（僕はたばこをやめなければならない．）

② You **must** be back by ten.
（君は10時までに帰って来なければならない．）

③ a) He **must** do as I say.
（彼は私のいうとおりにしなければならない．）

b) Soldiers **must** obey orders.
（軍人は命令に従わなくてはならない．）

①のように1人称の場合は，話し手自らの意志による〈自己強制〉になり，②のように2人称の場合は，話し手の意志による〈命令〉または〈強い勧告〉になる．3人称の場合は，③a）のように話し手の意志による〈強制〉，または，③b）のように特定の社会集団による〈強制〉

を表す．④のような疑問文では，〈強制〉する主体は聞き手である．

④　A: **Must** they lock the door?　B: Yes, they **must.**
（「彼らはドアをロックしなければなりませんか.」「ええ，そのとおり.」）

この意味の **must** の否定形は，**mustn't ～**（～してはならない）〈禁止〉ではなく，**needn't ～/don't have to ～**（～しなくてもよい）〈不必要〉である．

⑤　You **needn't** go now.（いま行かなくてもいい.）

〈NB〉 主に2人称と共に，**must** が「～したいと言い張る」という強い必要性を表すことがある．この場合，**must** はしばしば強勢が置かれ，書きことばではよくイタリック体で印刷される．
Múst you be so funny all the time?
（いつもおどけてなきゃ気がすまないのかね.）
この用法では，話し手の“いらだちを込めた皮肉”が暗示される．

(B)　〈強い推定〉：「～にちがいない」

⑥　He **must** be mad to do that.
（そんなことをするなんて彼は気が狂っているにちがいない.）

⑦　There's the doorbell.　It **must** be Mary.
（ブザーが鳴っている．メアリーにちがいない.）

⑧　He **must** have missed the train.
（彼は列車に乗り遅れたのにちがいない.）

この意味の **must** の否定は，**can't ～「～のはずがない」**である．

⑨ a)　His story **must** be true.
（彼の話は本当にちがいない.）
b)　His story **can't** be true.
（彼の話は本当であるはずがない.）

111．must の過去用法

過去用法がないので，**had to** で代用する．

a) ×　I **must** leave early.
b) ○　I **had to** leave early.
（早目に出発しなければならなかった.）

注　must の間接話法での用法は，☞ § 401 〈NB〉 3

例題 2

次の各文の(　)内に適当な1語を入れなさい.

(1) It is natural that he (　　) have got angry.

(2) I am sorry that you (　　) have done such a thing.

(3) Who (　　) come in but the very man we were talking of?

(4) He ran away lest he (　　) be caught.

(5) He (　　) sit for hours without saying a word.

考え方 (1) It is natural that に注目 (§ **109**(B))　(2) I am sorry that に注目 (§ **109**(B))　(3) Who should come in but ～?「入って来たのは, だれあろう～だった.」(§ **109**(B))　(4) lest に注目 (§ **109**(C))　(5) 過去の不規則な習性 (§ **105**(A))

解答 (1) should　(2) should　(3) should　(4) should　(5) would

G　Have to

112. have to の意味・用法

have to は〈外部的な事情による強制〉を表す.「**～しなければならない**」. 特に〈英口語〉では **have got to** の形も用いられる.

肯定文

① a) I **have to** go now.（もう行かなければならない.）
　 b) I'**ve got to** go now.　〈特に英口語〉

疑問文

② a) **Have** you **to** go?　〈英〉
　 b) **Have** you **got to** go?　〈英口語〉
　 c) **Do** you **have to** go?　〈英・米〉
　（行かなければならないのですか.）

否定文：〈強制がないこと〉, つまり, 〈不必要〉を表す：「**～する必要はない**」

③ a) You **haven't got to** go. 〈英口語〉
　 b) You **don't have to** go. 〈英・米〉
　（君は行く必要はない.）

113. must と have to との違い

must は主に〈**話し手による強制**〉を表すが，これに対して，**have to** は，〈**外部的な事情による強制**〉を表す．次の各組の2つの文を比較してみよう．

① a) You **must** stop smoking.（たばこをやめなければならない．）[これは私の命令だ]
b) I **have to** stop smoking.（(残念ながら)たばこをやめざるを得ない．）[胃を悪くしてしまったので]

② a) He **must** stay the night.（彼は，今夜は泊まって行くべきだ．）[私は彼にそう勧める；the night＝for the night]
b) He **has to** stay the night.（彼は，今夜は泊まるより仕方がない．）[終電車は出てしまった]

さらに，**mustn't** が〈**禁止**〉(「**〜してはいけない**」) を表すのに対して，**don't have to** は〈強制がないこと〉，つまり，〈**不必要**〉(「**〜する必要はない**」) を表す．

③ a) **Must** I see her now?——No, you **don't have to.**
(「今彼女に会わなければならないのですか．」「いや，その**必要はありません．**」)
b) **May** I go now?——No, you **mustn't.**
(「もう行ってもよろしいか．」「いいえ，**いけません．**」)

〈NB〉 **must** は，過去時制，完了形，**will, shall, may** などの法助動詞のあとで用いることはできない．そこで，**have to** を利用する．

■**過去時制：had to 〜**

ⓐ I **had to** go.（私は行かなければならなかった．）[肯定文]

ⓑ **Did** you **have to** go?
（行かなければならなかったのですか．）[疑問文]
㊟ **Had** you **(got) to 〜?** はくまれ〉．

ⓒ I **didn't have to** go.（私は行かなくてもよかった．）[否定文]
㊟ I **hadn't (got) to 〜** はくまれ〉．

■**完了形：have [has, had] had to 〜**

ⓓ I **have had to** work all day.
（1日中仕事をしなければならなかった．）

■〈**will/shall/may/*etc.*+have to**〉

ⓔ You **will have to** study very hard when you go to university [〈米〉the university]. （大学にはいると，一生けんめい勉強しなければならなくなるでしょう.）

H Ought to

114. ought to の意味・用法

(A)　〈義務〉：「～すべきである」

この意味では，〈強制〉の **must** よりも弱く，**should** とほぼ同義. ただ，**ought to** は法律とか規則とかを考えているので，話し手の主観的な意見を述べる **should** よりもやや意味が強くなる.

① If you have a cold, you **ought to** stay in bed.
（もし風邪をひいているのなら，寝ているべきだよ.）

② Coffee **ought to** be drunk (while it is) hot.
（コーヒーは，熱いうちに飲むのがいい.）

③ He **ought not [oughtn't] to** smoke so much.
（彼はあんなにたばこを吸わないほうがいい.）

ought to には，このように，しばしば〈助言〉の含みがある.

(B)　〈十分な見込み〉：「～のはずだ」

should とほぼ同義であるが，それよりも確信度がやや強い. しかし，話し手が自分の推論に疑いを残している点で，〈確実性〉を示す **must** よりは確信度が弱い.

④ If he left home at ten, he **ought to** be here soon.
（彼が10時に家を出たのならば，もうじきここに着くはずだ.）

⑤ He **ought to** be there, but he isn't.
（彼はそこに着いているはずなのに，着いていない.）

115. ought to の過去用法

過去用法がないので，**it was one's duty to～** で代用する.

{a) × You **ought to** do that.
{b) ○ **It was your duty** to do that.
（それをするのは君の義務だった.）

Ⅰ Need

116. need の意味・用法

法助動詞としての **need** は，**疑問文・否定文**においてのみ用いられ，話し手の立場から見ての〈**必要**〉を表す：「**〜する必要がある**」

しかし，その場合も本動詞として用いるほうがはるかに普通である．以下の例文では，(　)内に本動詞としての用法を示す．

① a) A: **Need** we come tomorrow? (=**Do** we **need to** come tomorrow?)
B: No, you **needn't**. (=No, you **don't**.) / Yes, you **must**. (=Yes, you **do**.)
(「あす来る必要がありますか.」「いいえ，それには及びません.」/「ええ，来なければなりません.」)

肯定文には，**need** の助動詞用法はない．

② a) × He **need** go.
b) ○ He **needs to** go. (彼は行く必要がある.) [本動詞]

needn't は，〈不必要〉を表す．

③ You **needn't** go now. (=You **don't need to** go now.)
(今行かなくてもよろしい.)

《NB》 **needn't と don't have to**: **needn't** は，話し手による〈不必要〉という判断を表す．これに対して，You **don't have to** go. (君は行く必要はない.)は外部に行くことを〈強制〉する事情がないことを表す．

117. need の過去用法

過去用法がないので，本動詞 **needed to 〜, didn't need to 〜** を利用する．

① He **needed to** rest. (彼は休む必要があった.)

次の2つの文の意味の違いに注意しよう．

② *cf.*
a) He **didn't need to** go. (彼は行く必要はなかった.)
[本動詞：行ったかどうか不明]
b) He **needn't have** gone. (彼は行く必要はなかったのだ.) [助動詞：それなのに，行ってしまった]

J　Dare

118. dare の意味・用法

疑問文・否定文においてのみ，**「～する勇気がある」**（＝have the courage to ～）という意味の助動詞として用いられる．しかし，助動詞用法は〈文章体〉で，〈口語体〉では本動詞として用いられる．以下の例文では，（　）内が本動詞．

① **Dare** you jump from that high wall? (=**Do** you **dare** (**to**) jump from that high wall?)
（あの高い塀から飛び降りる勇気がありますか．）

② *How* **dare** *you* say such a thing!
（よくもまあそんなことがいえるものだね．）
[憤りを表す慣用表現で，普通，本動詞を用いない]

③ I **daren't** speak to him. (=I **don't dare** (**to**) speak to him.)
（彼に話しかける勇気はとてもない．）

119. dare の過去用法

否定文・疑問文で **dared** を用いる．この場合も，（　）内の本動詞用法のほうが普通．

① He **dared not** speak to Sue. (=He **didn't dare** (**to**) speak to Sue.)（彼はスーに話しかける勇気がなかった．）

② *How* **dared** he open my letters?
（よくも私の手紙を開封したものだな．）[慣用表現]

K　Used to

120. used to の意味・用法

疑問・否定の構文でのみ助動詞として用いられる．〈口語〉では本動詞として用いられる．以下の例文では，（　）内が本動詞．

(A)　〈過去の習慣〉：**「～するのが常だった，以前～したものだ」**

（▶〈動作動詞〉と共に用いられる．）

① **Used** he **to** smoke? (=**Did** he **use to** smoke?)

（彼は以前よくたばこを吸っていましたか.）

② He **usedn't** [jú:snt] **to** play cards a lot. (=He **didn't use to** play cards a lot.)
（彼はもとはあまりトランプをする習慣はなかった.）

③ You **used to** smoke, **use(d)n't** you (=**didn't** you)? —Yes, I **did** [×**used**].
（「昔はたばこを吸っていたのでしょう.」「ええ，そうです.」）

(B) 〈**長期間の過去の状態**〉：「**以前は～であった**」(▶〈状態動詞〉と共に用いられる.)

④ I **used to** have an old Rolls-Royce.
（私は以前古いロールス・ロイスをもっていた.）

⑤ There **used to** be a castle on the hill, **use(d)n't there** (=**didn't** there)?
（あの丘には昔お城があったのでしょう.）

(参考) **used to と would との比較**

	used to	would
〈動作〉を表す	○	○
〈状態〉を表す	○	×
物主語をとる	○	×
sometimes などを伴う	×	○

注意 〈**be used to＋名詞/動名詞**〉「**～に慣れている**」と区別せよ. この **used** は accustomed の意味の形容詞である.

ⓐ He **is used to** air travel. （彼は空の旅には慣れている.）

ⓑ I'm not **used to being** spoken to in that way.
（私はそういう口のきき方をされるのには慣れていない.）

L 〈法助動詞＋have＋過去分詞〉の用法

これらの形式は，いずれも過去の事件に対する発話時における話し手の判断を表すものである.

121. 法助動詞が現在形の場合

(A) 〈**will＋have＋過去分詞**〉：「**～しただろう**」

① You **will** all **have heard** the news last night.
（皆さんはゆうべそのニュースをお聞きになったでしょう.）

〈NB〉 もちろん，“未来”完了形では，未来時をさす.
You **will have forgotten** all about it in a month.
（1か月もすればそんなことはすべて忘れているだろう.）

(B)　〈can＋have＋過去分詞〉

a）[否定文で]「**〜したはずがない**」 b）[疑問文で]「**一体〜したのだろうか**」

② a) He **can't have seen** Sally yet.
（彼はまだサリーに会ったはずはない.）

b) Where **can** he **have gone**?
（一体どこへ行ったのだろう.）

(C)　〈may＋have＋過去分詞〉：「〜したのかもしれない」

この場合の〈have＋過去分詞〉には，次のように3通りのソースがある.

③ a) John **may have left** yesterday.
[過去：＝Perhaps he **left** yesterday.]
（ジョンは，きのう去ったのかもしれない.）

b) John **may have left** already.
[現在完了：＝Perhaps he **has left** already.]
（ジョンは，もう去ったのかもしれない.）

c) John **may have left** before you came.
[過去完了：＝Perhaps he **had left**…]
（ジョンは，君が来る前に去ったのかもしれない.）

(D)　〈must＋have＋過去分詞〉：「〜したにちがいない」

④ It **must have rained** during the night.
（夜の間に雨が降ったにちがいない.）

⑤ That **must have been** George.
（あれはジョージだったにちがいない.）

(E)　〈ought to＋have＋過去分詞〉

a）〈果たされなかった義務〉:「**〜すべきであった**(のにしなかった)」

b）〈十分な見込み〉：「**当然しているはずだ**」

⑥ a) I'm sorry; I **ought to have phoned**.

（すみません．電話すべきでした．）〈後悔〉

b) He **ought to have done** it.

（彼はそれをすべきだった[が，しなかった]．）〈非難〉

c) He **ought to have arrived** at his office by now.

（彼はもう会社へ着いているはずだ．）〈十分な見込み〉

(F) 〈**need not＋have＋過去分詞**〉

「**〜する必要はなかったのに**（してしまった）」

⑦ He **needn't have hurried.**

（彼は急ぐ必要はなかったのだ．）[それなのに急いだ]

⑧ *cf*. He **didn't need to** hurry.

（彼は急ぐ必要はなかった．）[急いだかどうかは，不明]

122. 法助動詞が過去形の場合

(A) 〈**should＋have＋過去分詞**〉

a) 〈果たされなかった義務〉:「**〜すべきであったのに**（しなかった）」，「**〜すればよかったのに**（しなかった）」

① a) I **shouldn't have refused.**

（断わるべきではなかった．）〈後悔〉

b) You **should have seen** his face!

（君に彼の顔を見せたかったよ．）〈残念〉

b) 発話時における〈十分な見込み〉：「**当然〜しているはずだ**」

② The bus **should have arrived** by now.

（バスはもう到着しているはずなんだが．）

㊟ § **121**Ⓔ b) の形式との違いについては，§ **114**Ⓑ 参照．

(B) 〈**would＋have＋過去分詞**〉

a) 〈現在の推量〉：「**たぶん〜だったのだろう**」（▶ § 121Ⓐ の形式よりも控えめ）

③ It **would have been** Tom who called.

（訪ねて来たのは，たぶんトムだったのだろう．）

b) 〈過去の非実現〉：「（もし…だったら）**〜してあげたのだが**」〈1人称の意志〉；「（もし…だったら）**〜していただろうが**」〈推量〉

④ I **would have done** that for you. 〈意志〉

（それをしてあげたことだろうに．）

⑤ Had he come, she **would have gone.** 〈推量〉
（もし彼が来ていたら，彼女は行っていただろうが.）

(C) 〈**could＋have＋過去分詞**〉

a) 〈控えめな現在の推量〉：[肯定文]「**〜だったということもありうる**」，[否定文]「**〜だったはずがない**」

⑥ He **could have been** there then.
（彼がその時そこにいたということもありうる.）

⑦ He **couldn't have been** English because he spoke with a foreign accent.（彼は外国なまりで話していたのでイギリス人だったはずがない.）

b) 〈過去の非実現〉：「**〜することもできたのに**（しなかった）」

⑧ He **could have avoided** the accident.
（彼はその事故を避けることもできたのに.）[避けなかった]

(D) 〈**might＋have＋過去分詞**〉

a) 〈控えめな現在の推量〉：「**もしかすると〜したのかもしれない**」

⑨ He **might have been** there yesterday.
（彼はもしかすると昨日そこにいたのかもしれない.）

b) 〈過去の非実現：可能性〉：「**〜していたかもしれなかった**（が，しなかった）」

⑩ He **might have been killed** in the accident.
（彼はその事故で死んでいたかもしれなかった.）

c) 〈過去の非実現：許可〉：「**〜してくれてもよかったのに**（しなかった）」

⑪ You **might have told** me earlier.
（もっと早くいってくれてもよかったのに.）〈非難〉

章 末 問 題 11

A　次の各文の（　）内の適当な語句を選びなさい.

(1) (Will, Shall) it be fine tomorrow?

(2) How (dare he, dare he to, dares he) ask such a question?

ヒント　**A**　(1)〈予言〉(§ **104**(C))　(2) dare は疑問文では助動詞 (§ **118**)

(3) It is to be regretted that you two (should, would) have quarrelled.

(4) He was so obstinate that he (should, would) not listen to my suggestions.

(5) Theory and practice (should, would) go hand in hand.

(6) It is necessary that the wicked (should, must, would) be punished.

(7) I would (better, other, rather) starve than steal.

(8) I can't find it anywhere. He must (be taken, have taken, take) it with him when he went home.

(9) Your mother (might, could, wouldn't have, ought) liked your being out alone.

(10) The concert starts at six. We (mustn't, needn't, don't have to) be late.

(11) I demanded (him to have paid, that he must have paid, that he pay) the bill immediately.

(12) I recommended that the student (finishes writing, should finish the writing, finish writing) his composition as soon as possible.

(13) It is surprising that he (shall, should, will, would) be so foolish.

B　次の各文の(　)内に適当な1語を入れなさい.

(1) I hope you (　　) pardon me for saying so.

(2) He won't attend the meeting this evening, (　　) he?

(3) Let's start early, (　　) we?

(4) I won't do any more than I (　　) help.

ヒント (3) ☞ **§ 109(B)** (4) 〈意志→固執〉(**§ 105(A)**) (5) go hand in hand「相伴う」 (6) ☞ **§ 109(A)** (7) would rather「むしろ〜したい」(**§ 106**) (8)「〜したのにちがいない」(**§ 121(D)**) (9) ☞ **§ 122(B)** (11), (12) ☞ **§ 109(A)** (13) ☞ **§ 109(B)**　**B** (1) hope (that) のあとは will がくる (2) 付加疑問では, 主文の法助動詞を繰り返す (3) ☞ **§ 107** (4) **more than** S **can help**「せずに済む以上に→なるべく」は成句

(5) Haven't I told you already that you (　　) have my answer tomorrow morning?

(6) You (　　) be a good walker to have walked all the way.

(7) It is not good that children (　　) sit up late at night.

(8) I am grieved that you (　　) be so overworked.

(9) Who are you that you (　　) speak thus?

(10) Will your sister come to the party? ——No, I don't think she (　　).

(11) It (　　) have been raining, for the ground is muddy.

(12) The mother may (　　) be proud of her bright son.

(13) He should be here by this time. He (　　) have missed the train.

(14) { "Was Jack at the game?"
"He might have (　　), but I didn't see him."

(15) { She cannot have broken her promise.
(　　) (　　) impossible that she has broken her promise.

(16) { Would you like me to bring you some magazines?
Shall (　　) bring you some magazines?

(17) { I'm sure you were surprised to hear of my marriage.
You (　　) have been surprised to hear of my marriage.

C 次の各文の誤りを正しなさい.

(1) Will I go and bring you some coffee?

(2) I will not forget your kindness for ever.

(3) He says he shall do all he can to help me.

(4) He must has been lost in the sea.

(5) Who can tell what shall become of the world?

ヒント (5)〈話し手の約束〉(§ **107**(B)) (6)「～にちがいない」 (7), (8), (9) 主節の「話し手の判断」を表す表現に注目 (§ **109**(B)) (11), (13), (17)「～したにちがいない」 (12)「～するのももっともだ」 (15)「～したはずがない」 (16)「～してあげましょうか」 **C** (1)「私が～しましょうか」(§ **107**(B)) (2) for ever「永久に」がついているので, will はまずい (3) 主語の〈意志〉 (4)〈助動詞＋原形〉 (5)〈予言〉

第12章
受　動　態

主語が動作主に働きかけられる関係を表す他動詞の形を**受動態**といい，英語では〈**be＋過去分詞**〉で表される．この章では，まず，種々の基本構文の受動態の作り方を研究し，次に，注意すべき受動構文をとりあげる．

A　能動態と受動態

123. 態とは

> 能動態： John **loves** Mary.
> 受動態： Mary **is loved** by John.

解説　John **loves** Mary.（ジョンは，メアリーを愛している.）のように，**動作主**を主題にした文を**能動態** (active voice) といい，Mary **is loved** by John.（メアリーは，ジョンに愛されている.）のように，**受動者**を主題にした文を**受動態** (passive voice) という．客観的事実は同じでも，主題(＝主語)の選び方が違うのである．このように，受動態は受動者が動作主に働きかけられる関係をいうのであるから，受動態をとることができるのは，目的語をとる動詞，つまり，他動詞だけである．受動態は，また，**受身**ともいわれ，〈**be＋過去分詞**〉の形で表される．

124. 受動態の作り方

John loves Mary. という文を受動態にしてみよう．

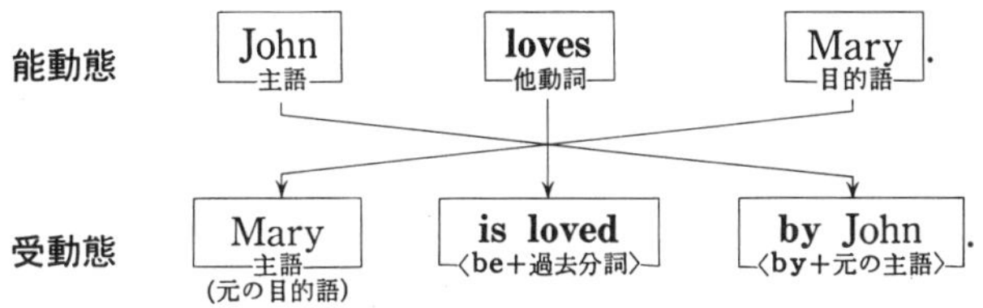

それには，次の3つの変形が必要である．

(1) 能動態の目的語（ここでは，Mary）を主語にすえる：**Mary...**

(2) 動詞を〈**be＋過去分詞**〉の形にする：**Mary is loved...**

(3) 動作主（＝能動態の主語，ここでは，John）を〈**by＋動作主**〉として〈be＋過去分詞〉のあとに置く：**Mary is loved by John.**

これらの変形は，また，次のようにルール化することができる．

ポイント 受動態の作り方

名詞$_1$＋他動詞＋名詞$_2$ ⇨
名詞$_2$＋be＋過去分詞＋by＋名詞$_1$

B 基本構文の受動態

上にあげたルールを用いて，種々の基本構文を受動態にしてみよう．

125. 〈S+V+O〉の文型

この場合は，〈O〉を受身文の主語にすればよい．

① John **painted** this picture.（ジョンがこの絵を描いた．）
⇨ This picture **was painted by** John.
（この絵はジョンによって描かれた．）

② She **will visit** him tomorrow.
（彼女は，あす彼を訪問するでしょう．）
⇨ He **will be visited by** her tomorrow.
（彼はあす彼女の訪問を受けるでしょう．）

〈NB〉 ②のように，能動態の主語・目的語が代名詞の場合は，格の変化が生じる．つまり，元の文の目的語の him は受動文の**主語**になるので，**主格**（＝he）に変え，元の文の主語の she は，by の**目的語**になるので，**目的格**（＝her）に変えなければならない．

126. 〈S+V+IO+DO〉の文型

2つの目的語があるので，"give 型"動詞（☞ § **13**(A)）の場合は，IO を主語にした受身と，DO を主語にした受身の2通りが作れる．

♦**give 型**（give, send, lend, show, pay, promise, tell, offer, など）：

① John gave **Mary** **a hat.**
S V IO DO
(ジョンは，メアリーに帽子をやった.)

⇨ a) **Mary** was given a hat by John.
S V O M
b) **A hat** was given Mary by John.
S V O M

この場合，人間を主題にした ① a) の受動態のほうが普通である.

◆**buy 型** (buy, find, get, cook, sing など：☞ § **13**(B))：これらの動詞では，IO を主語にした受身を作ることはできるが，DO を主語にした受身は非文法的である (この事実は，学校文法ではしばしば見落とされてきた).

② John bought **Mary** **a new hat.**
S V IO DO
(ジョンは，メアリーに新しい帽子を買ってやった.)

⇨ a) ○ **Mary** was bought a new hat by John.
S V O M
b) × **A new hat** was bought Mary by John.

注 次の (参考) の ⓓ のようにいえば文法的になる.

(参考) **give 型**では，IO を 〈**to**+IO〉 として DO のあとに回すことができるが (☞ § **13**(A))，この場合は，〈S+V+O〉の文型になるので，受身文は1通りしかできない.

ⓐ John gave **a hat** to Mary.
S V O M

ⓑ ⇨ **A hat** was given to Mary by John.
S V M M

ⓑ は上の ① b) よりも普通の言い方である.

buy 型では，IO を 〈**for**+IO〉 として DO のあとに回すことができる (☞ § **13**(B)) が，この場合も，受身文は1通りしかできない.

ⓒ John bought **a hat** for Mary.
S V O M
(ジョンは，メアリーに帽子を買ってやった.)

ⓓ ⇨ **A hat** was bought for Mary by John.
S V M M

127. 〈S+V+O+C〉の文型

Cは受身文の主語になれないので，Oを主語にすればよい.

① The children called **the dog** *Sally.*
S V O C
(子供たちは，その犬をサリーと呼んだ.)

⇨ **The dog** was called Sally by the children.
　S　V　C　M
(その犬は，子供たちからサリーと呼ばれた.)

② They elected **John** *chairman*.
　S　V　O　C
(彼らはジョンを議長に選んだ.)

⇨ **John** was elected chairman. (ジョンは，議長に選ばれた.)
　S　V　C

注 by them のような漠然とした動作主は，普通，省略される．情報量がほとんどないからである.

C 注意すべき受動態

128.「複合動詞＝他動詞」の場合

次のような**複合動詞**は，まとまって1つの他動詞として働く.

♦〈動詞＋前置詞〉＝他動詞の例：

① Everybody **laughed at** (=mocked) John.
　S　V　O
(みんながジョンを笑った.)

⇨ John **was laughed at** by everybody.
　S　V　M
(ジョンは，みんなに笑われた.)

② You can always **rely on** him.
(あなたは，いつでも彼を頼りにしていい.)

⇨ He can always **be relied on**. (彼はいつでも頼りになる.)

注意 〈動詞＋前置詞〉でも受身にできないものがある．詳しくは，☞ § 443.

♦〈動詞＋副詞〉＝他動詞の例：

③ John **turned off** the radio. (ジョンは，ラジオを切った.)

⇨ The radio **was turned off** by John.
(ラジオは，ジョンが切った.)

♦〈動詞＋副詞＋前置詞〉＝他動詞の例：

④ They **looked down upon** (=despised) John.
(みんなジョンを見下した.)

⇨ John **was looked down upon**. (ジョンは，見下された.)

⑤ I can't **put up with** (=tolerate) that fellow.

(僕はあの男には我慢できない.)

⇨ That fellow can't **be put up with.**

(あの男は，我慢できない.)

♦〈**動詞＋名詞＋前置詞**〉＝**他動詞**の例：

⑥ Everybody **took advantage of** his weakness.

(みんなが彼の弱みを利用した.)

⇨ His weakness **was taken advantage of** by everybody.

(彼の弱みは，みんなに利用された.)

129. 動詞句に助動詞が含まれる場合

これには，3つの場合がある.

(A)　〈法助動詞＋他動詞〉の場合：〈法助動詞＋be＋過去分詞〉とする.

① They **will sell** the car.（彼らは，その車を売るだろう.）

⇨ The car **will be sold.**（その車は，売られるだろう.）

② You **can do** the work tomorrow.

(君はその仕事をあすだってできる.)

⇨ The work **can be done** tomorrow.

(その仕事は，あすだってできる.)

③ You **must pay** the bill in cash.

(君は勘定を現金で支払わなければならない.)

⇨ The bill **must be paid** in cash.

(勘定は，現金で支払わなければならない.)

(B)　完了形の場合：〈have＋been＋過去分詞〉とする.

④ I **have lost** the key.（私は，その鍵をなくした.）

⇨ The key **has been lost.**（その鍵は，なくなった.）

⑤ How much **have** you **spent** on the camera?

(君は，そのカメラにいくら払ったのか.)

⇨ How much **has been spent** on the camera?

(そのカメラにいくら払ったのか.)

(C)　進行形の場合：〈be＋being＋過去分詞〉とする.

⑥ They **are painting** the bridge today.

(きょう，橋にペンキを塗っている.)

⇨ The bridge **is being painted** today.
（橋は，きょうペンキを塗られている.）

⑦ He **was milking** the cows when we arrived.
（私たちが行ったとき，彼は牛の乳をしぼっていた.）

⇨ The cows **were being milked** when we arrived.
（私たちが行ったとき，牛は乳をしぼられていた.）

ポイント

助動詞は，そのまま動詞句のトップに残しておく

130. 〈O＋不定詞〉の受動態

これには，2つの場合がある.

(A) to 不定詞の場合：to 不定詞がそのまま残される.

① John **advised** Mary *to consult* a lawyer.
（ジョンは，メアリーに弁護士と相談するように勧めた.）

⇨ Mary **was advised** *to consult* a lawyer by John.
（メアリーは，弁護士と相談するようにジョンに勧められた.）

(B) to なし不定詞の場合：to 不定詞に変える. 使役動詞，知覚動詞の構文は，能動態では to なし不定詞をとるが，受動態にすると to が飛び出してくる. 詳しくは，⇨ §§ 284, 285.

② They(S) *made*(V) John(O) **go**(C). （彼らは，無理にジョンを行かせた.）

⇨ John(S) *was made*(V) **to go**(C). （ジョンは，無理に行かされた.）

③ John(S) *saw*(V) Mary(O) **dance**(C).
（ジョンは，メアリーがダンスするのを見た.）

⇨ Mary(S) *was seen*(V) **to dance**(C) by John(M).
（メアリーは，ダンスするところをジョンに見られた.）

131. 目的語が名詞節の場合

2種類の受動文を作ることができる.

① People(S) **say**(V) *that John is a great poet*(O).
（ジョンは大詩人だと世間ではいっている.）

⇨ { a) It **is said** that John is a great poet.
S　　　S（真主語）
b) John **is said** to be a great poet.
（ジョンは大詩人だといわれている.）

② We **believe** *that John is honest.*
S　V　O
（ジョンは正直だと，私たちは信じている.）

⇨ { a) It **is believed** that John is honest.
b) John **is believed** to be honest.

①,② の a) 文は，形式主語 it（☞ § 170(D)）を用いた構文であり，b) 文は that 節中の主語（John）を文の主題とした構文で〈文章体〉.

132. 疑問文の受動態

(A) 一般疑問文の場合

① **Will** Jack **love** Jill?
V　S　V　O
（ジャックは，ジルを愛するだろうか.）

⇨ **Will** Jill **be loved** by Jack?
V　S　V　M
（ジルは，ジャックに愛されるだろうか.）

(B) 疑問詞が主語の場合：Who → By whom ...?〈文章体〉→ Who ... by?〈口語体〉

② **Who** *discovered* America?
S　V　O
（だれがアメリカを発見したのですか.）

⇨ { a) ***By whom*** **was** America **discovered**?　〈文章体〉
M　V　S　V
b) ***Who*** **was** America **discovered** ***by***?　〈口語体〉
（アメリカは，だれによって発見されましたか.）

(C) 疑問詞が補語の場合：補語は受身に関与しないので**そのまま.**

③ ***What*** do you **call** this flower?（この花を何といいますか.）
C　V　S　V　O

⇨ ***What*** **is** this flower **called**?（この花は，何といいますか.）
S

(D) 疑問詞が目的語の場合：文頭にあるので**そのまま主語に早変わり**する.

④ ***What*** did John **see**?（ジョンは，何を見たのか.）
O　V　S　V

⇨ ***What*** **was seen** by John? (何をジョンは見たのか.)
S V M

〈NB〉 **命令文の受動態：〈Let＋目的語＋be＋過去分詞〉**で表現する.〈文章体〉

ⓐ Do it at once. (それをすぐしなさい.)

ⓑ ⇨ **Let** it **be done** at once.

●例題1●

次の各文を受動態の文にしなさい.

(1) John bought the car.

(2) John sent Mary a present.

(3) The children made the room beautiful.

(4) Mary made us a cup of coffee.

(5) Mary made a cup of coffee for us.

考え方 受動態の作り方：**〈名詞$_1$＋他動詞＋名詞$_2$〉⇨〈名詞$_2$＋be＋過去分詞＋by＋名詞$_1$〉** (2) 2通りの受動文に (3) beautiful (＝C) はそのまま (4) make は buy 型なので, IO を主語にした受動態しかできない (5) for us はそのまま

解答 (1) The car was bought by John.

(2) { Mary was sent a present by John.
A present was sent Mary by John.

(3) The room was made beautiful by the children.

(4) { ○ We were made a cup of coffee by Mary.
× A cup of coffee was made us by Mary.

(5) A cup of coffee was made for us by Mary.

D by 以外の前置詞をとる場合

a) I **was annoyed by** his behavior.

b) I **was annoyed with** him.

(訳) a) 私は彼の振舞いがしゃくにさわった. b) 私は彼に腹が立った.

解説 受動態の動作主は, a)のように, **by** に導かれるのが原則である. しかし, **〈be＋過去分詞〉**の過去分詞が動作を表す**動詞**ではなく, 〈状態〉を表す**形容詞**として用いられた場合は, 形容詞の意味に応じて **at,**

about, with のような，**by** 以外の前置詞をとる．このことを逆にいえば，〈be＋過去分詞〉が **by** 以外の前置詞を伴っている場合は，その過去分詞は形容詞と見てよい，ということになる．

133．心理状態を表す動詞

代表的な例は，「驚く・失望する」のような心理状態を表す過去分詞である．**by** をとれば受動態，それ以外の前置詞をとる場合は形容詞．

① a) I **was worried by** her silence.　[受動態]
(彼女が黙っているので心配させられた．)
b) I **was worried about** her silence.　[形容詞]
(彼女が黙っているのが心配だった．)

② a) I **was** ***very*** **(*much*) surprised by** the news.　[受動態]
(私はそのニュースにひどく驚かされた．)
b) I **am** ***very*** **surprised at** you.　[形容詞]
(君にはとても驚いているよ．)

注　**very** と **much** の使い分けについては，☞ § 224.

disappointed（失望して），**frightened**（こわがって）などは，形容詞になりきっているため，普通，**by** をとることはない．

③ **I am disappointed in** that car.
(僕はあの車には失望している．)

④ **Are** you **frightened of** snakes?（君は蛇がこわいのか．)

134．be known, be covered などの場合

be known, be covered は，受動態としては **by** をとるけれども，普通は形容詞化して，**be known to, be covered with** となる．

① a) John **was known to** everybody.　[知られている：状態]
(ジョンは，皆に知られていた．)
b) John **was known by** everybody.　[知られる：動作]
(ジョンは，皆の知るところとなった．)

〈NB〉 次の **by** は「～に基づいて」という意味で，動作主を表すものではない：

A man *is known* **by** the company he keeps.
(付きあう友人を見ればその人の人柄が分かる．)〈ことわざ〉

② a) The mountain **was covered with** snow. [形容詞]
(山は雪におおわれていた.)
b) The mountain **was covered by** the snow. [受動態]
(山が雪でおおわれた.)

E 〈be＋過去分詞〉以外の受動態

135. 〈get＋過去分詞〉の形式による受動態

この形式は,「…される」という〈動作〉の意味を明確に表すことができるので,〈口語〉でよく用いられる.

① That window **got broken** last night.
(あの窓は, ゆうべこわれた.)

② One of his fingers **got trapped** in the door.
(彼の指の1本がドアにはさまった.)

③ The house is **getting painted.**
(家はペンキを塗りかけている.)

④ John **got hit** by a cricket ball.
(ジョンは, クリケットのボールに当たった.)

〈NB〉 1. get married (結婚する), get dressed (着替えをする) などの過去分詞は, 受身の動詞ではなく, 形容詞と考えるべきである.

ⓐ Mary **got married** in June. (メアリーは, 6月に結婚した.)
ⓑ We must be **getting dressed.** (そろそろ着替えをしなくては.)

〈NB〉 2. **〈become/lie/remain＋過去分詞〉** の形式も受動態ではなく,〈S+V+C〉の文型で, 過去分詞は形容詞である.

ⓐ The truth **became known** to us. (真相が我々に分かってきた.)
ⓑ Broken glass **lay scattered** all over the road.
(割れたガラスが道路一面にちらばっていた.)
ⓒ The shop **remained closed** all day.
(その店は, 1日中閉まったままだった.)

136. 受動態に相当する構文

(A) **〈have＋目的語 (O)＋過去分詞 (C)〉**:「**OをCされる**」という, 受動態に相当する意味を表す. “経験受動態” とも呼ばれる.

① *cf.* { a) I **had** my watch **stolen.** (私は時計を盗まれた.)
S V O C
b) My watch **was stolen.** (私の時計は，盗まれた.)
S V

② *cf.* { a) Charles I **had** his head **cut off.**
(チャールズ一世は，首をはねられた.)
b) His head **was cut off.** (彼の首ははねられた.)

①，②のそれぞれ b) 文が普通の受動態，それぞれ a) 文が“経験受動態”の例である．a) 文は，人間を表す語を主題にしようとする近代の傾向から生じたもので，b) 文よりも英語らしい言い方になっている．

〈NB〉 〈くだけた文体〉では，I **got** my hand **caught** in the door. (私は手をドアにはさまれた.) のように，have の代わりに **get** を使うことができる．なお，この構文は，「O を C させる」という〈使役〉の意味で使うこともあるが，それについては，§ **309**(C) を参照.

(B) The book reads well. のタイプ

能動態で受動態の意味に用いられる動詞が少数ある．通例，様態の副詞を伴う．その部分が“新しい情報”を伝えているのである．

③ The book **reads** *well*. (この本は，おもしろく読める.)

④ The new car **is selling** *badly*.
(今度の車は，売れ行きが悪い.)

⑤ This material **washes** *well*. (この生地は，洗いがきく.)

⑥ Cotton **wears** *well*. (もめんは長もちがする.)

これらの文では，本来は目的語であるはずの語が主題になったため，受動的な意味が生じるのである．

F 〈by＋動作主〉の省略と表現

137．動作主が省略される場合

受動文の〈**by＋動作主**〉は，しばしば省略される．英語の受動文の約 80 % は動作主が表現されないといわれている．

動作主が省略されるのは，次のような場合である．

(A) 「一般の人々」が動作主の場合：we, you, they, people, one のような「一般の人々」を表す動作主は，受動文では表現されない．

① **They speak** French in France.
(フランスではフランス語を話す.)
⇨ French **is spoken** in France.

(B) 動作主が不明の場合：

② He **was killed** in the war. (彼はその戦争で死んだ.)

(C) 動作主が自明であるか，または不必要な場合：

③ John **was fined** ten dollars for speeding.
(ジョンは，スピード違反で10ドル罰金をとられた.)

④ A new supermarket has just **been opened.**
(新しいスーパーマーケットがオープンしたところだ.)

138. 動作主が表現される場合

では，どういう場合に動作主が表現されるかといえば，それは，**動作主が新しい情報を伝えている**場合であるとしてよい.

① a) × This poem was written. ［これでは情報量不足］
b) ○ This poem was written **by Keats.**
(この詩は，キーツが書いた.)

① b) は，② に対する答えであり，聞き手が求めている未知の情報は，まさに by Keats の部分なのである.

② **Who** was this poem written **by**?
(この詩は，だれが書いたのですか.)

章 末 問 題 12

A 次の各文の( )内の適当な形を選びなさい.

(1) Our house is (been painted, been painting, being painted).
(2) Let all ceremony be (done away with, done off with).
(3) He ordered the room (to sweep, sweeping, to be swept).
(4) He was (given, praised, made, called) much of for his conduct.

ヒント **A** (1) 進行形の受動態 (**be+being+過去分詞**) (2)「～を廃止する」
(4)「〈人〉をもてはやす」

(5) Let it (forget, be forgotten, forgotten).

B　次の各文を能動態の文に書き換えなさい．

(1) The story has been told by several authors.
(2) That young man can be relied upon.
(3) The doctor was sent for at once.
(4) Can such a state of things be put up with?
(5) Great care should be taken of them.
(6) Sugar is sold at that store.
(7) English is spoken in New Zealand.

C　次の各文を受動態の文に書き換えなさい．

(1) Who showed you the way?
(2) Who made fun of her?
(3) A wolf saw a goat feeding.
(4) You could have heard a pin drop.
(5) We made him go there at once.
(6) The villagers looked down upon him.
(7) Have you agreed upon a plan?
(8) What do you call this fish?
(9) You must not leave the door open.
(10) Shut the door.
(11) They are pulling down the old building.
(12) The kind lady took care of the poor orphans.
(13) A foreigner spoke to him in the train.

ヒント　**B**　(2) **rely upon**「〈人〉に頼る」　(3) **send for**「〈人〉を呼びにやる」　(4) **put up with**「～を我慢する」　(5) **take great care of**「～を非常に大事にする」　(6), (7) 動作主は「一般の人々」　**C**　(1), (2) ☞ **§ 132**(B)　(3) **feeding**（えさを食べている）(=C) はそのまま残る　(4), (5) **to** 不定詞が現れる　(6) **look down upon**「～を見下す」　(7) **agree upon**「～の点で意見がまとまる」　(8) **by you** は不要　(9) **open**〈C〉はそのまま　(10) 命令文の受身（**§ 132** 〈NB〉）　(11) 進行形の受身（**§ 129**）　(12) **take care of**（～の世話をする）で1つのV　(13) **speak to**（～に話しかける）で1つのV

(14) She had seen a flashing nickel fall to the ground.
(15) We heard something knock against the windowpane.
(16) Even those little girls know the name of this actress.

D 次の各文の誤りを正しなさい.

(1) Was he surprised with the news?
(2) He is not to be relied.
(3) There was no trace of his bed having been slept.
(4) He was laughed by all his classmates.
(5) I am interesting in history.
(6) I surprised at the news.
(7) He was often made a fool.

■よく使われる英語のことわざ■

- Don't put the cart before the horse.
  (牛追い牛に追わる.)
  〔←馬の前に荷車をつけるな：本末を転倒するな，の意〕
- Those who live in glasshouses should not throw stones.
  (わが身をつねって人の痛さを知れ.)
  〔←ガラスの家に住む者は，他人に石を投げてはならない〕
- A leopard cannot change his spots.
  (ヒョウは斑点を変えることはできない.)
  〔性格はなかなか変わらない，の意〕
- God made the country, and man made the town.
  (神は田園を作り，人間は都会を作った.)
- Laugh and grow fat.
  (笑う門には福来たる.)〔←笑えば肥える〕

ヒント (14), (15) 知覚動詞の受身(§ **130**(B)) (16) know は「知っている」という意味(§ **134**) **D** (1)「～に驚く」 (2)「～に頼る」 (3)「〈ベッド〉に眠る」 (4)「～を(あざ)笑う」 (5)「～に興味がある」 (6) surprise は自動詞ではない (7)「笑いものにされる」

第13章

名　　詞　　I

この章では，まず，名詞が大きく**数えられる名詞**と**数えられない名詞**の２種類に分かれることを見る．次に，一定の条件のもとで，数えられない名詞が数えられる名詞に変わることを見る．最後に名詞(句)の用法を研究しよう．

A　名詞の種類

139．数えられる名詞と数えられない名詞

名詞は，大きく，**数えられる名詞**(**可算名詞**) (countable noun, C) と**数えられない名詞**(**不可算名詞**) (uncountable noun, U) の２種類に分けられる．(多くの英和辞典は，名詞にU, Cのマークをつけている．)

可算名詞には，単数・複数の区別があり，単数には **a/an** をつける．**普通名詞**と**集合名詞**がこの類に属する．

不可算名詞は，常に単数形で，**a/an** をつけない．**物質名詞・抽象名詞・固有名詞**がこの類に属する．

数えられる名詞と数えられない名詞は，次のような特徴をもっている．

	1	2	3	4
	a/an がつく	複数形 になる	the をとる	単独で 用いられる
数えられる名詞 C	○	○	○	×
数えられない名詞 U	×	×	○	○

① ○ **A** dog is **an** animal.　(犬は動物である．)
　 × **A** sugar is sweet.　(砂糖は甘い．)　[○ Sugar is...]

② ○ **Dogs** are **animals.**
　 × **Sugars** are sweet.　[○ Sugar is...]

③ { ○ **The** dog is an animal.（犬は動物である.）
　 { ○ **The** sugar in the pot is sweet.
（そのつぼの中の砂糖は甘い.）[☞ § 142]

④ { × Dog is animal.［○ **A** dog is **an** animal.］
　 { ○ **Sugar** is sweet.

〈NB〉 ④で見るように，**数えられる名詞の単数形は，普通，単独では用いられない**．必ず a/an, the, this, that, his, Tom's など（=限定詞）の1つをつけて用いられる．数えられる名詞は“個体性”が強く，数えられない名詞のような“抽象性”がないということである．

140．普通名詞 Ⓒ

boy（男の子），book（本），cat（ネコ），teacher（教師）のように，ある類を代表する個体を表す名詞を**普通名詞**（common noun）という．

① *A* **table** has *four* **legs**.（テーブルには4本の脚がある.）

② There are *two* **beds** and *three* **chairs** in the room.
（その部屋にはベッドが2つと，いすが3つある.）

141．集合名詞 Ⓒ

family（家族），team（チーム），crowd（群衆），committee（委員会），audience（聴衆）のように，1つの集合体を表す名詞を**集合名詞**(collective noun）という．次の2つの種類がある．

(A)　family 型：単数扱いと複数扱いの両用法のある集合名詞

① a）My **family** *is* very large.（私の所は大家族です.）
　 b）My **family** *are* early risers.（私の家族は皆早起きです.）

集合体を1つの単位としてみる場合は，① a）のように**単数扱い**にし，**集合体を構成する個々のメンバーを考えている場合**は，① b）のように**複数扱い**にする．

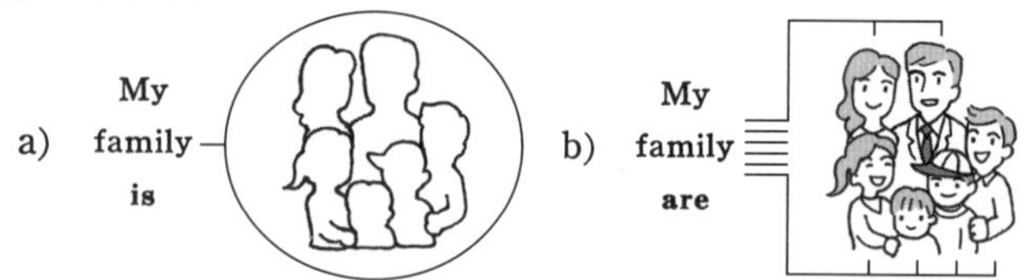

集合名詞が ① a) のように単数扱いになる場合は，普通名詞と同様に，**a/an** をつけることもできるし，複数形にもなる．

② a) He has **a** large **family**. [a family=children]
(彼は子供がたくさんいる．)

b) Two **families** live in the same house.
(2家族が同じ家に住んでいる．)

一方，集合名詞が ① b) のように複数扱いになる場合は，複数形をとらず，常に形は単数形であることに注意：

③ *Are* your **family** all well? (お宅の皆さんはお元気ですか．)

▶**family 型集合名詞**には，次のようなのがある：**family** (家族)，**team** (チーム)，**club** (クラブ)，**committee** (委員会)，**class** (クラス)，**enemy** (敵軍)，**crowd** (群衆)，**crew** (乗組員)，**jury** (陪審員)，**firm** (商会)，**public** (公衆)，**staff** (スタッフ)，**government** (政府)，*etc.*

類例を追加しておこう．

④ a) There *was* a large **audience** in the hall.
(ホールには多数の聴衆がいた．) [1つの単位]

b) The **audience** *were* enjoying the performance.
(聴衆は，その演奏を楽しんでいた．) [聴衆がそれぞれ]

⑤ a) The **committee** *consists* of seven persons.
(委員会は，7人から成っている．) [単位]

b) The **committee** *are* at dinner.
(委員らは，食事中だ．) [各人]

(B) police 型：常に単数形で複数扱いの集合名詞

① b) の用法しかないもので，**a/an** をとらず，複数形にもならない．この型は，family 型より少ない．

⑥ The **police** *are* after the criminal.
(警察は犯人を追っている．)

⑦ The **clergy** *occupy* a high social position in England.
(英国では聖職者の社会的地位は高い．)

⑧ Who says that the **aristocracy** *are* proud?
(貴族は高慢だなどとだれがいうのか．)

さて，police 型集合名詞はなぜ複数扱いしかないのかといえば，それは，それぞれが単数のメンバーを表す別な名詞（次のリストの（　）内に示してある)をもっていて，いわば“分業”が行われているからにほかならない.

▶**police 型集合名詞**： **police** (警察) (*cf.* a policeman 1人の警官), **aristocracy** (貴族) (*cf.* an aristocrat 1人の貴族), **nobility** (貴族) (*cf.* a nobleman 1人の貴族), **clergy** (聖職者たち) (*cf.* a clergyman 1人の聖職者), **peasantry** (農民階級) (*cf.* a peasant 1人の百姓), **cattle** (牛) (*cf.* a cow 1頭の雌牛, an ox 1頭の去勢した雄牛, a bull 1頭の去勢しない雄牛), *etc.*

〈NB〉 **people** は，①「人々」の意味では，複数扱い，②「**国民・民族**」の意味では普通名詞として扱われ，a/an をとり，複数形 **peoples** にもなる.

ⓐ 1) **People** *say* he is very rich.
(世間では彼は大金持ちだといっている.)

2) There *were twenty* **people** present at the meeting.
(その会には 20 人出席していた.)

ⓑ 1) The Japanese are *a* hardworking **people**.
(日本人は，勤勉な国民である.)

2) The **peoples** of the world should live in peace.
(世界の諸民族は，平和に暮らすべきである.)

142. 物質名詞 Ⓤ

gold (金), water (水), sugar (砂糖) のような，連続体で一定の形状をもたない物質を表す名詞を**物質名詞** (material noun) という．このような物質は，量ることはできても，数えることはできないので，常に単数形で，a/an をつけない.

① ［材料・金属］ stone (石材), wood (木材), wool (羊毛), earth (土), bone (骨), iron (鉄), silver (銀), *etc.*

［液体・気体］ beer (ビール), tea (茶), oil (油), air (空気), *etc.*

［食物］ meat (肉), sugar (砂糖), butter (バター), fruit (果物), rice (米), *etc.*

② **Gold** and **silver** are precious metals.
(金・銀は，貴金属だ.)

③ **Blood** is thicker than **water**.
(血は水よりも濃い.) 〈ことわざ〉

②,③ のように，総称的表現には冠詞をつけないが，**限定された場合**には the をつける.

④ ***The*** **coffee** *I like best* is from Brazil.
（私が一番好きなコーヒーは，ブラジル産だ.）

⑤ ***The*** **water** *of this well* is not fit to drink.
（この井戸の水は，飲めない.）

143. 物質名詞の量の表し方

(A) **不定の量**を表すには，**much, (a) little, a great deal of, no, any, some** などを用いる.

① How *much* **sugar** do you want?
（砂糖はどれだけいるのですか.）

② I want *some* [s(ə)m] **bread.** （パンが少しほしい.）

③ There is *little* **water** in the glass.
（コップにはほとんど水がない.）

(B) **一定の量**を表すには，次のような“取っ手”(助数詞)を前につける(▶名詞によって“助数詞”がほぼ決まっている点は，日本語の「鉛筆**1本**」，「くつ**1足**」，「たんす**1さお**」，「豆腐**1丁**」などと同様).

④ **a piece of** chalk（チョーク1本）/ **a glass of** water [milk]（コップ1杯の水[牛乳]）/**a bottle of** whisky（ウィスキー1本）/**a cup of** tea [coffee]（紅茶[コーヒー]1杯）/**a loaf of** bread（パン1固まり）/**three sheets of** paper（紙3枚）/**two pounds of** butter（バター2ポンド）/**three spoonfuls of** sugar（砂糖3さじ），*etc.*

144. 抽象名詞 Ⓤ

happiness（幸福），success（成功），truth（真理），art（芸術）のような抽象的な概念を表す名詞を**抽象名詞** (abstract noun) という．抽象的な概念は数えられないので，複数形をもたず，冠詞もつけない.

① **Knowledge** is **power.** （知識は力である.）
[16世紀の英国の哲学者 Bacon のことば]

② **Necessity** is the mother of **invention.**
（必要は発明の母.） 〈ことわざ〉

しかし，物質名詞の場合と同様に，限定された場合には，**the** をつける．(☞ § 142)

③ He has ***the*** **wisdom** *of Solomon.*
(彼にはソロモン王の知恵がある.)

④ The rich envy ***the*** **happiness** *of the poor.*
(金持ちは貧しい人たちの幸福をうらやむ.)

145. 抽象名詞の量・程度の表し方

(A) 不定の量・程度は，物質名詞と同様に，**much, (a) little, a great deal of, no, some, any** などを用いる．

① *A little* **learning** is a dangerous thing.
(生兵法は大けがのもと.) [18世紀の英国の詩人Popeのことば]

② He has *much* [*no*] **experience** in work of this sort.
(彼はこの種の仕事の経験が大いにある[少しもない].)

(B) 「1つ, 2つ」と数えたい場合は，**a piece of** などの“助数詞”をつける．

③ He gave me *a piece* [*word*] *of* **advice** on the question.
(彼はその問題について私に1つの助言をしてくれた.)

④ It was *an* interesting *piece of* **news.**
(それは，1つのおもしろいニュースだった.)

注意 日本語では,「1つの助言」とか「1つのニュース」などといえるが，**英語では** advice, news は数えられない名詞である点に注意. そこで，×**an** advice とか，×**an** interesting news とするのは誤り．

146. 固有名詞 Ⓤ

Newton (ニュートン)，Christmas (クリスマス)，New York (ニューヨーク) などのように，特定の人・物・場所などに固有な名称を表す名詞を**固有名詞** (proper noun) という．必ず大文字で書き始め，**a/an** をつけず，複数形にもならない．

① **Tokyo** is the capital of **Japan.**
(東京は，日本の首都である.)

② **George Washington** lived in **Virginia.**
(ジョージ・ワシントンは，バージニア州に住んでいた.)

しかし，限定された場合は，**the** をつける．

③　I am interested in ***the* England** *of the eighteenth century.*
（私は，18世紀の英国に興味をもっている.）

固有名詞に **the** をつける用法については，☞ § 199.

● 例題 1 ●

次の各文の(　)内の動詞の適当な形を選びなさい.

(1) ⓐ My family (is, are) a big one.
　　ⓑ My family (is, are) all well.

(2) ⓐ The committee (is, are) sitting now.
　　ⓑ The committee (is, are) divided in their opinions.

(3) ⓐ People (say, says) that he will not live long.
　　ⓑ The Koreans (is, are) an industrious people.

考え方　(1), (2) **集合体を1つの単位としてみる場合は単数扱い　集合体を構成する個々のメンバーを考えている場合は複数扱い**　(1) ⓑ all に注目　(2) ⓑ divided in their opinions に注目　(3) ⓐ people は「人々」の意味では複数扱い　ⓑ the Japanese, the English (イギリス人)などの「国民名」は**常に**複数扱い

解答　(1) ⓐ is　ⓑ are　(2) ⓐ is　ⓑ are　(3) ⓐ say　ⓑ are

B　不可算名詞 ⟷ 可算名詞

不可算名詞(物質・抽象・固有名詞)は，**具体的な事例**を示すときには，可算名詞に転用されて，a/an をつけたり，複数形にしたりすることができる．例えば，beauty (美) という名詞は，不可算名詞(抽象名詞)であるが，**a** beauty とすれば「美人」という意味になるし，**beauties** と複数形にすれば，「もろもろの美点」という意味になる．つまり，抽象名詞が具体性を与えられて普通名詞に変わったわけである．逆にいえば，不可算名詞に a/an がついたり，複数形になっている場合は，それは可算名詞になっている証拠であり，当然，何か具体性のある別な意味を表している，と考えなければならない．

147．物質名詞 ⟶ 普通名詞

物質名詞が「種類・個体・製品」などを示すときは，普通名詞化される．

(A)　種類を示す場合：

① This is ***a*** good **wine** for invalids.
(これは病人に良いワインだ.)

② ***Many*** **wines** are imported every year.
(毎年多くの種類のワインが輸入されている.)

(B)　個体を示す場合：

③ He threw ***a*** **stone** at the dog.
(彼はその犬めがけて石ころを投げつけた.)

④ You have ***some*** grey **hairs.** (白髪が少々ありますね.)

⑤ ***Two*** **coffees** [=cups of coffee], please.
(コーヒーを2つください.)

(C)　製品を示す場合：

⑥ Have you read today's **paper**?
(今日の新聞を読みましたか.)

⑦ Bring me some **glasses.** (コップをいくつか持っておいで.)

〈NB〉 **fruit** (果物)は元来，物質名詞であるが，個体や種類をいうときには普通名詞になる.

ⓐ I like **fruit.** (私は果物が好きだ.) [物質名詞]

ⓑ An apple is ***a*** **fruit.** (りんごは果物です.) [個体]

ⓒ This dish is made from a mixture of four different **fruits.**
(この料理は，4つの異なった果物を取りまぜて作ったものです.) [種類]

148. 抽象名詞 ⟶ 普通名詞

抽象名詞は，抽象的な概念ではなく，その**具体的な事例や種類**を示す場合は，普通名詞化される.

① The party was ***a*** **success.**
(パーティーは盛会だった.)　[=成功した事例]

② Patience is ***a*** **virtue.**
(辛抱強さは，1つの美徳だ.)　[=具体的な種類]

③ He is ***a*** great **authority** on phonetics.
(彼は音声学の大家だ.)　[=権威者]

④ He has done [shown] me **kindness*es*** in the past.
(彼は以前いろいろ親切にしてくれた.)　[=親切な行為]

149. 固有名詞 ⟶ 普通名詞

(A)　**「～家の人々」**：

① His wife is ***a*** **Wilson.**（彼の妻は，ウィルソン家の出だ．）

② All ***the*** **Woods** have long legs.
（ウッド家の人々は，みんな足が長い．）

「～家の人々」がたまたま夫婦である場合もある．

③ ***The*** **Smiths** are coming tonight.
（今晩スミス夫妻がやって来る．）

(B)　**「～という人」**（普通の人名の場合）：

④ There's ***a*** **Mr. Spencer** to see you.
（スペンサーさんという人がお見えになりました．）

⑤ There are ***two*** **Greens** in this class.
（このクラスにはグリーンという姓の人が2人いる．）

(C)　**「～の製品・作品」**：

⑥ His car is ***a*** **Ford.**（彼の車はフォードだ．）［製品］

⑦ The museum owns ***two*** **Rembrandts** and ***a*** **Raphael.**
（その博物館には，レンブラントが2点とラファエルが1点ある．）［作品］

(D)　**「～のような人[場所]」**（有名な人物や地名の場合）：

⑧ ***A*** **Shakespeare** needs no advertisement.
（シェイクスピアのような大詩人は，広告なんかいらない．）

⑨ There are ***many*** **Manchesters** in the world.
（世界にはマンチェスターのような都市はいくらもある．）

150. 〈the＋単数普通名詞〉 ⟶ 抽象名詞

〈the＋単数普通名詞〉がその名詞の**性質・機能**など抽象的な意味を表す場合がある．

① **The pen** is mightier than **the sword.**
（ペンは剣よりも強い→文は武よりも強し．）〈ことわざ〉

② **The poet** in him was moved at the sight.
（その光景を見て彼の詩心が動いた．）

〈NB〉 可算名詞⟶不可算名詞の例としては，さらに次のような，普通名詞が固有名詞的に用いられる場合をあげることができる．

Father [〈口語〉**Daddy, Dad**] (おとうさん) / **Mother** [〈口語〉**Mummy, Mum**] (お母さん) / **Uncle** (おじさん) / **Aunt** (おばさん) / the **Tower** (ロンドン塔) / the **Bible** (聖書), *etc.*

● 例題 2 ●

次の各組の文を，下線部の名詞の意味の違いに注意して和訳しなさい．

(1)
ⓐ This vase is made of glass.
ⓑ He drank a glass of wine.
ⓒ My father can read without glasses.

(2)
ⓐ I met Mr. Smith yesterday.
ⓑ There are two Smiths in my class.
ⓒ The Smiths were present at the party.
ⓓ A Mr. Smith called while you were out.

(3)
ⓐ Give me two sheets of paper.
ⓑ The Asahi is a daily paper.

考え方　**不可算名詞に a/an がついたり，複数形になっている場合は，別な意味をもった可算名詞になっている**　(1) ⓑⓒ「製品」　(2) ⓑⓓ「～という人」　ⓒ「～夫妻」　(3) ⓑ「製品」

解答　(1) ⓐ この花びんは，ガラス製です．ⓑ 彼は1杯のワインを飲んだ．ⓒ 父はめがねなしで字が読める．(2) ⓐ 私はきのうスミスさんと会った．ⓑ 私のクラスにはスミスという生徒が2人いる．　ⓒ スミス夫妻はそのパーティーに出席していた．ⓓ あなたの外出中にスミスさんという人が訪ねて来ました．
(3) ⓐ 紙を2枚ください．ⓑ 朝日は日刊新聞です．

C　名詞(句)の用法

不可算名詞は文中で単独で用いられていることがあるが，可算名詞は**必ず**何らかの〈限定詞〉を伴って，名詞句として用いられる．

151．基本用法

(A)　主語

① **Crime** doesn't pay. (犯罪はわりが合わない.)

② Where's **the station**? (駅はどこにありますか.)

(B)　目的語

③　I *took* **my daughter** for a walk.　[他動詞の目的語]
（娘を散歩に連れて行った.）

④　The man *gave* **the boy a dime.** [間接目的語と直接目的語]
（その男は，その男の子に10セント硬貨を与えた.）

⑤　Mary is fond *of* **music.**　[前置詞の目的語]
（メアリーは，音楽が好きだ.）

(C)　補　語

⑥　Kobe is **a big seaport.**（神戸は，大きな港だ.）　[主語補語]

⑦　He came back **a rich man.**
（彼は金持ちとして帰ってきた.）　[主語補語]

⑧　We appointed John **manager.**
（我々はジョンを支配人に任命した.）　[目的語補語]

注　ここの manager のように，官職などを表す名詞が補語として用いられた場合は冠詞をつけない(☞ **§ 203(B)**).

⑨　They named the baby **Richard.**
（その赤ちゃんをリチャードと名づけた.）　[目的語補語]

(D)　呼びかけ

⑩　Good morning, **Bob**!（おはよう，ボブ.）

⑪　**Waiter,** two teas!（ウェイター，紅茶を2つ.）

注意　teacher (先生)を呼びかけに用いることはできない.

(E)　他の名詞の同格語（通例，前の名詞を限定修飾する）

⑫　Mr. Smith, **the lawyer,** was here last night.
（弁護士のスミスさんが，昨夜ここへ来ていました.）

152. 形容詞的用法

(A)　**〈名詞＋名詞〉の形式**で，あとの名詞を修飾する.

①　a **stone** bridge (石の橋) / a **student** téacher (教生)

②　a **stóne**-worker (石工) / **stúdent** teaching (教育実習)

〈NB〉 アクセント型は，普通①のように，〈形容詞＋名詞〉と同じ [＿ ＿́] であるが，複合語(つまり，1語扱い)になりきると，②のように，[＿́ ＿] になる.

(B)　性質を表す形容詞相当語句として

「色彩・形状・寸法・年齢・価格・職業」を表す名詞(句)に見られる用法である.

(1)　普通, 補語として用いられる(③〜⑦は主語補語, ⑧は目的語補語).

③　The door was **a dark brown.** (ドアは濃い茶色だった.)

④　The earth is **the shape** of an orange.
(地球は, オレンジの形をしている.)

⑤　They are about **the same age.** (彼らはほぼ同じ年齢だ.)

⑥　**What price** is that article? (あの品はいくらですか.)

⑦　**What profession** is he? (彼はどんな職業ですか.)

⑧　**What size** shall I make the box?
(箱はどのくらいの寸法に作りましょうか.)

(2)　(代)名詞を後ろから修飾(修飾される語は斜字体で示す).

⑨　When I was *a boy* **your age**, I did not do such things.
(私がお前くらいの年の少年だったときには, そんなことはしなかったぞ.)

⑩　I have *a book* **the same color** as this.
(私はこれと同じ色の本を所持している.)

153. 副詞的用法

「時間・空間・程度・様態」を示す名詞(句)に見られる用法である.
(以下の用例で, 修飾される語は斜字体で示す.)

〈時間〉

①　I'll *be back* **next Tuesday.** (来週の火曜日に戻って来ます.)

②　**What time** *does* the train *leave*? (電車は何時に出ますか.)

〈空間〉

③　*Come* **this way,** please. (どうかこちらへおいでください.)

④　The city is **ten miles** *away.*
(その市は, 10マイル離れた所にある.)　[10マイルだけ〜]

〈程度〉

⑤　Mary is **ten years** *old.* (メアリーは, 10歳だ.) [10歳だけ〜]

⑥ He *talked* **a great deal.** (彼は大いにしゃべった.)

〈様態〉

⑦ *Do* it **your own way.** (自分の好きなやりかたでやりなさい.)

⑧ He *came* **full speed.** (彼は全速力でやって来た.)

章末問題 13

A 次の各語を人を表す名詞形に変えなさい.

(1) buy, collect, conquer, create, dictate, edit, inspect, labor, sail, write

(2) assist, begin, cowardice, diplomacy, economy, law, library, million, mountain

B 次の各語の名詞形をあげなさい(ただし, -ness 形は除く).

(1) resign, seize, applaud, dissolve, reside, excel, betray, deride, resemble, restrain

(2) approve, omit, receive, utter

(3) deep, angry, terrible, singular, vain, brave, hot, proud

(4) combine, discover, perform, occur, explain, move, found, describe, enter, serve

(5) believe, arrive, choose, speak, do, lose, argue

(6) appear, behave, intend, sell, condense, persist

(7) poor, warm, delicate, broad, free, miserable

C 次の各文の( )内の適当な名詞を選びなさい.

(1) People sometimes find (fault, reproach, blame, accuse) with others when they should blame themselves.

ヒント **A**「～する人」という意味の動作主名詞を求める問題 (1) **-er, -or** のうち, -or は主にラテン語系の動詞につける : *cf.* **sailor** (水夫), **sailer** (帆船) (2) **-er, -ant**(ラテン系の語 : ～する人), **-ist** (～の専門家), **-(i)an** (～の人), **-aire** (フランス語 : ～を持つ人), **-eer** [-íə] (～を職業とする人)などの中から選べ **B** 応用問題, 面倒だが, 知らない単語は辞書で調べてほしい
C (1)「～のあら捜しをする」

(2) In any (cases, case) I cannot give you my consent.
(3) He can speak (Germans, German, Germany, the German) very fluently.
(4) Silk used to be the chief (exports, imports, insects, products) of Japan.
(5) As a child I learned lots of poems by (head, heart, memory, mind).
(6) There is no (area, place, space, spot) like home.
(7) It is not likely that he did it on (fault, mistake, intention, purpose).
(8) He lost his (mood, belief, temper, identity) when I broke the window.

D 次の文の誤りを正しなさい.

(1) A few peoples live to be a hundred years old.
(2) This slot-machine takes only pence.
(3) Please give me a few papers; I am going to write composition.
(4) Shakespeare wrote a number of poetry.
(5) We sat on the grasses to take lunch.
(6) It was a very surprising news.
(7) Asia is the home of many people.
(8) He was absent because of ill.

ヒント (2) consent「同意」 (3) speak がある以上「ドイツ語」 (4) export (輸出品), import (輸入品), insect (昆虫), product (生産物) (5)「そらで(覚える)」 (6)「家(うち)ほどよい所はない」(ことわざ) (7)「わざと」 (8)「かんしゃくを起こした」 **D** (1) people「人々」, peoples「諸国民」(**§ 141**) (2) penny「1ペニー銅貨」, その複数形は **pennies**;「50ペンスの本」のように「価格」をいうときの複数形は **pence** (3)「紙」は不可算名詞 (4) **poetry**「詩歌」(不可算名詞); **poem**「(1編の)詩」(可算名詞) (5)「芝生」はⓊかⒸか (6) news は不可算名詞 (7) people「民族」という意味 (8) ill は前置詞 of の目的語

E 次の各文の( )内に適当な名詞を1つ入れなさい(⑽以下では，2つの文が同じ意味になるように).

⑴ Please take your ( ) over it. We are not in a hurry.

⑵ As he had no children of his ( ), he decided to adopt an orphan.

⑶ "Is your watch correct?" "Yes, my watch always keeps good ( )."

⑷ He played the ( ) of Hamlet.

⑸ She is in ( ) of selling tickets.

⑹ I have never seen such a terrible storm in all my ( ).

⑺ Smith is on good ( ) with his friends.

⑻ He shouted at the ( ) of his voice.

⑼ It is a very useful ( ) of information.

⑽ { He didn't know what to say.
He was at a ( ) for words.

⑾ { You should not forget how dangerous it can be.
You should bear in ( ) how dangerous it can be.

⑿ { It is no wonder that he should have failed.
There is nothing strange in his ( ).

⒀ { It is hard to measure how deep the lake is.
It is difficult to measure the ( ) of the lake.

⒁ { 私はその仕事はもうあきらめようかと思っている.
I have half a ( ) to give up the business altogether.

⒂ { それが何だかまったく見当がつきません.
I have no ( ) what it is.

ヒント **E** ⑴「ゆっくりする」 ⑵「自分の」 ⑶「時間が正確」 ⑷「役」 ⑸「～を担当して」 ⑹「生まれてこの方」 ⑺「仲のよい」 ⑻「声を限りに」 ⑼「1つの情報」 ⑽「ことばに窮して」 ⑾「覚えている」 ⑿「彼の失敗」 ⒀「深さ」

第14章

名　　詞 II

この章では，名詞の**数**，**性**，**格**をとりあげる．すなわち，まず，**複数形**の作り方，**不規則複数**などを研究し，次に，**性**の表し方を調べる．最後に，名詞の格のうち，主格と目的格は第13章で扱ったので，ここでは**所有格**の作り方や，意味・用法を研究しよう．

A 名詞の数

154. 単数と複数

数(かず)の概念を表すための名詞の形の変化を**数**(すう) (number) という．日本語には，文法的な数がないが，英語の名詞には1つのものを表す**単数** (singular) と，2つ以上のものを表す**複数** (plural) の区別がある．複数形には，単数形の語尾に **-(e)s** をつけて作る**規則複数**と，その他の方法で作る**不規則複数**がある．前者が圧倒的多数で，新しくできた名詞はすべてこの方式で複数形を作る．

155. 規則複数の作り方

(A) 単数形が [s, z, ʃ, ʒ, tʃ, dʒ] で終わるとき：**-es** をつけて [iz] と発音する．

単　数	複　数
glass（グラス）	glasses [glɑ́:siz]
buzz（ブンブンいう音）	buzzes [bʌ́ziz]
brush（ブラシ）	brushes [brʌ́ʃiz]
watch（時計）	watches [wɔ́tʃiz]

ただし，綴り字が **e** で終わっているときは **-s** のみをつければよい．

単　数	複　数
nose（鼻）	noses [nóuziz]
language（言語）	languages [lǽŋgwidʒiz]

〈NB〉 house [haus] の場合，語尾の [s] が有声化して，[háuziz] となる点に注意.

(参考) なぜ，例えば glasss としないのか：[glɑ:ss] のように，同じ子音を重ねると発音しにくいので，[glɑ:siz] のように母音を入れて発音しやすくするのである.

(B) 単数形が母音または有声子音 [b, d, g, m, n, ŋ, l, v, ð] **で終わるとき：-s** をつけ，[z] と発音する.

単　数	複　数
sofa（ソファー）	sofas [sóufəz]
cab（タクシー）	cabs [kæbz]
bird（鳥）	birds [bə:dz]
dog（犬）	dogs [dɔgz]
bomb（爆弾）	bombs [bɔmz]
bone（骨）	bones [bounz]
king（王）	kings [kiŋz]
bell（鐘）	bells [belz]
dove（ハト）	doves [dʌvz]
bathe 〈英〉（水泳）	bathes [beiðz]

(C) 単数形が無声子音 [p, t, k, f, θ] **で終わるとき：-s** をつけ，[s] と発音する.

単　数	複　数
cup（カップ）	cups [kʌps]
hat（帽子）	hats [hæts]
book（本）	books [buks]
cliff（がけ）	cliffs [klifs]
month（月）	months [mʌnθs]

〈NB〉「長母音/二重母音＋θ」の場合は，[θ]→[ð] と有声化し，それに伴って，[s]→[z] と有声化されることが多い. 例：truth→truths [tru:ðz, tru:θs]；　bath [bɑ:θ]（入浴）→[bɑ:ðz /〈米〉bæðz]；　path [pɑ:θ]（小道）→[pɑ:ðz /〈米〉pæðz, pæθs]；mouth [mauθ]（口）→[mauðz]

(D)　-o で終わる単語：-s をつける場合と，**-es** をつける場合とがある．

(1)　〈母音＋o〉で終わる語の場合は，-s をつける．

単　数	複　数
bamboo（竹）	bamboos [bæmbúːz]
radio（ラジオ）	radios [réidiouz]
zoo（動物園）	zoos [zuːz]

(2)　〈子音＋o〉で終わる語の場合は，-es をつける．

単　数	複　数
hero（英雄）	heroes [híərouz]
potato（じゃがいも）	potatoes [pətéitouz]
tomato（トマト）	tomatoes [təmɑ́ːtouz/〈米〉təméitouz]

NB　**〈子音＋o〉**で終わる語の中にも，**-s** をつけるものもある．
photo**s**（写真），piano**s**（ピアノ），solo**s**（独奏），tobacco**s**（たばこ）
また，**-s** と **-es** のどちらをつけてもよいものがある．
banjo(**e**)**s**（バンジョー），motto(**e**)**s**（モットー），volcano(**e**)**s**（火山）

(E)　-y で終わる語の場合

(1)　〈子音＋y〉で終わる語の場合は，y を **i** に変えて，**-es** [z] をつける．

単　数	複　数
spy（スパイ）	sp**ies** [spaiz]
city（都市）	cit**ies** [sítiz]
lady（婦人）	lad**ies** [léidiz]

注　固有名詞は例外： Henry**s** / Mary**s** / the Kennedy**s**

(2)　〈母音＋y〉で終わる語の場合は，そのまま **-s** [z] をつける．

単　数	複　数
day [dei]（日）	day**s** [deiz]
key（鍵）	key**s** [kiːz]
toy（おもちゃ）	toy**s** [tɔiz]

(F) **-f, -fe** で終わる語の場合：**f** を **v** に変えて **-es** をつけ，[vz] と発音する(英語本来の語に多い).

単 数	複 数
wife [waif] (妻)	**wives** [waivz]
life (生命)	**lives** [laivz]
knife (ナイフ)	**knives** [naivz]
leaf (葉)	**leaves** [li:vz]
wolf (おおかみ)	**wolves** [wulvz]

一方，そのまま **-s** をつけるものもある(借用語や比較的新しい語).

単 数	複 数
roof (屋根)	**roofs** [ru:fs]
chief (かしら)	**chiefs** [tʃi:fs]
belief (信念)	**beliefs** [bilí:fs]
grief (悲しみ)	**griefs** [gri:fs]

〈NB〉 次の語は，**-fs, -ves** の両形をもつ(前の形が一般的).
scarf (スカーフ) → scar**fs, -ves**
handkerchief (ハンカチ) → handkerchie**fs, -ves**

156. 不規則複数の作り方

(A) **母音を変えて作るもの** (英語本来の日常語)

単 数		複 数
[æ → e]	man (人間，男)	**men**
[u → i:]	**foot** (足)	**feet**
[u: → i:]	**goose** (がちょう)	**geese**
	tooth (歯)	**teeth**
[au → ai]	**mouse** (ねずみ)	**mice***
	louse (しらみ)	**lice***

注 *-se を -ce に変えたのは，[s] 音を保持するため. mise なら [maiz] と発音されてしまう.

〈NB〉 Englishm**a**n [íŋgliʃmən] → Englishm**e**n [íŋgliʃmən], gentlem**a**n [dʒéntlmən] → gentlem**e**n [dʒéntlmən] では，綴り字は a が e に変わるが，発音上の変化はない.

(B) 語尾に -en, -ren をつけるもの（これも英語の古い複数形で，次の3語にのみ残っている）

単　数	複　数
ox [ɔks]（雄牛）	ox**en** [ɔ́ks(ə)n]
child [tʃaild]（子供）	child**ren** [tʃíldrən]〔母音が短くなる〕
brother（同宗の人）〈まれ〉	br**e**th**ren** [bréðrən]（同宗の人たち）

〈NB〉 brother（兄，弟）の複数形は，規則複数で brother**s** となる.

(C) 単複同形のもの

(1) 魚・鳥・獣類

deer（しか），**sheep**（羊），**salmon** [sǽmən]（さけ），**carp**（こい），**trout**（ます）

① a) This **sheep** *is* small.（この羊は，小さい.）
　 b) All *these* **sheep** *are* mine.
　　（これらの羊は，すべて私のものだ.）

これらの動物は，群をなして生活しているので，集団として，いわば“量的”にとらえられるので複数形をもたないのである.

〈NB〉 **1.** cow**s**（牛），hen**s**（めんどり），monkey**s**（さる）などは，“個性”を認められて，-s をとる.

〈NB〉 **2. fish, fishes**：普通は，ⓐのように単複同形であるが，特に**異なる種類**をいうときには，ⓑのように fishes を使う.

ⓐ John caught *one* **fish** and Mary caught *ten* **fish.**
　（ジョンは魚を1匹とり，メアリーは魚を10匹とった.）

ⓑ The aquarium exhibits *many* **fishes.**
　（水族館にはいろいろな種類の魚が展示されている.）

(2) -ese で終わる民族名

Chinese（中国人），**Japanese**（日本人），**Portuguese**（ポルトガル人）

② I know { *a* / *five* } **Japanese.**
　（私は日本人を1人[5人]知っている.）

(3) 数量・単位を示す語

③ five **dozen** of these glasses（これらのコップ5ダース）/ two **hundred**（2百）/ a five-**dollar** note（5ドル紙幣）/ a seven-**year** plan（7年計画）

〈NB〉 ほかに **series**（シリーズ），**species**（種，種類）も単複同形である．
{ *a* **species** of insect（昆虫の一種）
{ *many* **species** of butterflies（多くの種のチョウ）

(D) 外来語の複数形を用いるもの： 主に学術用語で，日常よく使われるものは **-s** による規則複数形をもつ．

(1) ラテン語

単　数	外来複数	規則複数
antenna	**antennae** [-ni:] （〖生物〗触角）	**antennas** （アンテナ）
formula	**formulae** [-li:] （〖数〗公式）	**formulas** （きまり文句）
stimul**us** [stímjuləs]（刺激）	stimul**i** [-lai]	
index	ind**ices** [índəsì:z] （〖数学〗指数）	index**es** （索引）

(2) ギリシア語

単　数	複　数
criteri**on**（基準）	criteri**a**
phenomen**on**（現象）	phenomen**a**
analys**is** [ənǽləsis]（分析）	analys**es** [ənǽləsì:z]
cris**is**（危機）	cris**es** [-sì:z]
oas**is**（オアシス）	oas**es** [-sì:z]
ax**is**（軸）	ax**es** [-sì:z]

〈NB〉 **data** は単複両様に用いられる．

ⓐ *This* **data** *is* sufficient.（このデータは，十分である．）

ⓑ *These* **data** *are* sufficient.（これらのデータは，十分である．）

ⓐのような単数用法は，〈米〉で普通であり，〈英〉でも科学記事ではしばしば用いられている．

157. 注意すべき複数形

(A)　複合名詞の複数形：原則として主要語だけを複数形にする．

単　数	複　数
boyfriend（男友達）	boyfriend**s**
mother-in-law（義理の母）	mother**s**-in-law
passer-by（通行人）	passer**s**-by

ただし，〈man/woman＋名詞〉の型は，２つの要素を共に複数形にする．

単　数	複　数
manservant（下男）	m**e**nservant**s**
woman doctor（女医）	wom**e**n doctor**s**

注　lady doctor(**s**) は，軽べつ的になるので普通使わない．

(B)　文字・数字・略語の複数形：**-'s** をつけるのが原則であるが，最近はアポストロフィー（'）をつけない形がふえている．

文字：Dot your **i's** and cross your **t's**.（言動に細心であれ．）
［＜i に点を打ち，t に横棒を引け．］

数字：in the **1890's** **[1890s]**（1890年代に）

略語：three **PhD's** **[PhDs]**（３人の学術博士）

(C)　常に複数形が用いられる名詞

(1)　対(つい)になっている衣服や器具の名称：

trousers（ズボン）　**pants**（ズボン）　**shorts**（ショーツ）
tights（タイツ）　**glasses** / **spectacles**（めがね）
scissors（はさみ）　**scales**（天びん）　**compasses**（コンパス）

注　これらは *a pair of* scissors（はさみ１丁），*several pairs of* pants（ズボン数着）のように数える．

(2)　-ics で終わる学問名：通例，単数動詞で受ける．

econom**ics**（経済学）　phys**ics**（物理学）　mathemat**ics**（数学）

Cf. { **Politics** *is* an old science.（政治学は古い学問だ．）
　　 { What *are* your **politics**?（君の政治的意見は？）

(D)　複数で単数にない意味を表すもの

単　数	複　数
air（空気）	airs（気取り）
custom（習慣）	customs（関税）
good（善，利益）	goods（商品）
letter（文字，手紙）	letters（文学）
manner（方法）	manners（作法）
pain（苦痛）	pains（骨折り）
arm（腕）	arms（武器）

B 名 詞 の 性

158．4種の性

名詞には，男性・女性・通性・中性の4種の**性** (gender) の区別があり，通例，自然界の性別と一致している．

〈1〉 **男性名詞：he** で受けるもの：father, son, boy, king, *etc.*

〈2〉 **女性名詞：she** で受けるもの：mother, daughter, girl, *etc.*

〈3〉 **通性名詞**：男女共通に用いられ，**he** または **she** で受けるもの：parent, student, guest (客)，teacher, *etc.*

〈4〉 **中性名詞：it** で受けるもの：stone, tree, flower, *etc.*

baby, child などは，性別が不明か，それを問題にしない場合は **it** で受ける．ただし，親がわが子をさして it ということはない．

Cf. ① The child lost **its** way.（その子は，道に迷った．）
② The child showed me **her** doll.
（その子は，私に自分の人形を見せた．）

(参考) 動物と性：動物の性別を問題にしなければ it で受けるが，ペットなどは人間扱いにして he, she で受ける．

ⓐ The cat caught *a hen* and killed **it**.
（そのネコがめんどりをつかまえて，それを殺した．）

ⓑ I have *a dog*. **Her** name is Bess.
（私は犬を飼っている．名前はベスだ．）

159. 性の表し方

名詞の性の表し方には，次の4つの方法がある．

(A)　別の語を用いる：

boy（少年） girl（少女）	brother（兄弟） sister（姉妹）	father（父） mother（母）
uncle（おじ） aunt（おば）	nephew（おい） niece（めい）	son（息子） daughter（娘）
gentleman（紳士） lady（淑女）	king（王） queen（女王）	bull（雄牛） cow（雌牛）

(B)　男性名詞の語尾に -ess をつける（*印の語の綴りに注意）：

prince（王子） princ**ess***（王女）	host（主人） host**ess**（女主人）	emperor（皇帝） empr**ess***（女帝）
master（主人） mistr**ess***（女主人）	waiter（男の給仕人） waitr**ess***（女の給仕人）	heir（相続人） heir**ess**（女性相続人）
duke（公爵） duch**ess*** [dʌ́tʃis]（公爵夫人）	lion（雄ライオン） lion**ess**（雌ライオン）	
tiger（とら） tigr**ess***（雌とら）		

〈NB〉 hero（主人公）→ hero**ine** [hérouin]（女主人公）のように，語尾に -ine をつけるものもある．

(C)　性別を示す語をつける：

manservant（下男） **maid**servant（女中）	**boy**friend（男友達） **girl**friend（女友達）	**he**-goat（雄やぎ） **she**-goat（雌やぎ）

(D)　女性名詞から男性名詞を作る（次の2語だけ）：

widow（やもめ） widow**er**（男やもめ）	bride（花嫁） bride**groom**（花婿）

注　この2語では，女性が“主役”になっているのが文化論的に見ておもしろい．

（参考）擬人性：国名は地理的に見たときは **it**，政治的・国家的に見たときは **she** で受ける．

ⓐ *Switzerland* is noted for **its** scenic beauty.
（スイスは，その景色の美しさで有名である．）

ⓑ *England* is proud of **her** poets.
(イングランドは，その詩人を誇りとしている.)

〈口語〉では，船や乗り物も親しみをこめて，よく she で受ける.

ⓒ That's a lovely ship. What is **she** called?
(あれはきれいな船ですね. 何という名前ですか.)

ⓓ Fill **her** up. (車を満タンにしてくれ.)

C 名 詞 の 格

160. 主格・所有格・目的格

名詞・代名詞は，文中の他の語句に対して，日本語の“格助詞”「…**が**」「…**の**」「…**を**」などで表されるような文法関係をもつ. このような関係を表すための(代)名詞の語形変化を**格** (case) という. 名詞には，代名詞 (**he—his—him**) と同様，**主格・所有格・目的格** (**Tom—Tom's—Tom**) の 3 つの格がある. 代名詞にはそれぞれの格について異なった形式があるが，名詞の場合は，(Tom—Tom) のように，主格と目的格が同形である.

主格と目的格の用法は，第13章 C で扱ったので，この節では，所有格の形と用法を調べることにしよう.

161. 所有格の作り方

所有格の使用は，主として生物(特に人間)を表す名詞に限られる.

(A) 単数名詞，および **-s** で終わらない複数名詞には **-'s** をつける (**-s** の発音は，複数語尾の場合に準じる(☞ § 155)).

① [z] my uncle**'s** letter (私のおじの手紙) / the dog**'s** ear (その犬の耳) / Susan**'s** birthday (スーザンの誕生日)

[s] his wife**'s** friend (彼の妻の友人) / the cat**'s** tongue (その猫の舌) / Jack**'s** book (ジャックの本)

[iz] her niece**'s** dolls (彼女のめいの人形) / this horse**'s** tail (この馬の尾) / George**'s** desk (ジョージのデスク)

② a women**'s** college (女子大学) / men**'s** clothes (紳士服) / children**'s** toys (子供たちのおもちゃ)

〈NB〉 **-s** で終わる固有名詞は，**-'s** をつけるのが原則であるが，古典に現れる人名では，**-'** のみをつける傾向がある．

ⓐ Keats**'s** [kíːtsiz] poems (キーツの詩)/Dickens**'s** [-ziz] letters (ディケンズの手紙)

ⓑ **Socrates'** [sɔ́krətìːz] death (ソクラテスの死)/**Jesus'** [dʒíːzəs] teachings (イエスの教え)

(B) **-s** で終わる複数名詞には **-'** のみをつける．

③ a girls' school (女子校) / ladies' shoes (婦人靴)

〈NB〉 発音上からは，doctors, doctor's, doctors' の区別はできない．あいまいさを避ける場合は，〈**of＋名詞**〉を使う：

Cf. { the doctor**'s** opinion (その医者の意見) [単数]
　　　the opinion **of** the doctor**s** (その医者たちの意見) [複数]

(C) 複合名詞や 1 つのまとまった語群には，最後の語に **-'s** (または **-'**) をつける．④ a) は my [mother-in-law]'s house と分析される．

④ a) my *mother-in-law***'s** house (私の義母の家)

b) *Alexander the Great***'s** conquests (アレキサンダー大帝の征服)

c) *an hour and ten minutes***'** walk (1時間10分の散歩)

〈NB〉 次の所有格の用法の違いに注意しよう．

Cf. { **John and Mary's** car (ジョンとメアリーの車) [共有]
　　　John's and Mary's cars (ジョン(の車)とメアリーの車) [個別所有]

162. 無生物を表す名詞の所有格

(A) 無生物を表す名詞は，所有格よりも，〈**of**＋名詞〉を用いることが多い．

① a) the legs **of a table** (テーブルの足)

b) the foot **of a mountain** (山のふもと)

〈NB〉 新聞の見出しなどでは，スペース節約のためもあって，無生物名詞に **-'s** をつけることがある．

the **city's** noise (都市の騒音) / the **train's** passengers (列車の乗客)

(B) 「時間・距離・重さ・価格」などを表す名詞は，しばしば所有格が用いられるが，この場合は，所有格は〈所有〉を表すのではなく，どの場合も，一種の“度量名詞”として形容詞的に次の名詞を限定する働きをしているのである．

② ［時間］ **today's** paper（今日の新聞）/ a **moment's** hesitation（一瞬のためらい）/ a **day's** journey（1日の旅行）

③ ［距離］ five **miles'** distance（5マイルの距離）/ by a **boat's** length（1艇身の差で）/ at **arm's** length（手を伸ばせば届く所に）

④ ［重さ］ a **pound's** [five **pounds'**] weight（1ポンド[5ポンド]の重さ）

⑤ ［価格］ ten **dollars'** worth of sugar（10ドル分の砂糖）

また，〈文章体〉では，擬人化または慣用句として無生物名詞に **-'s** をつける場合がある．

⑥ ［擬人化］ the **ocean's** roar（潮騒(しおさい)）/ **Japan's** development（日本の発展）

⑦ ［慣用句］ to one's **heart's** content（心ゆくまで）/ at one's **wits'** [**wit's**] end（途方にくれて）/ for **conscience'** sake（気休めに）

163. 所有格の意味・用法

基本的な意味：英語の所有格の表す意味は，日本語の「**〜の**」に対応する．〈所有〉を表すことが多いが，そればかりとは限らない．例えば，**my** school（**私の**学校）といった場合，私が学校の経営者であれば〈所有〉を表し，教師であれば〈私が教えている学校〉の意味になるし，生徒であれば〈私が通っている学校〉という意味になる．つまり，**A's** B は，「A **の** B」と訳せばいいのであって，それ以上の意味は，A と B との論理的関係からおのずと決まってくる．

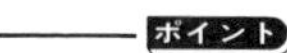

所有格は「〜の」と訳せ

以上のことを押さえた上で，所有格の意味を分析してみよう．

(A) 〈**所有・起源**〉

① the **man's** car（その人**の**車）

② **England's** history（英国**の**歴史）

③ this **woman's** children（この婦人**の**子供たち）

(B)　**〈作者・発明者〉**

④　**Hardy's** novels（ハーディー**の**小説）

⑤　**Einstein's** theory（アインシュタイン**の**理論）

(C)　**〈性質・特徴〉**

⑥　a **woman's** voice（女性**の**[**らしい**]声）

⑦　a **man's** roughness（男**の**粗暴さ）

⑧　**men's** boots（男物**の**ブーツ，男子用ブーツ）

(D)　**〈度量〉**（☞ 詳しくは **§ 162** (B)）

⑨　a **month's** salary（ひと月分**の**給料）

⑩　**two miles'** distance（2マイル**の**距離）

(E)　**〈関係・関与〉**

⑪　**John's** lawyer（ジョン**の**(相談している)弁護士）

⑫　this **girl's** class（この女の子**の**(所属している)クラス）

(F)　**〈主語関係〉**：〈A **の** B〉において，AとBとの間に主語・述語の関係があるもの．

⑬　I am expecting **the doctor's** *arrival.*
（もうすぐ**医者が**来るものと思います．）
[=I am expecting that **the doctor** *will arrive.*]

⑭　We were surprised by **John's** *appearance* at the party.
（私たちは，**ジョンが**パーティーに姿を見せたのに驚いた．）
[=We were surprised because **John** *appeared* at the party.]

(G)　**〈目的語関係〉**：〈A **の** B〉において，AがBの意味上の目的語である場合；Bは他動詞出身の名詞．

⑮　He is very keen about **his son's** *education.*
（彼は息子**の**教育に熱心だ．）[←息子**を**教育すること]

⑯　Brutus was one of **Caesar's** *murderers.*（ブルータスは，シーザー**の**殺害者の1人だった．）　[←シーザー**を**殺害した者たち]

〈NB〉 **A's** assistance（A **の**援助）のような場合，日英両語ともに，「A **が**助けること」（主語関係），「A **を**助けること」（目的語関係）を表すことができる．そのどちらの意味になるかは，文脈によって決定される．

ⓐ I succeeded through **your** assistance. (助けていただいたおかげでうまくいきました.) [主語関係: **You** assisted me.]

ⓑ They came to **our** assistance. (彼らは私たち**の**援助にかけつけてくれた.) [目的語関係: They assisted **us**.]

164. 独立所有格

所有格のあとの名詞が省略されて, 所有格が独立的に使用される場合を**独立所有格**という.

(A) 前に出た名詞の反復を避ける場合

① This *book* is **John's** [**his**]. (この本はジョンの[彼の]だ.)
[=John's **book**]

(B) 寺院・学校・病院・店・特定の人の家などを表す名詞の場合

② I am staying at my **uncle's** (*house*).
(おじの家に滞在しています.)

③ I bought this book at **Maruzen's** (*bookstore*).
(この本を丸善で買った.)

④ **St. Paul's** (*Cathedral*) is the largest church in London.
(聖パウロ大聖堂は, ロンドンで一番大きい教会だ.)

⑤ **St. James's** (*Palace*) ([ロンドンの]セントジェームズ宮殿)/ **a butcher's** [**tobacconist's/bookseller's**] (*shop*) (肉屋[たばこ屋, 本屋])

165. 〈a friend of John's〉のタイプ

日本語では,「ジョンのある友人」といえるが, 英語では ×**John's a** friend とか, ×**a John's** friend ということはできない. 所有格は, **a, any, this, that, no** などと同じ類(=**限定詞**)に属し, 限定詞は**相互に排除的**である(=2つを並置して用いることができない)からである. つまり, 限定詞というものは

限 定 詞	形 容 詞	名 詞
{ **an** / **John's** / **this** }	old	friend

のように，**1つのわくの中でどれか1つしか使えない**ので，所有格と他の限定詞とを同時に使いたい場合には，所有格のほうを**〈of＋所有格〉**の形で名詞のあとに置くのである．

① He is **a** friend **of John's**.
（彼はジョンの友人です．）

② How do you like **this** motorbike **of Tom's**?
（このトムのバイク，どうかね．）

③ I will welcome **any** student **of the teacher's**
（あの先生の学生ならだれでも歓迎します．）

〈NB〉 *cf.* { a picture **of my father's** （父が所有している絵）
a picture **of my father** （父を描いた絵）

章末問題 14

A 次の各語の複数形を書きなさい．

(1) ox, fox; house, mouse; leaf, roof; Mr., Miss; Japanese, American

(2) series, hero, chimney, bath

(3) brush, valley, loaf, potato, son-in-law

(4) half, oasis, passer-by, photo, datum, step-son, manservant, piano

B 次の名詞の反対の性の名詞を書きなさい．

(1) lad, uncle, nephew, cock, duke, master, manservant, emperor

(2) hero, landlord, bull, tiger

(3) heir, lady, mankind, queen

(4) Mr., lass, actor, aunt, widow, cow, daughter

C 次の各文の誤りを正しなさい．

(1) Goats and sheeps eat grass.

ヒント **A** (2) series「シリーズ」は単複同形 (3) son-in-law のような複合語は，主要語のみを複数形にする (§ **157**(A)) **B** ☞ § **159** **C** (1) goat「やぎ」は普通複数形をとるが，sheep「羊」は単複同形 (§ **156**(C))

(2) She is still in her teen.
(3) How many hours is there in a year?
(4) I would be friend with you and have your love.
(5) They wanted to shake hand with me, but I ran away.
(6) I caught ten fishes.
(7) I know five Chineses.
(8) John has a five-dollars note.
(9) He is a Bob's friend.

D　次の各文の(　)内の語を適当な名詞形にしなさい.

(1) His (refuse) to help was disappointing.
(彼が援助を断わったのにはがっかりした.)
(2) His (decide) to retire surprised us all.
(引退するという彼の決意にわれわれはみな驚いた.)
(3) Does he have the (able) to do the work?
(彼にはその仕事をする能力があるのか.)
(4) He couldn't withstand his (curious) to open the box.
(彼はその箱を開けてみたいという好奇心を押さえることができなかった.)
(5) No one doubts his (fit) for the post.
(彼がその地位に向いていることは，だれも疑わない.)
(6) I have a great (admire) for the poet.
(私はその詩人を大いに感嘆している.)
(7) He made no (refer) to this incident.
(彼はこの事件にまったく触れなかった.)
(8) I have no (know) of his whereabouts.
(私は彼の居所を知らない.)

ヒント　(2)「10代で」(語尾に -teen のつく13歳から19歳)　(3) hours は複数　(4)「〜と仲よしだ」は be friends with 〜 という．なぜ複数になるかといえば，話し手の心の中に John and I are **friends**. という気持ちがあるからである　(5)「〜と握手する」は，2人が握手するので，shake **hands** with 〜 となる　(6), (7), (8) ☞ **§156**(C)　(9) ☞ **165**　**D**　後続する to 不定詞，または前置詞に注目

第15章

代 名 詞 I

名詞の代役をするのが**代名詞**である．この章では，代名詞のうち，**人称代名詞**，**再帰代名詞**，**指示代名詞**のみを研究する．いずれも小さな語であるが，日常ひんぱんに使用される重要語であることに注意しよう．特に it の用法，強調構文，this, that の用法などは完全にマスターする必要がある．

166. 代名詞の種類

名詞の代わりをする語で，文中で主語・目的語・補語などとして用いられる．通例，次の 6 種類に分けられる．

〈1〉 **人称代名詞**：I, you, he, *etc.*

〈2〉 **再帰代名詞**：myself, yourself, himself, *etc.*

〈3〉 **指示代名詞**：this, that, *etc.*

〈4〉 **疑問代名詞**：who, what, which, *etc.*

〈5〉 **関係代名詞**：that, which, who, *etc.*

〈6〉 **不定代名詞**：all, some, any, no, *etc.*

㊟ このうち，疑問代名詞は第22章で，関係代名詞は第23章で扱う．

A 人 称 代 名 詞

167. 人称代名詞の語形

	数	単数				複数			
人称	格／性	主格	目的格	所有格	独立所有格	主格	目的格	所有格	独立所有格
1人称		I	me	my	mine	we	us	our	ours
2人称		you	you	your	yours	you	you	your	yours
3人称	男性 女性 中性	he she it	him her it	his her its	his hers ——	they	them	their	theirs

人称代名詞は，文法上の**人称**の区別をもっている代名詞のことである．話し手をさすものを**1人称**，聞き手をさすものを**2人称**，それ以外の，談話の中に登場する人や物をさすものを**3人称**という．

人称代名詞は，数・格・性によって，前ページのように変化する．

168．人称代名詞の格

(A)　主格：主語または主語補語に用いられる．

① **He** is from Spain.（彼はスペイン出身だ．）　[主語]

② It is **I.**（私です．）〈文章体〉　[主語補語]

〈NB〉〈口語体〉では，主語補語として通例目的格を使用する．

ⓐ Who is it?——It's **me.**
（「だれですか．」「私ですよ．」）

ⓑ Where's Bob?——That's **him** over there.
（「ボブはどこにいますか．」「あそこにいるのが彼です．」）

(B)　目的格

③ Tom *likes* **them.**（トムは彼らを好いている．）[動詞の目的語]

④ Bill *found* **me** a job.　[動詞の間接目的語]
（ビルは私に仕事を見つけてくれた．）

⑤ Are you coming *with* **me**?　[前置詞の目的語]
（私といっしょに来ますか．）

⑥ I found it to be **him.**（それが彼だと分かった．）[目的語補語]

(C)　所有格

冠詞と同様に，名詞を限定修飾する．

⑦ This is **my** car.（これは私の車です．）

⑧ Trees drop **their** leaves in autumn.
（木は秋には落葉する．）

(D)　独立所有格

(1)　〈所有格＋名詞〉の代わりに用いられる．「**〜の(もの)**」という意味を表す．

⑨ This is *my pen.*（これは私のペンです．）→ This is **mine.**
（これは私のです．）

⑩ I have got *my pen*; have you got **yours** (=your pen)?
（私は自分のペンがあります．君のはありますか．）

⑪ Is this *your cap*?——No, it's **hers** [**his**].
（「これ君の帽子ですか.」「いいえ，彼女の[彼の]です.」）

〈NB〉 it は無生物をさすので，独立所有格は原則としてない.

(2)　〈a friend of mine〉のタイプ

英語では ×**a my** friend とか，ましてや ×**my a** friend とはいえない．つまり，所有格は，**a, this, that, any, no** などの**限定詞**と並置して用いることができない．理由は，§165 で見た〈**a friend of John's**〉のタイプの場合と同様である．そこで，所有格と他の〈限定詞〉とを同時に使いたい場合には，所有格を〈**of＋独立所有格**〉として名詞のあとへ回す.

⑫ Bill was **an** old friend **of hers**.
（ビルは，彼女の昔の友人だった.）

⑬ I like **this** hat **of yours**. （あなたのこの帽子が好きです.）

⑭ Look at **that** beautiful wife **of his**.
（彼のあの美人の奥さんをごらんよ.）

⑮ That's **no** business **of yours**.
（それは君の知ったことじゃない.）

（参考）**a friend of mine と my friend**：前者は，不定冠詞で分かるように，「私のある友人」という意味で，「不特定」の友人をさすので，その人のことを初めて話題にするときに用いる．後者は，「私の友人」という意味で，**the** friend と同様に「特定」の友人をさす．したがって，my friend が使えるのは，談話において2度目に使うときか，場面によってどの友人をさしているかが明白であるときに限られる.

Cf. This is **a friend of mine** who wants to know you. [不特定の友人]
（こちらは，あなたとお近づきになりたがっている私の友人です.）
You must be missing **your friend**. [特定の友人]
（お友達がいなくなってさぞ寂しいことでしょう.）

169.「一般の人々」をさす we, you, they

we, you, they が特定の人をさすのではなく，不特定の「一般の人々」をさして用いられることがある（“総称用法”）．このような場合，日本語では主語を表現しないのが普通である.

(A)　we は，話し手も含めて使う.

① **We** should love **our** mother.
(人は母親を愛さなければならない.)

② **We** speak Japanese here in Japan.
(この日本では日本語を話す.) [話し手は日本人]

(B) **you** は，聞き手も含めて使う．〈口語体〉

③ **You** cannot predict **your** fate.
(自分の運命を予言することはできない.)

④ Do **you** have much snow here?
(ここではよく雪が降りますか.) [聞き手は土地の人]

(C) **they** は，話し手も聞き手も除外したときに使う．

⑤ **They** say the Government will resign.
(内閣は，辞職するそうですね.)

⑥ **They** speak Spanish in Cuba.
(キューバではスペイン語を話す.)

⑦ Do **they** sell shoes at that store?
(あの店では靴を売っていますか.)

170. it の用法

(A) 普通の用法

先行する**語**・**句**・**節**を受ける．

① He took *a stone* and threw **it.** (彼は石を拾って投げた.) [語]

② I'd like *to have a car*, but I can't afford **it.**
(車がほしいのだが，その余裕がない.) [不定詞句]

③ *He began to cry* and **it** was funny.
(彼が泣き出したが，それはおかしかった.) [節]

(B) "非人称" の it

it は「天候・明暗・時間・距離」などを示す．日本語では，通例，主語のない文が対応する．

④ **It** began to rain. (雨が降り出した.) [天候]

⑤ **It** was light [dark]. (明る[暗]かった.) [明暗]

⑥ **It**'s six o'clock. (6時です.) [時間]

⑦ How far is **it** to the station?—**It**'s about two miles.
(「駅までどれくらいありますか.」「約2マイルです.」) [距離]

“非人称”の it は，**seem, appear**（…と思われる），**happen**（たまたま…である）など“非人称”動詞の主語としても用いられる．ある事柄をまるで“自然現象”であるかのようにとらえる発想である．

⑧ **It** *seemed* that he loved Mary.
（彼はメアリーを愛しているらしかった．）
[＝He **seemed** to love Mary.]

⑨ **It** *happened* that he was out.
（たまたま彼は外出していた．）[＝He **happened** to be out.]

(C) “場面”の it

漠然と周囲の情況をさす．

⑩ Who is **it**?——**It**'s me.（だれですか．——私です．）

⑪ That's **it**.（その通りだ．）[it＝要点]

⑫ We had a good time of **it**.（とても楽しかった．）

⑬ I like **it** here.（私はここが好きです．）

《NB》 Coke is **it** [ít].（コーラが一番．）[テレビのコマーシャル] の it は「絶品」という意味で名詞用法．

(D) 形式主語

後にくる**真の主語**である名詞，to 不定詞，動名詞，名詞節を代表する．（“予備”の it ともいう．）

▶名詞をさす：

⑭ **It** is a nuisance, **this delay.**
（参っちゃったな，こんなに遅れて．）[It＝this delay]

▶to 不定詞をさす：

⑮ **It**'s a sin **to want to die.**（死にたいと思うなんて罪です．）
[It＝to want to die]

⑯ **It** was nice of you **to come.**
（おいでくださってありがとう．）[It＝to come]

▶動名詞をさす：

⑰ **It** was nice **seeing you.**
（あなたに会って楽しかった．）[It＝seeing you]

⑱ **It** is no use **crying over spilt milk.**
（こぼれた牛乳のことで泣いても始まらない→覆水盆に返らず．）
〈ことわざ〉 [It＝crying over spilt milk]

▶**that 節，wh 節をさす：**

⑲ **It**'s interesting **that you should like him.**
（あんな男が好きだとはおもしろいね.） [It＝that 節]

⑳ **It** wasn't very clear **what he meant.** （彼が何をいおうとしたのか，あまりはっきりしなかった.） [It＝what 節]

㉑ **It** is doubtful **whether he will succeed.**
（彼が成功するかどうか疑わしい.） [It＝whether 節]

㉒ **It** is still a mystery **why he killed himself.**
（彼がなぜ自殺したのか今でも謎だ.） [It＝why 節]

(E) 形式目的語

次にくる**真の目的語**である to 不定詞句，that 節，ときに動名詞句を代表する．it が find, think, make のような〈S+V+O+C〉の文型をとる動詞の目的語になっている場合が多い．

㉓ I found **it** difficult **to solve this problem.**
（it ＝ to solve this problem）
（この問題を解くのはむずかしかった.）

この文は，I (S) found (V) it (O) difficult (C).（それがむずかしいのが分かった.）

と同じく，〈S+V+O+C〉の文型であり，本来ならば it のところへ to 不定詞句を代入して，×I found **to solve this problem** difficult. とするべきであるが，目的語が長いので**文末に**回したものである．類例：

㉔ I make **it** a rule **to jog every morning.** （私は毎朝ジョギングすることにしている.） [it＝to jog every morning]

㉕ I think **it** important **that we should keep calm.**
（落着いていることが大事だと思う.） [it＝that 節]

㉖ You must find **it** dull **living here alone.**
（こんな所に独りで住んでいるのは，きっと退屈でしょうね.）
[it＝living here alone]

ポイント

〈S+V+O+C〉の文型で，**to 不定詞句，動名詞句，that 節**が O になる場合は，**必ず** it を形式目的語として用いる：

ⓐ × I found **to solve this problem** difficult.
ⓑ ○ I found **it** difficult **to solve this problem**.

---

171. 強調構文

〈**It is ~ that...**〉の形式で,「**…なのは~だ**」というように,「~」の部分に強勢を置いて,そこに,いわばスポットライトを当てて強調する構文を**強調構文**(最近では**分裂文**)という. 強調される部分は"新しい情報"を伝える部分であって,主語,目的語,副詞語句である.

例えば

① John broke the window yesterday.
　ⓐ　　　　　ⓑ　　　　　ⓒ
　(ジョンは,きのうその窓をこわした.)

という文では,ⓐ主語,ⓑ目的語,ⓒ副詞語句を,それぞれ次のように強調することができる.

② ⓐ **It was *Jóhn* that** broke the window yesterday.
(きのう窓をこわしたのは,(トムではなく)ジョンだ.)

ⓑ **It was *the wíndow* that** John broke yesterday.
(ジョンがきのうこわしたのは,(ドアではなく)窓だ.)

ⓒ **It was *yésterday* that** John broke the window.
(ジョンが窓をこわしたのは,(今日ではなく)きのうだ.)

注 元の文が broke のように過去の場合は, It **is** ~ that... の **is** も **was** に変えるのが原則.

強調される副詞語句は, 副詞のほかに, 前置詞句, 副詞節の場合がある.

③ **It was *with dífficulty* that** I found his house.
(彼の家を見つけるのは,まったく骨が折れた.)
[前置詞句を強調]

④ **It was *when we were in New York* that** I first met Mary. (私が初めてメアリーに会ったのは私たちがニューヨークにいた時だった.)
[副詞節を強調]

強調される部分が「人」の場合は, **that** の代わりに **who** が一般的に用いられる.

⑤ **It is *the wífe* that [who]** decides.
(決定するのは,妻だ.) [<The wife decides.]

⑥ **It is *yóu* that [who]** are to blame. (悪いのは,君だ.)
[you と are が一致する:<You are to blame.]

ポイント **強調構文と形式主語構文との見分け方**

It is ～ that... というわくを取り除いて，残りが文として成立すれば強調構文，成立しなければ形式主語構文．

Cf. ○ (It was) *yesterday* (that) *he died.* [強調構文]
× (It is) *certain* (that) *he died.* [形式主語構文]

172. we の特殊用法

(A) **"主筆の we"**：著者が読者を含めたり，論説記者が社の意見を述べる場合に we を用いる．

① **We** believe that this should be done at once.
(これはただちになされなければならないと信ずる.)

(B) **"親心の we"**：親が子供に対し，あるいは教師や医者が生徒や病人に対して，you の代わりに we を用いる．"感情移入"により，自分を相手に同化した言い方である．③の訳文のような日本語の言い方は，この用法と似通うところがある．

② How are **we** this morning, child?
(けさは気分はどうかね.) [医者が病気の子供に向かって]

③ Don't **we** want to eat oatmeal so **we'll** grow big and strong?
(大きくじょうぶになれるようにオートミールを食べましょうね.) [子供をすかして]

● 例題 1 ●

次の各文に誤りがあれば正しなさい．

(1) Nobody except you and she saw the prisoner run away.
(2) Father is older than me by thirty years.
(3) Will you let my friend and I help you in case of need?
(4) I met a my friend in the street.
(5) How do you like this my car?

考え方 (1) 〈except＋目的格〉 (2) than は接続詞 (3) 〈let＋目的格＋原形〉 (4), (5) a と my, this と my とは決して並ばない (☞ **§§ 165, 168**(D)(2))

解答 (1) she → her (2) me → I (3) I → me (4) a my friend → a friend of mine (5) this my car → this car of mine

B 再帰代名詞

173. 再帰代名詞

人称代名詞の所有格または目的格に -self, -selves をつけた形を，**再帰代名詞**という．再帰代名詞には，**再帰用法**と**強意用法**の 2 つがある．

数＼人称	**1人称**	**2人称**	**3人称**
単　数	myself	yourself	himself/herself/itself
複　数	ourselves	yourselves	themselves

174. 再帰用法

動詞の動作が主語にはねかえる場合，つまり，主語と目的語とが同一のものをさすときに用いられる．

(A) 他動詞の目的語として

① *cf.*
a) John *hurt* **himself.** （ジョンは，けがをした．）
[動詞の目的語：John＝himself]
b) John *hurt* **him.** （ジョンは，その男にけがをさせた．）
[John≒him]

② *cf.*
a) She bought **herself** a new dress.
（彼女はドレスを新調した．）
[動詞の間接目的語：自分のために]
b) She bought **her** a new dress. （彼女は，その女の人に新しいドレスを買ってあげた．） [She≒her]

この場合，再帰代名詞が省略されて，他動詞が自動詞化する例も多い．

③ I *washed* (**myself**). （私は体を洗った．）

④ I *dressed* (**myself**) quickly. （私は急いで服を着た．）

(B) 前置詞の目的語として： 通例，目的語は「場所」を表すのではなく，⑥,⑦ のように比喩(ゆ)的な意味を表す．

⑤ He is fond of talking *about* **himself.**
（彼は自分のことを語るのが好きだ．）

⑥ She was *beside* **herself** with joy.
（彼女は，喜びのあまり我を忘れていた．）

⑦ Soon he came *to* **himself.** (やがて彼は意識を回復した.)

〈NB〉 **1.** したがって，次のような慣用句では再帰代名詞が用いられる.

ⓐ He lives (**all**) **by himself.** [=alone]
(彼は(たった)独りで暮らしている.)

ⓑ He did it (**all**) **by himself.** [=without help]
(彼は(たった) 1 人でそれをした.)

ⓒ Frankness is attractive **in itself.** [それだけで]
(率直さは，それだけで魅力がある.)

ⓓ You must decide **for yourself.** (自分で決めなければならない.)
[(自分のためになるように)自力で]

〈NB〉 **2.** 前置詞が「場所」を示す場合は，再帰代名詞を用いない.

ⓐ He looked *about* **him.** (彼はあたりを見回した.)

ⓑ I have no money *with* **me.** (金の持ち合わせがない.)

上の 2 つの例では，身体が「場所」としてとらえられている.

175. 強意用法

(代)名詞と同格に置かれ，通例，強く発音して先行の(代)名詞の意味を強める.

① a) He **himsélf** did it. 〈文章体〉
b) He did it **himsélf.** 〈口語体〉
(彼が**自分で**それをした.)

② Shut the door, will you?—Shut it **yoursélf!**
(「ドアを閉めてくれないか.」「**自分で**閉めなさい.」)
注 yourself は省略されている主語 you と同格.

C 指示代名詞

指示代名詞 (demonstrative pronoun)は，人や物を直接さしたり(その場合は実際に指でさし示しながら用いることが多い)，前に出た(時にはあとにくる)語句をさすために用いられる. 主なものは，**this/these, that/those** の 4 語であるが，ほかに **such, the same, so** がある.

176. this/these と that/those

4 語とも代名詞用法と形容詞用法とがある.

(A)　一般用法

this/these は，話し手に空間的・時間的・心理的に近いものをさし，**that/those** は遠いものをさす．前者は日本語の「**これ**」に対応し，後者は「**それ，あれ**」の双方に対応する．

（参考）つまり，英語では話し手にとって**近いもの**と**遠いもの**の２種に分けるのに対して，日本語では話し手に近いものを「**これ**」，聞き手に近いものを「**それ**」，話し手からも聞き手からも遠いものを「**あれ**」でさすというように，３種の指示詞を使い分けている．

① a)　What is **this**?（これは何ですか．）
　b)　What is **that**?（あれ[それ]は何ですか．）

② a)　Fold it like **this**.（こういうふうにたたみなさい．）
　b)　Don't roll your eyes like **that**.
　　（そんなに目をぎょろぎょろさせないでくれ．）

③　What is the name of **this [that]** flower?
　（この[その]花は何というのですか．）

④ a)　Listen to **this**.　[これからいうこと]
　　（この話を聞いてくれ．）
　b)　Who said **that**?　[過去のことば]
　　（だれがそんなことをいったのか．）

⑤　**these** days（近ごろは）[× in these days とは普通いわない]／in **those** days（そのころは）[この言い方では in がつく]

（参考）電話をするとき，〈英〉では自分のことを **this**，相手を **that** でさすが，〈米〉ではどちらも **this** でさす．
Hello. **This** is Mary (speaking).　Is **that** (=〈米〉**this**) Ruth?
　（もしもし，こちらメアリーです．(そちら)ルースですか．）
つまり，〈英〉では離れたところにいる「相手」に重点を置くのに対して，〈米〉では耳もとの「声」に重点を置くという違いである．

(B)　名詞の反復を避ける that/those

⑥　*The climate* of this country is like **that** (=the climate) of France.（この国の気候は，フランスのそれに似ている．）

⑦　*The oranges* in the box are better than **those** (=the oranges) in the basket.（箱の中のオレンジはかごの中のよりも上等だ．）

(C) 〈those＋限定語句〉「…の人々」

⑧ Be kind to **those** *around you.*
(周囲の人々に親切にしなさい.)

⑨ Heaven helps **those** *who help themselves.*
(天はみずから助くる者を助く.)〈ことわざ〉
[*help oneself「必要な努力を自分でする」]

通例，⑨のように，**those who...** として用いられる.

(D) 前文の内容を受ける that：「しかも」〈文章体〉

⑩ It was necessary *to act*, **and that** at once.
(行動する必要があった，しかもすぐに.)

(E) this/that の副詞用法

〈口語〉では，**this** は「**こんなに**」，**that** は「**そんなに**」という副詞的な意味で，通例，形容詞を修飾して用いられる.

⑪ It wasn't **this** *hot* yesterday.
(きのうはこんなに暑くなかった.)

⑫ Is it all **that** *different*? (それほど違うのですか.)

● 例題 2 ●

与えられた語句を正しい順序に並べかえて，日本文に相当する英文を作りなさい.

(1) イギリスの気候は，日本とはまったく違うように思う.
the climate, is quite different, I think, of Great Britain, of Japan, from that

(2) 家へ帰るのにどのくらいかかりますか.
long, home, to, how, does, return, it, take ?

(3) 私はその山に登るのは困難だと思った.
mountain, to, found, climb, I, difficult, the, it

(4) 私が初めて彼と会ったのはパリでした.
was, that, in, I, him, it, first, Paris, met

考え方 (1) 日本＝日本のそれ(＝気候) (2)「距離」の it (3)〈**it...to ～**〉(形式目的語) (4)〈**It is ～ that...**〉(強調構文) (☞ § 171)

解答 (1) I think the climate of Great Britain is quite different from that of Japan.

(2) How long does it take to return home?

(3)　I found it difficult to climb the mountain.
(4)　It was in Paris that I first met him.

177. such

(A)　代名詞用法：「(前出の語句を受けて)**そのようなこと[人]**」．〈文章体〉であり，〈口語〉では避けられる．

①　He is a friend and I treat him *as* **such**.
(彼は友人だから，友人として扱っている.) [=〈口語〉as *one*]

②　**Such** was not my intention.
(それは私の意図するところではなかった.) [=〈口語〉That]

(B)　形容詞用法：「**そのような…**」(よく **as** と相関的に用いられる)

③　Don't be in **such** a hurry.　(そんなに急がないでください.)

④　**Such** people ***as*** these [People **such** ***as*** these] are great.
(このような人々が偉大である.)

▶ **〈such...as to** 不定詞〉，**〈such...that** 節〉のように使い分ける.

⑤　I am not **such** a fool **as to** believe that.
(私はそんなことを真に受けるほどばかではない.)

⑥　He's **such** a busy man (**that**) he can't see you.
(彼はとても多忙なのでお会いできません.)

178. so

so は，本来は副詞であるが，以下の用法では，前出の語句を受けて，代名詞的な働きをしている．

(A)　do の目的語：前の動詞句を代用する．

①　John *kicked the door*, and Tom did **so** too.
(ジョンはドアをけった．トムもそうした.)

(B)　think, expect, believe, suppose, hope, be afraid など“信念・想定”を表す動詞の目的語：前出の肯定文を代用する(否定文は **not** が代用する)．

②　A：*Has John failed?*　(ジョンは失敗したのか.)
B：I think **so.** (そうだと思う.) [=I think **he has failed.**]
　　I think **not.**　(そうではないと思う.)
[=I think **he hasn't failed.**]

注 〈口語〉では，I think **not.** の代わりに I don't think **so.** という.

③ A: *Is it going to rain?* B: I hope **so.** / I hope **not.**
(「雨が降るのだろうか.」「降ってほしいね./降らないといいね.」)

注 hope の場合は，× I don't hope **so.** とはいわない.

〈NB〉 目的節の内容を話し手が期待しているときには **hope** を用い，期待していないときには **be afraid** を用いる.

ⓐ A: Will he succeed? B: I hope **so.** / I'm afraid **not.**
(「彼は成功するだろうか.」「そうだといいね.」/「どうも危ないようだね.」)

ⓑ A: Will he fail? B: I hope **not.** / I'm afraid **so.**
(「彼は失敗するだろうか.」「そうでないといいね.」/「どうもそのようだね.」)

(C) 〈So I do.〉(確かにそうだ)と〈So do I.〉(私もそうだ)

次の文を比較してみよう.

④ A: John owns a Cadillac.
(ジョンは，キャディラックをもっている.)

B: a) Yes, **so he dóes.** (そう，そのとおりだよ.)

b) Yes, and **so does Máry.**
(うん，それにメアリーもだ.)

Bの答えのうち，a) の **〈So+S+V〉** のタイプは，「確かにそのとおりです」と**前文の内容が真であることを強く肯定する**場合に用いられ，b) の **〈So+V+S〉** のタイプは，「**〈S〉もそうだ**」の意味で，〈S〉が強調される．それぞれ，文尾の語が“新しい情報”を伝えるものとして強く発音される.

▶ **〈So I do.〉**の類例：

⑤ A: He is a nice fellow. B: **So he ís.**
(「彼はいいやつだ.」「そのとおりだよ.」)

⑥ A: Mary will win the prize. B: **So she wíll.**
(「メアリーが賞を取るだろう.」「きっとそうだよ.」)

▶ **〈So do I.〉**の類例：

⑦ A: I'm very happy. B: **So am I** [ái].
(「とても幸せだ.」「僕もだよ.」)

⑧ A: John drives a car. B: **So does Bób.**
(「ジョンは車を運転する.」「ボブもだよ.」)

179. the same

「同じ(もの[こと])という意味で，代名詞・形容詞の両用法がある．しばしば **as** と相関的に用いられる．

(A)　代名詞として

① I bought **the same** ***as*** his.　(彼と同じものを買った.)

② **The same** again, please.　(同じのをもう1つ.)
[飲み物の注文]

(B)　形容詞として

③ He is **the same** age ***as*** you are.　(彼は君とおない年だ.)

④ I use **the same** dictionary ***as*** [***that***] you do.
(私はあなたと同じ辞書を使っています.)

⑤ Is he **the same** man ***as*** [(***that/whom***)] I saw last year?
(この人は，昨年会った人と同じ人なのか.)
注　that, whom は the same と相関関係にないので省略できる.

⑥ I drink **the same** wine {a) ***that*** you do / b) ***as*** you}.
(私は，あなたのと同じワインを飲んでいます.)

《NB》 ④, ⑤ の例で分かるように，**the same...as/that** は「同種類」にも「同一物」にも用いられる．しかし，⑥ b) のように，動詞を省略すると **that** を用いることができず，**as** のみが用いられる．

章末問題 15

A　次の各文の( )内の適当な1語を選びなさい．

(1) Yesterday a friend of (my, me, mine) visited me unexpectedly.

(2) The fog made (it, something, that) difficult to calculate the distance.

(3) She was beside (her, herself) with grief.

(4) You must help him, and (so, such, it, that, this) immediately.

(5) His speech left a deep impression on (those, that, who, this,

---

ヒント　**A**　(1) **§ 168**(D)　(2) 形式目的語 (**§ 170**(E))；calculate「測る」　(3) 主語＝目的語　(4) 前文の内容を受ける that (**§ 176**(D))　(5) 〈those＋限定語句〉(**§ 176**(C))

whom) present.

(6) Was (he, it, him, which, what) you who sent me the box?

B 次の各文の( )内に適当な1語を補いなさい.

(1) Will John come?—No, I think ( ).
(2) You won't find ( ) easy to get a taxi.
(3) He is a foreigner, and ought to be treated as ( ).
(4) Between you and ( ), I am not sorry that he has resigned.
(5) He did not know what ( ) was to be really poor.
(6) He cried ( ) blind.
(7) It was ( ) the dance that John wore his best suit last night.
(8) He made ( ) his business to settle the matter.
(9) He overslept ( ) on the very day.
(10) I found ( ) hard to make up my mind.
(11) We took ( ) for granted that he was telling the truth.
(12) How is ( ) that you do such a silly thing?

C 次の各文の誤りを正しなさい.

(1) The ears of a rabbit are longer than that of a cat.
(2) His monthly salary is higher than a Prime Minister.
(3) His this garden is very beautiful.
(4) You should return the book to it's proper place.

D 次の各文の( )内に入れるべき適当な語句を, 下から選びなさい.

(1) He is a complete coward, ( ).
a. that brother of her **b.** that brother of hers
c. that brother of her's **d.** her that brother

ヒント (6) 強調構文 (§ **171**) **B** (1)「そうは思わない」(§ **178**(B)) (2) 形式目的語 (3)「そういうものとして」 (4) 〈between＋目的格〉 (5) 形式主語; what は主語補語 (6) 再帰代名詞 (7), (12) 強調構文 (8), (10), (11) 形式目的語 (9)「寝過ごす」 **C** (1) ears≒that (2) 同種類のものを比較しなければならない (3) His this～ といえるか (§ **168**(D)) (4) **it's**＝it is; **its**「それの」 **D** (1) ☞ § **168**(D)

(2) Science as ( ) is not primarily interested in the value or worth of things.

a. it **b.** itself **c.** known
d. seen **e.** such

(3) She is a lady and expects to be treated as ( ).

a. it **b.** that **c.** she **d.** such

(4) I was very tired, and ( ) he.

a. also was **b.** either does **c.** so did
d. so was **e.** too did

(5) You can come in my car and ( ).

a. so your dog can **b.** so can your dog
c. your dog can so **d.** so your dog

(6) She complains of a headache, and ( ) very often.

a. as **b.** it **c.** that **d.** this

(7) The couple's sitting room was a little larger than ( ).

a. ours **b.** us **c.** we did **d.** we were

E 次の(1)～(6)は形式主語 it を用いて，(7)と(8)は形式目的語 it を用いて書き換えなさい.

(1) He is certain to succeed in life.
(2) This question is difficult to answer.
(3) You are very kind to lend me your umbrella.
(4) He seems to have seen your father at the station.
(5) She read the book through in two hours.
(6) There is no telling when a big earthquake will visit us.
(7) We consider that it is wrong to cheat in examinations.
(8) I felt that it was my duty to help my family.

ヒント (2), (3) ☞ § **177**(A) (4) ☞ § **178**(C) (6) ☞ § **176**(D) (7)「私たちのもの」 **E** 形式主語については，§ **170**(D)，形式目的語については，§ **170**(E)を参照

第16章

代 名 詞 II

この章では，不定の数量を示す**不定代名詞**をとりあげる．これらは，all, both, every, each, one, none などのような日常語であり，種類も多く，大部分はまた形容詞としても用いられるので，特に十分な習熟が望まれる．また，some と any の使い分けも重要である．

A 不定代名詞

不定代名詞は，不定の数量を示す語で，次のようなものがある．

A 類： all, both, every, each ; any, some ; either, neither ; one, none ; other, another

B 類： somebody, anybody, everybody, nobody ; something, anything, everything, nothing ; someone, anyone, everyone, no one

A 類では，every には形容詞用法しかなく，one, none には代名詞用法しかないが，他は代名詞と形容詞の 2 用法がある．B 類は，-body, -thing, -one との合成によるもので，代名詞用法しかない．

注 **all, both, every** などの否定については，☞ § 386.

B all, both, every, each

180. all「すべての(もの・人)」

(A) **代名詞として：「すべてのもの」**の意味では**単数に**扱われる．

① **All** *is* lost. （万事休す．）[all を単独で使うのは〈文語〉]

② **All** that I own *is* yours. （私の持ち物はすべて君のものだ．）

「すべての人々」の意味では，**複数**に扱われる．

③ **All** *were* dead. （全員死んだ．）[単独に使うのは〈文語〉]

④ **All** of my friends *like* baseball.
（私の友達はみんな野球が好きだ．）

⑤　**All** of us *are* tired. （私たちはみな疲れている.） [×**All** us]

参考 all は(代)名詞のあとに**同格**的に置くことができる(一般動詞の前, be 動詞・助動詞のあと).

④′　My friends **all** like baseball.
⑤′　We are **all** tired.　[×We **all** are tired.]

(B)　形容詞として：単数名詞にも, 複数名詞にも使える.

次の a) 文と b) 文とを比較してみよう.

⑥　a)　**All** *milk* is nourishing. （すべての牛乳は, 栄養がある.）
　　b)　**All (of)** *the milk* boiled over.
　　　　（その牛乳は, すべてふきこぼれた.）
⑦　a)　**All** *women* like jewels.
　　　　（すべての女性は, 宝石が好きだ.）
　　b)　**All (of)** *the women* had tea.
　　　　（その女性たちは, みんなお茶を飲んだ.）

⑥, ⑦において, a) 文は「牛乳」や「女性」についての**一般論**であり, **the** のついている b) 文は, **特定の**「牛乳」や「女性」について述べている. なお, それぞれ b) 文の **of** をつけた代名詞用法は〈米〉に多い.

(C)　慣用句

above all (とりわけ), **after all** (結局), **with all** (～にもかかわらず), **not…at all** (ちっとも…ない), **all day** (1日中), **all the way** (途中ずっと)

181. both「両方(の)」

(A)　代名詞として：「**その**2つ (*the* two)」の意味で**特定の**複数名詞とともに用いる.

①　**Both** (of them) *are* good. （(その)どちらも良い.）

both を名詞と同格的に用いることができる.

②　a)　**Both** (of) the men were hungry.
　　b)＝The men were **both** hungry.
　　　　（The men と both が同格）
　　　　（その男たちは, 2人とも空腹だった.）

注　**of** のついた代名詞用法は〈米〉に多い.

③ {**Both** of us / We **both**} went.（私たちは2人とも行った.）[×**Both** us…]

(B) 形容詞として

④ There are banks on **both** sides of the street.
（通りの両側に銀行がある.）

⑤ {**Both** girls / **Both** the girls} can speak German.
（その女の子は，2人ともドイツ語が話せる.）

182. every「どの～もみな」

〈every＋単数可算名詞〉の形で，**3つ以上**の集合について，「どの～もみな」と個別的かつ総括的に述べるのに用いられる．**単数扱い．**

① **Every** student in the class *knows* the answer.
（そのクラスのどの学生もみなその答えを知っている.）

② I see him almost **every** day.（私はほとんど毎日彼と会う.）
[× almost **each** day]

③ I have read **every** book on that shelf.
（その棚にある本はどれもみな読んだ.）

〈NB〉 **1. every** には代名詞用法がないので，**every one** [évri wʌ́n]（どれもこれも全部）を用いる．人をさすには **everyone** があるので，every one は通例，物について用いる．

I have read **every one** of the books.
（その本は，どれもこれもみな読みました.）

〈NB〉 **2.**「4年目**ごとに**，3年おきに」は **every** fourth year / **every** four years で表す．後者の場合は，every [four years] のように，「4年間」を1つの単位と見るので，〈every＋単数名詞〉の例外にならない．

類例：**every other** day [week] (=every second day [week])（1日[1週間]おきに）

183. each「それぞれの(人・物)」

2つ以上のものについて，「**それぞれの(人・物)**」と個別的にいう場合に用いる．

▶**every** と **each**：**every** は「どの〜もみな」で，**個別的・総括的**に用いられる，つまり，**全体を構成する個体**に注意を払うのに対して，**each** は**個別的**に用いられる，つまり，**個体にのみ**注意を向ける(そこで，一定数のものについて用いることが多い)．また，**every** は3つ以上の集合について用いられるが，**each** は2つのものについても用いることができる．

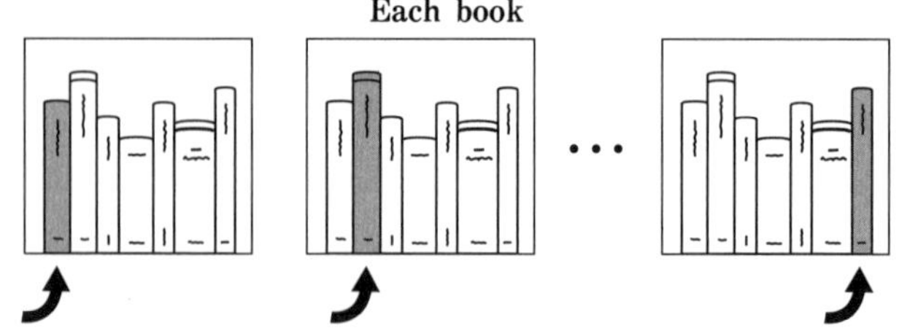

(A) 代名詞として

① a) **Each** of the students *has* a book.

b) The students **each** *have* a book.　[動詞は複数]

└─同格─┘

(その学生たちは，それぞれ本を1冊もっている．)

② She phoned **each** of us.

(彼女は，われわれのそれぞれに電話をした．)

(B) 形容詞として

③ **Each** student *has* a book.=① a)

(それぞれの学生が本を1冊もっている．)

④ *cf.*
a) **Each** book on that shelf *is* interesting.
(その棚の本はそれぞれおもしろい．)
b) **Every** book is on that shelf.
(どの本もみなその本棚にある．)

⑤ **Each** girl did it in **her** [**their**] own way.
(各少女が自分流にやった.) [each を受ける所有格の代名詞は単数・複数のどちらでもよい]

〈NB〉 **each** には，次のような副詞用法もある.
Oranges are 2 pence **each**. (オレンジは，1 個につき 2 ペンスです.)

C either, neither

184. either と neither

2つのものについて，次のような意味で用いられる．どちらも形容詞用法があり，**単数扱い**が原則.

either「**どちらか一方(の)**」

neither「**どちら(の…)も〜ない**」(either の否定形)

(A) 代名詞として

① a) **Either** of the books *is* suitable.
(その本のどちらでも適当です.)

b) **Neither** of the books *is* suitable.
(その本のどちらも適当ではない.)

▶ **neither** よりも **not...either** のほうが〈口語体〉.

② a) I **can't** see **either** of the ships.

b) I can see **neither** of the ships.
(その船のどちらも見えない.)

(B) 形容詞として

③ a) **Either** book *is* easy. (どちらの本も易しい.)

b) **Neither** book *is* easy. (どちらの本も易しくない.)

〈NB〉 「両方の」という意味を表す **either** は，end (端)，side (側) などと共に用いられる．both, each も同様に用いられる.

There are trees on { **either** side / **each** side / **both** sides } of the street.

(道の両側に木がある.)

(参考) 〈either of＋複数名詞〉は，〈口語〉では**否定文において**(つまり，

neither の意味で）複数に扱われることがある.

ⓐ I don't think **either** of them *is* [*are*] at home.
（彼らはどちらも家にいないと思うよ.）

ⓑ **Neither** of the stories *is* [*are*] interesting.
（その物語はどちらもおもしろくない.）

D one, none

185. one「(～な)もの」

one は，人にも物にも用いられ，単独で使われる場合と修飾語句を伴う場合がある．形容詞用法はない.

(A) 単独で用いられる場合：前出の**不特定の可算名詞**を受ける.

① I haven't *a pen*. Can you lend me **one** (=a pen)?
（私はペンをもっていない．1本貸してくれますか.）

② I can recognize *a poet* when I see **one** (=a poet).
（私は詩人を見ればそれと分かる.）

〈NB〉 **1. one と it**：「**不特定の**」名詞は one で，「**特定の**」名詞は it で受ける.

ⓐ a) He had several pencils and lent me **one** (=*a* pencil).
（彼は鉛筆を何本かもっていて，私に1本貸してくれた.）

b) He had a pencil and lent **it** (=*the* pencil) to me.
（彼は鉛筆を1本もっていて，それを私に貸してくれた.）

ⓑ John caught **a** fish. **It** (=*The* fish) was very big.
（ジョンは魚を1匹とらえた．そいつはとても大きかった.）

〈NB〉 **2.** 代名詞の **one** は，「1つ」という意味の数詞の one から発達しているので，不可算名詞につけることはできない（その場合は不可算名詞をくり返すか，または省略する）.

I like red *wine* better than { × white **one**. / ○ white (**wine**). }
（私は白ワインよりも赤のほうが好きだ.）

(B) 修飾語句を伴う場合：a/an を伴うことができるし，複数形 **ones** も可能.

③ Can I have *a melon*――***a nice ripe*** **one**?
（メロンがほしいのですが――おいしくて熟れたのが.）

④ This pen is better than ***the* ones** on the desk.
(このペンは，机の上のものよりよろしい.)

(C) **独立用法**：「(話し手を含む)**一般の人**」

⑤ **One** should do **one's** [〈米〉 **his**] duty.
(人は本分を尽くすべきだ.)

one は〈文章体〉なので，〈口語体〉では **you** を用いる.

⑥ **You** should do your duty. (=⑤)

186. none「何も[だれも]～ない」

単数または複数の名詞を受けて用いる．形容詞用法はない．不可算名詞は単数動詞で受けるが，複数名詞の場合は複数扱いのほうが普通.

① Is there any *tea* left? No, (there'***s***) **none** (=no tea) at all. (「紅茶がいくらか残っていますか.」「いや，全然(残っていない).」)

② a) **None** of this ***money is*** mine.
(この金は，少しも私のではない.)

b) **None** of my ***friends live*** [***lives***] here. [live のほうが普通]
(私の友人はだれ1人ここに住んでいない.)

③ **None of** your business! (君の知ったことじゃない.)

〈NB〉 現代英語では **none** を 'no one' の意味で用いるのは〈文語〉. その場合は，no one または nobody を用いる.

Nobody [〈文語〉 **None**] can tell.
(だれにも分からない.)

𝔼 other, another

187. other

(A) **代名詞として**：複数形 others がある.

(1) **other**(s)「**ほかの物[人]**」：単数形は **another** を用いるので，通例，複数形で用いる(ただし，**no other** の場合は単数にも用いる).

① I don't like these ties. Have you any **others** (=other ties)? (このネクタイは気に入らない．ほかのがありますか.)

② *Some* cars are fast. **Others** (=Other cars) are slow.
（速い車もあれば，遅い車もある．）

③ You'll have to use this chair; there'*s* ***no*** **other** (than this). （この椅子を使うより仕方がないでしょう．ほかにありませんから．）[単数]

(2) others「他人」(=other people)

④ Be kind to **others.** （他人に親切にせよ．）

注 英語の「他人」は「自分以外の人」をさすので，家族の者も others の中に入る．

(3) the other「(2つの中で)もう一方」

⑤ Mary has *two* children. *One* is a boy, and **the other** is a girl. （メアリーには，子供が2人いる．1人は男の子で，もう1人は女の子だ．）

⑥ *Each* loved **the other.** （2人は互いに愛し合った．）

(4) the others「(3つ以上の中で)残り全部」

⑦ These books are mine; **the others** are Bob's.
（これらの本は私のだが，残りはみなボブのだ．）

⑧ Where are **the others**?
（[われわれ以外の]ほかの人たちはどこにいるの．）

(B) 形容詞として

(1) other「ほかの，別の」：複数可算名詞・単数不可算名詞を伴う．ただし，**〈some [any / no] other＋単数可算名詞〉**の形は可能．

⑨ There were three **other** boys in the room.
（その部屋にはほかに3人の男の子がいた．）

⑩ We have **other** evidence. [不可算名詞]
（証拠はほかにもある．）

⑪ He is taller than *any* **other** member of the team.
（彼はチームのだれよりも背が高い．）

⑫ Come *some* **other** day. （いつかほかの日にいらっしゃい．）

⑬ I have *no* **other** place to go to. （ほかに行く所がない．）

⑭ *Some* books are good. **Other** books are bad.
（(世の中には)良書もあれば，悪書もある．）

(2) 〈the other＋単数名詞〉「(2つの中で)もう一方の」

⑮ Show me **the [your] other** hand.
(もう一方の手を見せなさい.)

⑯ The post office is on **the other** side of the street.
(郵便局は, 通りの向こう側にある.)

(3) 〈the other＋複数名詞〉「(3つ以上の中で)残り全部の」

⑰ These books are mine. **The other *ones*** are Bill's.
(この本は僕のです. 残りの本はみなビルのです.)

188. another

'an＋other' だから, 常に単数形を伴う. 3つ以上のものの**1つ**について述べたあとで,「(任意の)**もう1つ**」に言及する場合に用いられる. 代名詞・形容詞の両用法がある.

「もう1つの(もの[人]), 別の(もの[人])」

① *One* student is talking. **Another (student)** is reading.
(1人の学生はおしゃべりをしている. もう1人は本を読んでいる.)

② Take *this towel* away and bring me **another (one)**.
(このタオルを持って行って, 別のを持って来なさい.)

〈NB〉 次の例では, ten years を "1つの期間" として見ている.
Where shall we be in **another** *ten years*?
(もう10年たったら, われわれはどこにいるだろうか.)

2者の中から1つ	● **one** (1つ)	● **the other** (残る1つ)
3者以上の中から1つ	● **one** (1つ)	●●●・・・ **the others** (残り全部)
3者以上のうちの2つ	● **one** (1つ)	(the others) ● ・ ・ ・ **another** (もう1つ(の))
特定多数の場合	●●●・・・ **some** (いくつか)	●●●・・・ **the others** (残り全部)
不特定多数の場合	●●●・・・ **some** (あるものは)	●●●・・・ **others** (またあるものは)

189. other, another を含む慣用表現

(A)　one another / each other「(2人(以上)の間で)**お互い**」

①　Jack and Jill love **one another [each other]**.
　（ジャックとジルはお互いに愛し合っている.）

②　They spoke to **each other**.
　（彼らは互いに話し合った.）[× spoke *each other* は誤り]

(B)　A is one thing, and B (is) another.「AとBとは別物である」

③　Saying **is one thing and** doing (is) **another**.
　（いうことと行なうこととは別物だ.）

(C)　one after the other [another]「次々に」

④　**One after another** all his plans failed.
　（次々と彼の計画はすべて失敗した.）

F　some, any

some と **any** は，代名詞と形容詞の両用法がある．簡単には，〈some＋名詞〉の名詞を省略すれば代名詞になると考えてよい．どちらも**複数可算名詞**，または**単数不可算名詞**を伴って用いられる．したがって，**some/any** を**単数可算名詞**につけて，×I have **some pen**. とか，×I haven't got **any car**. とかいうのは誤りである．それぞれ，○I have **some pens.**（私は何本かペンをもっている.）/○I haven't got **a car/any cars**.（私は車はもっていない.）としなければならない．

190. some

some は，原則として肯定文で，「**いくらか(の)**」というように，**若干の数・量**が存在する場合に用いられる．形容詞用法の some は [s(ə)m] と弱く発音され，代名詞用法では [sʌm] と強く発音される．

(A)　形容詞

①　I need **some** money.（金が少々必要だ.）　[不可算名詞]

②　I took **some** photos.（写真を何枚か撮った.）　[可算名詞]

(B)　代名詞

③ **Some** of these students ***are*** from Japan.
（この学生たちのうちの何人かは，日本から来ている.）

④ **Some** of the oil ***has*** spilt. （そのオイルは少しこぼれた.）
[oil は不可算名詞だから，単数扱い]

〈NB〉 **1.** **〈some＋単数可算名詞〉「ある～，さる～」**
この場合の **some** は [sʌm] と強く発音され，話し手の知らない，または明確にしたくない人・物・場所について用いる．しばしば ⓑのように **or other** を伴う．

ⓐ **Some** [sʌm] girl phoned you just now.
（さっきどこかの女の子が電話してきたよ.）

ⓑ He is taking **some** [sʌm] exam ***or other***.
（彼は何か試験を受けるんだって.）

〈NB〉 **2.** **〈some [sʌm] ＋数詞〉「約～」**
Some *fifty* people were present.
（約50人ほどの人が出席していた.）

191. any

any は，肯定的な文脈で用いられる **some** と異なり，**否定的な文脈**（つまり，否定文・疑問文・条件節）で用いられる．any は，**数・量**がない場合，またはあるかどうか不明の場合に用いられるからである．

否定文 : I didn't buy **any** apples. [形容詞]
（私はりんごは少しも買わなかった.）

疑問文 : Did you see **any** of your friends ? [代名詞]
（友人のだれかと会いましたか.）[聞き手は，会ったかどうか知らない]

条件節 : If you need **any** money, I will lend you *some*.[形容詞]
（金が入り用なら，いくらか貸してあげよう.）[入り用かどうか不明]

192. 否定文・疑問文・条件文に some を用いる場合

some は，話し手の側に“**肯定の期待**”のある場合には，否定文・疑問文・条件文においても用いられる．

① Would you like **some** more coffee ?—No, thank you.
（「コーヒーをもう少しいかがですか.」「いや，もうけっこうです.」）[=Please have **some** more coffee.]

② If you eat **some** spinach, I'll give you $ 10.
（ほうれん草を少し食べたら，10ドルあげます．）
[=I hope you will eat **some** spinach.]

いずれも相手の肯定の答えを期待する用法であるが，特に①のように人にものを勧めるときは，礼儀上絶対に **any** を使わないといってよい．

193．肯定文に any を用いる場合

any は，「**どんな〜でも**」という意味で，単数の可算・不可算名詞と共に肯定文で用いられる．この用法の **any** は [éni] と強く発音される．

① Come **any** day you like.
（いつでも好きな日にいらっしゃい．）

② **Any** paper will do.（どんな紙でもけっこうです．）

G no, any, every, some を含む複合語

194．語 形

	some	**any**	**no**	**every**
人 -one -body	**some**one **some**body だれか	**any**one **any**body だれか，だれでも	**no** one* **no**body だれも〜しない	**every**one **every**body だれでもみな
物 -thing	**some**thing 何か	**any**thing 何か，何でも	**no**thing 何も〜しない	**every**thing 何でもみな

* **no one** は普通，分かち書きにする．

195．用 法

これらの不定代名詞は，〈形容詞＋名詞〉の構造をもつため，主に**代名詞**として用いられ，当然，形容詞用法はない．some-, any- のついた語の用法は，some, any の用法に準じる．また，**-one** と **-body** とでは，後者のほうが〈口語体〉．

① There's **somebody** at the door. [肯定文]
（だれか玄関に来ている．）

② Do you know **anything** about it? ［疑問文］
（それについて何か知っていますか.）

③ There isn't **anyone** listening. ［否定文］
（だれも聞いている者はいない.）

④ If **anyone** is listening, I hope ***he*** [〈口語体〉***they***] will say so. ［条件節］
（もしだれかが聞いているなら，そういってもらいたい.）

⑤ **Somebody** lost ***his*** [〈口語体〉***their***] hat.
（だれか帽子をなくした.）

⑥ **Everybody** started waving ***his or her*** flag [=〈口語体〉***their*** flags]. （だれもかも旗を振りはじめた.）

④〜⑥で分かるように，「人」を表すものは**動詞は**単数で受けるが，**代名詞は**〈口語〉で they で受けることがある．次のような付加疑問文では，**hasn't he [she]** は意味上不適当なので特に they が自然である．

⑦ **Everybody** *has* arrived, haven't ***they***?
（みんな到着したんだね.）

〈something＋形容詞〉の語順については，☞ **§ 205**(B)

〈NB〉**1.** 次のような**名詞用法**にも注意.

▶**anybody**（［疑問文・否定文で］ひとかどの人物），**somebody**（［肯定文で］ひとかどの人物），**nobody**（名もない人）

ⓐ He'll never be **anybody**.
（彼は決してひとかどの人物にはならないだろう.）

ⓑ He's **a nobody** here but he's **a somebody** in his own village.
（彼はここでは名もない人だが，自分の村ではひとかどの人物だ.）

▶**everything**（何よりも大切な物［人］），**something**（相当な物［人］），**nothing**（つまらぬ物［人］）

ⓐ She is **everything** to me.（彼女は私にとって何より大事な人だ.）

ⓑ University education is **something**.
（大学教育は，まんざらではない.）

ⓒ He is **a** real **nothing**. （彼はまったくつまらない人だ.）

〈NB〉**2.** **副詞用法**：something, nothing には副詞用法もある.

ⓐ The plane looked **something** (=somewhat) like a bird.
（その飛行機は，いくぶん鳥に似ていた.）

ⓑ Your plan is **nothing** (=not at all) better than his.
（君の案は，彼のと比べてちっともよくない.）

196. something, anything を含む慣用表現

① He is **something of a** poet.
（彼は**ちょっとした**詩人だ．）〈口語〉

② That bridge is **anything but** safe.
（あの橋は**少しも**安全**ではない**．）

③ He is better, **if anything.**
（彼の容態は**どちらかといえば**少しよくなった．）

④ She is a doctor **or something.**（彼女は，医者**か何か**だ．）

章末問題 16

A 次の各文の（ ）内の適当な語句を選びなさい．

(1) Those two boys helped (each other, one other).
(2) (All, Each, Every) boys have their knives.
(3) I will call on you again (other, some, the other) day.
(4) (Everyone, No one, Anyone, One) must do one's duty.

B 次の各文の（ ）内に適語を1つ入れなさい．

(1) New Year's Eve is happy for some people and sad for (　　).
(2) In the city, he was always being annoyed by noise of one sort or (　　).
(3) I don't like fish.——(　　) (　　) she.
(4) Do you want this pen?——Yes, I want (　　).
(5) A leap year occurs (　　) four years.
(6) It is one thing to enjoy listening to good music, but it is quite (　　) to perform skillfully yourself.
(7) Is (　　) the matter with him? He looks pale today.

ヒント **A** (1)「互いに」(§ **189**(A)) (2) have と呼応するのは？ (3)「いつか」(4) one's と呼応する主語は？(§ **185**(C)) **B** (1) ☞ § **187**(A)(1) (2)「何らかの」(*cf.* § **189**) (3)「彼女もそうだ」 (4) this pen は「特定的」(§ **185** 〈NB〉 1) (5)「4年目ごとに」(§ **182** 〈NB〉 2) (6)「AとBとは別のことだ」 (7)「どうかしたのか」

(8) To tell the truth, he is (　　) but reliable.
(9) I want something to drink ; (　　) will do.

C 次の日本文を英語に訳しなさい.

(1) バスはここから2時間ごとに出発します.
(2) お茶をもう1杯いかがですか.
(3) その箱には古新聞紙しか入っていませんでした.
(4) 彼女には淑女らしいところが全然ありません.
(5) ばかなまねはやめたまえ.

D 次の各文の誤りを正しなさい.

(1) To make money is one thing ; to spend it is the other.
(2) I have lost my umbrella. I think I must buy it.
(3) He had a pen and lent one to me.
(4) Would you like any more cake ?
(5) They spoke each other.

E (　)に入れるべき適当な語句を選びなさい.

(1) (　　) were burned.
　a. Both her hands　　**b.** Her both hands
(2) He is (　　) of a musician.
　a. anybody　**b.** anyone　**c.** somebody　**d.** something
(3) "Which of the hats do you prefer ?" "I like (　　) that has the feather in it."
　a. those　**b.** the one　**c.** the hats　**d.** that which
(4) He has seen (　　) of life.
　a. much　**b.** many　**c.** anything　**d.** none

ヒント (8)「全然～でない」(**§ 196**) (9)「どんなものでも」 **C** (1)「2時間ごとに」every two hours (2)「もう1杯」another cup (3)「…しか～ない」→「～のほかは何も」nothing but (4)「全然ない」have nothing of (5)「～はやめたまえ」None of your ～！ **D** (1) ☞ **§ 189**(B) (2), (3) it か one か？(☞ **§ 185** 〈NB〉 1) (4) ☞ **§ 192** (5) each other は副詞句ではない **E** (1)「彼女の両手」 (2)「ひとかどの～」**§ 196** (3)「～のもの」 (4)「人生をいろいろと見てきた」

(5) I have two American friends: one is from California, and ( ) is from Ohio.

a. another **b.** other **c.** second **d.** the other

(6) ( ) parents are coming to Tokyo.

a. Both of his **b.** His both

c. The both his **d.** The both of his

F 次の1対の英文が同義になるように((4)(5)は会話が成立するように), ( ) 内に適語を1つ入れなさい.

(1) {He could make ( ) of it.
He could not understand it at all.

(2) {So much for today.
That's ( ) for today.

(3) {The matter does not concern me.
I have ( ) to do with the matter.

(4) {"Let's have some soup."
"I don't care for soup. I'd rather have ( ) else."

(5) {"The buses will run unless there's a strike."
"Let's hope they'll run even if there is ( )."

■よく使われる英語のことわざ■

• After a storm comes a calm.
(雨降って地固まる.)〔←あらしの後はなぎが来る〕

• Ill-gotten, ill-spent.
(悪銭身に付かず.)〔←不当に得られたものは, 不当に使われる〕

ヒント (5)「(2人のうちの)もう1人」§ **187**(A)(3) **F** (1)「理解できない」 (2)「これでおしまい」 (4)「何か別なもの」 (5)「ストがあっても」

第17章

冠　　　詞

日本語には**冠詞**がないが，英語には2種類の冠詞がある．**不定冠詞 a/an** は one の弱まった形として，常に「**1つの**」という意味をとどめ，**定冠詞 the** は that の弱まった形として，常に「**その**」という弱い指示性をもっている．この章では，両冠詞の用法・語順・省略について研究する．

A　冠詞の2種類

冠詞には，**不定冠詞** (indefinite article) **a/an** と，**定冠詞** (definite article) **the** の2種類がある．

不定冠詞は，元来は数詞 **one** の弱まった形なので，常に「**1つの**」という意味をとどめている．**a/an** が単数**可算**名詞にしかつかないのは，このためである．綴りに関係なく，子音で始まる名詞の前では **a** [ə] を使い，母音で始まる名詞の前では **an** [ən] を使う．(n をつけるのは，母音が連続するのを避け，発音しやすくするためである．)

a girl, **a** cat, **a** useful book

an apple, **an** engineer (技師), **an** honest man

注意 上例の useful は，母音字 u で始まっているが，発音は [jú:sf(ə)l] と子音で始まっている．一方，honest は h という子音字で始まっているが，発音は [ɔ́nist] と母音で始まっている．

定冠詞は，元来は指示代名詞 **that** の弱まった形なので，常に「**その**」という弱い指示性をもっている．そこで，文脈または場面から聞き手にそれと分かるものにつけられる．

the は，子音で始まる名詞の前では [ðə] と発音し，母音で始まる名詞の前では [ði] と発音する．

{ **the** [ðə] dog (その犬)
{ **the** [ði] egg (その卵)

	子音の前	母音の前
不定冠詞	**a** [ə]	**an** [ən]
定 冠 詞	**the** [ðə]	**the** [ði]

𝔹 不 定 冠 詞

197. 基本用法

(A) 「**1つの**」: one の弱まった意味.

① I waited for **an** hour and **a** half. (私は1時間半待った.)

② Rome was not built in **a** day.
(ローマは1日にして成らず.)〈ことわざ〉

③ It will be finished in **a** day *or two.*
(それは1両日中に終わるでしょう.)

(B) 「**ある1つの**」: 不特定の可算名詞につける. 日本語では, 訳さなくてもよい.

④ I want **an** orange. (オレンジがほしいのです.)

⑤ He has bought **a** new car. (彼は新車を買った.)

(C) 「**〜というものは**」: 1つの成員が総称的に類全体を代表する. したがって, 普通, ⑥, ⑦のような現在時制で書かれた一般論に用いられる.

⑥ **A** dog is a faithful animal.
(犬(というもの)は, 忠実な動物である.)

⑦ **A** cat has nine lives. (ねこは9つの命がある.)〈ことわざ〉

(D) 「**同一の**」(=the same):「1つの」から「同一の」という意味に発展(日本語の「**1つ**屋根の下」などを参照). この意味は今では〈まれ〉で, **of a** で始まる若干のきまり文句に残っているだけである.

⑧ Birds *of* **a** feather flock together. (類は友を呼ぶ.)
〈ことわざ〉[<同じ羽色の鳥はいっしょに群がる]

⑨ They are all *of* **a** size. (それは, みな同じ大きさだ.)

(E) 「**〜につき**」(=per): 単位を表す語につく.

⑩ three times **a** day (1日に3回)/two dollars **a** dozen
(1ダースにつき2ドル)

⑪ Mary takes piano lessons twice **a** week.
(メアリーは, 週に2回ピアノのレッスンを受ける.)

(**参考**) この **a** は, 不定冠詞と同形であるが, 元来は別語の前置詞であった. 「1つの」という意味がないのは, そのためである.

C 定　冠　詞

198. 基本用法

定冠詞は，上述したように，**場面または文脈から聞き手にそれと分かるもの**に用いられる．定冠詞のこの特徴は，**〈定性〉**と呼ばれる．名詞に〈定性〉が与えられる場合は，大きく分けて，2つある．

(A) 文脈に基づいて〈定性〉が与えられる場合

(1) 前に出た名詞をさす：

① We keep *a dog*. We are all fond of **the** *dog*.
(私たちは犬を1匹飼っている．みんなその犬が好きだ．)

(2) 最上級の形容詞，序数詞，only，same に修飾された名詞： ただ1つのものに特定化されている．

② Tokyo is now **the** *largest city* in the world.
(東京は，今や世界一の大都会だ．)

③ John was **the** *first man* to arrive.
(ジョンが最初に到着した．)

④ He's **the** *only man* for the position.
(その地位には彼こそがうってつけの人だ．)

注 He is *an/the only* child. (彼はひとりっ子だ．)

(3) 限定語句によって"ただ1つのものに特定化"されている：

⑤ Do you know **the girl** *in the corner*?
(隅っこのあの女の子を知っていますか．)

⑥ John is **the taller** *of the two*.
(その2人のうちではジョンのほうが背が高い．)

(参考) 限定語句を伴えば必ず **the** がつくと考えるのは，誤りである．例えば，

ⓐ **The** book *I borrowed from John* was dull.

ⓑ A book *I borrowed from John* was dull.

は，どちらも文法的な文である．ⓐは，私がジョンから借りた本が1冊であり，しかも，その本のことを聞き手も知っている場合に限って成立する文である．一方，ⓑでは，私がジョンから借りた本は1冊とは限らないし，しかも，その本のことを聞き手が知っていない場合の発話である．限定語句によって名詞に〈定性〉が与えられる場合は，それが**"ただ1つのものに特定化"**された場合に限るのである．

(B) 場面に基づいて〈定性〉が与えられる場合

(4) 場面から何をさしているか聞き手に分かる場合

⑦ Please shut **the** window.
(窓を閉めてください.) [この部屋の窓]

⑧ Don't **the** stars look bright tonight?
(今夜の星は，明るく見えませんか.) [今夜空に見えている星]

(5) 唯一物をさす場合(広義の〈場面〉に基づく)

⑨ **the** sun (太陽) / **the** moon (月) / **the** earth (地球) / **the** sky (空) / **the** sea (海) [宇宙的な〈場面〉]

⑩ **the** Bible (聖書) / **the** Queen (女王) / **the** Government (政府) / **the** Prime Minister (首相) [文化的な〈場面〉]

〈NB〉 唯一物でも「**1つの様相**」を示す場合は **a/an** をつける.
a new moon (新月), **a** red sun (赤い太陽), **a** calm sea (穏やかな海)

(6) ある種全体を他の種から区別する場合

この場合も広義の〈場面〉で，広く人間の文化のコンテクストをさしている.

⑪ **The** *dog* is a faithful animal. (犬は忠実な動物である.)

⑫ **The** *airplane* has revolutionized travel.
(飛行機によって旅行に革命が生じた.)
[***revolutionize**「革命を起こさせる」]

次の **〈the+形容詞/分詞〉「～の人々(全部)」** もこの用法に属する(社会的なコンテクスト).

⑬ **The** young are less patient than **the** old.
(若者は，老人ほど忍耐心がない.)

⑭ **the** rich (金持ち) / **the** poor (貧しい人々) / **the** living (生きている人々) / **the** dead (死者たち) / **the** wounded (けが人たち)

⑮ **the** Chinese (中国人(全体)) / **the** French (フランス人) / **the** Japanese (日本人)

〈NB〉 **1.** 「トラは危険な動物である」というように，ある種について総称的に表現する方法は，**3**つある.

a) **The tiger** is a dangerous animal.
b) **A tiger** is a dangerous animal.
c) **Tigers** are dangerous animals.

a) は，「(他の動物と比べて) トラは」というように，他の種と対照されている．〈文章体〉で，百科事典などの記述に用いられる．*b*) の **a** は，any の意味で，1頭のトラを種の代表としてとりあげている．*a*) よりも〈口語体〉．*c*) は，種のすべての成員についての一般論であり，〈口語〉では通例この表現が用いられる．

〈NB〉 **2.** 次の例では，種を示す〈**the＋名詞**〉の**性質・機能**が考えられているので，抽象的な意味が生じてくる．(☞ § 150)

The *pen* is mightier than **the** sword.
(ペンは剣よりも強い → 文は武よりも強し.)〈ことわざ〉

〈NB〉 **3.** 形容詞によっては〈**the＋形容詞**〉で「that which is 形容詞」(…**なこと**) という抽象的意味を表すものがある．

the beautiful (美) (＝beauty) / **the** unknown (未知なるもの) / **the** good (善) / **the** impossible (不可能なこと)

199. 〈the＋固有名詞〉の場合

(A) 単数形の固有名詞：慣用によって，**the** がついたりつかなかったりするので，必要に応じて，辞書で確かめればよい．固有名詞に **the** がついている場合は，通例，**the** Black *Sea* のように普通名詞がつくか，**the** Pacific (*Ocean*) のように，省略されるかしており，**the** は実はその普通名詞を限定していることが多い．

① [海洋・河川・運河]：**the** Black Sea (黒海) / **the** Pacific (Ocean) (太平洋) / **the** (River) Thames (テムズ川) / **the** Suez Canal (スエズ運河)

注 Lake ～ (～湖) の形式には **the** をつけない：**Lake** Baikal (バイカル湖) 一方，of を入れると the が必要：*the* **Lake** of Constance (コンスタンス湖)

② [公共建築物・船]：**the** Grand (Hotel) (グランド・ホテル) / **the** Globe (Theatre) (地球座) / **the** British Museum (大英博物館) / **the** Queen Elizabeth (クイーン・エリザベス号)

注 大学名は，正式名である **the** University of Oxford の形では **the** がつくが，略式に地名を先に回すと Oxford University のように **the** は不要になる．また，*Brown* University (ブラウン大学) / *Yale* University (イェール大学) のように，人名を冠した大学名には **the** はつかない．

③ [新聞]：**The** Times（タイムズ）/ **The** New York Times（ニューヨーク・タイムズ）

注 雑誌名は通例，無冠詞：*Time*（『タイム』）/ *Life*（『ライフ』）/ *Language*（『言語』）

(B) 複数形の固有名詞：ほとんど例外なく **the** がつく．この場合も，普通名詞が含まれているか省略されるかしていることに注意．

④ [国名]：**the** United States (of America)（アメリカ合衆国）

⑤ [群島名]：**the** Philippine Islands＝**the** Philippines（フィリピン群島）

⑥ [山脈名]：**the** Alps（アルプス山脈）/ **the** Rocky Mountains ＝**the** Rockies（ロッキー山脈）

注 Mount～（～山）の形式には通例 **the** をつけない：**Mount** Everest（エベレスト山）

⑦ [家族全員]：**the** Wilsons（ウィルソン一家[夫妻]）

(C) 〈固有名詞＋普通名詞〉：この形式では，通例，**the** がつかない．「駅・空港・公園・橋・通り・寺院」などに普通 **the** がつかないのは，このためである．（上の **the** Suez Canal は，この規則の例外．）

⑧ Tokyo Station（東京駅）/ Narita Airport（成田空港）/ Hyde Park（ハイドパーク）/ London Bridge（ロンドン橋）/ Buckingham Palace（バッキンガム宮殿）/ Oxford Street（オックスフォード通り）/ Westminster Abbey（ウェストミンスター寺院）

同様に，Tokyo Bay（東京湾）では **the** はつかないが，**the** Bay of Tokyo の形では **the** が必要になる．**the** が直接に bay（湾）という普通名詞を限定するからである．

200. 慣用的な用法

(A) 〈the＋身体の部分を表す語〉

「彼はメアリーの手を取った」を英訳する場合，次の2つの表現ができる．

a) He took **Mary's** *hand.*

b) He took Mary *by* **the** *hand.*

a) は日本語と平行する表現であるが，*b*) は英語で慣用的な表現である．*a*) は「身体の部分」に力点を置いた言い方であり，*b*) は「人」に力点を置いた言い方になっている．類例：

① He patted me *on* **the** *shoulder*.
（彼は私の肩を軽くたたいた.）

② I slapped Bill *on* **the** *back*.
（ビルの背中をぴしゃっとたたいた.）

③ Papa kissed me *on* **the** *forehead*.
（パパは私のひたいにキスした.）

さて，この **the** の用法は，§**198**(1) である．つまり，*b*) でいえば，Mary が「前に出ている」ので，**the** hand がメアリーの手であることが分かるのである．この the が her の意味であることは，ときに次のような言い方をすることによって明白である．

c) He took Mary by **her** hand.

(B)　〈in the morning〉のタイプ

これは，§**198**(6) の用法に属するものである．

④ in **the** morning（午前中）/ in **the** afternoon（午後に）/ in **the** evening（夕方）/ in **the** night（夜中に）

注 at の後では the がよく落ちる：*at* night（夜に）/ *at* noon（正午に）

⑤ in **the** dark（暗がりで）/ in **the** light（明るい所で）/ in **the** sun（日なたで）/ in **the** shade（日陰で）

⑥ in **the** right（正しい）/ in **the** wrong（間違って）

(C)　〈前置詞＋the＋単位名詞〉

この用法も，§**198**(6) に属するもので，他の〈単位名詞〉と対比されている．

⑦ This car does thirty miles *to* **the** *gallon*.
（この車は，1ガロンで30マイル走る.）

⑧ I get paid *by* **the** *hour*.
（私は時間給です.）[＜1時間いくらで]

⑨ Eggs are sold *by* **the** *dozen*.
（卵は1ダース単位で売られる.）

●例題１●

次の文の(　)内に，必要ならば a, an, the の１つを入れなさい．

(1) He is (　　) doctor.

(2) He ate (　　) banana and (　　) apple.

(3) He is (　　) honest man.

(4) (　　) iron is heavier than (　　) water.

(5) Would you like (　　) coffee?

(6) ⓐ I am interested in (　　) history.
ⓑ I am interested in (　　) history of Spain.

(7) He caught me by (　　) collar.

(8) He was (　　) last man to arrive.

考え方 (1), (2), (3) 単数の可算名詞には a, an をつける　(4), (5) 不可算名詞には a, an をつけない　(6) ⓑ では，history が特定化されている　(7) ☞ **§ 200**(A)　(8) ☞ **§ 198**(2)

解答 (1) a　(2) a, an　(3) an　(4), (5) 冠詞不要　(6) ⓐ 冠詞不要　ⓑ the　(7) the　(8) the

D　冠詞の語順

201．原則的な語順

冠詞が名詞につく場合の語順は，**〈冠詞(＋副詞)(＋形容詞)＋名詞〉**である．

① **a** book（１冊の本）　〈冠詞＋名詞〉

② **an** amusing book（１冊のおもしろい本）〈冠詞＋形容詞＋名詞〉

③ **a** [**the**] very amusing book（１冊の[その]とてもおもしろい本）
〈冠詞＋副詞＋形容詞＋名詞〉

202．注意すべき語順

(A)　〈such/what＋a/an＋(形容詞＋)名詞〉

① I cannot answer **such a** question.
（そのような質問には答えられない．）

② **What a** beautiful flower that is!
（あれはなんて美しい花だろう．）

(B)　〈**all/both/half＋the＋名詞**〉

次の2つの文を比較してみよう.

③ a) **All [Both/Half] the** men went out.
　 b) **All [Both/Half] of the** men went out.
（その男たちは全部[2人とも，半分]外出した.）

a)は，b)の of の省略によって生じたと考えれば，〈冠詞＋名詞〉という原則的な語順は破られない. half **an** hour（半時間）（〈米〉には **a** half hour という表現もある）の語順も，同様に half **of** an hour の of が省略されたと考えられる.

(C)　〈**as/so/too＋形容詞＋a/an＋名詞**〉

④ He is not **as [so]** *great* **a** scholar as his father.
（彼は父親ほどの大学者ではない.）

⑤ This is **too** *difficult* **a** book for me.
（これは，私にはむずかしすぎる本だ.）

ここでは，〈**as/so/too**＋形容詞〉の結びつきが原則的な語順よりも優先されている.

(D)　〈**quite/rather＋a/an＋形容詞＋名詞**〉

⑥ This is **quite a** *good* car.
（これは，なかなかいい車だ.）[**a quite** good car の語順はまれ]

⑦ It was **rather a** *cold* day.
（その日は，相当寒かった.）[**a rather** *cold* day ともいう]

E　冠詞の省略と反復

203. 冠詞の省略

冠詞は，次のような場合に省略される.

(A)　呼びかけの場合

① Good morning, **Doctor**!（おはようございます，先生.）

② Come here, **children**!（お前たち，こちらへいらっしゃい.）

注　teacher（先生），surgeon（外科医）などは，呼びかけに用いない.

(B)　官職などを表す語が補語・同格の場合

③　Victoria was **Queen of England** then.　[主語補語]
(当時ビクトリアがイギリスの女王であった.)

④　They elected Reagan **president.**
(彼らはレーガンを大統領に選んだ.)　[目的語補語]

⑤　Victoria, **Queen of England,** was noted for her wisdom.
(イギリス女王のビクトリアは，賢明さで知られていた.)[同格]

この用法では，名詞は「人」というよりも，「役職」という機能を表しているので，無冠詞になる.

(C)　〈称号＋固有名詞〉：固有名詞の一部になっていると考えられる.

⑥　**King** George (ジョージ王) / **Prince** Charles (チャールズ皇太子) / **Lord** Byron (バイロン卿) / **Dr.** Smith (スミス博士) / **Professor** Clark (クラーク教授)

(D)　家族関係を表す語：固有名詞扱いにされる.

⑦　**Father [Mother]** is out.　(父さん[母さん]は外出している.)

⑧　**Uncle** will come on Saturday.　(おじさんは，土曜日に来る.)

注　この用法は家族内またはごく親しい間柄に限られ，改まっていう場合は，my father, my mother を用いる.

(E)　建造物が本来の機能を表す場合：通例，前置詞の目的語になっている点に注目せよ.

⑨　The child is old enough to go *to* **school.**
(その子は，学校へ行ってもよい年ごろだ.)

⑩　**School** is over at three.　(学校[＝授業]は，3時に終わる.)

⑪　I went *to* **bed** at ten.　(私は10時に床についた.)

⑫　He will go *to* **university** [〈米〉**the** university] next year.
(彼は来年大学へ行くだろう.)

⑬　He is *in* **hospital** [〈米〉 **the** hospital] now.
(彼は今入院中だ.)

⑭　We go *to* **church** on Sundays.　(日曜日には教会へ行きます.)

⑮　*in* **prison** (入獄して)/go *to* **sea** (船乗りになる)/be *at* **table** [〈米〉 **the** table] (食事中である)

〈NB〉　これらの語が「建物」自体を表している場合は，冠詞が必要.

ⓐ We drove past **the school.** (学校のそばを車で通った.)
ⓑ Don't sit on **the bed.** (ベッドの上に腰かけるな.)
ⓒ **The church** is opposite **the hospital.**
(教会は, 病院の向かい側にある.)

(F) 〈by＋交通手段〉

「1台のバス」が考えられているのではなく, 交通の〈手段〉を問題にしているのである.

⑯ He came **by bus [car/boat/train/plane/bicycle].**
(彼はバス[車, 船, 列車, 飛行機, 自転車]で来た.)

⑰ *cf.* I went to the hotel **on foot.** [<足に支えられて]
(私は歩いてそのホテルへ行った.)

〈NB〉 We rode in **a bus.** (私たちはバスで行った.) では, 「**1台の**バスに乗って」という意味なので, a が必要となる.

(G) 日常の食事名

⑱ **Breakfast** is ready. (朝食の用意ができました.)

⑲ He came after [before/at] **lunch.**
(彼は昼食後[昼食前/昼食時]にやって来た.)

⑳ He invited us to [for] **tea.**
(彼は私たちをお茶に招いてくれた.)

この場合無冠詞なのは, 日常の食事はあまりにも身近なものなので特定化の必要がないからである. その分だけ固有名詞に近づいているといえる.

〈NB〉 **特定の食事**をいうときには, 冠詞をつける.
ⓐ I had **an** *early lunch.* (私は早いおひるを食べた.)
ⓑ **The** *dinner* [*breakfast*] was good.
(その晩さん[朝食]は, おいしかった.)

(H) 対句をなす2つの名詞:

㉑ I pronounce you **husband and wife.**
([牧師]あなた方を夫婦と宣言します.)

㉒ They went **hand in hand.** (彼らは手をつないで行った.)

㉓ **day and night** (昼も夜も) / **day by day** (日ごとに) / **young and old** (老いも若きも) / **face to face** (向かい合って) / **from flower to flower** (花から花へ) / **side by side** (並んで)

これらの名詞は，抽象的な関係を表しているだけなので無冠詞.

〈NB〉 その他，**by accident**（偶然に）/ **in fact**（事実）/ **take place**（起こる）/ **make fun of**（～をからかう）などの慣用句が無冠詞なのも，同様に説明される.

（I） **man**（人間，男性(一般)）

㉔ **Man** is a social animal.
（人間は，社会的動物である.）

204. 冠詞の反復

原則： 2つ(以上)の名詞が「**同一のもの**」を表す場合は，冠詞は最初の語にだけつけるが，「**別個のもの**」を表す場合には，それぞれの名詞につける.

① a) **A** *poet* and *novelist* ***was*** present.
（詩人で小説家の人が来ていた.）　［1人］

b) **A** *poet* and **a** *novelist* ***were*** present.
（詩人と小説家とが来ていた.）　［2人］

② a) **A** pink and white *rose* ***is*** in blossom.
（ピンクと白のまだらのばらが咲いている.）　［1輪］

b) **A** pink and **a** white *rose* ***are*** in blossom.
（ピンクと白のばらが咲いている.）　［2輪］

〈NB〉 **1.** 次のように2つの名詞が「**1組になったもの**」を表す場合も，① a)，② a) の用法に準じる.

ⓐ I bought **a** watch and chain.
（鎖つきの時計を買った.）

ⓑ **a** needle and thread（糸を通した針）/**a** cup and saucer（受皿つきの茶わん）

〈NB〉 **2.** 誤解のおそれのない場合は，冠詞を反復しなくてもよい.

ⓐ **the** King and (**the**) Queen（国王と王妃）

ⓑ **the** old and new worlds（旧世界と新世界）
[*cf*. **the** old and **the** new world：この場合 world は単数]

〈NB〉 **3.** 2つの名詞が同じ人をさしている場合でも，それぞれ語の意味を強調するときには，冠詞を反復する.

Shakespeare was **a** poet and **a** dramatist.
（シェイクスピアは，詩人であり，かつ，劇作家であった.）

章末問題 17

A　次の各文中に適当な冠詞を入れなさい.

(1) Thames runs through London.
(2) He touched me on shoulder.
(3) I went to his office once month.
(4) This is excellent tea.
(5) I am only son in my family.
(6) He has an eye for beautiful.
(7) I want you to become Edison, not a Shakespeare.
(8) French are very polite people.
(9) She is such honest girl that she cannot tell a lie.

B　次の各文の誤りを正しなさい.

(1) The most of the boys are not present.
(2) Bravery of the Spartans was renowned.
(3) I have never swum in Bay of Tokyo.
(4) A hero as he was, he was not loved by others.
(5) Of the two boys, he is younger.
(6) The publisher and editor were both present.
(7) It was too difficult test to pass.
(8) Are you in great hurry?
(9) The boys are generally naughty.
(10) Mississippi is the longest river in America.

ヒント　**A**　(1) ☞ **§ 199**(A)　(2) ☞ **§ 200**(A)　(3) ☞ **§ 197**(E)　(4) ☞ **§ 147**(A)　(5) ☞ **§ 198**(2)　(6) ☞ **§ 198** 〈NB〉 3　(7) ☞ **§ 149**(D)　(8)「フランス人」(☞ **§ 198**(6))；people「国民」(**§ 141** 〈NB〉)　(9) girl はⒸ
B　(1)「大部分」の意味では most に the をつけない　(2) Bravery (勇気) は限定されている (☞ **§ 144**)　(3) ☞ **§ 199**(C)　(4), (19) この構文では冠詞は不要　(5) 1人に限定されている (なお, ☞ **§ 198**(A)(3))　(6)「出版者」と「編集者」は別人　(7), (20), (21) 冠詞を入れる場合, 語順に注意 (**§ 202**(C))　(9) これは「少年」についての一般論　(10)「川」と冠詞 (☞ **§ 199**(A))

(11) He is a greatest man who I have ever known.
(12) He went by the bus and came back by the train.
(13) As weather is fine, let us take long walk.
(14) What pity it is that he should have failed!
(15) You will never be Newton in astronomy.
(16) How glad we were when we saw light in a distance!
(17) How grand day we had!
(18) He is so lucky man that I envy him.
(19) A soldier though he was, he was afraid.
(20) I've never seen so beautiful sunset before.
(21) Is Rome as an interesting city as Paris?

■よく使われる英語のことわざ■

- Tread on a worm and it will turn.
  (一寸の虫にも五分の魂.)〔←虫けらでも踏みつけられれば反抗する〕
- A rolling stone gathers no moss.
  (転石こけむさず.)〔←むやみな商売替えは損である;〈特に米〉活動家はさびがつかない〕
- Familiarity breeds contempt.
  (親しき仲に礼儀あり.)〔←慣れすぎると軽べつを招く〕

ヒント (11) greatest は最上級 (12) 交通手段と冠詞 (§ **203**(F)) (13) 特定の日の「天候」 (14) pity はⓊかⒸか (15)「ニュートンのような人」 (16) light はⒸ,「遠くに」は in *the* distance (17), (18) 冠詞がない

第18章
形　　容　　詞

形容詞は，性質・状態を表す**性質形容詞**と，数量を表す**数量形容詞**とに分かれる．大部分の形容詞には，名詞を直接に修飾する**限定用法**と，補語として名詞を間接に修飾する**述語用法**とがある．この章では，まず，この2用法を研究し，次に，数量形容詞とその中に含まれる**数詞**の用法を研究しよう．

A　形容詞の2種類

形容詞は，名詞・代名詞を直接・間接に修飾する語である．大きく，2種類に分かれる．

〈1〉 **性質形容詞**：性質・状態を表すもので，通例，比較変化をする．形容詞の大部分はこれに属する．

beautiful（美しい），kind（親切な），good（よい）

〈2〉 **数量形容詞**：多くは比較変化をしない．2つに分けられる．

a) 不定の数量を表すもの：[数] many, few/[量] much, little

b) 数詞：[基数詞] one, two/[序数詞] first, second

形容詞の「比較」については，☞ 第20章

B　形容詞の2用法

a) This is an **interesting** book.（これは，おもしろい本だ.）

b) This book is **interesting**.（この本は，おもしろい.）

解説 形容詞の用法には，a)のように名詞を直接に修飾する**限定用法**と，b)のように補語として用いられ，名詞を間接に修飾する**述語用法**とがある．大部分の形容詞は，この2つの用法をもっているが，中にはその一方の用法しかもたないものもある．

限定用法 (Attributive use) Ⓐ	名詞を修飾する
述語用法 (Predicative use) Ⓟ	補語になる

205. 限定用法 Ⓐ

(A)　普通，修飾する名詞の**前に**置かれる.

①　I like **hot** soup.　(私は熱いスープが好きだ.)

2つ(以上)の形容詞を名詞の前につけるとき，通例，コンマも and も不要.

②　An **attractive young Japanese** girl played the piano.
(1人の魅力的な若い日本人の娘がピアノをひいた.)

ただし，色彩を示す形容詞が2つ(以上)並ぶ場合は and を入れる.

③　a)　a *black* **and** *red* flag (黒赤まだらの旗)
　　b)　a *red, white* **and** *black* flag (赤，白，黒まだらの旗)

限定用法の形容詞は，通例，名詞の**恒久的な分類的な特徴**を表す．例えば，①の **hot** soup というのは，「ただいま熱い」といっているのではなく，「熱いスープ」というスープの〈分類的な特徴〉をいっているのであり，②の an **attractive** girl というのは，「いつ見ても魅力的な女の子」という意味である.

(参考) **形容詞の語順：** 日本語では，「その2つの大きな丸いテーブル」とも，「その丸い大きな2つのテーブル」ともいえるが，英語では those two big round tables という語順になる．つまり，2つ以上の形容詞をどういう順序で並べるかは大体決まっていて，次のようになる.

限定詞*	数詞		評価	大小	新旧老若	形状	色	分詞	出所	材料	用途(動)名詞	名詞
	序数	基数										
the	first	two	nice	big	new	round	red	carved	French	wooden	card	tables
a			valuable		old					gold		watch
those		two	kind		young				English			girls
some			sour				green				eating	apples

←固定的→←一般的――――特殊的→

*冠詞・指示代名詞・所有格など

形容詞の意味が特殊的なものほど名詞の近くに置かれ，意味が一般的になるにつれて名詞から離れていく傾向がある点に注意.

(B) 次の場合には，形容詞が名詞の**あとに**置かれる．

(1) 形容詞が修飾語句を伴っている場合

④ He is a man **suitable** *for the job.*

(彼はその仕事に適任の人だ.)

注 日本語流に，×a *suitable for the job* man とはいえない．

⑤ This is a custom **peculiar** *to Japan.*

(これは，日本特有の習慣だ.)

(2) something, anything, everything, nothing など -thing で終わる語を修飾する場合

⑥ There is *something* **comical** about him.

(彼にはどことなくこっけいなところがある.)

⑦ Is there *anything* **interesting** in the paper?

(新聞に何かおもしろい記事がありますか.)

⑧ I have *nothing* **particular** to do today.

(きょうは格別用事はない.)

注意 something **that is** comical というように，関係詞節が縮約されたと考えればよい．日本語の語順につられて，×interesting something のようにいってはならない．

(3) 場所と時を示す副詞が形容詞的に用いられた場合

⑨ the school **here** (ここの学校)/the meeting **yesterday** (きのうの会合)

(C) 限定用法のみの形容詞

形容詞の中には限定用法Ⓐしかもたないものがある．

⑩ an **elder** brother (兄) / the **outer** world (外界) / the **main** building (本館) / an **only** son (1人息子)/ a **chief** engineer (技師長)

⑪ He is a **mere** child. (彼はほんの子供だ.)

⑫ She was in a **woolen** suit. (彼女はウールの服を着ていた.)

これらの形容詞に共通する特徴は，名詞の一時的な状態ではなく，**恒久的な分類的な特徴を表す**ということである．

《NB》 **1.** possible, imaginable は名詞の前にも後にも置かれる．

I have tried every **imaginable** means [every means **imaginable**].
(私は考えられるあらゆる手段を尽くした.)

〈NB〉 2. the people **present** (居合わせた人々)/the men **concerned** (関係ある人々, 当事者)/the money **required** (必要な金) などは, むしろ, **述語用法**というべきで, 名詞の"一時的な"状態を表している. その証拠に, それぞれ, the people *who were present* / the men *who are concerned* / the money *that is required* のように, 関係詞節に書き換えた場合, be 動詞の補語になる.

〈NB〉 3. Japan **proper** (日本本土), Asia **Minor** (小アジア), sum **total** (総計), from time **immemorial** (大昔から) などは, フランス語の語順が英語にもち込まれたもの.

206. 述語用法 Ⓟ

(A) 形容詞は, 次の2つの文型で**補語**として用いられる. 形容詞が補語として用いられた場合を**述語用法**という.

(1) **〈S+V+C〉**: 主語補語 (☞ § 5)

① This flower is **beautiful.** (この花は, 美しい.)

② She seems **clever.** (彼女は利口そうに見える.)

(2) **〈S+V+O+C〉**: 目的語補語 (☞ § 5)

③ Susan found the lesson **interesting.** (スーザンは, そのレッスンがおもしろいと思った.) [→The lesson was interesting.]

④ He kept the window **closed.** (彼は窓を閉めたままにしておいた.) [→The window was closed.]

(B) **述語用法のみの形容詞**

接頭辞 **a-** をもつもの: **afraid** (こわがって), **asleep** (眠って), **awake** (目をさまして), **alone** (1人ぼっちで), **aware** (気づいて), **alive** (生存して), *etc.*

unable (〜できない), **content** (満足して), **well** (健康で), *etc.*

限定用法の形容詞が名詞の"恒久的な分類的な特徴"を示すのに対して, **述語用法の形容詞は名詞の"一時的な状態"を表す.**

⑤ a) Mary is a **kind** girl. [いつも親切]
(メアリーは, 親切な女の子だ.)

b) Mary was **kind** to me yesterday. [たまたま親切]
(メアリーは, きのう私に親切にしてくれた.)

207. 限定用法と述語用法で意味を異にするもの

以下の例で，a) が限定用法，b) が述語用法である．

① a) He is an **able** leader.（彼は**有能な**指導者だ.）
　 b) He is **able** to speak German.
　　（彼はドイツ語を話すことが**できる**.）

② a) I heard it from a **certain** person.
　　（そのことは，**ある**人から聞いた.）
　 b) Are you **certain** of that?（そのことは**確か**なのか.）

③ a) My **present** secretary is Miss Green.
　　（私の**現在の**秘書はグリーン嬢だ.）
　 b) He was **present** at the party.
　　（彼はそのパーティーに**出席して**いた.）

(**参考**) 次のような目的語をとる少数の形容詞は，また前置詞と見ることもできる.

ⓐ This vase is **worth** *ten dollars.*（この花びんは，10ドルの価値がある.）
ⓑ My house is **near** *the lake.*（私の家は，その湖の近くにある.）
ⓒ Bill's father is **like** *him.*（ビルの父親は，彼に似ている.）

208. 性質形容詞の働きをする他の品詞

その他，性質形容詞の働きをする品詞には，次のようなものがある.

(A) 限定用法の名詞：

① a **flower** garden（花園）/ a **silver** spoon（銀のさじ）

(B) 分詞形容詞：

② a **walking** díctionary（生き字引）/ a **spoken** lánguage（話しことば）

(C) 動名詞：

③ a **sléeping** car（寝台車）/ **clímbing** boots（登山靴）

(D) 副詞の形容詞用法：

④ an **up** train（上り列車）/ a **down** train（下り列車）/ the **above** fact（上記の事実）

(E) 固有形容詞：固有名詞から派生した形容詞で，大文字で書き始める.

⑤ a **Shakespearean** grammar（シェイクスピア文法）/ the **Cartesian** [kɑːtíːzjən] philosophy（デカルト (Descartes) の哲学）/ **English**（英国の，イングランドの），*etc.*

♦「国籍」をいうときには普通⑥のように形容詞を使い，「個人」をいうときには⑦のように名詞を用いる．

⑥ A: What is his nationality? B: He's **American.**
(「彼はどこの国籍ですか．」「彼はアメリカ国籍です．」)

⑦ He is **an American.** (彼は(1人の)アメリカ人です．)

(参考) **国名・地域名**を表す名詞から作られた**固有形容詞**は，その形が同時に**国民・言語**を表す名詞になる場合が多い．

国名・地域名	{形容詞 言語名	全住民 (複数扱い)	個人	
			単数	複数
America	American	the Americans	an American	Americans
Australia	Australian 形	the Australians	an Australian	Australians
Britain[1]	British 形	the British	{a Britisher[2] a Briton[3]	{Britishers[2] Britons[3]
China	Chinese	the Chinese	a Chinese	Chinese[4]
Denmark	Danish	the Danes	a Dane	Danes
England[5]	English	the English	an Englishman	Englishmen
France	French	the French	a Frenchman	Frenchmen
Germany	German	the Germans	a German	Germans
Greece	{Greek Grecian[6]	the Greeks	a Greek	Greeks
Holland[7]	Dutch	the Dutch	a Dutchman	Dutchmen
Italy	Italian	the Italians	an Italian	Italians
Japan	Japanese	the Japanese	a Japanese	Japanese[4]
Korea	Korean	the Koreans	a Korean	Koreans
Portugal	Portuguese	the Portuguese	a Portuguese	Portuguese[4]
Russia	Russian	the Russians	a Russian	Russians
Spain	Spanish	the Spanish	a Spaniard	Spaniards
Switzerland	Swiss 形[8]	the Swiss	a Swiss	Swiss

注 (1)=Great Britain；〈俗用〉では =the United Kingdom (連合王国)

(2) 〈米〉その他の英語圏で使われる．

(3) 〈英・文章語〉「イギリス人」

(4) -ese で終わる語は単複同形．

(5) 公式名 the Kingdom of England「イングランド王国」；「英国」の意味に用いるのは〈俗用〉．

(6) 「ギリシア的な」は，今は建築・美術・人の顔形および成句以外には用いない.

(7) 公式名は the Netherlands

(8) スイスではフランス語・イタリア語・ドイツ語などが話されていて「スイス語」というものはないので，Swiss は「スイス(人)の」という形容詞としてのみ使われる.

● 例題 1 ●

次の各文の適当な箇所に，(　)内の形容詞を入れなさい.

(1) All the people burst out laughing. (present)

(2) Have you anything to tell me? (interesting)

(3) He talked on in the pleasantest way. (imaginable)

(4) He is one of the greatest novelists. (alive)

考え方 (1), (2), (3) **名詞のあとに置かれる**形容詞 (☞ § 205(B), (C) 〈NB〉 1, 2)
(4) alive「現存の」(強調)

解答 (1) All the people *present* (居合わせたすべての人々)　(2) anything *interesting* (何かおもしろいこと)　(3) in the pleasantest way *imaginable* / in the pleasantest *imaginable* way (想像できるかぎり[→この上もなく]楽しそうに)　(4) the greatest novelists *alive* (現存の最も偉大な小説家)

● 例題 2 ●

次の文の空欄に，下の語を正しい順序に並べて，意味の通る文を作りなさい. 答えを 5|4|3|2|1 のように番号で記入しなさい.

(1) Is ____________________ gone?

(1) all　(2) cheese　(3) fine
(4) Swiss　(5) the

(2) What happened in ____________________?

(1) both　(2) days　(3) last
(4) those　(5) two

(3) Yesterday I met ____________________ students.

(1) American　(2) four　(3) those
(4) young

考え方 形容詞には一定の語順がある (§ 205)

解答 (1) 1, 5, 3, 4, 2　(2) 1, 4, 3, 5, 2　(3) 3, 2, 4, 1

C 数量形容詞

ここでは，数量形容詞のうち，次節で扱う**数詞**を除いた，不定の数量を表すものをとりあげる．

209. many/much「たくさんの」

many ＋ 可算名詞(Ⓒ)
much ＋ 不可算名詞(Ⓤ)

形容詞として，**many** は**複数の可算名詞**につけて**数**を表し，**much** は単数の**不可算名詞**につけて**量**を表す．

① a) There **aren't many** *pens* here. ［複数］
(ここには，たくさんのペンはない．)

b) There **isn't much** *tea* here. ［単数］
(ここには，たくさんの茶はない．)

② a) Do you read very **many** *books*?
(ずいぶんたくさんの本を読みますか．)

b) Do you drink very **much** *coffee*?
(ずいぶんたくさんのコーヒーを飲みますか．)

いずれも名詞を省略して**代名詞**としても用いられる．

③ a) I have some pencils, but not **many**. [=*many* pencils]
(少しは鉛筆を持っているが，たくさんは持っていない．)

b) I have some money, but not **much**. [=*much* money]
(金は少しはあるが，たくさんはない．)

◆〈口語体〉では，**many/much** は**否定文・疑問文**で用いられ，**肯定文**では **lots (of), a lot (of), plenty (of)** が用いられる．〈文章体〉では，肯定文で **many** の代わりに **a great number (of)** も，**much** の代わりに **a great deal (of)** も用いられる．

④ a) He has got **plenty of** friends.
(彼には友人がたくさんいる．)

b) I have **plenty of** free time. (暇はたくさんあります．)

⑤ a) **A lot of** [〈文章体〉 **Many**] people think so.
(多くの人がそう考えている．)

b) **A lot of** [〈文章体〉 **Much**] time has been wasted.
(多くの時間がむだになった．)

	否定文・疑問文	肯　定　文
数	**many**	〈口語体〉**lots (of), a lot (of), plenty (of)** 〈文章体〉**a large number (of)**
量	**much**	〈口語体〉**lots (of), a lot (of), plenty (of)** 〈文章体〉**a great deal (of)**

ただし，形式ばった〈文章体〉では，肯定文でも **many, much** がしばしば使われるし，一方，**a lot (of), lots (of), plenty (of)** も，肯定の答えを期待しているときには疑問文に用いることができる．

⑥ A: Did you take **many/a lot of** photos?
B: Yes, I took **a lot.** (「写真をたくさん撮ったのですか.」「ええ，たくさん撮りました.」)

〈NB〉 1. **many/much** は，**how, too, so, as** のあとでは〈口語体〉でも用いられる．そういう結びつきとして確立しているからである．

ⓐ 1) *How* **many** are coming? (何人来るのですか.)
2) *How* **much** money have you got? (金はいくらあるのですか.)

ⓑ He spent *too* **much** money. (彼は金を使いすぎた.)

ⓒ Do you need *so* **many** [**much**]? (そんなにたくさん要るのですか.)

ⓓ I have six here and *as* **many** again at home. (ここに6つあるし，家に帰ればもう6つある.)

〈NB〉 2. **〈many a＋単数名詞〉「多くの～」**〈文語〉

Many a man *hopes* so. (多くの人がそう願っている.)

注 単数扱いであることに注意.

210. a few/a little「少しはある」と few/little「ほとんどない」

a few/few は複数の可算名詞につけて**数**を表す．**a little/little** は不可算名詞につけて**量**を表す．**few/little** は**否定の意味**を表すのに対して，**a few/a little** は**肯定の意味**を表す．

	数	量
肯定的	**a few**　少しはある	**a little**　少しはある
否定的	**few**　ほとんどない	**little**　ほとんどない

① a) She has **few** *friends.* （彼女は友達がほとんどいない.）
   b) She has **a few** *friends.* （彼女は友達が少しはある.）

② a) I have **little** *money.* （金の持ち合わせがほとんどない.）
   b) I have **a little** *money.*
      （金の持ち合わせが少しはある.）

③ I speak **a little** English. （私は英語を少しは話します.）
   [＝I speak English **a little.** の場合は副詞句]

④ I know *just* **a few** [*very* **few**] of these people.
   （この人たちを少しは知っている[ほとんど知らない].）

⑤ I see *only* **a little** [*very* **little**] of him.
   （彼とはたまに会うだけです[まずほとんど会いません].）

   注 ④,⑤ のように，**a few/a little** にはよく **just, only** をつけ，**few/little** にはよく **very** をつける.

以上の4語は，④,⑤ のように，いずれも代名詞としても用いることができる.

〈NB〉 次の慣用表現に注意しよう.

ⓐ **quite a few**＝**a good few**＝〈文章体〉**not a few**「かなり多数(の～)」
   Quite a few of us know that.
   （われわれの中にそのことを知っている人はかなりいる.）

ⓑ **not a little** (少なからぬ量の～)
   It has caused me **not a little** anxiety.
   （それは私に少なからぬ不安を覚えさせた.）

211. enough「(～に)十分な，～だけの」

形容詞として，複数の可算名詞または単数の不可算名詞と共に用いる. 名詞の前後いずれの位置にも置ける. 通例，**for** または to 不定詞を伴い，「ある目的にとって十分な」という意味を表し，絶対的に「多い」という含みはないことに注意.

① There's **enough** money [money **enough**] **for** John **to** buy a car. （ジョンが車を買えるだけの金があります.）

② There's **enough** time [time **enough**] {**to** do / **for**} that.
   （それをする時間は十分ある.）

◆**代名詞**としての用法もある.

③ I've had quite **enough**.（もう十分いただきました.）[食卓で]

④ I've had **enough** of your nonsense.
（君のばかげた話はもううんざりだ.）

（参考） **副詞**としては，修飾する形容詞・副詞のあとに用いる.

ⓐ He was *kind* **enough** to help me. [形容詞]
（彼は親切にも私を助けてくれた.）

ⓑ She is *old* **enough** to know better. [形容詞]
（彼女はもっと分別があっていい年ごろだ.）

ⓒ You know *well* **enough** what I mean. [副詞]
（私が何をいおうとしているか百もご承知のはずです.）

212. several「いくつかの」

「3つ以上だが，多くではない」という意味を表す（上限は5か6くらいまで）. ②のように，代名詞用法もある. スタイルは〈文章体〉で，〈普通体〉では **some** が用いられる.

① I've read it **several** times.（それは何度か読んだことがある.）

② **Several** of them were absent.
（彼らのうちの数人が欠席していた.）

213. no

(A) 「**1つの[少しの]～もない**」の意味で，単数名詞の前にも複数名詞の前にも用いられる.

① I have **no** money with me. （金の持ち合わせがない.）
[=〈口語体〉 I have**n't any** money...]

② John has got **no** friends. （ジョンには友達が1人もいない.）
[=〈口語体〉 John has**n't** got **any** friends.]

(B) 〈**be no**＋**名詞**〉として：「**決して～ではない**（その反対だ）」

③ *cf.*
a) He *is* **no** genius.
（彼は天才なんていうものではない.）[大ばかだ]
b) He *is* **not** a genius, but quite a scholar.
（彼は天才ではないが，かなりの学者だ.）

〈NB〉 次のように形容詞を否定して反対の意味にする用法は副詞.
This is **no** unimportant question. （これはなかなか重要な問題だ.）

(C) **〈No＋動名詞／動作名詞〉**の形で掲示に用いて，「**～禁止**」「**～お断り**」

④ **No** smoking.（禁煙）/**No** parking.（駐車禁止）/**No** entry.（進入禁止）

● 例題 3 ●

a few, few, a little, little のうちの適当なものを使って，次の日本文を英訳しなさい.

(1) 100歳まで生きる人はほとんどない.
(2) バスには乗客が少しいた.
(3) 私は読書の時間がほとんどない.
(4) ティーポットには紅茶が少し残っています.
(5) 少数の人々が出席していた.
(6) このことを知っている人はほとんどいない.
(7) 彼はそういうことの知識はほとんどない.

考え方 **数** (few) **か量** (little) **か**，少しは**ある** (a few, a little) のか，**ない** (few, little) のかを考える (☞ **§ 210**)　(1)「～まで生きる」live to be ～　(2)「乗客」passenger　(3)「読書の時間」time for reading

解答 (1) *Few* people live to be a hundred.
(2) There were *a few* passengers in the bus.
(3) I have *little* time for reading.
(4) There is *a little* tea left in the teapot.
(5) *A few* people were present.
(6) *Few* people know about this.
(7) He has *little* knowledge of such things.

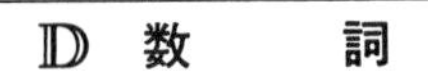

D 数　詞

214. 数　詞

数量形容詞のうちで特定の数を表すものを**数詞** (numeral) という. 個数を示す**基数詞**，順序を示す**序数詞**とがある.

赤の下線のついた語は，綴りをまちがえやすいもの.

基数	序数	基数	序数
1 one	1st first	**21** twenty-one	21st twenty-first
2 two	2nd second	**22** twenty-two	22nd twenty-second
3 three	3rd third	**23** twenty-three	23rd twenty-third
4 four	4th fourth	**30** thirty	30th thirtieth
5 five	5th fifth	**31** thirty-one	31st thirty-first
6 six	6th sixth	**40** forty	40th fortieth
7 seven	7th seventh	**43** forty-three	43rd forty-third
8 eight	8th eighth [eitθ]	**50** fifty	50th fiftieth
9 nine	9th ninth [nainθ]	**56** fifty-six	56th fifty-sixth
10 ten	10th tenth	**60** sixty	60th sixtieth
11 eleven	11th eleventh	**70** seventy	70th seventieth
12 twelve	12th twelfth	**80** eighty	80th eightieth
13 thirteen	13th thirteenth	**90** ninety	90th ninetieth
14 fourteen	14th fourteenth	**99** ninety-nine	99th ninety-ninth
15 fifteen	15th fifteenth	**100** a/one hundred	100th a/one hundredth
16 sixteen	16th sixteenth	**1,000** a/one thousand	a/one thousandth
17 seventeen	17th seventeenth	**10,000** ten thousand	ten thousandth [θáuznθ]
18 eighteen	18th eighteenth	**1,000,000** a/one million	a/one millionth
19 nineteen	19th nineteenth		
20 twenty	20th twentieth		

㊟ 序数詞には普通，**the** second のように **the** がつくが，**a/an** をつけると「**もう 1 つの，別の**」という意味になる．

ⓐ Try it **a second** time.（もう一度やってごらん.）

ⓑ **a** sixth sense（第六感）

215. 数の読み方

(A) 整数：〈英〉では hundred の後に and をつけるが，〈米〉では通例つけない．

140＝a/one hundred (and) forty　[a のほうが〈口語体〉]

325＝three hundred (and) twenty-five

400＝four hundred

719＝seven hundred (and) nineteen

大きな数は3けたずつ区切って，thousand, million などをつけて読む．

○○○, ○○○, ○○○ ↑ million　↑ thousand

3,076＝three thousand (and) seventy-six

7,000＝seven thousand

15,102＝fifteen thousand, one hundred (and) two

[▶数字の途中では *a* hundred としない]

234,753＝two hundred (and) thirty-four thousand, seven hundred (and) fifty-three

75,653,345＝seventy-five million, six hundred (and) fifty-three thousand, three hundred (and) forty-five

〈NB〉 **1.** 1,100 から 1,900 までの端数を切り捨てた数の場合，ⓑの言い方もよく用いられる．

1,100＝ⓐ one thousand, one hundred　ⓑ eleven hundred

〈NB〉 **2.** hundred, thousand, million, および dozen (12), score (20) が明確な整数を表す場合は，決して複数にしない．

six **hundred** men (6百人の人)/two **thousand** (and) ten pounds (2千10ポンド)/six **dozen** (6ダース)/two **score** (40)

しかし，of をつけて**概数**を示すときには複数にしなければならない．

hundreds of people (何百人もの人)/**hundreds of thousands of** students (何十万もの学生) / **dozens of** eggs (何ダースもの卵)/ **scores of** people (何十人もの人々)

(B) 小数：小数点を point と読み，小数点以下は1けたずつ読む．数字のゼロは，通例〈英〉では nought [nɔ:t]，〈米〉では zero [zí(:)rou] と読むが，小数を読む場合は [ou] と読むことも多い．

0.5＝nought [〈米〉 zero] point five＝0 [ou] point five

3.305＝three point three nought [〈米〉 zero] five＝three point three 0 [ou] five

〈NB〉 〈1＋小数〉は複数名詞をとる：1.3 **miles** (1.3マイル)

(C) 分数：分子を基数，分母を序数で読む (half, quarter は例外)．

$\frac{1}{2}$＝a/one half　　$\frac{1}{3}$＝a/one third

$\frac{1}{4}$=a/one quarter [+〈米〉a/one fourth]

分子が 2 以上の場合は，分母を複数形にする.

$\frac{2}{3}$=two thirds

$\frac{3}{4}$=three quarters [+〈米〉three fourths]

$1\frac{5}{9}$=one and five ninths

注 例えば，two thirds は，「3 分の 1」が「2 つ」あるのだから，当然，複数になる．[two third]s と分析される．

分子・分母が大きな数の場合は **〈分子＋over＋分母〉** の形になる(共に基数).

$\frac{317}{509}$=three hundred (and) seventeen **over** five hundred (and) nine

(D) 年号：通例，終わりから 2 けたずつ読む.

1984=nineteen eighty-four

1066=ten sixty-six

921=nine twenty-one

1700=seventeen hundred

AD 55=[èi dí:] fifty-five

1500 BC= { fifteen hundred BC [bì: sí:] / one thousand five hundred BC }

in the **1930s [1930's]**=in the nineteen thirties (1930年代に)

in one's **30s** [**30's**, thirties] (30代に)

(E) 日付：「1986年 3 月10日」は，次のように読む.

〈英〉**March 10(th), 1986** (March the tenth, nineteen eighty-six)

〈米〉**March 10, 1986** (March tenth, nineteen eighty-six)

数字のみで表す場合は，次のように表記される.

〈英〉10/3/86　　〈米〉3/10/86

(F)　時刻：A は日常の言い方，B は時刻表などの言い方である．

	A	B
午前 7 時	seven o'clock a.m.	seven o'clock
午後 8 時15分	a quarter past [〈米〉 after] eight p.m.	eight fifteen
6 時 5 分	five (minutes) past [〈米〉 after] six	six 0 [ou] five
9 時45分	a quarter to [〈米〉 of] ten	nine forty-five
9 時57分	three (minutes) to [〈米〉of] ten	nine fifty-seven
15時15分		fifteen fifteen
22時50分		twenty-two fifty

注　例えば「**5 時15分**」を数字で示すとき，〈英〉では 5.15，〈米〉では 5：15 とする．

(G)　電話番号：数字を 1 字ずつ読む．0 は [ou] と読む（〈米〉では zero ともいう）．44 のように同じ数字が重なるとき，〈英〉では通例 double four と読み，〈米〉では four four と読む．

01-307-4522＝0 [＋〈米〉zero] one, three 0 [＋〈米〉zero] seven, four five double two [〈米〉 two two] [ハイフンのところで休止を置く]

(H)　金額

1p＝one penny　　　　**5p**＝five pence [×pennies]

1¢＝one cent　　　　**5¢**＝five cents

£ 1.50＝one (pound) fifty (pence)

$ 1.50＝a dollar fifty *or* one fifty

£ 12.26＝twelve (pounds) twenty-six (pence)

$ 12.26＝twelve (dollars) twenty-six (cents)

¥ 15,800＝fifteen thousand eight hundred yen [×yens]

(I)　温度：英米ともに通例華氏 (Fahrenheit, F) で表すが，摂氏 (Centigrade *or* Celsius, C) も一般化しつつある．

32°F＝thirty-two degrees Fahrenheit

0°C＝nought [zero] degrees Centigrade

−5°F＝five degrees below zero [nought とはいわない] Fahrenheit

(**J**) **身長・体重**：**身長**は英米では普通 feet（約 30 cm）と inch（約 2.5 cm）で表す.

I am five **feet** [〈口語体〉 **foot**] six (**inches**) (tall).
（私は身長 5 フィート 6 インチです.）

I am one **meter** sixty-nine (**centimeters**) (tall).
（私は身長 1 メートル 69 センチです.）

体重は，〈英〉では stone（約 6.35 キロ）とポンド（約 453 g）で表し，〈米〉はポンドのみで表す.

I weigh twelve **stone** ten (**pounds**).
（私の体重は 12 ストーン 10 ポンドです.）[12 st 10 lb]

I weigh a hundred and seventy-eight **pounds.**
（私の体重は 178 ポンドです.）[178 lb]

I weigh seventy-one **kilos.**
（私の体重は 71 キロです.）[71 kg]

(**K**) **面積**：〈横＋**by**＋縦〉で表す.

This room is sixteen feet [〈口語〉 foot] (**wide**) **by** fifteen (feet [〈口語体〉 foot]) (**long**).（この部屋は，横 16 フィート縦 15 フィートの広さがある.）[16′×15′]

(**L**) **数式**

▶〈**足し算**〉：小さい数では，＋を and, ＝を is または are と読む. is も are も普通に用いられているが，is のほうがやや頻度が高い.

2＋3＝5：Two and three **is**/**are** five.

大きい数の足し算や形式ばったスタイルでは，＋を plus, ＝を equals または is と読む.

713＋146＝859：Seven hundred (and) thirteen **plus** a hundred (and) forty-six **is**/**equals** eight hundred (and) fifty-nine.

▶〈**引き算**〉：小さい数では－を from, または take away,＝を leaves または is と読む.

7−4=3 {Four **from** seven / Seven **take away** four} **leaves/is** three.

大きい数の引き算や，形式ばったスタイルでは，−を minus, =を equals と読む.

619−428=191：Six hundred (and) nineteen **minus** four hundred (and) twenty-eight **equals** a hundred (and) ninety-one.

▶〈**掛け算**〉：小さい数の場合は，次のようにいう.

3×4=12：Three fours **are** twelve.

大きい数の場合は，次の言い方ができる.

17×381=6,477：
- Seventeen **times** three hundred (and) eighty-one **is** [**makes**] six thousand, four hundred (and) seventy-seven.
- 17 **multiplied by** 381 **equals** 6,477.

[形式ばったスタイル]

▶〈**割り算**〉：小さな数では，次のようにいう.

9÷3=3：Three **into** nine **goes** three (times).

形式ばったスタイルでは，÷を divided by, =を equals と読む.

261÷9=29：Two hundred (and) sixty-one **divided by** nine **equals** twenty-nine.

(M)　**その他**

p. 61=page sixty-one

pp. 32−50=pages thirty-two to fifty

15%=fifteen percent [〈英〉 per cent]

Lesson 15=lesson fifteen

Chapter 10=chapter ten

Elizabeth II=Elizabeth the Second (エリザベス2世)

World War II=World War Two=the Second World War (第2次世界大戦) [×World War the Second とはいわない]

注意　複数名詞と述語動詞との呼応については，☞ 第32章

章末問題 18

A　次の各文の(　)内の適当な形容詞を選びなさい．

(1) I am not (used, usual, of use) to being spoken to in this way.

(2) There are (little, a little, a few) books on the table.

(3) To eat too (more, many, much) sugar is not good for the health.

(4) How (sweetly, sweet) this rose smells!

B　次の各語の形容詞形を書きなさい．

(1) comedy, energy, gentleman, prefer, quarrel

(2) courage, hatred, life, obedience, pleasure

(3) hero, honor, obey, ornament, fame

C　次の各文の誤りを正しなさい．

(1) The two first days of the week are Sunday and Monday.

(2) I am glad to hear that you had a little money in the bank that failed.

(3) He could not come because he was illness.

(4) He looked quite healthily.

D　次の数の読み方を書きなさい．

(1) 12,635　(2) 0.25 grams　(3) 西暦56年　(4) $2\frac{3}{5}$

(5) 1960年代　(6) Edward VII　(7) 1983年6月3日

(8) 272-4110(電話番号)　(9) 午後3時25分　(10) 第3章

ヒント　**A**　(1)「～し慣れている」　(2) books は数えられる名詞 (**§ 210**) (3) sugar は数えられない名詞 (**§ 209**)　(4)「～のにおいがする」　**B**　機械的に形容詞形が作れないものばかりなので，知らない単語は，辞書で調べてほしい　**C**　(1) two first か first two か (**§ 205**)　(2) 預金はあったのか，なかったのか　(3) he≒illness　(4) He≒healthily　**D**　☞ **§ 215**

E 次の各文の(　)内に入れる適当な語句を選びなさい.

(1) The children were working (　　) ants.

a. in case of　**b.** instead of

c. like so many　**d.** like so much

(2) We suffered from (　　) troubles.

a. great many　**b.** greatly many

c. a great many　**d.** many a great

(3) There isn't (　　) I can do to help, I'm afraid.

a. a little　**b.** all　**c.** many

d. much　**e.** very few

(4) The old man has (　　) money.

a. lot　**b.** many　**c.** much　**d.** plenty

(5) Quite a (　　) persons were present at the ceremony.

a. many　**b.** any　**c.** few　**d.** little

(6) (　　) is known about these undersea monsters.

a. Only　**b.** Little　**c.** Few

(7) Not many people came to the concert, but (　　) who came heard some excellent performances.

a. a few　**b.** few　**c.** only a few

d. quite a few　**e.** the few　**f.** very few

(8) Students should be (　　) to ask questions.

a. free　**b.** freely　**c.** enforcing　**d.** in advance

(9) They are so (　　) that it is difficult to tell which is which.

a. alike　**b.** likely　**c.** nearly　**d.** same

(10) As soon as I went to bed, I fell (　　).

a. asleep　**b.** sleep　**c.** sleeping　**d.** to sleep

(11) The ticket is (　　) for one month.

a. available　**b.** practical　**c.** effective　**d.** useful

ヒント　**E**　(1)「(同数の)アリのように」　(2)「多くの」　(3)「あまり(ない)」　(5)「大勢の」　(6)「ほとんど～ない」　(8)「自由で」　(9)「似ている」　(10)〈fall＋形容詞〉　(11)「有効で」

⑿ It is (　　) that he will succeed in this job.
a. plan　　**b.** plane　　**c.** plain

⒀ He always tries to (　　) little of his hardships.
a. keep　　**b.** give　　**c.** set　　**d.** make

⒁ Almost all the rooms in the hotel are (　　).
a. reserved　　**b.** saved　　**c.** caught　　**d.** promised

F　次の一対の文が同じ意味になるように，(　)に適当な語を1つ入れなさい．

(1) { The flat is too small for six people.
　　The flat isn't large (　　) for six people.

(2) { Five into twenty goes four times.
　　Twenty (　　) by five equals four.

(3) { Do they have much snow in Sweden?
　　(　　) (　　) (　　) much in Sweden?

(4) { The washing machine is out of order.
　　Something is (　　) with the washing machine.

(5) { He talks very little.
　　He is a man of (　　) (　　).

(6) { 彼はどんな人ですか．
　　What is he (　　)?

(7) { 彼女は10代後半に結婚し，20代で離婚した．
　　She got married in her (　　) (　　) and got divorced in her (　　).

(8) { その朝，気温は零下30度であった．
　　The temperature was thirty (　　)(　　)(　　) that morning.

ヒント　⑿「明らかで」 ⒀「軽く見る」 ⒁「予約されて」　**F** (1) ☞ § **211** (2) ☞ § **215**(L) (3)「雪が降る」 (4)「故障して」 (5)「口かずの少ない人」 (7) ☞ § **215**(D) (8) ☞ § **215**(I)

第19章

副　　詞

副詞は，主に動詞・形容詞・他の副詞を修飾する語であるが，時に句・節・文全体を修飾することもある．この章では，副詞の働き，語形，位置について研究し，最後に注意すべき副詞をとりあげる．副詞は，文のスタイルや意味解釈に関与するので，英文法のうちでもむずかしい部分に属する．

A　副詞の働きと種類

216. 副詞の働き

副詞は，主に **動詞・形容詞・他の副詞を修飾する語** であるが，時に(代)名詞や，**句・節・文全体**を修飾することもある．

① She *speaks* English **well.**　[動詞を修飾]
(彼女は英語を話すのが上手だ．)

② This flower is **very** *beautiful.*　[形容詞を修飾]
(この花は，とても美しい．)

③ They lived **very** *happily.*　[他の副詞を修飾]
(彼らは大変幸福に暮らした．)

④ He came to Japan **soon** *after the war.*　[句を修飾]
(彼は戦後まもなく来日した．)

⑤ He married her **simply** *because he loved her.*　[節を修飾]
(彼は，ただもう愛すればこそ彼女と結婚した．)

⑥ **Probably** *he won't be there.*　[文全体を修飾]
(たぶん彼はやって来ないだろう．)

⑦ **Even** *John* protested.　[名詞を修飾]
(ジョンでさえ抗議した．)

⑧ *I*, **too**, have been to Paris.　　[代名詞を修飾]
(私もパリへ行ったことがある.)

〈NB〉 **場所**と**時**を示す副詞は，動詞・前置詞の目的語として名詞的に用いられる場合がある.

ⓐ He *left* **there** yesterday.（彼はきのうそこを去った.）
ⓑ I have lived here *since* **then**.
(その時以来ここに住んでいます.)

217. 副詞の種類

副詞には，次のような種類がある.

(A) 語・句・節を修飾するもの

1) 様態：quickly, bravely（勇ましく），loudly（大声で）
2) 場所：here, there, up, down
3) 時：now, soon, today
4) 頻度：often, always, never
5) 程度：very, almost, quite, completely（完全に），remarkably（いちじるしく）
6) 範囲限定：just, merely, simply, chiefly（主に），especially（特に），even, only, also
7) 主語(主語の気持ちを表す)：intentionally(意図的に), reluctantly（しぶしぶ），willingly（進んで），deliberately（故意に）

(B) 文全体を修飾するもの

frankly（率直にいえば），generally（概して），certainly（確かに），probably（たぶん）

(C) 文と文とを接続するもの

then（それから），however（しかし），anyway（ともかく）

注　副詞の比較については，☞ 第20章，**疑問副詞・関係副詞**については，それぞれ ☞ 第22章 B と 第23章 C.

■よく使われる英語のことわざ■

• While there's life there's hope.（命あっての物種.）
〔←命さえあれば，望みもある〕
• When in Rome, do as the Romans do.
(郷に入っては郷に従え.)

B　副詞の語形

218．-ly のつけ方

(1)　大部分の「様態」の副詞と，一部の「程度」の副詞：形容詞の語尾に **-ly** をつける． rapid（速い）→ **rapidly**（速く）/ obvious（明白な）→ **obviously**（明白に）/ sure（確かな）→ **surely**（確かに）
(2)　**-y** で終わる語：**y** を **i** に変えて **-ly** をつける． busy → **busily**（忙しく）/ happy → **happily**（幸福に）
(3)　**-le** で終わる語：**e** を除いて **-y** だけをつける． noble → **nobly**（気高く）/ gentle → **gently**（優しく） **例外**：sole → **solely** [sóulli]（1人で；単に）/ whole → **wholly** [hóu(l)li]（完全に，まったく）
(4)　**-ue** で終わる語：**e** を除いて **-ly** をつける． true → **truly**（真に）/ due → **duly**（正当に）
(5)　**-ll** で終わる語：**-y** だけをつける． dull → **dully**（鈍く）/ full → **fully**（十分に）

219．形容詞と同形の副詞

early（早い/早く），**enough**（十分な/十分に），**far**（遠い/遠くに），**fast**（速い/速く），**hard**（困難な/精出して），**high**（高い/高く），**last**（最後の/最後に），**late**（遅い/遅く），**long**（長い/長らく），**low**（低い/低く），**near**（近い/近くに），**pretty**（きれいな/かなり），**straight**（まっすぐな/まっすぐに）などの副詞は，形容詞と同形である．

① a) He ran in a **straight** line.（彼は一直線に走った．）
　 b) He went **straight** home.（彼はまっすぐに家に帰った．）

② a) This is **hard** work.（これは骨の折れる仕事だ．）
　 b) He had to work **hard**.
　　（彼は精出して働かなければならなかった．）

③ { a) Mary is a **pretty** girl.（メアリーは，きれいな女の子だ.）
b) She can sing **pretty** well.（彼女は歌がかなりうまい.）

④ { a) He spent his **last** penny.
（彼は最後の1ペニーを使ってしまった.）
b) When did you see him **last**?
（この前彼に会ったのはいつですか.）

220．2つの語形のある副詞

(A) **right/rightly**（正しく）；**wrong/wrongly**（誤って）：普通，動詞の**前では** **-ly** 形を用いる．しかし，動詞の**あと**では，特に〈口語体〉で **-ly** のつかない形を用いる．

① I **rightly** [**wrongly**] *believed* his story.
（彼の話を信じたのは，正しかった[まちがいだった].）

② You *guessed* **right(ly)** [**wrong(ly)**].
（君の推量は，正しかった[誤っていた].）

(B) **loud/loudly**（大声で），**slow/slowly**（ゆっくりと）：どちらも意味は同じだが，〈文章体〉では **-ly** を，〈口語体〉では **-ly** のない形が好まれる．

③ Go **slow.**（徐行.）

④ Don't talk so **loud.**（そんな大声で話すんじゃない.）

(C) **-ly** のある形とない形とでは意味が異なる場合：通例，**-ly** 形のほうが意味が特殊的で，しばしば比喩(ひゆ)的に用いられる．

⑤ { The bird is flying **high.**（鳥が空高く飛んでいる.）
They spoke very **highly** of the young man.
（人々は，その青年のことをほめそやした.）[<大いにほめる]

⑥ { I sat up **late** last night.（ゆうべは遅くまで起きていた.）
I haven't seen him **lately.**（近ごろ彼に会わない.）

⑦ { He sold it **dear.**（彼はそれを高く売った.）
I loved her **dearly.**（私は彼女をこよなく愛した.）

⑧ { They came **near.**（彼らは近づいて来た.）[<近くに来る]
He was **nearly** killed in the accident.
（彼はその事故で危うく死ぬところだった.）

●例題 1●

次の各組の文を，下線の語の意味の違いに注意して和訳しなさい．

(1) ⓐ Please read it <u>aloud</u>.
　ⓑ He shouted as <u>loudly</u> as he could.

(2) ⓐ It was <u>hard</u> work.
　ⓑ He had to work <u>hard</u>.
　ⓒ He could <u>hardly</u> walk.

(3) ⓐ Christmas is drawing <u>near</u>.
　ⓑ I <u>nearly</u> missed the train.

(4) ⓐ He arrived <u>late</u> for dinner.
　ⓑ Have you seen him <u>lately</u>?

考え方 (1) ⓐ「声を出して」 ⓑ「大声で」 (2) ⓐ「むずかしい」 ⓑ「一生けんめいに」 ⓒ「ほとんど〜しない」 (3) ⓐ「近く」 ⓑ「危うく〜するところで」 (4) ⓐ「遅く」 ⓑ「最近」

解答 (1) ⓐ それを音読してください． ⓑ 彼はできるだけ大きな声で叫んだ．
(2) ⓐ それは困難な仕事だった． ⓑ 彼は一生けんめいに働かなければならなかった． ⓒ 彼はほとんど歩けなかった．
(3) ⓐ クリスマスが近づいてくる． ⓑ 危うく電車に乗り遅れるところだった．
(4) ⓐ 彼は夕食に遅刻した． ⓑ 最近彼と会いましたか．

C 副詞の位置

原則：副詞は修飾する語のできるだけ近くに置く．

221．形容詞・他の副詞を修飾する場合

形容詞・他の副詞の**前に**置く．用いられる副詞は，**「程度」の副詞**である．

① The film was **very** *funny*.　〈副詞＋形容詞〉
　（その映画はとてもこっけいだった．）

② He spoke **extremely** *quickly*.　〈副詞＋副詞〉
　（彼はひどく早口に話した．）

ただし，**enough** は，常に形容詞・副詞の**あとに**置かれる．

③ This box isn't *big* **enough.** 〈形容詞＋enough〉
(この箱は，十分に大きいものではない.)

④ He worked *hard* **enough.** 〈副詞＋enough〉
(彼は十分一生けんめいに働いた.)

222. 動詞を修飾する場合

(A) 「様態」**の副詞**：普通，**〈動詞(＋目的語)＋副詞〉**の語順.

① She *sang* **beautifully.** 〈V＋副詞〉
(彼女は上手に歌を歌った.)

② He *treated* her **badly.** 〈V＋O＋副詞〉
(彼は彼女にひどい扱いをした.)

注 この語順は，〈V＋O〉の結びつきのほうが〈V＋副詞〉のそれよりも密接なためである.

③ He *sold* the car **suddenly.** 〈V＋O＋副詞〉
(彼はその車を突然売り払った.)

〈NB〉 目的語に形容詞節などがついて長くなった場合は，通例，上述の“原則”に従い，副詞を**動詞の直前**に置く.

ⓐ He **suddenly** sold (V) the car he had bought (O).
(彼は自分の買った車を突然売り払った.)

受動文では，様態の副詞は動詞の前に置かれる.

ⓑ She was **badly** *treated.* (彼女はひどい扱いを受けた.)

(B) 「場所」**と**「時」**の副詞**：普通，文の終わりに置く.

④ I met John **here.** (私はジョンとここで会った.)

⑤ I met John **yesterday.** (私はきのうジョンと会った.)

両者が同時に用いられる場合は，**〈場所＋時〉**の順になる.

⑥ I met John **here** (場所) **yesterday** (時).
(私はジョンときのう (時) ここで (場所) 会った.)

注 日本語では，中に鏡を立てたように，英語とは反対の語順(＝鏡像関係)になる点に注意.

〈NB〉 場所と時の副詞語句をそれぞれ2つ以上並べる場合は，細かい情報を先に置く. 日本語では，この場合も，鏡像関係の語順になる.

ⓐ He lives **at number 35,** (1) **Oxford Street,** (2) **London.** (3)
(彼はロンドン市 (3) オックスフォード通り (2) 35番地 (1) に住んでいる.)

ⓑ He was born **at six o'clock in the morning** **on the 5th of June,** **1980.** （彼は1980年 6月5日 午前6時に生まれた.）
(下線番号: at six o'clock in the morning = 1, on the 5th of June = 2, 1980 = 3; 1980年 = 3, 6月5日 = 2, 午前6時 = 1)

(C) 「頻度」の副詞

頻度の大小の順に並べると，次のようになる.

頻度大	**always** [＝いつも]
↑	**usually, normally, generally, regularly** [＝たいてい]
	often, frequently [＝たびたび]
	sometimes [＝時々]
	occasionally [＝たまに]
	rarely, seldom [＝めったに…しない]
↓	**hardly, scarcely** [＝ほとんど…しない]
頻度小	**never** [＝1度も…しない]

「頻度」の副詞は，通例，次のような位置に置かれる.

(1) 一般動詞の前：

⑦ He **sometimes** *stays up* all night. （彼は時々徹夜をすることがある.）[*stay up「寝ないで起きている」]

(2) be 動詞や助動詞がある場合は最初の(助)動詞のあと：

⑧ She *is* **often** late. （彼女はよく遅刻する.）

⑨ We *have* **always** lived in this house.
（私たちは，いつもこの家に住んできた.）

〈NB〉 be 動詞や助動詞に強勢を置いて，文の内容が真実であることを強調する場合は，「頻度」の副詞は be 動詞や助動詞の**前に**置かれる.

ⓐ A : You should always be polite.
B : I **always** *am* [ǽm] (polite).
（「いつも丁寧にすべきです.」「いつだって丁寧ですよ.」）

ⓑ A : Do you remember?
B : No, I **never** *can* [kǽn] remember.
（「覚えているかい.」「いや，どうしても思い出せない.」）

(D) 句・節を修飾する場合：「範囲限定」の副詞をその前に置く.

⑩ The accident happened **just** *at this spot*.
（その事故は，ちょうどこの場所で起こった.）

⑪ He did it **simply** *because he was compelled to.*

(彼はただもうやむを得ずそうしただけだ.)

(E) (代)名詞を修飾する場合：「範囲限定」の副詞をその**前かあとに**置く(その位置は，副詞により異なる).

⑫ **Even** *John* was there. (ジョンでさえそこにいた.)

⑬ I bought *some apples* **as well**. (私はりんごも買った.)

(F) 「主語」副詞：(本)動詞の**前に**置いて，主語の気持ちを表す.

⑭ *cf.* John **kindly** wrote to her. (ジョンは親切にも彼女に手紙を出した.) [=*It was kind of John* to write to her.] [主語副詞]
John *wrote* to her **kindly.** [様態の副詞]

(ジョンは，彼女に親切な手紙を書いた.)

223. 文全体を修飾する副詞

文副詞は，大きく，2種に分かれる．通例，文頭に置く．

♦発話の仕方を修飾するもの：

briefly (手短かにいえば)，**frankly** (率直にいえば)，**seriously** (まじめにいえば)，など.

♦文の内容に対する話し手の評価を示すもの：

certainly (確かに)，**obviously** (明らかに)，**perhaps** (もしかすると)，**fortunately** (幸運にも)，など.

① **Frankly,** I am tired. (率直にいって，僕は疲れた.)

② **Certainly,** he will succeed. (確かに，彼は成功する.)
[=*It is certain* (*that*) he will succeed.]

〈NB〉 **1.** 次の2つの文を比較してみよう.

ⓐ **Happily,** *he didn't die.* (幸いにも彼は死ななかった.)

ⓑ He didn't *die* **happily**. (彼は幸せな死に方をしなかった.)

ⓐの Happily は文全体を修飾し，ⓑの happily は die を修飾している.

〈NB〉 **2.** 文修飾副詞は，上例のように文頭に置くのが普通であるが，**文中**(動詞の前か助動詞のあと)，**文尾** (この場合，書きことばではコンマをつけ，話しことばではその前に休止を置く)に置くこともできる.

ⓐ a) I **honestly** don't remember. (正直な話，覚えていない.)
　b) He will **certainly** come. (彼はきっとやって来る.)

ⓑ He didn't die, **happily**. (幸いにも彼は死ななかった.)

• 例題 2 •

次の副詞を各文中の適当な箇所に入れなさい.

(1) He is old to go to school. (enough)

(2) John went to London. (yesterday)

(3) He is late. (always)

(4) He has been kind to me. (always)

(5) Mary visits her mother. (rarely)

考え方 (1) enough は常に形容詞・副詞のあと (§ **221**) (2) 〈場所＋時〉の順序 (§ **222**(B)) (3), (4) be 動詞・助動詞のあと (§ **222**(C)) (5) 一般動詞の前 (§ **222**(C))

解答 (1) old *enough* (2) to London *yesterday* (3) is *always* (4) has *always* been (5) *rarely* visits

D　注意すべき副詞

224. very と much

共に**強意語**であるが，次のように使い分けられる.

(A) **very** は**形容詞・副詞**を修飾する.

① This is a **very** *interesting* book.
(これはとてもおもしろい本だ.)

② He spoke **very** *slowly*. (彼はとてもゆっくりと話した.)

一方，**much** は否定文・疑問文で**動詞**を修飾する.

③ I don't *like* him **much**. (彼はあまり好きではない.) [否定文]

④ Do you *like* him **much**? (彼がとても好きですか.) [疑問文]

肯定文では (**much** ではなく) **very much** を用いる.

⑤ I *like* him **very much**. (私は彼が大好きだ.)

(B) **very** は形容詞・副詞の**原級**を修飾する.

⑥ It's **very** *cold* today. (きょうは，とても寒い.)

⑦ Mary danced **very** *beautifully*.
(メアリーは，とても上手に踊った.)

一方，**much** は**比較級・最上級**を修飾する．

⑧ This dictionary is **much** *better* than that.
（この辞書は，それよりもずっとよい．）

⑨ He ran **much** *the fastest*. （彼は断然一番速く走った．）

〈NB〉 **very** も「**まさに**」という意味では最上級または **first, last** などの最上級相当語句を強めることができる．

This is the **very** *best* [*first, last*].
（これがまさに最良[最初，最後]のものだ．）

(C) **very** は形容詞化した分詞を修飾する．

⑩ This book is **very** *interesting*. （この本はとてもおもしろい．）

⑪ I am **very** *tired*. （とても疲れた．）

一方，受身形として用いられて動詞の性質が強い過去分詞は，**much** または **very much** で修飾する．

⑫ The problem has been (**very**) **much** *discussed*.
（この問題は，大いに議論されてきた．）

〈まとめ〉

very	much
形容詞・副詞を修飾	**動詞**を修飾
原級を修飾	**比較級・最上級**を修飾
現在分詞を修飾	**過去分詞**を修飾

225. already と yet と still

(A) **already** は **肯定文**で「**もう**(～した)」の意味に用い，**yet** は **否定文**で「**まだ**(～しない)」の意味に用いる．

① He has **already** finished. （彼はもう済ませた．）[予想より早い]

② He hasn't finished **yet**. （彼はまだ済ませていない．）

(B) **already** も **yet** も疑問文に用いられるが，意味が異なる．

③ a) Have you read this book **yet**?
（もうこの本は読みましたか．）
b) Have you **already** read this book?
（もうこの本は読んだのですか．）

③ a) は読んだか読まないか不明なので質問する文であるが，③ b) で

は yes の答えを予想している．疑問文の場合も，already を文尾に回すと**驚きの気持ち**を表す．

④ a) Is he back **yet**?
(彼はもう帰りましたか.)[帰ったかどうか不明]
b) Is he back **already**?
(彼はもう帰ったのですか.)[早いですねえ]

(C) **still** は「(終わったと思っていたのに)**まだ**」の意味で，通例，肯定文で用いられるが，⑦, ⑧ のように，否定文・疑問文で用いられることもある．**〈still＋一般動詞/助動詞〉**または**〈be＋still〉**の語順．

⑤ She **still** *loves* him.（彼女はまだ彼を愛している.）

⑥ Oh, hell, it'*s* **still** *raining.*（ああいやだ，まだ雨が降っている.）

⑦ *Are* you **still** here? I thought you'd gone ages ago.（君はまだここにいたの．とっくの昔に帰ったと思っていたのに.）

⑧ I've been thinking for hours, but I **still** *can*'t decide.
（もう何時間も考えているのだが，まだ決心がつかない.）

226. ago と before

(A) **〈期間名詞＋ago〉**は，発話時を基準にして「**(今から)～前**」の意味で，**過去時制**と共に用いる．

① I ***met*** her *three years* **ago.**（私は3年前に彼女に会った.）
[× I ***have met*** her *three years* **ago.** は誤り]

〈期間名詞＋before〉は，過去のある時を基準にして「**(その時から)～前**」の意味で，**過去完了形**と共に用いられる．

② He said he ***had met*** her *three years* **before.**
(3年前に彼女に会ったと彼はいった.)[いった時から3年前]

(B) **before** は，「**以前に**」という意味では単独に用いられる．その場合は，過去時制，現在完了形，過去完了形のいずれでもよい．

③ I *heard* [*have heard, had heard*] of it **before.**（そのことは以前聞いていた[聞いたことがある，聞いたことがあった].）

227. once

通例，動詞の**前に**あるときは「**以前，かつて**」の意味を表し，動詞の**あとに**あるときは「**1度，1回**」の意味を表す．

① a) **Once** there *was* a king. (かつて1人の王様がいた.)

b) We **once** *lived* in London.

(かつてロンドンに住んでいた.)

② a) I *have seen* him only **once.**

(私は1度しか彼に会ったことがない.)

b) I *saw* her **once** on the stage.

(私は彼女を1度舞台で見たことがある.)

228. quite

2つの意味があるので紛らわしい語である.

(A) 「**まったく，完全に**」: full, empty, finished, wrong, right, certain, sure, perfect; forget のように「100パーセント」の意味を表す形容詞・副詞・動詞を伴うとき，この意味になる.

① You are **quite** *right.* (まったく君のいうとおりだ.)

② I am **quite** *certain* of it. (そのことはまったく確信している.)

③ I **quite** *understand* [*forget*].

(すっかり分かりました[忘れました].)

(B) 「**かなり，まあまあ**」〈口語体〉: good, bad, hot; like のような“段階性のある”形容詞・副詞・動詞を伴うとき，それらの語の意味を弱める働きをする.

④ She is **quite** *pretty.* (彼女はまあまあ美人だ.)

⑤ It's **quite** *hot* today. (今日はかなり暑い.)

⑥ I **quite** *like* it. (それはまあまあ好きです.)

229. fairly と rather

(A) **fairly**「まあまあ」は，good, well のようなプラスの意味をもつ形容詞・副詞の**意味を弱める**働きをする.

① This is a **fairly** *good* dictionary.

(これはまあまあ良い辞書だ.)[とても良いとはいえない]

② I know him **fairly** *well.*

(彼とはまずまずの知り合いだ.)[よく知っているわけではない]

(B) **rather**「かなり，相当」は，形容詞・副詞の意味をプラスまたはマイナスの方向に**強める**働きをする.

③ This is *a* **rather** *good* [**rather** *a good*] dictionary.
（これはかなり良い辞書だ.）
[goodのプラスの意味を強める：推せんできる]

④ I did **rather** *badly* in my exam.
（僕は試験のできがかなり悪かった.）
[badly のマイナスの意味を強める]

このようにマイナスの意味を表す語の場合，fairly は使えない.

230. too と either

too は肯定文を受けて，「**〜も…だ**」の意味に用いられる．一方，**either** は否定文を受けて，「**〜も…でない**」の意味に用いられる.

① a) *John saw the accident*, and Mary *did*, **too**.
（ジョンはその事故を見た．メアリー**も**見た.）

b) *John didn't see the accident*, and Mary *didn't*, **either**.
（ジョンはその事故を見なかった．メアリー**も**見なかった.）

② a) If *you go*, I *will go*, **too**. （君が行くなら，僕**も**行くよ.）

b) If *you don't go*, I *won't go*, **either**.
（君が行かないなら，僕**も**行かない.）

例題 3

次の各文中の(　)内から適当な語を選びなさい.

(1) I like English (much, very much).
(2) I haven't finished the book (yet, already).
(3) I met John two days (before, ago).
(4) I have never seen him (ago, before).
(5) Mary works (very, much) harder than John.

考え方 (1) 肯定文では very much (§ **224**(A))　(2) 否定文では yet (§ **225**(A))　(3) 現在が基準時なら〜ago, 過去が基準時なら〜before (§ **226**)　(4) ago は単独には用いられない (§ **226**)　(5) 比較級は much で強める (§ **224**(B))

解答 (1) very much　(2) yet　(3) ago　(4) before（以前に）　(5) much

231. 2つの there (☞§ 17)

次の2つの **there** を比べてみよう.

① **There** [ðə] is no one **there** [ðέə]. （そこにはだれもいない.）

前の **there** は“there 構文”(＝存在文)に用いられる形式語で,**「予備の there」**とか**「存在の there」**とか呼ばれる.「そこに」という意味をもたず,[ðə] と弱く発音される. あとの **there** は「そこに」という意味を表す**場所を示す**副詞で, [ðέə] と強く発音される. 2つの **there** は,きびしく区別しなければならない.

「存在の there」は,文中でいつも主語の位置を占めるために,主語の働きをすることがある.

② 疑問文の主語として働く:

a) Is **there** any more coffee?
(もう少しコーヒーがありますか.)

b) There are two boys, aren't **there**?
(男の子が2人いるでしょう.)

c) There's no more tea, is **there**?
(もう紅茶はないんだよね.)

③ 不定詞・分詞・動名詞の主語として働く:

a) I don't want **there** *to be* any war.
(戦争なんかあってほしくない.)

b) **There** *being* no taxi, I walked home.
(タクシーがなかったので,歩いて家に帰った.)

〈NB〉 **1.**「**there 構文**」は「存在」を表す **be** と共に用いるのが普通であるが,〈文章体〉では **live** (住む), **come** (来る), **be born** (生まれる) のような「存在・出現」を表す動詞と共に用いられることがある.

ⓐ **There** once *lived* a wise king.
(昔,賢い王が住んでいた.)

ⓑ **There** *was born* a child to them.
(2人に子供が生まれた.)

〈NB〉 **2.**「**there 構文**」は,何か新しい人や物の「存在・出現」を表す構文なので,主語は**初めて話題にのぼる不定の名詞(句)**でなければならない.

ⓐ ○ *There* is **a zoo** in the park.
(その公園には動物園があります.)

ⓑ × *There* is **the zoo** in the park.

特定の「動物園」の場合は,ⓒのようにいわなければならない.

ⓒ ○ **The zoo** is in the park. (その動物園は公園にあります.)

章末問題 19

A 次の各文の( )内の適当な副詞を選びなさい.

(1) He was (as, so, very) kind as to help me.

(2) He could (hardly, hard) work after long illness.

(3) The plan was admirably carried (on, up, off, out).

(4) She is (much, very, more) older than you.

(5) I seldom, if (never, ever, even), go to church.

(6) If you have no clock, a watch will do (now or never, as yet, as well).

(7) She (always like, always likely, always likes) to drive around the city.

(8) It is difficult to understand him because he speaks (fastly, very rapidly, with great rapid).

(9) John can't drive, and (David can't, too; David either can't; neither can David).

(10) The first, second, and third prizes went to Tom, Ned, and George (differently, equally, respectively, partially).

(11) Phil is from Chicago, (and I am, too; so, too, is me; and, too, am I).

B 日本文の意味に合うように，次の英文の( )内に適当な副詞を補いなさい.

(1) Has the train arrived ( )?
(列車はもう着きましたか.)

(2) Has the train arrived ( )?
(列車はもう着いちゃったの.)

ヒント **A** (1) **〈so＋形容詞/副詞＋as to 〜〉**「〜するほど…な」 (2) hardly「ほとんど〜ない」 (3)「実行する」 (4) 〈much＋比較級〉 (5)「めったに〜ない」 (6)「同様に」 (7) always の位置 (§ **222**(C)) **B** (1) 疑問文には yet (§ **225**(B)) (2)「驚き」を表す場合は already (§ **225**(B))

(3) The boss spoke very (　　) of the young man.
(社長は，その青年のことをほめそやした.)

(4) I bought some oranges as (　　).
(私はオレンジも少々買った.)

(5) It was raining (　　) (　　) (　　) all through the night.
(夜通し雨が降ったりやんだりしていた.)

C　次の各文の誤りを正しなさい.

(1) They will be tomorrow here.

(2) Jane looked beautifully in her new hat.

(3) "Have you ever seen a kangaroo?" "Yes, I have ever seen one."

(4) "Don't you like wine?" "Yes, I don't."

(5) "Do you mind posting this letter for me?" "Yes, certainly."

(6) Is she very better today?

(7) He arrived lately last night.

(8) Is the room enough large for you?

(9) You don't know it, and I don't, too.

ヒント　(3) speak highly of ～「～をほめたたえる」 (4) **B as well**「Bも」
C (1)〈場所＋時〉の順序 (§ **222**(B)) (2) Jane≒beautifully (3) ever「いつか」は疑問文・否定文・条件文で使われ，肯定文では once「かつて」を使う (4) yes のあとには肯定文，no のあとには否定文 (5) mind は「気にする」の意味だから，「気にしない」のであれば，No が適当 (6)〈much＋比較級〉，〈very＋原級〉(§ **224**) (7) late「遅く」，lately「最近」 (8) 常に〈形容詞/副詞＋enough〉の語順 (§ **221**) (9) too は肯定文に用いる

第 20 章

比　　較　I

形容詞・副詞のうち，high, higher, highest のように“段階性のあるもの”には**比較変化**がある．一方，main（主な），daily（毎日の），only（ただ～）のような“段階性のない”形容詞・副詞には比較変化がない．この章では，まず，比較級・最上級の作り方を学び，次に，基本的な比較構文について研究しよう．

A　比較級・最上級の作り方

232. 規則変化

(A) 形容詞・副詞のうち，high（高い），higher（より高い），highest（一番高い）のように**段階性のあるもの**には**比較変化**（comparison）があり，**原級・比較級・最上級**の3段階に分かれる．

(1)　1音節の語には，語尾に **-er, -est** をつける（なお，最上級には **the** をつける）．（「音節」については，☞ *p.* 17）

原　級	比 較 級	最 上 級
kind（親切な）	kind**er**	**the** kind**est**
cheap（安い）	cheap**er**	**the** cheap**est**
soon（すぐに）	soon**er**	**the** soon**est**

(2)　3音節以上の語は，原級の前に **more, the most** をつける．

原　級	比 較 級	最 上 級
won•der•ful（すばらしい）	**more** wonderful	**the most** wonderful
in•ter•est•ing（おもしろい）	**more** interesting	**the most** interesting
care•ful•ly（注意深く）	**more** carefully	**the most** carefully

(3)　2音節の語のうち，-y で終わるものには **-er, -est** をつける．

原　級	比 較 級	最 上 級
hap•py（幸福な）	happ**ier**	**the** happ**iest**
love•ly（美しい）	lovel**ier**	**the** lovel**iest**
ear•ly（早い/早く）	earl**ier**	**the** earl**iest**

(4) その他の大部分の2音節の語には，**more, the most** をつける．**-ly で終わる様態の副詞**もここに属する．

原 級	**比 較 級**	**最 上 級**
use・ful（有用な）	**more** useful	**the most** useful
trag・ic（悲劇的な）	**more** tragic	**the most** tragic
slow・ly（ゆっくりと）	**more** slowly	**the most** slowly

〈NB〉 少数の2音節の形容詞 (common, handsome, clever, polite (礼儀正しい)，pleasant, gentle, stupid など)は，**(1)**と**(2)**の両方の形が見いだされる．

common（普通の）	common**er** **more** common	**the** common**est** **the most** common
clever（賢い）	clever**er** **more** clever	**the** clever**est** **the most** clever

しかし，これらのうちのほとんど全部は more, the most をつけるほうが普通である．そこで，2音節語については，(3) の **-y** で終わる語を除いては，more, the most を使えばよいということになる．

(B) -er, -estをつけるときの綴り字上の注意

(1) 語尾が **-e** で終わる語は，その **-e** を除いて **-er, -est** をつける．

simple（簡単な）	simple**r**	**the** simpl**est**
brave（勇敢な）	brave**r**	**the** brav**est**

(2) **〈短母音＋1つの子音字〉**で終わる語は，**その子音字を重ねて -er, -est** をつける．

big（大きい）	**bigger**	**the biggest**
hot（暑い）	**hotter**	**the hottest**

〈NB〉 子音字を重ねるのは，「**その前の母音を短く発音せよ**」という印である．もし重ねなければ，×biger [baigə]，×hoter [hóutə] のように2重母音に発音されてしまう．（なお，**thick—thicker—thickest** のような場合は，英語では語尾の -kk は -ck と綴る約束だから“初めから子音字を重ねてある”と考えられる．）

(3) **〈子音字＋y〉**で終わる語は，**y を i に変えて，-er, -est** をつける．

funny（こっけいな）	**funnier**	**the funniest**
noisy（騒々しい）	**noisier**	**the noisiest**

ただし，〈**母音字＋y**〉で終わる語は，**そのまま -er, -est** をつける．

gay（陽気な） **gayer** **the gayest**

〈NB〉 英語では，[i] 音を表すとき，語頭・語中は i を用い，語尾は y を用いる．noisy が noisier になるのは，i が語尾ではなく，語中の位置にくるからである．一方，〈母音字＋y〉の場合 y を i に変えないのは，×**gaier** のように母音字が 3 つ続くのを避けるためである．

233．不規則変化

少数の日常よく使用される語に見られる．

原 級	比 較 級	最 上 級
good（形よい） **well**（形健康で/副うまく）	**better**	**the best**
bad（形悪い） **ill**（形病気で/副悪く）	**worse**	**the worst**
many（形多数の） **much**（形多量の/副大いに）	**more**	**the most**
little（形少量の/副ほとんど…でない）	**less**	**the least**
old（形年とった）	**older**（より年とった，より古い） **elder**（年上の）	**the oldest** **the eldest**
late（形遅い/副遅く）	**later**（より遅い[く]）[時間] **latter**（あとのほうの）[順序]	**the latest**（一番遅い[く]，最近の） **the last**（最後の[に]）
far（形遠い/副遠く）	**farther**（より遠い）[距離] **further**（その上の[に]，より遠い）[程度・距離]	**the farthest** **the furthest**

▶**elder, eldest** は，兄弟姉妹関係についてのみ用い，比較構文には用いない．〈米〉では，その場合も **older, oldest** をよく用いる．

① a) John is my **eldest** [〈米〉**oldest**] son.
（ジョンは，私の長男だ．）

b) John is the **oldest** student here.
（ジョンは，ここで一番年上の学生だ．）

② a) ○ Mary is **older** than John.

b) × Mary is **elder** than John.

（メアリーは，ジョンよりも年上だ.）

▶ **later, latest** は「時間」に，**latter** [lǽtə], **last** は「順序」に用いる.

③ His **latest** book might be his **last.** （彼の最近出した本が，もしかすると最後の本になるかもしれない.）

④ a) I had flu **last week.** （先週流感にかかっていた.）

b) I've had flu **the last week.**

（ここ1週間流感にかかっている.）

▶ **farther, farthest** は「距離」に，**further, furthest** は「程度」にも，「距離」にも用いる.

⑤ The station is **farther** [**further**] than the hotel.

（駅はホテルよりも遠い.）

⑥ We must make a **further** investigation.

（さらにつっこんだ調査をしなければならない.）

● 例題 1 ●

次の各文の(　)内の適当な1語を選びなさい.

(1) We want to get (farther, further) information.

(2) The (last, latest) letters of the alphabet are x, y, and z.

(3) Mary is two years (older, elder) than John.

(4) We learn German in the (latter, later) half of the year.

考え方 (1), (2), (3), (4) ☞ **§ 233**

解答 (1) further (2) last (3) older (4) latter

B 比 較 構 文

234. 原　級

(A) 〈**as ～ as...**〉「…と同じくらいに～」

2者の程度が同じであることを表す(“同等比較”).

① John is about **as** tall **as** *I am* [〈口語体〉**as** *me*].

（ジョンは，僕と背の高さがほぼ同じだ.）

注 主語が人称代名詞の場合，**as** *I.* とするのはくまれ〉.

② This jar can hold **as** much **as** that one.
(このびんには，そのびんと同じだけの量が入る.)

③ This book is **as** interesting **as** that one.
(この本は，その本と同じくらいおもしろい.)

④ Mary drives **as** safely **as** John.
(メアリーは，ジョンと同じくらい安全に運転する.)

⑤ John plays tennis **as** well **as** Bob.
(ジョンは，ボブと同じくらいテニスが上手だ.)

(参考) ③,④,⑤のような“評価”を表す形容詞の場合は，それぞれ「この本はおもしろい」,「運転が安全だ」,「テニスが上手だ」という含みがあるが，①,②のような，いわば“寸法”形容詞の場合，寸法が同じだといっているだけで，必ずしも「多い」という含みはないことに注意. 例えば，①では，2人とも身長180センチであるかもしれないし，また，共に150センチであるかもしれない.

▶第2の as 節では，自明な語句は省略されることがある.

⑥ I am always **as** *busy* **as** (I am) now.
(私はいつも今のように忙しい.)

⑦ Mary plays the piano **as** *well* **as** Jane (plays the piano).
(メアリーは，ジェーンと同じくらい上手にピアノをひく.)

(B) 〈**not as** [so] ～ **as**...〉「…ほど～ではない」

2者の程度が同じではないことを表す（“同等比較”の否定形).

⑧ Jane is **not as** [so] nice **as** Mary.
(ジェーンは，メアリーほど親切ではない.)

⑨ Bob's car is **not as** [so] fast **as** mine.
(ボブの車は，僕のほど速くない.)

⑩ John does **not** drive **as** [so] safely **as** Mary.
(ジョンは，メアリーほど安全運転をしない.)

235. 比　較　級

(A) 〈**比較級＋than...**〉「…よりも～」

2者の程度に差があることを表す. 比較級を強めるためには，**(very) much, far, even** などを使い，×**very** は使わない.

① Betty is **taller than** Susan.
(ベティーは，スーザンよりも背が高い.)

② Sally is *much* [*even*] **more intelligent than** Bill.
(サリーは，ビルよりもずっと頭がよい.)

③ John runs **faster than** *I do* [〈口語体〉 **than** *me*].
(ジョンは，僕よりも速く走る.) [than *I*. はくまれ〉]

(B) 〈**less ～ than...**〉「**…よりも～でない**」(“劣勢比較”)

④ a) Mary is **less old than** Jane (is).
b)＝Mary is **younger than** Jane (is).
(メアリーは，ジェーンよりも年下だ.)

⑤ a) Jane is **less young than** Mary (is).
b)＝Jane is **older than** Mary (is).
(ジェーンは，メアリーよりも若くない.)

▶**less** を使う a) の構文は〈文章体〉で，普通は，それぞれ b) の構文を用いる.

(C) 〈**the＋比較級～, the＋比較級…**〉「**～すればするほど，ますます…**」(“比例比較級”)

⑥ **The older** I get, **the happier** I am.
(年をとればとるほど，ますます私は幸福になる.)

⑦ **The more** you work, **the more** you learn.
(勉強すればするほど，ますます多くのことが学べる.)

次のように，〈主語＋動詞〉を省略することもある.

⑧ **The sooner, the better.** (早ければ早いほどいい.)

(D) 〈**比較級＋and＋比較級**〉「**だんだん～**」(“漸層比較級”)

⑨ The weather is getting **warmer and warmer.**
(天候がだんだん暖かくなっている.)

⑩ I became **less and less interested.**
(私はだんだん興味がなくなってきた.)

236. 最上級

〈**the ～ est/the most ～**〉「(3者以上のうちで)**一番～**」

最上級は，3者以上のものを比べて，その中で最も程度が高いことを表す場合に用いられる.「比較の基準」は，普通，〈**of＋複数(代)名詞**〉，または〈**in＋“範囲名詞”**〉の形で表される.

① Mary is **the brightest** *of the four girls.*
　(メアリーは，その4人の少女のうちで一番頭がよい.)

② That's **the most gorgeous** hotel *in this city.*
　(あれは，この市で一番豪華なホテルです.)

③ I'm **the youngest** *in my family.*
　(家族の中で一番若いのは私です.)

「比較の基準」は，しばしば関係代名詞節でも示される.

④ This is **the best** film (*that*) *I've ever seen.*
　(これは，私がこれまで見たうちで最良の映画だ.)

⑤ John is **the nicest** person (*that*) *I've ever met.*
　(ジョンは，私がこれまで会った中で一番親切な人だ.)

▶副詞の最上級では **the** を省略することができる.

⑥ Peter runs (**the**) **fastest** *in this class.*
　(このクラスでは，ピーターが一番足が速い.)

⑦ *Of the three boys,* John behaves (**the**) **most politely**.
　(3人の少年のうちで，ジョンのふるまいが一番礼儀正しい.)

●例題2●

次の日本文の意味を表すように，各文中の(　)内に適当な1語を入れなさい.

(1) 彼は疲れたので，いつもより早く寝ました.
　(　　) he was tired, he went to bed earlier (　　) usual.

(2) 彼女は見かけよりもずっと年をとっています.
　She is (　　) older than she (　　).

(3) 私はあなたほど金持ちではない.
　I have (　　) money than you.

(4) 彼は持てば持つほどますますほしがる.
　The more he has, (　　) more he wants.

考え方 (1) 〈比較級＋than〉 (2) 〈(very) much/far/even＋比較級〉 (3) more の反意語 (4) 〈the＋比較級, the＋比較級〉 (§ **235**(C))

解答 (1) As, than (2) much/far/even, looks (3) less (4) the

237. 同じ意味を表す比較表現

同じ語の原級・比較級・最上級を使い分けて，同じ内容を表すことができる.

① a) **No** (other) mountain in Japan is **so [as] high as** Mt. Fuji.

b) **No** (other) mountain is **higher than** Mt. Fuji.

c) Mt. Fuji is **higher than any other** mountain in Japan.

d) Mt. Fuji is **the highest** mountain in Japan.

(富士山は，日本で一番高い山だ.)

注 a), b) では other を省くほうが普通.

② a) **No**thing could be **so [as] delightful as** this.

b) **No**thing could be **more delightful than** this.

c) This is **the most delightful** thing (of all).

(これほど楽しいことはないだろう.)

章末問題20

A　次の各文の(　)内の適当な1語を選びなさい.

(1) Tokyo is the fourth (large, larger, largest) city in the world.

(2) Mary is (much, very) more diligent than John.

(3) They are going from bad to (bad, better, worse, worst).

(4) I'll talk about it (later, latter, letter), when she comes back.

(5) Tom is cleverer than (any boys, any other boy, all the boys) in the class.

(6) Which of these two plans will work (well, good, better, best)?

(7) For many people, nothing seems so thrilling (that, as, on, is) their first trip abroad.

(8) The temperature today rose as (hot, much, high, tall) as 30°C.

B　次の文を指示に従って書き換えなさい.

(1) This is the most terrible sight that I have ever seen.

[原級と比較級を用いて]

ヒント **A** (1)「最大の都市」の集合の4番目 (2)〈much＋比較級〉，〈very＋原級〉 (3)「(ますます)悪化する」 (4)「後ほど」 (6) 2つの物の比較 (7) nothing...so に注目 (8)「上がった」に注目　**B** ☞ **§ 237**

(2) I have never seen a picture more amusing than this. [This is で始めて]

(3) Jane is the prettiest of all the sisters. [比較級で]

(4) John is taller than any other boy in his class. [最上級で]

(5) He is the most famous of all dramatists. [比較級で]

(6) A swallow flies faster than any other bird. [no...so...as を用いて]

(7) He arrived there earliest of them all. [比較級で]

(8) No (other) boy in the class is so clever as Taro. [Taro is cleverer で始めて]

(9) I have never heard a more interesting story than this. [最上級で]

(10) He is not so young as he looks. [He looks で始めて]

(11) Nothing is more precious than time. [最上級で]

(12) No other city in Japan has so many bridges as Osaka. [Osaka を主語とし，比較級を用いて]

(13) Mary is not so tall and beautiful as Sally. [比較級を用いて]

C 次の各文の誤りがあれば正しなさい．

(1) The later half of the program was very interesting.

(2) London has the largest population of all the other cities of Europe.

(3) Which do you like, spring or autumn?

(4) Robert is the studiousest boy in the class.

(5) The heat of this year is severer than last year.

(6) The population of Tokyo is larger than London.

ヒント C (1) later「もっと遅い」，latter「後者の」 (2) ロンドンもヨーロッパの都市の集合に入っているので，other は不要 (3) like のあとに比較級の語がない (4) studious は 3 音節の形容詞 (5)「昨年の暑さ」と比較する (6)「ロンドンの人口」と比較する

D　次の各文の（　）に適語を1つ入れなさい（(1)～(3)は対をなす文が同義になるように）.

(1) I like spring better than any other season.
　　I like spring (　　) (　　) all the seasons.

(2) Mt. Everest is the highest mountain in the world.
　　Mt. Everest is (　　) (　　) any other mountain in the world.

(3) I prefer tea to coffee.
　　I like tea (　　) than coffee.

(4) The life of a doctor is harder than (　　) of a lawyer.

(5) Of all games, I like tennis (　　).

(6) He spent more money (　　) he intended to.

(7) There is nothing I want (　　) than that you should be happy and contented.

■よく使われる英語のことわざ■

- There is no royal road to learning.
  （学問に王道はない.）〔学問をするには王様も庶民も同じ道をたどるほかない，の意〕
- There is no smoke without fire.
  （火のない所に煙は立たぬ.）
- Two heads are better than one.
  （三人寄れば文珠の知恵.）〔←1つの頭よりも2つの頭のほうがまさっている〕
- Actions speak louder than words.
  （不言実行.）〔←行動はことばよりも声高く語る〕
- First come, first served.
  （早いが勝ち.）〔←最初に来た人が最初に食べ物にありつける〕

ヒント　**D** (1) 最上級にする　(2), (3) 比較級　(4)「弁護士の生活」 (5) well の最上級　(6)「予定していたよりも」

第21章

比　　較　　II

この章では，倍数の表し方，絶対比較級，絶対最上級など，比較の注意すべき用法と，比較を含む慣用表現とを研究する．日本語ではあまり明確な比較表現をしないので，英語のよくできる人にとっても，英語の比較表現は分かりにくいところがある．

A　比較の注意すべき用法

238. 原　　級

(A)　倍数の表し方：〈*x* times as～as...〉の形を使う．ただし，「2倍」は two times としないで **twice as～as...** とし，「半分」は **half as ～as...** とする．

① He is about **twice as** *old* **as** you are.
（彼はあなたの年のほぼ2倍だ．）

② John spends **half as** *much* money **as** Mary (does).
（ジョンは，メアリーの半分しか金を使わない．）

③ Bill has **three times as** *many* books **as** John.
（ビルは，ジョンの3倍もの本をもっている．）

④ This is **four times as** *large* [*long, wide, heavy*] **as** that.
（これはその4倍の大きさ[長さ・広さ・重さ]がある．）

（参考） *1*)「…の1倍半の数[量]など」は，次のように言い表す．

This is **half as** *large* [*long, wide,* etc.] **again as** that.
（これは，それの1倍半の大きさ[長さ・広さ，など]だ．）

2) **〈*x* times＋比較級＋than...〉** の構文は，主に次のような誇張表現で用いる．

This book is **ten times** *better* **than** that.
（この本は，その本の10倍もすぐれている．）

(B)　〈as～as...〉 の形式は，同一の人や物の異なった性質を比較する場合にも用いられる．

⑤ Mary is **as** *wise* **as** she is *fair*.
(メアリーは，才色兼備だ.)[<美しさと賢さの程度が同じだ.]

⑥ John is **as** *kind* **as** he is *honest*.
(ジョンは，正直でもあり親切でもある.)

239. 比 較 級

(A) 〈***two years*** **older than...**〉**など**：程度の違いを具体的に示す場合は，次の2つの方法がある．a) のほうが普通の言い方．

① a) I am ***two years*** **older than** John (is).
b) =I am **older than** John ***by two years***.
(私はジョンよりも2歳年上だ.)

① a) の two years は，② の much と同様に，older を修飾する副詞的修飾語である．by two years も同様．

② I am ***much*** **older than** John (is).
(私はジョンよりもずっと年上だ.)

(B) 〈**He is more good than bad.**〉**のタイプ**：「B というよりもむしろ A というほうが正確だ」という意味では常に **more** を用いる．

③ He is **more** *good* **than** *bad*.
(彼は悪人というよりも，むしろ善人だ.)

④ Susan is **more** *shy* **than** *unsocial*.
(スーザンは，社交的でないというよりも，むしろ，はにかみやなのだ.)

この用法は，純粋な比較構文ではないので，more good の代わりに better を使うことができない．

⑤ × He is **better** than bad.

(C) 〈**the+比較級+of the two**〉：「**2者のうちでより～のほう**」
この構文では，形容詞は the younger *one* というように，名詞的に用いられているので，比較級にも **the** をつける．

⑥ a) John is **the younger** *of the two boys*.
⑥ b) *Of the two boys*, John is **the younger**.
(2人の少年のうちでは，ジョンが年下のほうです.)

(D)　than 節中の省略：than のあとの自明な語句は，しばしば省略される.

⑦　You have done it better **than** (*you did*) last year.
（君は昨年よりもよくやった.）

⑧　He arrived earlier **than** (*it was*) usual (for him to arrive).（彼はいつもよりも早くやって来た.）

さらに，前後関係から省略が自明な場合は，than 以下全体が省略されることがある.

⑨　You're looking **better**.
（[前よりも]気分がよさそうに見えるよ.）

ただし，次のような文で省略すると，２通りにあいまいな文になる.

⑩　John loves the dog more **than** *his wife* [*she*,〈口語〉*her*].
a）（ジョンは，妻(がその犬を愛する)よりももっとその犬を愛している.）[=than his wife loves the dog]
b）（ジョンは,妻(を愛する)よりももっとその犬を愛している.）[=than he loves his wife]

(E)　〈比較級＋than any other＋単数名詞〉「他のどんな…より～」
これは，最上級と同じ意味を表す.

⑪　John is **taller than any other boy** in his class.
=John is **the tallest boy** in his class.
（ジョンは，クラスのどの少年よりも背が高い.）

⑫　*cf*. I think a movie is **more entertaining than any** book.
（映画は，どんな本よりもおもしろいと思う.）

ある特定のものを，同じ部類(＝集合)に属する他のものと比較する場合は，⑪ のように other が要るが，別な部類(＝集合)に属するものと比較する場合は，⑫ のように other が要らない.

(F)　絶対比較級

２者を比較するのではなく，比較の対象を特定することなく，比較的程度が高いことを表す比較級をいう.（日本語では，比較表現にならないので注意を要する.）

⑬　**higher** education（高等教育）/ the **upper** **[lower]** classes（上層[下層]階級）/ the **greater** part of the year（１年の大部分）/ the **younger** generation（若い世代，青少年），*etc*.

(G)　〈superior [inferior, junior, senior] to ～〉「～よりもすぐれて [劣って，年下で，年上で]」

いずれもラテン語の比較級 (-ior) から来たもので，「～よりも」の意味で **than** を用いないで，**to** (～と比べて)をとる.

⑭　This cloth is **superior [inferior] to** that.
(この生地は，それよりもすぐれている[劣っている].)

⑮　a)　He is *two years* **senior [junior] to** me.
b)　=He is **senior [junior] to** me *by two years.*
(彼は私よりも 2 つ年上[年下]だ.)

junior [senior] には名詞用法もある(意味は，⑮と同じ).

⑯　a)　He is *two years* **my senior [junior].**
b)　=He is **my senior [junior]** *by two years.*

(参考) **prefer A to B** (=like A better than B) にも，比較の意味がこもっている.

ⓐ　I **prefer** coffee **to** tea.
ⓑ　=I **like** coffee **better than** tea.
(私は紅茶よりもコーヒーが好きだ.)

240. 最　上　級

(A)　最上級を強める語句：まず，「断然」の意味で **by far, much** を最上級の前につける.

①　This is ***by far*** [***much***] **the best.**
(これがずば抜けて一番よい.)

▶ **very**「まさに」は，〈{**the** / ***one's***} **very＋最上級**〉の語順で用いられる.

②　Bill is **the *very* best** player in the team.
(ビルは，そのチームでまさに最優秀選手だ.)

③　She put on **her *very* best** dress.
(彼女は，とびきり一番いいドレスを着た.)

▶ **possible, imaginable** も，最上級を強めることができる(☞ § 205(C)).

④　This is **the best *possible*** chance.
(これは，絶好のチャンスだ.)

⑤　She sang in **the sweetest** way ***imaginable.***
(彼女はこの上もなく美しく歌った.)

(B)　同一の人［物］の性質について，補語として用いる場合は，最上級に **the** をつけない．次の２つの文を比較せよ．

⑥　The lake is **the deepest** in Japan.　［他の湖との比較］
（この湖が日本で一番深いものです．）

⑦　The lake is **deepest** at this point.　［同一の物の性質の比較］
（この湖は，この地点が最も深い．）

⑥の場合は，他と比較して「最も深い湖」(the deepest *one*) ということで，代名詞を補うことができるのに対して，⑦の場合は，名詞を補うことができないので，**the** はつけようがないのである．類例：

⑧　The village is **most beautiful** in spring.
（その村は，春が一番美しい．）

(C)　絶対最上級

３者以上のものを比較して「最も程度の高いこと」を表す相対最上級に対し，単に「非常に程度が高いこと」を表す用法．-est で最上級を作る語も，この用法では〈most＋原級〉にすることが多い．また，普通，**the** をつけないで a(n) をつける．

⑨ a)　This is **a most prétty** flower.　［絶対最上級］
（これはとてもきれいな花だ．）
b)　*cf.*　This is **the prettiest** flower in the garden.
（これは庭で一番きれいな花だ．）　［相対最上級］

⑩　He is **a most bráve** man.
（彼はとても勇敢な人だ．）

⑪　Your story is **most ínteresting.**
（お話は，とてもおもしろい．）

⑫　It's **most kínd** of you!
（本当にどうもありがとう．）［×kindest は誤り］

定冠詞の **the** がつくときもあるが，強勢の位置によって相対最上級とは区別される．

⑬ a)　He has **the most béautiful** of gardens.
（彼はすごく美しい庭をもっている．）　［絶対最上級］
b)　This is **the móst beautiful** flower in the garden.
（これは，庭で一番美しい花です．）　［相対最上級］

〈NB〉 most は，「たいていの(人・物)」という意味の形容詞・代名詞としても用いられる．この場合は，冠詞がつかない．

ⓐ I've visited **most** (of the) cóuntries in Europe.
(私はヨーロッパのたいていの国を訪れている.)

ⓑ Jim has made (**the**) **móst** mistakes. [最上級]
(ジムが一番多くの誤りをした.)

ⓐ ⓑ の区別は，まず the の有無による．ⓑから the が落ちている場合は，強勢の位置の違いによって 2 つの most を区別する．その際，もちろん，意味の違いも考慮される．

(D) 最上級＝〈even＋最上級〉

最上級は，文脈によって **even**「～でさえも」の意味を含むことがある．

⑭ **The wisest** man sometimes makes mistakes.
(最も賢い人でも，時に誤りをすることがある.)

⑮ There is not **the smallest** chance of his success.
(彼の成功の見込みは少しもない.)

〔参考〕〈口語〉では，2 者についても最上級を使うことがある．

ⓐ She was **the youngest** *of the two daughters.*
(その 2 人の娘のうちで彼女が年下だった.)

ⓑ Which is **the strongest** *of these two*?
(この 2 人のうちでどっちが強いのか.)

B 慣 用 表 現

241. 原級を用いて

(1) 〈as ～ as {possible / *one* can}〉「できるだけ～」

① Come **as** *soon* **as** {**possible** / *you* **can**}.
(できるだけ早く来なさい.)

② He ran **as** *fast* **as** {**possible** / *he* **could**}.
(彼はできるだけ速く走った.)

(2) 〈as good as...〉「…も同然で」

③ He's **as good as** dead. (彼はもう死んだも同然だ.) [じき死ぬ]

(3) **〈not so much A as B〉「Aというよりも，むしろB」**

④ He is **not so much** a scholar **as** a poet.
(彼は学者というよりも，むしろ詩人なのだ.)

(4) **〈not so much as *do*〉「〜すらしない」**

⑤ He can**not so much as** *write* his own name.
(彼は自分の名前すら書けない.)

(5) **〈as many 〜〉「(前述の数と)同数の」**

⑥ You've made *six* mistakes in **as many** lines.
(君は6行中に6つの誤りをしている.)

(6) **〈as 〜 as any...〉「何[だれ]にも劣らず〜」**

⑦ He was **as** *brave* **as any** man in the world.
(彼はだれにも劣らない勇者であった.)

⑧ John works **as** *hard* **as any**body.
(ジョンはだれにも負けずによく勉強する.)

(7) **〈as 〜 as ever...〉「これまで…しただれにも劣らず〜」**

これは強意表現で，「古今まれに見る」という最上級に等しい含みがある.

⑨ He was **as** *great a* statesman **as ever** lived.
(彼は古今まれに見る偉い政治家だった.)

⑩ He was **as** *good an* officer **as ever** trod the deck.
(彼は(甲板を歩いた)どの士官にも劣らずりっぱな士官だった.)

〈NB〉 **〈as 〜 as ever〉**「相変わらず〜」は，同一人の性質について使う.
He is **as** *busy* **as ever**. [=as he ever was]
(彼は相変わらず忙しい.)

(8) **〈as often as not〉「たいてい；2回に1度は」**

⑪ **As often as not**, that is the case.
(たいてい，そういうことです.)

242. 比較級を用いて

(1) **(all) the＋比較級＋{for＋名詞 / because＋節}「…なので余計に〜」**

① I like him **all the better for** his faults.
(彼には欠点があるのでかえって好きだ.)

② John loves Mary **all the more** deeply **because** she is poor.
（ジョンは，メアリーが貧しいのでなおさら深く愛している.）

〈NB〉 これらの the は「それだけ」という意味を表す.

(2) 〈no more than ～〉と〈not more than～〉

▶**〈no more than～〉**は，「**たった～，～しか**」(＝only ～) の意味で，**少ないことを強調する**.

③ I had **no more than** ten dollars.
（私の所持金はたった10ドルしかなかった.）

▶**〈not more than ～〉**は，「**せいぜい～**（それ以下かもしれない)」(＝at most ～) という意味を表す.

④ I had **not** (＝〈米〉I **didn't** have) **more than** ten dollars.
（私の所持金は，せいぜい10ドルぐらいのものだった.）

(3) 〈no less than ～〉と〈not less than ～〉

▶**〈no less than～〉**は「〈数・量が〉**～も**」(＝as many [much] as) の意味で**多いことを強調する**.

⑤ The audience was **no less than** two thousand.
（聴衆は，2千人もいた.） [＝as many as～]

▶**〈not less than ～〉**は「〈数・量が〉**少なくとも～**」(それ以上かもしれない)」(＝at least ～) という意味を表す.

⑥ The audience was **not less than** two thousand.
（聴衆は，少なくとも2千人はいた.） [＝at least～]

参考 **no と not との違い**： ③についていえば，**much** more [than ten] (10よりも**ずっと**多い) ＞**a little** more [than ten] (10よりも**少し**多い) ＞**no** more [than ten] (10よりも**少しも**多くない) のように，no はすぐあとの比較級 more を打ち消す副詞である(**語否定**：☞ **§ 387**). つまり，no＝ゼロと考えればよい.

一方，④の I had **not** more than ten dollars. は，**not** [I had more than ten dollars] (10ドル以上もっていた**のではない**)ということで，not は文全体を否定している(**文否定**：☞ **§ 382**). 「あるいはそれ以下かもしれない」というのは言外の含みである.

⑤,⑥の no と not の関係も同様で，**much** less [than 100] (100よりも**ずっと**少ない」＜**a little** less [than 100] (100よりも**少し**少ない) ＜**no** less [than 100] (100よりも**少しも**少なくない) のように，no は「100よりも少ない程度がゼロ」であることを示している. この **no less**

than は通例**大きい数量**について用いるので，言外の含みとして「**〜も**」という多いことを強調する意味が生じる．

⑥は，**not** [less than two thousand]（2千以下**ではない**，2千を下らない）という文否定で，言外の含みとして「それ以上かもしれない」という意味が生じる．

(4)　〈no more A than B〉＝〈not A any more than B〉「Aでないのは，Bでないのと同じ」：後者のほうが〈口語体〉．

⑦　A whale is **no more** a fish **than** a horse is.
＝A whale is **not** a fish **any more than** a horse is.
（クジラが魚でないのは，馬が魚でないのと同様だ．）

⑧　John is **no more** hardworking **than** Bill is.
（ビルと同様，ジョンも勉強家ではない．）

(5)　〈no less A than B〉「B と同様に A である」

⑨　Mary is **no less** charming **than** Susan.
（メアリーは，スーザンに劣らず魅力的だ．）

(6)　〈much more [less] 〜〉「なおさら〜だ[〜でない]」

▶〈**much more** 〜〉は，肯定文に続ける．

⑩　He can speak Japanese, **much more** English.
（彼は日本語が話せる，英語はなおさらだ．）

▶〈**much less** 〜〉は，否定文に続ける．

⑪　I can't bear to walk, **much less** run.
（もう歩けない，走るなんてなおさらだ．）

(7)　〈no longer 〜〉＝〈not 〜 any longer〉「もはや〜でない」

⑫　He is **no longer** living here.
（彼はもうここに住んでいない．）

⑬　I can't wait **any longer**.（もうこれ以上待てない．）

(8)　〈more or less 〜〉「多少〜，多かれ少なかれ〜」

⑭　He was **more or less** excited.
（彼は多少興奮していた．）

243. 最上級を用いて

(1)　〈〜 at (the) most〉＝〈〜 at the very most〉「せいぜい〜」

①　I can pay only ten dollars **at (the) most**.
（せいぜい10ドルしか出せない．）

(2) **〈for the most part〉「大部分は」**

② I agree **for the most part** with what you say.
(大部分はご意見に賛成です.)

(3) **〈make the most of ～〉「～をできるだけ利用する」**

③ We should **make the most of** our ability.
(私たちは，自分の能力をできるだけ生かすべきだ.)

(4) **〈at best〉「いくらよくても，せいぜい」**

④ **At best** he will get 2000 votes.
(いくらよくても彼に取れるのは2千票だろう.)

(5) **〈at *one's* best〉「最良の状態で」**

⑤ The author is **at his best** in this chapter.
(著者は，この章で最もみごとに書いている.)

⑥ The cherry blossoms will be **at their best** next week.
(桜は来週が一番見ごろだろう.)

(6) **〈make the best of ～〉「〈いやな情況〉をがまんする」**

⑦ This room is small, but one must **make the best of** it.
(この部屋は狭いが，これでがまんしなければなるまい.)

(7) **〈to the best of *one's* ～〉「～の限り」**

⑧ **To the best of *my*** knowledge (=As far as I know) he is not in this town.
(私の知っている限りでは，彼はこの町にいない.)

⑨ I'll do the work **to the best of *my*** ability.
(その仕事を力の及ぶ限りやってみよう.)

(8) **〈at least〉「少なくとも」**

⑩ It will cost **at least** ten dollars.
(少なくとも10ドルはかかるだろう.)

⑪ You can **at least** try.
(せめてやってみるぐらいはできるだろう.)

(9) **〈not ～ in the least〉「少しも～でない」** [強い否定]

⑫ It does**n't** matter **in the least.**
(そんなことは少しもかまわない.)

⑬ Would you mind holding this box?── **Not in the least.**
(この箱を持っていただけませんか.──ええ，いいですよ.)

(10) 〈**as best** *one* **can**〉「**できるだけ〜，精一杯〜**」

⑭ He ran **as best** he **could.** （彼は精一杯走った.）

章 末 問 題 21

A 次の各文の( )内の適当な1語を選びなさい.

(1) At what point is the lake (deeper, deepest, the deepest)?

(2) He is not able to keep himself, (no less, much more, much less) a family.

(3) He was so poor that he had (no less, not less, no more, not other) than one hundred yen.

(4) I prefer French (than, to) English.

(5) I am three years senior (to, than) you.

B 次の各文の( )内に適当な1語を入れなさい((11)〜(13)は2文が同じ意味になるように).

(1) Henry is the faster runner (　　) the two.

(2) He is my senior (　　) three years.

(3) He is taller than you (　　) two inches.

(4) She likes her son (　　) the better for his faults.

(5) He is none (　　) happier for his wealth.

(6) Everyone was more or (　　) interested in the arts.

(7) I don't feel (　　) better for having had a holiday.

(8) He is not (　　) much a scholar as a writer.

(9) As often as (　　) she had to go in person.

(10) The man who stops learning is as (　　) as dead.

(11) { John has three times the number of my friends.
　　{ John has three times (　　) many friends (　　) I have.

[ヒント] **A** (1) ☞ § **240**(B) (2) ☞ § **242**(6) (3) ☞ § **242**(2) **B** (1) 比較級に the がついている点に注目(§ **239**(C)) (2) ☞ § **239**(G) (3) ☞ § **239**(A) (4), (5) ☞ § **242**(1) (6) ☞ § **242**(8) (7)「少しも気分がよくならない」 (8)「AというよりもB」 (9) ☞ § **241**(8) (10) ☞ § **241**(2) (11) ☞ § **238**(A)

(12) I am not certain of the exact number of the foreign stamps I have collected, but it is at least one thousand.
I am not sure, but I think I have collected (　　) (　　) than one thousand foreign stamps.

(13) He knew (　　) than to marry that woman.
He was not such a fool as to marry that woman.

C　次の日本文を英文で表現しなさい.

(1) 彼は古今まれな偉人である.
(2) 彼の家は私の家の2倍の大きさがあります.
(3) 私の子供のころは，うちの生活はもっと楽でした.
(4) 彼は90ドルも払った.
(5) 彼は少なくとも90ドルは払った.
(6) 彼は大学で私より2年先輩だった.
(7) よろしければ，できるだけ早く始めることにしましょう.
(8) 私は安閑と座っているよりは働くほうが好きだ.

D　次の各文の誤りを正しなさい.

(1) I like this book than that one.
(2) His essay is the best of the two.
(3) My father is wiser than intelligent.
(4) Your typewriter is inferior than mine.
(5) This is far the better than that.

E　次の文の(　)内に入れるべき適当な語句を，下から選びなさい.

(1) Poverty with honesty is preferable (　　) wealth got by unfair means.

ヒント　(12) ☞ § **242**(3)　(13)「～するほどばかではない」　**C** (1) 〈as ～ as ever…〉の構文を使う (§ **241**(7))　(2) ☞ § **238**(A)　(3)「もっと楽で」be better off　(4)「～も」no less than ～ (§ **242**(3))　(5)「少なくとも～」not less than ～ (§ **242**(3))　(6) ☞ § **239**(G)　(7) ☞ § **241**(1)　(8)「安閑と座る」sit idle ☞ § **239**(G)　**D** (1) like **A better** than **B**　(2) 2者の比較だから，比較級を使うのが原則　(3)「**B**というよりもむしろ**A**」(§ **239**(B))　(4) inferior than でよいか (§ **239**(G))　**E** (1)「～よりも望ましい」

a. for　**b.** on　**c.** than　**d.** to

(2) She keeps only one dog, but I keep (　　) three dogs and four cats.

a. no more than　**b.** not more than

c. not less than　**d.** no less than

(3) "This tea is inferior (　　) that from England," the professor said.

a. to　**b.** than　**c.** by

(4) She is senior to me (　　) seven years.

a. to　**b.** for　**c.** of　**d.** by

(5) I prefer riding (　　) walking.

a. against　**b.** for　**c.** than　**d.** to

(6) His aim in life was simple: to become as wealthy (　　) possible.

a. so powerful as　**b.** as powerful as

c. and as powerful as　**d.** as and powerful as

■よく使われる英語のことわざ■

- When the cat is away, the mice will play.
  (鬼のいぬまに洗濯.)〔←猫の留守中はネズミが遊ぶ〕
- To cast pearls before swine.
  (猫に小判.)〔←豚に真珠を投げ与える〕
- A bad workman always blames his tools.
  (下手の道具調べ.)〔←下手な職人はいつも道具に難癖をつける〕

ヒント　(2)「〈数が〉～も」　(3)「～よりも劣っている」　(4)「7歳だけ」　(5)「**A**よりも**B**を好む」　(6)「できるだけ金持ちで権力をもつ」

第22章 疑問詞

文の一部に不明の要素がある場合，その要素を**疑問詞**にして，その部分に関する情報を求める．疑問詞には，不明な名詞について尋ねる**疑問代名詞**と，不明な副詞語句について尋ねる**疑問副詞**とがある．この章では，それぞれの用法と，疑問文が文の一部にはめ込まれている**間接疑問文**とを研究しよう．

A 疑問代名詞

244. 疑問代名詞とは

疑問代名詞 (interrogative pronoun) は，疑問を表す代名詞で，特殊疑問文 (☞ § 41) を導くのに用いられる．**who, what, which** の3語があり，原則的に**文頭に用いられる**．**what** は「非特定の」人・物に，**which** は「特定の」人・物について用いる．

指すもの ＼ 格	主格	所有格	目的格
人	**who**（だれ）	**whose**（だれの（もの））	**whom**（だれを[に]）
非特定の人・物	**what**（何）	——	**what**（何を[に]）
特　定の人・物	**which**（どれ）	——	**which**（どれを[に]）

いずれも性・数の区別はなく，男・女・中性にも，単数・複数にも用いる．

245. who, whose, whom

(A) **who**「**何という人・どんな人**」:「名前・素性」を尋ねる．つまり，ある人が「だれであるか」を尋ねるのに用いられる．

① A: **Who**'s that?　B: It's *John.*
　(「あれはだれですか.」「ジョンです.」)

② A: **Who** is it?　B: It's *me.*　(「だれですか.」「私です.」)

③ A: **Who** is he?　B: He's *my husband.*
　(「彼はだれですか.」「私の夫です.」)

④ A: **Who** are you? B: I'm *John*.
(「どなたですか.」「ジョンです.」)

⑤ A: **Who** won, Mary or John? B: *Mary* did.
(「だれが勝ったのですか，メアリーですか，ジョンですか.」「メアリーです.」)

注 「特定」であっても，人の場合は which よりも who が好まれる.

(B) **whose**「**だれの〜**」(次にくる名詞を省略して，「**だれのもの**」という意味で使うこともできる.)

⑥ A: { **Whose** *car* is that? (あれはだれの車ですか.)
Whose is that *car*? (あの車は，だれのですか.) }
B: It's *John's* [*mine*]. (ジョンの[僕の]です.)

⑦ A: { **Whose** *cars* are those? (あれはだれの車ですか.)
Whose are those *cars*? (あの車はだれのですか.) }
B: They're *Mary's* and *John's*. (メアリーのとジョンのです.)

(C) **whom**「**だれを[に]**」:〈文語〉用法で，〈口語体〉では主格の **who** が用いられる.

⑧ **Whom** [〈口語体〉**Who**] did you see?
(だれに会ったのですか.) [who は see の目的語]

⑨ **Who** are you looking ***at***? (だれを見ているのですか.)

⑩ A: **Who** did you make it ***for***?
(だれに作ってあげたのですか.)
B: (I made it for) *John*.
(ジョン(に作ってあげたの)ですよ.)

〈NB〉 〈口語体〉では，疑問代名詞を目的語としてとる前置詞は，
***At* whom** are you looking? (=⑨)
のように，目的語の前に置かないで，⑨,⑩のように，文尾に残しておくのが普通.

246. what

(A) **人について用いる場合:「何者」――「職業・身分」を尋ねる.** つまり，その人についての「説明」を求めるために用いられる.

① A: **What** are you? (あなたは何者ですか.)
B: I'm *a student*. (僕は学生です.)

② A: **What**'s John? (ジョンは何をしているのですか.)
B: He's *a teacher.* (先生です.)

(B) 物について用いる場合:「どんなもの」——which が〈特定〉の物について用いるのに対して, **what** は〈非特定〉の物について用いる.

③ A: **What**'s in the box?
(箱の中には何が入っているのですか.)[主語]
B: There's *a doll* in the box.
(箱の中には人形が入っています.)

④ A: **What** did she write?
(彼女は何を書いたのですか.)[目的語]
B: She wrote *a letter.* (手紙を書いたのです.)

⑤ **What** do you think of him? (彼のことをどう思いますか.)

注 日本語の「どう」に引かれて × **How** do you think of him? とするのはよく聞かれる誤り.

⑥ *cf.* a) **What** would you like to drink? [非特定]
(何が飲みたいですか.)
b) **Which** would you like, beer or whiskey? [特定]
(ビールとウイスキーのどちらにしますか.)

247. which

2つ(以上)の〈**特定の**〉物や人の中から選択するときに用いられる.
③, ④のように名詞を限定する形容詞的用法もある.

① **Which** do you want? (どれがほしいのですか.)

② A: **Which** do you prefer, coffee or tea?
(コーヒーと紅茶のどちらが好きですか.)
B: I prefer *coffee.* (コーヒーのほうが好きです.)

③ **Which** *girl* do you mean?
(どの女の子のことをいっているのですか.)

④ **Which** *one* (=**Who**) do you like better, your mother or your father?
(お父さんとお母さんのどちらが好きですか.)

注 〈特定〉の人についていうときは, who の代わりに which one を用いることができる.

Which of ～ という言い方は，人にも物にも用いられる．

⑤　**Which of** you won the prize?　[×**Who of** you は誤り]
(君たちのうちのだれがその賞を取ったのか．)

⑥　**Which of** these umbrellas is yours?
(これらの傘のうちどれが君のですか．)

〈NB〉 次の2つの文を比較してみよう．

ⓐ　**What** *writer* do you like?　(どんな作家がお好きですか．)

ⓑ　**Which** *writer* do you like?　(どの作家がお好きですか．)

ⓐは〈非特定〉の，つまり，作家一般についての質問であるが，一方，ⓑは先に名前をあげた〈特定〉の作家についての質問である．

𝔹 疑問副詞

疑問副詞(interrogative adverb)は，**不明の副詞語句について尋ねる**ときに用いられる．**how** 以外は，すべて **wh-** で始まる(日本語の「コソアド」のド形「ドレ・ドコ・ドチラ」などと比較)：**when, where, why, how**

248. when「いつ」

不明の〈時〉を尋ねるのに用いられる．

①　A: **When** did he come?　(彼はいつ来たのですか．)
　　B: (He came) *last night*.　(ゆうべ(来たの)です．)

　　注　He came という部分は，A がすでに知っている“古い情報”なので省略可能．last night の部分が“新しい情報”．

249. where「どこに[へ，で]」

不明の〈場所〉を尋ねるのに用いられる．

①　A: **Where** does he live?　(彼はどこに住んでいるのですか．)
　　B: (He lives) *in Tokyo*.　(東京に住んでいます．)

②　A: **Where** did he go yesterday?
　　(彼はきのうどこへ行ったのですか．)
　　B: (He went to) *New York*.　(ニューヨークへ行きました．)

(参考) **where** は，前置詞を伴って，疑問代名詞的に用いられることがある．〈口語体〉

ⓐ　**Where** are you going *to*?　(どこへ行っているのですか．)

ⓑ A : **Where** does he come *from*? ＝**Where** is he *from*?
(彼はどこの出身ですか.)
B : He comes [is] from Hong Kong. (ホンコン出身です.)
注 come [be] from「～の出身である」は，常に現在形.

ⓒ A : I'm going now. (これから出かけます.)
B : **Where** *to*? (どこへ?)

250. why「なぜ」

不明の〈理由〉を尋ねるのに用いられる．**because** で答えるのが原則.

A: **Why** do you watch TV? (なぜテレビを見るのですか.)
B: ***Because*** it's good for my English.
(英語の勉強に役に立つからですよ.)

(参考) **why** は〈口語〉において，次のような慣用表現としてよく用いられる.

ⓐ **Why** *do*? 「なぜ～するのか(むだではないか)」:
Why *argue* with him? He'll never change his mind.
(なぜ彼と議論するのか．絶対に決心は変えないよ.)

ⓑ **Why not**? 「(質問に答えて)もちろん；どうぞ，どうぞ」:
A : May I go now? (もう帰っていいですか.)
B : **Why not**? (どうぞ，どうぞ.)

ⓒ **Why not** *do*?＝**Why don't you** *do*?「～してはどうか」〈提案〉:
A : **Why not** *come* [**Why don't you** *come*] with us?
(一緒にいらしたらどうです.)
B : Thanks, I will. (せっかくですから，そうしましょう.)

251. how

(I) 単独で用いられる場合

(A) 〈方法〉「どのようにして」: 通例，**by** で答える.

① A: **How** did you get here? (ここへどうやって来ましたか.)
B: (I came here) ***by*** bus. (バスで来ました.)
注 ただし，**on** foot (歩いて) では **on** が普通.

② A: **How** will John know when to come?
(ジョンは，いつ来たらいいのかどうやって知るのですか.)
B: ***By*** asking Mary. (メアリーに聞くのです.)

(B)　〈状態〉「**どんなふうで**」：

③　A：**How**'s your mother?　(お母さんはいかがですか.)
　　B：She's fine, thanks.　(おかげさまで元気です.)

(C)　〈様態〉「**どのように**」：

④　A：**How** was she dressed?　(どんな服装でしたか.)
　　B：Very simply.　(とても質素でした.)

(II)　**〈how＋形容詞/副詞〉の形式で用いられる場合**

(D)　〈程度〉「**どれくらい**」：

⑤　**How** ***many*** people came?　(何人来たのですか.)

⑥　**How** ***much*** are these apples?
　　(このりんごはいくらですか.)

⑦　**How** ***tall*** are you?　(身長はどれくらいですか.)

⑧　A：**How** ***often*** do you wash your hair?
　　(髪を何回洗いますか.)
　　B：About once a week.　(週1回くらいです.)

⑨　A：**How** ***far*** is it to Brighton?
　　(ブライトンまでどのくらいの距離がありますか.)
　　B：A long way.　(遠いですよ.)

⑩　A：**How** ***long*** have you been here?
　　(ここへ来てどれくらいになりますか.)
　　B：About two weeks.　(約2週間です.)

● 例題 1 ●

次の各文の下線部が答えとなるような疑問文を作りなさい.

(1) She is my sister.　　(2) I bought it for Mary.
(3) He is a doctor.　　(4) There's a cat in the basket.
(5) I like coffee better than tea.
(6) I came here by train.
(7) I have been studying Japanese about two years.

考え方　(1) ある人が「だれであるか」を尋ねる (**§ 245**(A))　(2)「だれのために」Who(m)...for? (**§ 245**)　(3) ある人についての「説明」を求める (**§ 246**)　(4) **§ 246**(B)　(5)「特定」のものからの選択 (**§ 247**)　(6) 来た「方法」を尋ねる (**§ 251**(1))　(7)「期間」を尋ねる (**§ 251**(D))

解答 (1) *Who* is she? (2) *Who* did you buy it *for*? (3) *What* is he? (4) *What*'s in the basket? (5) *Which* do you like better, coffee or tea? (6) *How* did you come here? (7) *How long* have you been studying Japanese?

C 間接疑問文

a) **Who is he?** (彼はだれですか.)
b) I don't know **who he is.** (彼がだれだか知りません.)

解説 b) の who he is のように, 疑問文が文の一部にはめ込まれて, 名詞節として働いている場合を**間接疑問文**という. 名詞節として文の一部になった以上, who is he? ⟶ who he is のように, **語順は平叙文と同様, 〈S+V〉**になる.

252. 間接疑問文の用法

間接疑問文は, 名詞節として文の主語・補語・目的語の働きをする.

(A) 主 語

① a) **Who did it** is a riddle to me.
(それをだれがしたかは謎だ.)
b) *cf*. **Who did it?** (それをだれがしたのか.)

(B) 補 語

② a) The question is **how we can do it.**
(問題は, どうすればできるか(ということ)だ.)
b) *cf*. **How can we do it?**

(C) 動詞または前置詞の目的語

③ a) *Tell* me **what he said.** [動詞の目的語]
(彼が何といったのか教えてください.)
b) *cf*. **What did he say?**

④ a) I *asked* her **what she was doing.** [同上]
(彼女に何をしているのかと尋ねた.)
b) *cf*. **What are you doing?**

⑤ a) They were debating *about* **which was the better plan.** [前置詞の目的語]
(彼らはどちらがすぐれた計画かということで議論していた.)
b) *cf*. **Which is the better plan?**

疑問詞の前の前置詞は，⑥のように落ちることがある.

⑥ a) I have no idea (*as to*) **where he has gone.**
(彼がどこへ行ったのか見当がつかない.)
b) *cf*. **Where has he gone?**

ポイント

間接疑問文は〈S+V〉の語順になる.

参考 次の2つの文を比較してみよう.

ⓐ I don't know **who** *the author is.* (著者がだれだか知らない.)

ⓑ I don't know **who** *is the author.* (だれが著者だか知らない.)

ⓐ,ⓑはどちらも用いられている. その違いは，ⓐでは the author が主語と感じられ，ⓑでは who が主語と感じられているという点である.

253. Do you know *who*...? と *Who* do you think...?

a) "**Do you know** ***who he is***?" "Yes, I do." / "No, I don't."
b) "***Who*** **do you think** ***he is***?" "I think he is Mary's husband."

訳 a)「彼がだれだ**か**(**を**)知っていますか.」「ええ，知っています.」/「いいえ，知りません.」
b)「彼はだれだ**と**思いますか.」「メアリーの御主人だと思います.」

解説 a) は，「知っているかどうか」を尋ねる一般疑問文であるから，Yes/No で答えられるのに対して，b) は，「だれであるか」を尋ねる特殊疑問文であるから，Yes/No で答えられない.

a) と b) とは，〈S+V〉という語順で明らかなように，どちらも間接疑問文であるが，両者間には次のような構造上の違いがある.

① a) Do you know ＿ he is **who**? [疑問詞を**節**のトップへ回す]
b) ＿ Do you think he is **who**? [疑問詞を**文**のトップへ回す]

つまり，疑問詞が移動する前の構造は，両文とも同じであるが，a) では節頭に，b) では文頭にというように，疑問詞の移動先が違っているのである．

a) のタイプの疑問文を作る動詞は，**know 型**の動詞である．

know 型：**know**（知っている），**see**（分かる），**hear**（聞いている），**understand**（理解する），**tell**（話す），*etc.*

これらの動詞では，疑問詞は(間接疑問文の)**節頭**へ移動するだけで，主文の文頭へ移動することはできない．日本語では，必ず「…**か(を)**」で訳せる．

② ○ Don't you *see* **how** I love you?
（僕がどれほど君を愛している**か**分からないのか．）
× **How** don't you *see* I love you?

b) のタイプの疑問文を作る動詞は，**think 型** の動詞である．

think 型：**think**（思う），**believe**（信じる），**hope**（希望する），**imagine**（想像する），**suppose**（推測する），**feel**（感じる），*etc.*

これらの動詞では，疑問詞は必ず**文頭**へ移動される．日本語では，「…**と**」で訳せる．

③ ○ **When** do you *suppose* he will come?
（彼はいつ来る**と**思いますか．）
× Do you *suppose* **when** he will come?

●例題 2●

次の各文を英語で表現しなさい．

(1) 彼はなぜ来なかったのかしら．

(2) その小説の著者はだれだと思いますか．

(3) 彼が何をしたかご存じですか．

(4) 次に何をしたらよいか，どうぞ教えてください．

考え方 (1)「～かしら」I wonder; wonder は know 型
(2) Who do you think... 型 (**§ 253**)；「著者」author (3), (4) Do you know who... 型 (**§ 253**)

解答 (1) I wonder why he didn't come.
(2) Who do you think is the author of the novel?
(3) Do you know what he has done?
(4) Please tell me what I should do next.

254. 〈疑問詞＋to 不定詞〉の構造

① a) I don't know **what** *I should do.*
　　(I = I)
　b) I don't know **what** *to do.*
　　(私はどうすべきか分からない.)
② a) He told me **which book** *I should read.*
　　(me = I)
　b) He told me **which book** *to read.*
　　(彼はどちらの本を読むべきか私に教えてくれた.)

解説 ① a) の間接疑問文の主語は，主節の主語と同じである (共に **I**). 一方，② a) の間接疑問文の主語 I は，主節の目的語 me と同じ人をさしている. このように，間接疑問文の主語が主節の主語または目的語と同じである場合は，しばしばその主語を省略して，b) 文のように，〈疑問詞＋to 不定詞〉の構文に縮約される. 〈**疑問詞＋to 不定詞**〉は，それぞれ a) 文で should が含まれていたように，常に「**…すべきか，…したらよいのか**」という意味を表す. 間接疑問文が**名詞節**であったように，この構造の文中での働きは**名詞句**である.

① a) I wondered **how** *I should get there.*
　　(I = I)
　⇨ b) 間接疑問文の主語を消去し，**should** を **to** に変える：
　　I wondered **how** *to get there.*
　　(どうやってそこへ行ったらいいのかと思った.)
② a) He has forgotten **where** *he should go.*
　　(He = he)
　⇨ b) He has forgotten **where** *to go.*
　　(彼はどこへ行ったらいいのか忘れてしまった.)
③ a) I asked him **what** *I should do.*
　　(I = I)
　⇨ b) I asked him **what** *to do.*
　　(私はどうしたらいいのか，彼に聞いた.)
④ a) I told him **when** *he should go.*
　　(him = he)
　⇨ b) I told him **when** *to go.*
　　(私は彼にいつ行くべきかを教えた.)

疑問詞のうち，**why** にはこの用法がない．

⑤ I don't know **what [how/where/when/×why]** *to talk.*
(私は何を [どんなふうに/どこで/いつ/×なぜ] 話すべきか分からない.)

章 末 問 題 22

A　次の各文の(　)内に適当な1語を入れなさい．

(1) Tell me exactly (　　) you've made up your mind to do.
(2) (　　) pencil is this, Tom's or Harry's?
(3) (　　) of these books do you want?
(4) (　　) that has sense of honor can do such a thing?
(5) I have no idea (　　) to do.
(6) I don't understand (　　) to drive a car.
(7) He does not know (　　) to behave.

B　次の2つの文を1つにまとめなさい．

(1) Do you know?　What is his name?
(2) Can you tell me?　When did she buy her hat?
(3) How long will he be gone?　Do you think?
(4) What will happen there?　Do you think?
(5) Ask him.　How far away is New York from here?
(6) Tell me.　What kind of music do you like?

C　次の各文の誤りを正しなさい．

(1) What do you pronounce this word ?
(2) Do you think who is the mayor of that town?

ヒント　**A** (1) make up *one's* mind to ～「～しようと決心する」 (2)「だれのもの」 (3)「特定」のもの (**§ 247**) (4)「だれが」主語 (5) 〈have no idea ＋疑問詞〉「…なのかまったく分からない」 (6), (7)「～の仕方」　**B** *Do you know* who… 型と Who *do you think*… 型の違いに注意 (**§ 253**)
C (1)「どのように」 (2) Who *do you think*… 型 (**§ 253**)

(3) Where do you know he went last Sunday?
(4) Do you know what ought we to do?
(5) Whom do you suppose I am?
(6) Do you think where he went?

D 次の各文の下線部が答えになるように，疑問詞を使って疑問文を作りなさい．

(1) I like winter better than summer.
(2) She goes to school by bus.
(3) He's going to travel.
(4) I've been studying English for six years.
(5) Paul went to London last week.

E 次の各文の( )内の適語を1つ選びなさい．

(1) He didn't know (how, what, which) to express his feeling.
(2) I told him (how, why, what) to do it.
(3) (How, What) do you think of this new plan?
(4) I wondered (who, whose, what) he thought of Japan.

F 次の日本文を英語に直しなさい．

(1) その少女はどうなったのか知りません．
(2) 彼は5年前，どこで英語を教えていたと思いますか．
(3) ここから博物館までどれくらい距離がありますか．
(4) これらの本のうちでどれが一番役に立ちましたか．
(5) 私のこの作文をご覧になってご意見を聞かせてくださいませんか．

ヒント (3) *Do you know* who… 型 (§ 253) (4) 間接疑問文の語順は？(§ 252) (5) Whom (目的格)でよいか (6) where の位置は？ **D** 下線部を疑問詞に変える (1) which (2) how (3) what (4) how long (5) when **E** (1), (2)「～の仕方」 (3), (4) 疑問詞は think の目的語 **F** (1)「～はどうなったか」what has become of ～ (3)「どのくらい距離」how far (4)「役に立ちましたか」→「役に立つと思ったか」 (5)「ご覧になる」look over;「ご意見」what you think of ～

第23章

関　係　詞　I

関係詞は，2つの文を結びつけると同時に，前の文の名詞または副詞語句の代わりをする語である．名詞の代わりをするものを**関係代名詞**，副詞語句の代わりをするものを**関係副詞**という．

この章では，2つの関係詞の用法と，関係詞の省略を研究しよう．

A　関係代名詞

255．関係代名詞の働きと種類

関係代名詞 (relative pronoun) は，**接続詞と代名詞の働き**をする語である．すなわち，2つの独立した文を結びつける働きをすると同時に，前の文の名詞・代名詞（これを関係代名詞の**先行詞** (antecedent) という）の代わりに用いられるのである．次の ①,② を比較してみよう．

① Mary is ***a girl***. She loves a joke.
（メアリーは女の子だ．彼女は冗談が大好きだ．）

② Mary is ***a girl*** **who** loves a joke.
（メアリーは，冗談が大好きな女の子だ．）

② において，**who** は **she** の代わりに **loves** の主語の役割をすると同時に，① の2つの独立文を1つに結びつける働きをしている．

関係代名詞には，次のような種類と形式がある．

先行詞	主格	所有格	目的格	前置詞の目的語
人	who that*	whose ——	(who)/(whom†) (that)	前置詞＋whom†/ (who(m))…前置詞 (that)…前置詞
物	that which*	—— of which†/whose	(that) (which)	(that)…前置詞 前置詞＋which†/ (which)…前置詞

注　*のついた形は，より普通でない形，†のついた形は〈文語〉であることを示す．(　　)はその中の関係代名詞が**省略**できることを表す．

256. 主語の関係代名詞化

(A)　関係詞節の作り方は，非常に規則的である．まず，作り方のもっとも簡単な主語の関係代名詞化から見ていこう．

①　*The boy* won the game.　*The boy* comes from York.
(その少年がゲームに勝った.)　(その少年は，ヨーク出身だ.)

①の2つの文で，同一人物をさす語句を捜す．それは，2つの The boy であり，この場合，それぞれが関係代名詞の先行詞になれる．

②　a)　*The boy* **who comes from York** won the game.
(ヨーク出身のその少年がゲームに勝った.)

b)　*The boy* **who won the game** comes from York.
(そのゲームに勝った少年は，ヨーク出身だ.)

つまり，①の第1文の The boy を先行詞にすれば，② a) になり，第2文の The boy を先行詞にすれば，② b) になるわけである．

まず，② a) の関係詞節の作り方から説明しよう．第1に，〈文はめ込み〉によって，第2文を，第1文の先行詞 The boy の直後にはめ込む．

③　*The boy* [**the boy comes from York**] won the game.

第2に，〈関係詞化〉によって，はめ込み文の主語 The boy を **who** に変える(**that** でもいいが，先行詞が「人」の場合は **who** のほうが普通)．

④　The boy [the boy comes from York] won the game.
⇩
who
注　The boy が主格なので，関係代名詞も主格を選ぶ

この2つの変形によって，関係代名詞による2つの文のドッキングは完了し，完成文 ② a) が得られる．

② b) の関係詞節も，同じ変形によって作ることができる．

⑤　a)　〈文はめ込み〉：第1文を第2文の先行詞 The boy の直後にはめ込む：
⇨ *The boy* [**the boy won the game**] comes from York.

b)　〈関係詞化〉：はめ込み文の主語を **who** に変える：

⇨ The boy [the boy won the game] comes from York.
⇩
who

c) 完成文

The boy **who won the game** comes from York.

（そのゲームに勝った少年は，ヨーク出身だ.）

(B) 先行詞が「物」の場合は， 関係代名詞を **that** または **which** に変えるだけで，あとの変形手順は「人」の場合とまったく同じである.（**which** は〈形式ばった〉スタイルなので，以下の例示には **that** を用いることにしよう.）

⑥ a) That is *the car*. *It* belongs to Mary.

（あれがその車だ.） （それは，メアリーのものだ.）

b) 〈文はめ込み〉：第 2 文を第 1 文の先行詞 the car の直後にはめ込む：

⇨ That is *the car* **[it belongs to Mary]**.

c) 〈関係詞化〉：はめ込み文の主語 it を **that** に変える：

⇨ That is the car [**it** belongs to Mary].
⇩
that

d) 完成文

That is the car **that belongs to Mary**.

（あれは，メアリーのもっている車だ.）

(C) 先行詞が文中にある場合も， 関係詞節は同じ手順で作られる.

⑦ a) *The road* is sandy. *It* leads to the shore.

（その道は，砂だらけだ.） （それは，浜辺に通じている.）

b) 〈文はめ込み〉：第 2 文を第 1 文の先行詞の直後にはめ込む：

⇨ *The road* **[it leads to the shore]** is sandy.

c) 〈関係詞化〉：it を **that** に変える：

⇨ The road [**it** leads to the shore] is sandy.
⇩
that

d) 完成文

The road **that leads to the shore** is sandy.

（浜辺に通じている道は，砂だらけだ.）

257. 目的語の関係詞化

目的語の関係代名詞は，主語の場合よりも，変形操作が1つ増える．

(A) **先行詞が「人」の場合は，関係代名詞は，who(m) または that** を用いることができる．ここでは，**who(m)** で練習してみよう．

① a) *The man* has just left. You want *him*.
(その人は今帰った.) (君は彼に用事がある.)

b) 〈文はめ込み〉
⇨ *The man* **[you want him]** has just left.

c) 関係詞(以下，WH)化：him を **whom** に変える：
⇨ The man [you want him] has just left.
⇩ **whom**
注 **him** が目的格なので，関係代名詞も目的格を選ぶ

d) 関係詞(以下，WH)移動(義務的)：whom を〈はめ込み文〉の頭へ回す：
⇨ The man [**whom** you want △] has just left.

e) 完成文
The man **who(m) you want** has just left.
(君の用事のある人は，今帰ったところです.)
注 〈口語体〉では，whom よりも who が好まれる．

上で見るように，増えた変形操作は①d (WH 移動)である．なぜ WH を節頭へ回すかといえば，それは，WH 語(関係詞，疑問詞，that)は義務的に節頭に置かれるという重要なルールが英文法にあるからである．(一方，日本語の WH 語は，「君は**何を**見たか」，「**何を**君は見たか」のように，必ずしも節頭へ回す必要はない.) ここで，〈口語体〉には，次のようなスタイル上のルールがある．

② **目的格の関係代名詞は省略するほうが普通である**

②のルールを適用すれば，③が得られる．

③ 〈WH 省略〉(省略された位置を△で示す)
⇨ The man △ **you want** has just left.

(B) 次に，**先行詞が「物」の場合**を考えてみよう．この場合，用いられる関係代名詞が that または which であるということを除けば，変形の手順は今までと同じである．**which** は〈形式ばった〉スタイルなの

で，以下の練習では，**that** だけを用いることにする．

④ a) Where is *the pen*?　　I bought *it* yesterday.
(あのペンはどこにありますか．)（私はそれを昨日買った．)

b) 〈文はめ込み〉：第2文を第1文の先行詞の直後へはめ込む：
⇨ Where is *the pen* [**I bought it yesterday**]?

c) 〈WH 化〉：it を **that** に変える：
⇨ Where is the pen [I bought **it** yesterday]?
⇩
that

d) 〈WH 移動〉(義務的)：that を〈はめ込み文〉の頭へ回す：
⇨ Where is the pen [**that** I bought △ yesterday]?

e) 完成文
Where is the pen **that I bought yesterday**?
(私が昨日買ったペンは，どこにありますか．)

〈口語体〉では，ルール②に従って，関係詞を省略することができる．

⑤ 〈WH 省略〉
Where is the pen △ **I bought** yesterday?

258. 所有格の関係詞化

(A) 先行詞が「人」の場合の変形は，非常に簡単である．先行詞を受ける所有格の(代)名詞を捜し，それを **whose** に変えさえすればよい．

① a) That's *the lady*.　*Her* purse has been stolen.
(あれがその婦人だ．)（彼女の財布は盗まれた．)

b) 〈文はめ込み〉：第2文を第1文の先行詞の直後にはめ込む：
⇨ That's *the lady* [**her purse has been stolen**].

c) 〈WH 化〉：her を **whose** に変える：
That's the lady [**her** purse has been stolen].
⇩
whose　　注 **her** が所有格なので，関係詞も所有格を選ぶ

d)　完成文

That's the lady **whose purse has been stolen.**

（あれが，財布を盗まれた婦人です.）

注意　関係詞が **whose** の場合は，省略することはできない.

(B)　先行詞が文中にある場合は，例の WH 移動が生じる.

②　a)　*The girl* is not here.　You saw *her* photograph.

（その少女はここにいない.）（君は彼女の写真を見た.）

b)　〈文はめ込み〉：第2文を第1文の先行詞の直後にはめ込む：

⇨ *The girl* [**you saw her photograph**] is not here.

c)　〈WH 化〉：her を **whose** に変える：

⇨ The girl [you saw her photograph] is not here.

⇩ whose　注 **her** が所有格なので，関係詞も所有格を選ぶ

d)　〈WH 移動〉（義務的）：whose＋名詞 を〈はめ込み文〉の頭へ回す：

⇨ The girl [**whose photograph** you saw △] is not here.

e)　完成文

The girl **whose photograph you saw** is not here.

（君が写真を見た少女は，ここにはいない.）

注意　d) の段階で，×**whose** you saw photograph のように，**whose** だけを文頭に回してはいけない．**whose** photograph は saw の目的語であり，*her* photograph や *a* photograph と同様，1つのまとまった**名詞句**なので，her や a だけを移動させることができないのと同様，whose だけを移動することはできないのである.

(C)　所有格の**先行詞が「物」の場合**は，用いられる関係代名詞は **whose** または **of which** である．後者は，いちじるしく〈文語的〉なので，先行詞が「物」の場合も，普通 **whose** が用いられる．その場合は，②の関係詞節の作り方とまったく同じである.

③　a)　He mentioned *a book*.　*Its* title was in French.

（彼はある本のことを口にした.）（その表題は，フランス語だった.）

b)　〈文はめ込み〉：第2文を第1文の先行詞の直後にはめ

込む：

⇨ He mentioned *a book* [**its title was in French**].

c) 〈WH 化〉：its を **whose** に変える：

⇨ He mentioned a book [its title was in French].

its ⇩ **whose** 注 its が所有格なので，関係詞も所有格を選ぶ

d) 完成文

He mentioned a book **whose title was in French.**

（彼は，表題がフランス語の本のことを口にした.）

今度は，**of which** を使って，関係詞節を作ってみよう．その場合は，〈はめ込み文〉に〈**of＋(代)名詞**〉という構造が存在していなければならない点に注意しよう．スタイルは，〈文章体〉である．

④ a) He mentioned *a book*. The title *of it* was in French.

b) 〈文はめ込み〉：第 2 文を第 1 文の先行詞の直後にはめ込む：

⇨ He mentioned *a book* [**the title of it was in French**].

c) 〈WH 化〉：it を **which** に変える：

⇨ He mentioned a book [the title of it was in French].

it ⇩ **which**

d) 完成文

He mentioned a book **the title of which was in French.**

（彼は，表題がフランス語の本のことを口にした.）

c) の段階で it を関係代名詞に変える場合，その前に前置詞 of があり，前置詞を that の前に置くことはできないので，**of which** の可能性しかない点を確認しておこう．

参考 ④ d) のほかに，**of which** のみを節頭へ回せば，次の文が生じる．

He mentiond a book [**of which** *the title* was in French].

しかし，これは〈ぎこちない〉スタイルとされるので，お勧めできない．そういう構文もあることを知っているだけで十分である．

259. 前置詞の目的語の関係詞化

(A) 関係節化の中では，これが一番むずかしい．前置詞が存在するのに，日本語に訳してみると必ずしもその意味が表れないので，理解しに

くいのである．ただし，関係詞節の作り方は，今までの場合とまったく変わらない．

① a) That's *the man*. I spoke **to** *him*.
(あれがその男だ．)　(私はその男に話しかけた．)

b) 〈文はめ込み〉：第２文を第１文の先行詞の直後にはめ込む：
⇨ That's *the man* **[I spoke to him]**.

c) 〈WH 化〉：him を **whom** に変える：
⇨ That's the man [I spoke to **him**].
⇩ 注 **him** が目的格なので，
whom 関係詞も目的格を選ぶ

d) 〈WH 移動〉(義務的)：whom を〈はめ込み文〉の頭へ回す：
⇨ That's the man [**whom** I spoke to △].

e) 完成文
That's the man **who(m) I spoke to.**
(あれが，私が話しかけた男だ．)

e) の文では，who(m) は to の目的語であるから，**§ 257** の ② のルールに従って，〈口語体〉では通例省略される．

② 〈WH 省略〉
That's the man △ **I spoke to.**

さらに，〈文章体〉では，① d) の段階で，〈前置詞＋WH〉をまとめて節頭へ移動させることができる．**to whom** は，① a) の to him と同様，spoke にかかる副詞句として，まとめて移動することもできるからである．しかし，この語順は〈口語体〉では使用されない．

③ That's the man [**to whom** I spoke].

(B) 先行詞が「物」の場合も，変形の手順はまったく同じである．

④ a) This is *the house*. He lives **in** *it*.
(これがその家だ．)　(彼はそこに住んでいる．)

b) 〈文はめ込み〉：第２文を第１文の先行詞の直後にはめ込む：
⇨ This is *the house* **[he lives in it]**.

c) 〈WH 化〉: it を **which** に変える:

⇨ This is the house [he lives in it].

⇩ **which**

注 **in** の目的語なので，**that** は選べない

d) 〈WH 移動〉(義務的): which を〈はめ込み文〉の頭へ回す:

⇨ This is the house [which he lives in △].

e) 完成文

This is the house **which he lives in.**

（これが彼の住んでいる家です.）

f) 〈WH 省略〉(which は in の目的語)〈口語体〉

This is the house △ **he lives in.**

〈文章体〉では，d) の段階で，ここでも前置詞を伴った WH 移動が可能である.

d)′ 〈WH 移動〉(前置詞を伴って)〈文章体〉

⇨ This is the house [in which he lives △].

▶ **文体について**:〈前置詞＋関係代名詞〉の構文は，上で見たように，4 通りの言い方ができる.

1) the man **about whom** *you were talking*

2) the man **who(m)** *you were talking* **about**

3) the man **that** *you were talking* **about**

4) the man △ *you were talking* **about**

（あなたが話題にした人）

1) は最も〈文語〉的で，〈くだけた〉スタイルでは避けられる. 前置詞のあとでは，**whom** しか用いることができない. 〈くだけた〉スタイルでは *2*)〜*4*) のように，前置詞を文尾に回すのが普通である. *2*) と *3*) では **that** を使った *3*) のほうが普通であり，それよりも，*4*) のように，関係代名詞を省略するほうがもっと普通である.

260. that が好まれる場合

次のような場合には，**that** が好んで用いられる. **絶対的な規則**ではない. 目的格の場合は，ここでも省略するほうが普通である.

(A)　先行詞に**最上級の形容詞**や, **the first** (最初の), **the last** (最後の), **the only** (唯一の), **the very** (まさにその) のような, “唯一の” という限定的意味の強い修飾語がつく場合 (ただし, 〈人〉が先行詞のときは, この場合でも **who** のほうが普通).

① He is ***the greatest*** man **that/who** has ever lived.
(彼はこれまで生きていた人の中で最も偉大な人間です.)

② This is ***the best*** hotel (**that**) I know. [hotel は know の目的語]
(これは私が知っている最上のホテルです.)

③ Mary was ***the first/the last*** girl **that/who** arrived.
(メアリーは, やって来た最初の/最後の女の子だった.)

④ He was ***the only*** one **that/who** noticed it.
(彼は, それに気づいたただ1人の人だった.)

⑤ This is ***the very*** thing (**that**) we want. [that は want の目的語]
(これは, まさに私たちが求めている物です.)

(B)　先行詞に **all, anything, everything** のような限定の意味の強い不定代名詞が含まれる場合.

⑥ Is this ***all*** **that**'s left? (これが残っているすべてですか.)

⑦ Is there ***anything*** (**that**) I can do for you?
(何かしてあげられることがありますか.) [that は do の目的語]

⑧ He will give you ***everything*** (**that**) you want.
[that は want の目的語]
(彼はあなたのほしいものは何でもくれますよ.)

〈NB〉 all が「人」をさす場合は, all **who** のほうが好まれる. 〈文章体〉
I will welcome ***all*** **who** wish to come.
(来たい人はみんな歓迎します.)

(C)　疑問代名詞のあとにくる場合: これは, 口調およびスタイル上 wh 語の反復を避けるためである.

⑨ ***Who*** **that** knows him doesn't love him?
[Who は that の先行詞]
(彼を知っている人で彼を愛さない人がいるだろうか.)

⑩ ***Which*** is the car **that** hit you?
(君にぶつかった車は, どれですか.)

(D)　先行詞が**〈人＋物〉**から成る場合: この用法は〈まれ〉.

⑪ The ***cabmen and cabs*** **that** I saw in London were very amusing. （私がロンドンで見たタクシーの運転手とタクシーは，とてもおもしろかった.）

(E) 関係代名詞が **be** 動詞の補語になっている場合（ただし，関係代名詞は通例省略される）.

⑫ He's not the man (**that**) he used to be. ［主語補語］
（彼は昔のような人間ではない.）

⑬ I'm not the fool (**that**) you thought me. ［目的語補語］
（僕は君が思っていたようなばかじゃない.）

261. 関係代名詞の省略

関係代名詞は，次のような場合に省略することができる.

(A) 節中の動詞または前置詞の目的語になっている場合：〈口語体〉では省略されるほうが普通. 上にもいくつか例をあげたが，さらに1例ずつあげておこう.

① Do you remember the girl (**whom/that**) we ***met*** yesterday? ［met の目的語］
（君は私たちがきのう会った女の子のことを覚えていますか.）

② This is the book (**which/that**) I spoke ***of***. ［of の目的語］
（これが私が話していた本です.）

注意 This is the house ***in*** **which** he lives. （これは，彼が住んでいる家です.）のように，〈**前置詞＋which/whom**〉の語順では関係代名詞を省略できない.

(B) 節中の補語になっている場合（☞ § 260(E)）

③ This is not the good pen (**that**) it *was*.
（これは前のような良いペンではない.） ［主語補語］

④ You were never the girl (**that**) I thought you.
（君は私が思っていたような娘ではなかった.） ［目的語補語］

(C) 主語の場合：普通，省略されないが，〈口語体〉では，**There is** のあと，または関係詞節が **there is** で始まる場合に限って省略されることがある.

⑤ ***There's*** no one (**who**) works harder than you.
（あなたほどよく働く人はいません.）

⑥ I've told you all (**that**) ***there is*** to tell.
(話すべきことは，すべてお話ししました.)

262. 二重限定 (double restriction)

1つの先行詞が接続詞を用いずに2つの関係詞節によって修飾される場合がある．この用法は，**二重限定**と呼ばれる．

① Can you mention ***anyone*** **that** *we know* **who** *is as talented as he*?
(だれか私たちの知っている人で，彼のように才能のある人の名をあげられますか.)

② Is there anything △ *you want* **that** *you haven't got*?
(君のほしいもので，君がもっていないものが何かありますか.)

二重限定では，① の場合でいえば，第1の関係節の先行詞は anyone であるが，第2の関係節の先行詞は第1の関係節に限定された anyone *that we know* 全体であることに注意しよう．

また，二重限定では，② のように，第1の節の関係詞は省略されることがある．

• 例題 1 •

次の各文の(　)内に適当な関係詞を補いなさい．

(1) A man (　　) eyesight is poor cannot see well.
(2) He is the richest man (　　) I know.
(3) Go first to those (　　) you are sure will help you.
(4) The room (　　) windows are closed is not inhabited.
(5) Who (　　) understands music could say the performance was good?

考え方 (1) 所有格 (**§ 258**)　(2) 〈最上級＋先行詞〉(**§ 260**)　(3) will の主語　(4) 所有格 (**§ 258**)；inhabited「人が住んでいる」　(5) understands の主語，さらに疑問詞のあと (**§ 260**(C))

解答 (1) whose　(2) who, that　(3) who　(4) whose　(5) that

B 制限用法と非制限用法

① a) He had two sons **who** became teachers. 　［**制限用法**］
　(彼には教師になった息子が2人いた.)
　b) He had two sons, **who** (=***and they***) became teachers.
　(彼には2人の息子がいたが, 彼らは教師になった.)［**非制限用法**］
② a) My aunt **who** lives in London has just phoned me.
　(ロンドンに住んでいるおばが今電話をくれました.)［**制限用法**］
　b) My aunt, **who** lives in London, has just phoned me.
　［**非制限用法**］
　(私のおばは, ロンドンに住んでいますが, 今電話をくれました.)

解説 ① a)は,「**教師になった息子**が2人いた」という意味で, ほかにも息子がいたという含みがある. 一方, ① b)は,「**2人の息子がいて,** その2人は教師になった」という意味だから, 息子は2人しかいなかったことが分かる. つまり, ① b)では, He had two sons のところで文意は完結していて, **who** 以下は, その2人の息子について情報をつけ足しているにすぎない. その証拠に, who 以下を省略しても前の文の意味は変わらない.

② の2つの文についても, 同じことがいえる. すなわち, ② a)では,「**ロンドンに住んでいる**おば」というのだから, ほかにもおばがいるはずであるが, ② b)では, おばは1人しかいないと考えられる. この場合も, **who** 節を省略しても,「おばが今電話してきた」という文意は少しも変わらない.

①, ② の a) 文のように, 先行詞の意味を限定する用法を**制限用法**(または**限定用法**)といい, b) 文のように, 先行詞について追加的な説明をする用法を**非制限**(または**継続**)**用法**という. 同じ非制限用法の ① b) と ② b) の違いは, ① b) では関係詞節が文末につけられているのに対して, ② b) では, 文中に挿入されている点である.

who, which には非制限用法があるが, **that** は先行詞の意味を限定する力があるので, 非制限用法をもたない.

制 限 用 法	非 制 限 用 法
先行詞の内容を限定	先行詞を補足説明
先行詞のあとにコンマをつけず，ポーズも置かない	先行詞のあとにコンマをつけ，ポーズを置く
who, which, that	who (whose, whom) か which のみ (that, what は用いない)
目的格なら省略可能	目的格でも省略不可

非制限用法には，さらに，もう2つの特徴がある．それは，① b) で見たように，たいていの場合，**〈接続詞＋代名詞〉**で書き換えられること，および，この用法は〈文章体〉であって，〈口語体〉では避けられるということである．

ポイント

関係代名詞の前にコンマがあれば，非制限用法と考えよ

263．非制限用法の用例

まず，用例を調べてみよう．

① I sent it to John, **who** (=and he) passed it to Mary.
[主語] (私はそれをジョンに送った．すると彼はそれをメアリーへ渡した．)

② Mary wanted to marry John, **whom** (=because...him) she loved. [目的語]
(メアリーはジョンと結婚したかった．彼を愛していたからだ．)

③ He is a famous novelist, ***about*** **whom** (=and...about him) many books have been written. [前置詞の目的語]
(彼は有名な小説家で，彼については多くの本が書かれている．)

④ The next train, **which** (=though it) should arrive at 2:30, is late. [主語]
(次の列車は，2時半に着くはずなのに，遅れている．)

⑤ Mary, **whose** major is English, is a high school teacher. [所有格]
（メアリーは英語を専攻し，高校教師をしている．）

①,②,③ は，文末につける用法であり，④,⑤ は文中に挿入される用法である（この場合は，関係詞節の**前後に**コンマをつける）．文末につける用法では，関係代名詞は通例〈接続詞＋代名詞〉で書き換えることができるが，文中に挿入する用法では，例えば ⑤ のように，〈接続詞＋代名詞〉で書き換えにくいものがある．非制限用法では，②,③ のように，動詞や前置詞の目的語になっている場合でも**省略できない**．

（参考）ところで，両用法とも，**〈接続詞＋代名詞〉**で書き換えた場合，接続詞は必ずしも and でないことに注意しよう．② では because，④ では though で書き換えるのが適当である．書き換えに用いられる接続詞が and, because, though などのうちどれが適切であるかは，主節と関係詞節との論理的関係から決定されることである．例えば，④ の場合でいうと，「次の列車は，2時半に着くはずだ」という文と，「それは遅れている」という文の間には**矛盾**がある．矛盾する2つの文を関係詞を用いて結びつけるとしたら，「2時半に着くはず**なのに**，遅れている」という結びつきしか論理的に成立しない．そこで，though を用いるのである．

264. 非制限用法の which

非制限用法の **which** は，先行する**語・句・節の内容**を先行詞とすることがある．（以下の例では，先行詞は斜字体で示してある．）

① She was *modest*, **which** he liked young women to be.
（彼女はつつましやかだったが，彼は若い女性はそうありたいと思っていた．）

② He thought me *a coward*, **which** I was not.
（彼は私のことを腰抜けだと思ったが，私はそうではなかった．）

③ Mary taught me *to bake a cake*, **which** I could never do before. （メアリーは私にケーキの焼き方を教えてくれました．そんなことは前にはできなかったのです．）

④ *John failed his exams*, **which** made his father very angry.（ジョンは試験に失敗した．そこで父親はひどく怒った．）

この用法の先行詞は，語・句・節の「**内容**」であることに注意しよう．②の a coward にしても，「人」そのものをさすのではなく，その「性質・状態」をさしている．そこで，which で受けるのである．

なお，この用法の **which** は，〈文章体〉において，形容詞的に「そしてその…」という意味で用いられることがある．

⑤ He was told *to apply to a police station*, **which** *advice* he followed.
（彼は警察署に申し出るようにいわれたので，その助言に従った．）

●例題 2●

次の各文の(　)に適当な関係詞を補いなさい．

(1) He said he was ill, (　　) was a lie.

(2) I said nothing, (　　) made him still more furious.

(3) He had two sons, both of (　　) were killed in the war.

考え方 前にコンマがあるので，**非制限用法**の関係詞が必要 (1), (2) 前文の内容を受ける関係詞は **which** のみ (**§ 264**) (3) 前置詞の目的語 (**§ 259**)

解答 (1) which (2) which (3) whom

Ⓒ 関　係　副　詞

265. 関係副詞の働き

関係副詞 (relative adverb) は，**接続詞と副詞**の働きをする語である．そのことを **where** について見てみよう．

① This is ***the house.*** He lives **in this house.**
（これがその家です．彼はこの家に住んでいる.）

② This is ***the house*** **where** he lives.
（これが彼の住んでいる家です.）

②において，**where** は in this house という場所の副詞句の代わりをしていると同時に，①の 2 つの文を 1 つの文に結びつける働きをしている．

関係副詞によって導かれる関係詞節は，関係代名詞の場合に準じて作られる．

③ a) This is *the house*. He lives *in this house.*
場所の前置詞句

b) 〈文はめ込み〉：第2文を第1文の先行詞の直後にはめ込む：

⇨ This is the house [**he lives in this house**].

c) 〈WH 化〉：場所の前置詞句を **where** に変える：

⇨ This is the house [he lives **in this house**].

⇩ **where**

d) 〈WH 移動〉(義務的)：where を〈はめ込み文〉の頭へ回す：

⇨ This is the house [**where** he lives △].

e) 完成文：This is the house **where he lives.**

〈NB〉 ③a) の2つの文は，もちろん，関係代名詞を使って1つの文にまとめることができる(☞ § 259).

ⓐ This is the house **which he lives in**. 〈普通体〉

ⓑ This is the house △ **he lives in**. 〈口語体〉

ⓒ This is the house **in which he lives**. 〈文章体〉

266. 関係副詞の種類と用法

先行詞をとる関係副詞は，**when, where, why** の3つである．これらの関係副詞は，先行詞を限定する**形容詞節**を導く．

先行詞	〈時〉を表す語	〈場所〉を表す語	**reason**
関係副詞	**when**	**where**	**why**

(A) 〈時〉を表す語が先行詞：when で受ける

① I remember *the time* **when** I first met Mary.
(私は初めてメアリーに会ったころのことを覚えている.)

② *The day* will come **when** you'll regret it.
(そのことを後悔する日が来ますよ.)

(B) 〈場所〉を表す語が先行詞：where で受ける

③ Can you show me *the place* **where** Shakespeare lived?
(シェイクスピアが住んでいた場所を教えてくれませんか.)

④ There are *cases* **where** this rule does not hold good.
(この規則が当てはまらない場合がある.)

(C)　先行詞が reason の場合：why で受ける

⑤　That is *the reason* **why** so many people come here.
（それがそんなに多くの人がここへ来る理由です.）

⑥　Is there *any reason* **why** you should have a holiday?
（君が休暇をとらねばならない理由が何かあるのですか.）

参考　関係副詞の代わりに,〈文章体〉では関係代名詞の **which** を,〈口語体〉では **that** を使うことができる.〈口語体〉では，また，関係詞を省略することが多い.

1）先行詞が〈時〉を表す場合：

a) That was *the day* **on which** he left.

b) That was *the day* (**that**) he left (**on**).　[前置詞は通例省略される]
（それは彼が立ち去った日です.）

2）先行詞が〈場所〉を表す場合：

a) That is the university **at which** he works.

b) That is the university (**that**) he works **at**.
（あれが彼が勉強している大学です.）

3）先行詞が **reason** の場合：

a) That is the *reason* **for which** I came.
[堅苦しく，不自然な言い方]

b) That is the *reason* (**that**) I came.　[前置詞はつかない]
（そういう訳で私は来たのです.）

1) b) のように前置詞を省略した場合や，*3*) b) のように前置詞のつかない **that** は，関係副詞的に用いられている.

267. 先行詞がない場合

関係副詞は，しばしば先行詞なしに**名詞節**として用いられる．この場合は，*the time* **when**, *the place* **where**, *the reason* **why** のように，先行詞が削除されたと考えればよい．be 動詞の補語節，主語節，前置詞の目的語節としてよく用いられる.

(A)　when（=*the time* **when**）**「…の時」**

①　Saturday is **when** I am free.（土曜日が私の暇な時です.）

(B)　where（=*the place* **where**）**「…の場所」**

②　**Where** he is weakest is in his facts.
（彼の一番の弱点は，事実にあやふやな点だ.）

③　That is **where** you are mistaken.

(そこが君の間違っているところだ.)

④ He came *to* **where** I was fishing.

(彼は私が魚つりをしている所へやって来た.) [to の目的語節]

(C) **why** (=*the reason* **why**)「**…の理由**」

⑤ This is **why** he never laughs.

(こういう訳で彼はちっとも笑わないのです.)

先行詞のない用法では,〈方法〉を表す **how** も用いられる.

(D) **how** (=*the way* in which〈文章体〉, *the way* (**that**))「**…のやり方**」

⑥ That was **how** he always did it.

(彼はいつもそういうやり方でそれをしていた.)

〈NB〉 ×*the way* **how** は古い形で,今は用いられない.〈方法〉を表す表現には,(1) **the way in which ～**, (2) **the way that ～**, (3) **the way ～**, (4) **how ～** の4通りがある.(1) は〈文章体〉で,(2),(4) は〈普通体〉で,(3) は〈口語体〉でよく用いられる.

268. 制限用法と非制限用法

関係副詞のうち,**when** と **where** には非制限用法がある.**why, how,** および関係副詞的に用いられた **that** には,非制限用法がない.

① Please wait till three, **when** (=and then) he will be back.

(3時までお待ちください.そのころには彼は帰って来ますから.)

② I was about to go out, **when** (=and then) it began to rain.

(外出しようとしていると,雨が降り出した.)

③ We went on to Rome, **where** (=and there) we stopped a week. (さらにローマに行き,そこで1週間滞在した.)

④ Paris, **where** I live, is a beautiful city.

(私はパリに住んでいますが,美しい都市です.)

注 固有名詞は,制限用法の関係詞の先行詞にはならない.

①,②,③は,文末につける用法,④は文中に挿入される用法である.前の用法では,関係副詞の前にコンマをつけ,後の用法では,関係詞節の前後にコンマをつける.特に,文末につける用法では,**when**=and then, **where**=and there のように,〈接続詞+副詞〉で書き換えることができる.

●例題 3●

次の各文の(　)内に適当な1語を入れなさい.

(1) The hotel (　　) I was staying had twenty stories.

(2) The day will come (　　) what I have told you will be realized.

(3) This is the reason (　　) he cannot succeed.

(4) October, (　　) the leaves turn red, is a very beautiful month.

(5) That's (　　) I can't come.

考え方 (1) 先行詞は「場所」; story「階」 (2) 先行詞は「時」 (3) 先行詞は the reason (4) 先行詞は「時」, 非制限用法; turn red「紅葉する」 (5) 先行詞が省略されている(§ **267**(C))

解答 (1) where (2) when (3) why (4) when (5) why

章末問題 23

A 次の各文の(　)内の適当な1語を選びなさい.

(1) That is the only hour (when, where, which) you will find me at home.

(2) The boy (whom, and, what) I play tennis with lives next door.

(3) What do you call a child (who, whom, whose) parents are dead?

(4) The man (whose, whom, whoever) I met yesterday wants to see you.

(5) He has found a man (who, whose, whom) he believes is his missing brother.

(6) It is very useful to examine the process (by which, from which, which) we communicate with each other.

ヒント **A** (1) 先行詞は「時」 (2) with の目的語 (3)「その両親が死んだ」 (4) met の目的語 (5) is の主語; missing「行くえ不明の」 (6) process は「手段」

(7) He remembered several occasions in the past (how, why, what, on which) he had experienced a similar feeling.

(8) Poor planning may result in choosing a job (to whom, that, of which, in which) you will not be truly successful.

(9) I want to visit those countries in (where, what, that, which) there are beautiful lakes and hills.

B 次の各文の( )内に適当な1語を入れなさい.

(1) Listen only to those ( ) you believe to be utterly honest.

(2) Not long ago I wrote a letter to him, ( ) nearly involved us in a quarrel.

(3) This is a proverb ( ) meaning I cannot understand.

(4) I don't know the exact time ( ) he will return.

(5) All ( ) glitters is not gold.

(6) That gentleman ( ) hair is grey is our president.

(7) Who ( ) has read Tolstoy's great novels can forget their fascination?

(8) The Victorian age is a time ( ) the English gained full power.

(9) Men and horses ( ) were killed at the battle were innumerable.

(10) { I have given him whatever he wanted.
There's never been a thing he ( ) that I haven't given him.

(11) He began to read the book, ( ) he found very useful.

(12) There are abnormal people, indeed, to ( ) cruelty gives pleasure.

(13) He was the first Japanese ( ) visited the island.

ヒント (7) occasion は on をとる (8)「その中で」 (9) in の目的語
B (1) believe の目的語 (2) 先行詞は，前文の内容 (§ **264**) (3)「その意味が私に理解できない」 (4) 先行詞は「時」 (5) 先行詞は all (§ **260**(B)) ; glitter「きらきら輝く」 (6)「その髪が白い」 (7) 先行詞は who (§ **260**(C)) (8) 先行詞は「時」 (9) 先行詞は「人＋動物」(§ **260**(D)) (10) 二重限定 (§ **262**) (11)「その本を」 (12) 関係詞は to の目的語

C 関係詞を用いて1文に書き換えなさい.

(1) She was a well-known singer. Her voice delighted the whole world.

(2) My uncle has just paid me a visit. Through his kindness I got my present job.

(3) An old man stopped to talk to us. We had not seen him before.

(4) She spoke in German. I could not understand the language well. [which を用いて]

(5) I left my umbrella in a certain place. I have forgotten the place.

(6) What is the building? We see its roof over there.

(7) He had many children. Most of them died in their infancy.

(8) I went over to the garden. There she was sitting under a tall palm tree.

(9) They discussed the problem with great enthusiasm. I was impressed by the enthusiasm. [I was impressed で始める]

D 次の各文に誤りがあれば正しなさい.

(1) I know the man and the dog which were burned to death.

(2) These are the people whom they say are fools.

(3) The man whom I thought was my friend deceived me.

(4) This is the house where he was born in.

(5) There was a time which I used to attend school with joy.

ヒント **C** (1) Her を関係詞に (2) his を関係詞に (3) him を関係詞に (4) which language「その言語」となる (§ **264**) (5) in a certain place → where (6) whose roof (7) of whom (8) There を関係副詞に

D (1) 先行詞は「人+動物」(§ **260**(D)) (2) are の主語 (3) was の主語 (4) where は関係副詞だから, in はつかない (in を生かす場合は where の代わりに関係代名詞を使う) (5) 先行詞は「時」

第24章

関　係　詞　II

この章では，まず，先行詞をそれ自身の中に含んでいる関係代名詞である**複合関係代名詞** what, whoever, whichever, whatever を研究する．

次に，**擬似関係代名詞** as, but, than を研究する．いずれも理解し活用するのは，少しやっかいである．

A　複合関係代名詞

先行詞をそれ自身の中に含んでいる関係代名詞を**複合関係代名詞**という．複合関係代名詞には，**what** 及び **whoever, whichever, whatever** があり，いずれも**名詞節**を導く．

269. what

what は，次のような意味で用いられる．

(1) 「**…ところのもの/こと**」(that which, those which)

① **What** (=That which) you say is right.
(君のいっていることは正しい．)

② A man's happiness depends not so much on **what** *he has* as on **what** *he is.* (人間の幸福は，その財産よりも，むしろ，その人となりで決まる．) [*what he is「彼の人格」]

③ John is not **what** *he was* ten years ago.
(ジョンは，10年前の彼ではない．)

(2) 「**…すること[もの]は何でも**」(anything that...), 「**…だけのこと[もの]はすべて**」(as much as...)

どちらの意味でも，「わずかながら全部」という含みがある．

④ I will do **what** (=anything that) I can.
(私にできることなら何でもします．)

⑤ Give me **what** (=as much as) there is.
(あるだけのものをすべてください．)

この意味では，形容詞的にも用いられる．

⑥ I will give you **what** *help* I can(＝as much help as I can).

（できる限りのお手伝いをしましょう.）

次のように，**little, few** がつくと，「わずかだが」の意味がもっと明確になってくる.

⑦ **What** *little* I have put by is safe.

（私が貯えたわずかな金は安全です.）[*put…by「〈金などを〉貯える」]

⑧ **What** *few* friends he had were on holiday.

（少数だが彼のもっている友人はすべて休暇をとっていた.）

(参考) **what は関係詞か疑問詞か**：両用法の区別はかなり微妙で，文脈と場面がないと，どちらとも決定できない場合がある．しかし，以下の基準が一応の目安となる.

ⓐ 〈質問・疑念・不確かさ・好奇心〉などを表す主節に続く場合，100 パーセント疑問詞である.

Ask him **what** he has done.

（何をしたのか，彼に聞いてみなさい.）

ⓑ 疑問詞には強勢があるが，関係詞にはない.

I don't remember **whát** he said. [疑問詞]

（彼が何といったか覚えていない.）

I don't remember **what** he said. [関係詞]

（彼がいったことを覚えていない.）

ⓒ 疑問詞には **else** をつけることができるが，関係詞の場合はできない.

Ask him **what** *else* I can do. [疑問詞]

（ほかに何をしたらいいか，彼に聞いてみなさい.）

I will do **what** I can do. [関係詞]

（私は自分にできることをします.）

270. what を含む慣用表現

(1) what you [we, they] call＝what is called「いわゆる」

[←…と呼ぶところのもの]

① He is **what you call** a walking dictionary.

（彼はいわゆる生き字引きである.）

(2) A is to B what C is to D「A の B に対する関係は，C の D に対する関係に等しい」(A : B＝C : D)

② Exercise **is to** the body **what** thinking **is to** the brain.
S　V　C
（運動の身体に対する関係は，思考の頭脳に対する関係と同じである.）

what 節が文頭に置かれることもある. 訳し方は同じ.

③ **What** thinking **is to** the brain, exercise **is to** the body.

(3)　〈what is＋比較級〉「さらに…なことには」

これは，what の非制限用法である.

④ She is pretty, and **what is better** still, very kind.
（彼女は美人で，さらによいことに，とても親切だ.）

⑤ He said it, and, **what is more surprising**, he did it.
（彼はそういった. その上驚いたことに，それを実行した.）

(4)　what with A and (what with) B「A やら B やらで」

この〈原因〉を表す成句に用いられる **what** は，「いくらか(partly)」の意味の副詞.

⑥ **What with** *teaching* **and** (**what with**) *writing*, my time is wholly taken up.
（授業やら著述やらで私には少しも暇がない.）

271. whoever, whichever, whatever

これらの複合関係代名詞は，who, which, what に -ever をつけて強調形にしたもので，いずれも名詞節のほかに，〈譲歩〉の副詞節を導く.

(A)　名詞節を導く場合

(1)　whoever (＝anybody that)「**…する人はだれでも**」，**whomever**「**…する人を[に]だれでも**」

① **Whoever** (＝Anybody that) finds it may keep it.
（それを見つけた人はだれでももっていてよろしい.）

② Choose **who(m)ever** (＝anybody who(m)) you like.
（だれでも好きな人を選びなさい.）

③ I will welcome **whoever** (＝anybody who) comes.
（来る人はだれでも歓迎します.）

② の who(m)ever は like の目的語で，③ の whoever は comes の主語. このように，関係代名詞の格は節中の機能によって決まってくる.

(2) whichever (＝any (one) that)「**…するものはどれでも**」 which と同様，2つ(以上)の〈**特定**〉のものについて用いる．⑥のように，形容詞的にも用いられる．

④ **Whichever** (of you) comes in first wins.
((君らのうち)だれでも最初に到着した人が優勝だ．)

⑤ Choose **whichever** you want. [目的語]
(どれでも好きなものを選びなさい．)

⑥ Take **whichever** *seat* you like. [形容詞的]
(どれでも好きな席に着きなさい．)

(3) whatever (＝any (one) that)「**…するものは何でも**」what と同様，2つ(以上)の〈**非特定**〉のものについて用いる．

⑦ **Whatever** (＝Anything that) is virtuous is graceful.
(高潔なものはすべて美しい．) [主語]

⑧ She gets **whatever** (＝anything that) she wants.
(彼女はほしいものは何でも手に入れる．) [目的語]

次のように，形容詞的に用いることもできる．

⑨ They ate **whatever** *food* (＝any food that) they could find. (彼らは見つかる食べ物は何でも食べた．)

(B) 〈譲歩〉の副詞節を導く場合

〈文章体〉では，節中でしばしば仮定法代用の **may** が用いられるが，〈口語体〉では，**may** を省略する．

(1) whoever (＝no matter who)「**だれが…でも**」，**whomever** (＝no matter whom)「**だれを[に]…でも**」

⑩ **Whoever** did it, it was done badly. [did の主語]
(だれがそれをしたにせよ，まずい出来だ．)

⑪ **Whoever** it is, I don't want to see them/him.
(だれであろうと会いたくない．)

(2) whichever (＝no matter which)「**どちらが[を]…でも**」

⑫ Take the one you like best, **whichever** it is. [is の補語]
(どれでもいい，一番好きなものを取りなさい．)

⑬ **Whichever** (*one*) you (***may***) choose, make sure that it is a good one. [one をつければ，形容詞用法]
(どれを選ぶにせよ，良い物であることを確かめなさい．)

(3)　**whatever** (=no matter what)「**何が[を]…でも**」

⑭　**Whatever** you (***may***) do, do it well.　[do の目的語]
(何をするにせよ，りっぱにやりなさい.)

⑮　**Whatever** *weather* it is, we will start tomorrow.
(どんな天気でも，あす出発する.)　[形容詞用法]

複合関係代名詞	書き換え	意　味
whoever **who(m)ever**	**=no matter who** **=no matter who(m)**	「だれが…とも」 「だれを[に]…とも」
whichever	**=no matter which**	「どれ[どちら]が[を]…とも」
whatever	**=no matter what**	「何が[を]…とも」

B　as, but, than

as, but, than は，本来は接続詞であるが，次のような構文では**擬似関係代名詞**として用いられる.

272. as

(A)　**制限用法**：この用法では，〈***such*...as～**〉「～するような…」，〈***the same*...as～**〉「～するのと同じ…」，〈***as/so*...as～**〉「～するのと同じくらいの…」のように，such, the same, as/so と相関的に用いられる.

①　***Such*** men **as** are rich will not want for friends.
(金のある人々は，友人に不自由しない.)　[are の主語]
[*want for「…に不自由する」]

②　I had ***the same*** difficulty **as** you (had).　[had の目的語]
(私もあなた(がかかえていたの)と同じような困難をかかえていた.)

③　***As*** many men **as** came were caught.　[came の主語]
(来た人はみなつかまった.)

④　We are given just **so** much food **as** will keep the breath in our bodies.　(私たちは，やっと息ができるほどの食べ物しか与えられていない.)

注意 **the same...as/that ～** については，§ **179** も参照.

(B) 非制限用法：主節の内容を先行詞とする．⑤,⑥ の斜字体の部分が先行詞(⑥の場合は，いわば，“後行詞”であるが).

⑤ *He was absent*, **as** (=which) is often the case.
（よくあることだが，彼は不在だった.）

⑥ **As** was expected, *he did not turn up*.
（案の定，彼は姿を見せなかった.）

273. but

but は，that [who]...not「**…しないところの**」という意味で，否定語のあとで用いられる．〈文章体〉の用法.

① There is ***no rule*** **but** has exceptions.
（例外のない規則はない.）[=**that** has **no** exceptions]

② There were ***few*** **but** admired his courage.（彼の勇気に感心しない人はほとんどいなかった.）[=**who** did **not** admire ～]

274. than

比較級の(形容詞に修飾された)先行詞を受ける.

① You have ***more books*** **than** I have. [have の目的語]
（君は僕よりも多くの本をもっている.）

② He asked for ***more*** **than** was necessary. [was の主語]
（彼は必要以上のものを要求した.）

章末問題 24

A 次の各文の( )内の適当な1語を選びなさい.

(1) Punish (whoever, whomever) is guilty.

(2) You may give the book to (whoever, whomever) wants it.

(3) There is no wool so white (as, which, that, but) a dyer can make it whiter.

ヒント **A** (1),(2) **関係代名詞の格は節中の働きによって決まる** (3) ☞ § **273**；dyer「染色業者」

(4) This is just (that, which, what) I have wanted so long.
(5) Not only did he not write the letter but, what's (worse than, is it, more), I don't believe he ever intended to.
(6) As many people (as, that, who) were present sympathized with him.
(7) He is no longer (as, what, then) he used to be.
(8) There is no man (that, who, which, but) desires eternal life.

B　次の各文の(　)内に適当な1語を入れなさい.

(1) Such men (　　) heard him praised him.
(2) He is the same age (　　) I.
(3) I have the same watch (　　) you have.
(4) You have made me (　　) I am.
(5) No matter (　　) you live, be kind to your neighbors.
(6) (　　) you may do, you will not succeed without perseverance.
(7) He offers a helping hand to (　　) is in need of help.
(8) Children should not have more money (　　) is needed.
(9) There is nothing in the world (　　) teaches us some good lesson.
(10) I will give you (　　) little help I can.
(11) He welcomed (　　) he invited.
(12) I have bought the same bicycle (　　) you have.
(13) I am not such a fool (　　) can appreciate it.
(14) (　　) you need is more knowledge.
(15) (　　) is worse, he did not leave his address.
(16) (　　) says so is a liar.

ヒント　(5)「その上に」(☞ § **270**)　(6) as と呼応する関係詞は？ (§ **272**)　(7)「昔の彼」 (8) 二重否定　**B** (1) such に注目 (§ **272**(A)) (2), (3) the same に注目 (4)「現在の私」 (5)「どこに住んでいようと」 (6)「どんなことをしようと」may に注目 (7)「…する人はだれでも」 (8)「必要であるよりも以上の」 (9), (13) ☞ § **273**　(10) ☞ § **269**(2)　(11)「彼が招いただれでも」 (12) the same に注目 (16)「そんなことをいう人はだれでも」

(17) (　　) you need most is a good rest.

(18) My affliction has made me lose (　　) little reason I ever had.

C　次の各文の誤りを正しなさい.

(1) We will welcome whomever visits this country.

(2) Let the children read such books that will make them better and wiser.

(3) Tell the news to whomever you think will be interested.

D　次の日本文を関係詞を用いて英訳しなさい.

(1) 彼は5年前の彼ではない.

(2) よくあることだが，彼は遅れて来た.

(3) 私はその少年になけなしの金をやった.

(4) 志願者は予想以上に多かった.

(5) 自分に理解できないような本は読むな.

■よく使われる英語のことわざ■

• Speech is silver, silence is golden.
(言わぬが花.)〔←雄弁は銀，沈黙は金〕

• Physician, heal yourself.
(医者の不養生.)〔←医者よ，まず自らを治療せよ〕

ヒント　(17)「必要なもの」 (18)「なけなしの理性」　**C** (1) whomever は visits の「主語」 (2) such に注目 (§ **272**(A)) (3) whomever は「主語」
D (1) what を用いる (2)「よくあることだが」As is often the case (§ **272**(B)) (3)「なけなしの金」what little money I had (§ **269**(2)) (4)「志願者」applicant (5) such…as を用いる (§ **272**)

第25章

不　定　詞

不定詞には，to go のような **to 不定詞**と，go のような**原形不定詞**とがある．この章では，まず，この2種類の不定詞の用法を研究し，次に，不定詞の意味上の主語，時制，態などを研究する．不定詞をマスターすることは，英語を理解する上できわめて重要である．

A　不定詞の特徴と種類

不定詞・分詞・動名詞の3つを**非定形動詞**という．例えば sing という動詞は I **sing.** / He **sings.** のように，主語によって数・人称が定まっているのに対して，非定形動詞は，I [You, He, They] can **sing.** のように，主語によって形を変えることがない．

不定詞には，**to 不定詞**（例：**to take**）と，**原形不定詞**または **to なし不定詞**（例：**take**）の2種類があり，次のような動詞としての語形変化がある．

単純不定詞		複合不定詞	
to take	（to 不定詞）	**(to) have taken**	（完了不定詞）
take	（原形不定詞）	**(to) be taking**	（進行不定詞）
		(to) be taken	（受動不定詞）
		(to) have been taking	（完了進行不定詞）
		(to) have been taken	（完了受動不定詞）

to 不定詞も to なし不定詞も，動詞の一種であるから，文中で**動詞としての**働きをすることはもちろんであるが，to 不定詞はさらに**名詞・形容詞・副詞**の働きもする．

まず，to 不定詞の記述から始めることにしよう．

B　名詞的用法

名詞的用法の to 不定詞は，主語・補語・目的語として用いられる．日本語では,「**〜すること**」と訳せる.

275. 主語として

① **To see** is to believe.（百聞は一見にしかず.）〈ことわざ〉
[<**見ること**は信じることである]

② a) **To be with you** is nice.
　 b) ***It***'s nice **to be with you.** [It=to be with you]
（あなたといっしょにいるのは楽しい.）

現代英語では, ② a) のように, to 不定詞で文を始めるよりも, 不定詞句を文尾に回し, そのあきまに**形式主語**の It を代入した ② b) の構文のほうが普通である. ② b) は, 次のような操作によって作られる.

③ a) **To be with you** is nice.
　 b) 不定詞句を文尾に回す:
　　△ is nice **to be with you.**
　 c) あきまになった主語の位置に It を代入する:
　　It is nice **to be with you.**

類例をあげてみよう.

④ ***It*** is a great pleasure **to see you.**
（お目にかかれて大変うれしく存じます.）

⑤ ***It*** was impossible **to solve the problem.**
（その問題を解くことは不可能だった.）

⑥ ***It*** is useless **to try to speak to him.**
（彼に話そうとしてもむだだ.）

276. 補語として

① The best way is **to do one thing at a time.**
（最もよい方法は, 1度に1つのことをすることである.）

② His desire is **to master English.**
（彼の願いは英語をマスターすることである.）

③ All he can ***do*** is **(to) play the guitar.**
（彼にできることはギターをひくことだけだ.）

注 このように, 主部に do を含む構文では, to なし不定詞を用いるほうが普通である.

277. 目的語として

(A) 他動詞の目的語

① I *prefer* **to go** by train. (私は列車で行くほうがいい.)
V O

[*cf.* I prefer *tea.*]

② I *expect* **to be back on Sunday.**
(私は日曜日には帰るつもりです.)
[*cf.* He is expecting *a letter.*]

③ He *wants* **to be a lawyer.**
(彼は弁護士になりたいと思っている.) [*cf.* He wants *it.*]

(B) 〈S+V+O+C〉の文型の目的語

④ He found ***it*** easy **to learn Japanese.**
(彼は日本語を学ぶのは易しいと悟った.)

⑤ I think ***it*** better **not to try.**
(やってみないほうがよいと思う.)
注 not は常に **not to** *do* と**不定詞の前に置く** (☞ § 407).

⑥ I feel ***it*** my duty **to help him.**
(彼を助けるのが私の義務だと思う.)

これらの例文で, it を**形式目的語**, to 不定詞を**真の目的語**という. この場合, 次のようにいうのは誤りで, 必ず不定詞句を文尾に回して, 上の ④ のような構文にしなければならない.

⑦ ×He found **to learn Japanese** easy.

§ 275 の ② a) のような "重い" (=長い) 主語や, これらの例のような "重い" 目的語は, 文尾に回すのが英語の強い傾向である.

C 形容詞的用法

a) John was *the first student* **to finish the exam.**

b) Give me *something* **to drink.**

c) *The easiest way* **to get there** is by taxi.

d) I have *orders* **to go.**

㊟ a) ジョンがその試験を最初に終えた学生だった.
b) 何か飲み物をください.
c) そこへ行く最も楽な方法は，タクシーを利用することです.
d) 私は行けという命令を受けている.

解説 to 不定詞は，名詞または something のような不定代名詞のあとに置かれて，それらを修飾する. 修飾される(代)名詞と to 不定詞の関係は，範例に示したように4つのタイプに分けられる.

278. 4つのタイプ

(A) (代)名詞＝主語：範例 a)の the first student **to finish the exam** は，the first student **who finished the exam** の意味で，the first student は to finish the exam の意味上の主語である.「**最初に～した**」のように訳せる.

① *The next train* **to arrive** (=that arrived) was from Hiroshima. (次に到着した列車は，広島発だった.)

② *The last guest* **to leave** (=that left) was Mary. (最後に去った客は，メアリーだった.)

(B) (代)名詞＝目的語：範例 b)の something **to drink** では，something は to drink の目的語になっている. 通例，「**～すべき**」と訳せる.

③ Can you give me *some work* **to do**? (何か(するべき)仕事をくれませんか.)

④ You'll need **something to eat**. [=something you can eat] (何か食べるものがいるでしょう.)

⑤ I've bought *a book* **for Jim to read.** (私はジムの読む(べき)本を買った.)

注 to 不定詞の主語は〈**for A to ～**〉として表す (☞ §288(B)).

⑥ Mary needs *a friend* **to play with.** (メアリーは，いっしょに遊ぶ友達が必要だ.)

⑥の a friend は to play with の with の目的語である.

〈NB〉**1.** ⑥の to 不定詞は，〈文章体〉では次のような〈関係詞＋to 不定詞〉の表現にすることができる.

⑥′ Mary needs *a friend* **with whom to play.**

〈NB〉**2.** to 不定詞につく前置詞が〈手段〉を示す with の場合，省略することができる.

ⓐ I need *some scissors* **to cut this paper** (**with**).
(この紙を切るはさみがほしい.)

ⓑ He had no *money* **to buy the ticket** (**with**).
(彼にはその切符を買う金がなかった.)

(C) **(代)名詞＝副詞的関係**：範例 c) の The easiest way **to get there** は, The easiest way **in which one can get there** の意味で, (代)名詞は不定詞に対して副詞的関係をもっている.

⑦ *The time* **to go** is now. [＝The time *at which to go*...]
(行くべき時は, 今だ.)

⑧ Have you got *a key* **to unlock this door**? [＝a key *with which to unlock this door*] (このドアの錠をあける鍵を持っていますか.)

(D) **(代)名詞＝to 不定詞と同格的**： 範例 d) の orders **to go** は, orders **that I** (**should**) **go** というパラフレーズで明らかなように, to go は orders の説明的同格語になっている. このタイプの to 不定詞は, 通例, **「〜という」**と訳せる.

⑨ I have no *mind* **to follow his advice.**
(彼の助言に従おうという気持ちはちっともない.)

⑩ She had *the misfortune* **to lose her only son.**
(彼女は1人息子を失うという不幸に見舞われた.)

このタイプには, 名詞が動詞または形容詞から派生した語である場合が含まれる.

⑪ I have no *wish* **to quarrel with you.** [<I don't *wish to* ～]
(君と口論するつもりはない.)

⑫ He forgot *his promise* **to come.** [<He *promised to* ～]
(彼は来るという約束を忘れてしまった.)

⑬ He showed *a readiness* [*a willingness*] **to go.** [<He was *ready* [*willing*] *to* ～]
(彼は進んで[快く]行こうとする気持ちを示した.)

⑪～⑬ の to 不定詞は, それぞれ, [ ]の中の動詞または形容詞に伴っていた to 不定詞がそのまま持ち越されたと考えればよい.

● 例題 1 ●

与えられた語句を並べかえて，(　)内の日本文と同じ意味を表す英文にしなさい．

(1) it, no easy, is, to persuade, him, matter
(あの人を説得するのは容易なことではありません.)

(2) none, have money, to buy, bread, of us
(だれもパンを買う金を持っていません.)

(3) the last, to see, I, expected, he, man, was
(まさか彼に会うとは思いませんでした.)

(4) the pupils, impatient, for, to ring, were, the bell
(生徒たちは，ベルが鳴るのをじりじりして待っていた.)

考え方 (1) 形式主語 it を用いる (§ **275**)　(2)「買う金」→「買うための金」(3)→「私が会うことを予期していた最後の人」(§ **278**(B))　(4)「～をじりじりして待つ」be impatient for

解答 (1) It is no easy matter to persuade him.
(2) None of us have money to buy bread.
(3) He was the last man I expected to see.
(4) The pupils were impatient for the bell to ring.

D　副詞的用法

a) I have come here **to learn English.**
b) She was delighted **to see him.**
c) He awoke **to find** himself famous.
d) This rule is easy **to remember.**
e) **To tell the truth,** I was not sorry.

(訳) a) 私は英語を学ぶためにここに来たのです．
b) 彼女は彼に会って大喜びした．
c) 彼は目がさめてみたら有名になっていた．
d) この規則は，覚えやすい．
e) 本当のことをいえば，私は後悔していなかった．

解説 to 不定詞は，副詞的に用いられて，動詞・形容詞・副詞または文全体を修飾する．

279. 基本用法

(A) 〈目的〉：「〜するために」

① She went to the shop **to buy some cakes.**
(彼女はケーキを買いに店へ行った.)

② I'm working hard **to pass my exams.**
(私は試験にパスするために猛勉強している.)

③ John took a walk **to get some fresh air.**
(ジョンは，新鮮な空気に触れるために散歩をした.)

(B) 〈原因・理由〉：「〜して，〜するなんて」：通例，種々の感情を表す語句のあとで用いられる．一般に to 不定詞は未来に関係して用いられるのに対して，この用法の to 不定詞の特徴は，むしろ過去の事件を表している点である．

④ I am *glad* **to see** you. (お目にかかれてうれしいです.)

⑤ He was *shocked* **to hear** her vulgar expressions.
(彼は彼女の下品なことばを聞いてぞっとした.)

⑥ I am *sorry* **to have missed him.** (彼に会えなくて残念だ.)
[=I am sorry I (*have*) *missed* him.]

⑦ She must be mad **to dye** her hair red. (あの女は，髪の毛を赤く染めるなんて気が狂っているにちがいない.)

④⑤⑥ では，感情の生じた原因を，⑦ では判断の根拠を述べている．

〈NB〉 I'*ll be glad* to come. (喜んで参ります.) の to 不定詞は，未来時をさすもので，次の (D) に属する．

(C) 〈結果〉：〈目的〉と異なり，通例は意図的な行動ではない．

⑧ He lived **to be ninety.** (彼は長生きして 90 歳になった.)

⑨ Her son grew up **to be killed in the war.**
(彼女の息子は，成長して戦死した.)

⑩ He hurried to the house ***only*** **to find** it in ruins.
(彼はその家へ急いで行ってみたが，そこは廃虚になっていた.)
注 only をつけると，結果が失望させるものであることを表す．

⑪ They parted, ***never*** **to meet** again.
（2人は別れて，2度と会うことはなかった.）〈文章体〉

(D) 〈形容詞＋to 不定詞〉：「～する点で」：先行する形容詞の意味の適用範囲を限定する用法.

⑫ English is *hard* **to learn.** （英語は学ぶのがむずかしい.）

⑬ Is it *nice* **to drink** [**eat**]?
（それは，飲んで[食べて]うまいですか.）

⑭ This music is *wonderful* **to listen to.**
（この音楽は，聞くとすばらしい.）

⑮ Ann is *quick* **to learn.** （アンはもの覚えが速い.）

⑯ He is *anxious* **to see her.** （彼は彼女に会いたがっている.）

⑰ He is *able* **to do great things.**
（彼は偉大なことをすることができる.）

⑱ This is a *difficult* book **to find.**
（これは，見つけにくい本だ.）

(E) 独立不定詞：to 不定詞が遊離句として文全体を修飾する用法で，話し手の心的態度を挿入的に示す．若干のきまり文句に限られる.

⑲ He is, **so to speak,** a wise fool.（彼はいわば賢い愚か者だ.）

⑳ She is not pretty, **to be sure,** but she is wise.
（彼女は確かに美人ではないが，賢い.）

㉑ 類例：**to be honest with you**（正直にいうと）/ **needless to say**（いうまでもないが）/ **to begin with**（まず第一に）/ **to be brief**（手短かにいえば）/ **strange to say**（不思議なことに）/ **to make matters worse**（さらに悪いことに）/ **to say the least (of it)**（ごく控え目にいっても）/ **to say nothing of**（～はいうまでもなく）/ **to tell the truth**（正直にいうと）

280. 副詞的用法の to 不定詞の慣用表現

(A) in order to～「～するために」, so as to～「～するように」：単に to～ とするよりも，〈目的〉の意味が明確になる.

① I have come here **in order to** [**so as to**] learn English.
（私は英語を学ぶためにここに来たのです.）

「～しないように」は，**in order not to～, so as not to～** で表現する.

② He ran down the street **so as not to [in order not to]** miss the bus.
（彼はバスに乗り遅れないように通りを走って行った.）

(B) 〈too＋形容詞＋to～〉「～するにはあまりにも…，あまり…なので～できない」

③ I'm **too** excited **to** think. （私はあまり興奮して考えることができない.）[＝I'm **so** excited **that** I **can't** think.]

④ This coffee is **too** hot for me **to** drink. （このコーヒーは熱すぎて私には飲めない.）[＝This coffee is **so** hot **that** I **can't** drink it.]

注 too ... to～ の構文では，for me to drink *it* としないのが普通.

(C) 〈形容詞/副詞＋enough to～〉「～するほど...だ」〈程度〉

⑤ He is tall **enough to** touch the ceiling. （彼は天井に手が届くほど背が高い.）[＝He is **so** tall **that** he **can** touch the ceiling.]

注 He is very tall **and** he **can** touch the ceiling. ともいえる.

⑥ This exercise is easy **enough** for me **to** do without help. （この練習問題は，手伝ってもらわなくても私にできるくらい易しい.） [＝This exercise is **so** easy **that** I **can** do it without help.]

(D) 〈so＋形容詞/副詞＋as to～〉「～するほど…な」〈程度〉

⑦ I am not **so** stupid **as to** marry her. （僕は彼女と結婚するほどばかではない.）[＝I am not **so** stupid **that** I will marry her.]

⑧ He got up **so** early **as to** be in time for the train. （彼は早く起きたので列車に間に合った.） [＝He got up early **enough to** be in time for the train.]

(E) fail to～「～しない」/not [never] fail to～「必ず～する」

⑨ He **failed to** come. （彼は来なかった.）

⑩ He **never fails to** keep his word. （彼は必ず約束を守る.）

(F) “方向の不定詞”：以下の例はいずれも“方向の不定詞”と呼ばれるもので，「〜の方に向かって」という，to 不定詞の原義をとどめている．

(1) go on to 〜「続けて〜する」

⑪ He **went on to** show them how to do it.
（彼は続けてそのやり方を彼らに示した．）

(2) hasten to 〜「急いで〜する」

⑫ He **hastened to** apologize. （彼は急いでわびた．）

(3) cannot bring oneself to 〜「とても〜する気になれない」

⑬ I **can't bring myself to** kill the cat.
（とてもそのネコを殺す気にはなれない．）

(4) make up one's mind to 〜「〜しようと決心する」

⑭ He **made up his mind to be** a doctor.
（彼は医者になろうと決心した．）

(5) come to 〜/get to 〜「〜するようになる」

⑮ In time I **came to** love her. （やがて彼女を愛するようになった．） [×I *became to* 〜 とはいわない]

⑯ How did you **get to** know him?
（どのようにして彼と知り合いになったのか．）

書き換えのポイント

too...to 〜	⟷	**so...that S cannot**
...enough to 〜	⟷	**so...that S can 〜**
so...as to 〜	⟷	**so...that S 〜**
...enough to 〜	⟷	**so...as to 〜**

• 例題 2 •

次の各文の(　)内に適当な1語を入れなさい．

(1) The news is (　　) good to be true.

(2) He is old (　　) to go to school.

(3) To make matters (　　), he was suddenly taken ill.

(4) To be frank (　　) you, I have little money with me today.

考え方 (1)「真実であるにはあまりにも」(§ **280**(B))　(2)「学校に行くのに十分に」(3), (4) 独立不定詞 (§ **279**(E))

解答 (1) too　(2) enough　(3) worse　(4) with

E　動詞としての用法

すべての動詞には，不定詞として使用される可能性がある．以下の構文に用いられる to 不定詞は，述語動詞の一部として，または述語動詞的に用いられているものであり，このような場合，今まで見てきた名詞的・形容詞的・副詞的のいずれであるかを考えることは無意味である．

281. 〈S+V+O+C (=to 不定詞)〉 の構文

a) I ***want*** John **to win.**
b) I ***believe*** John **to be honest.**
c) I ***forced*** John **to leave.**

(訳) a) 私はジョンに優勝してもらいたい．
b) 私はジョンが正直だと信じている．
c) 私はむりやりにジョンを去らせた．

解説 上の 3 つの文は，細かい点では文法的に異なるところがあるが，重要な共通点が 1 つある．それは，いずれも〈S+V+O+C〉の文型に属するものであり，したがって，**O と C との間には「主語＋述語」の関係がある**，という点である．例えば，a) では「ジョンが優勝する」のであり，c) では「ジョンが去っていく」のである．この関係を図示すれば，次のようになる．

a′) I want [John **to win**]
b′) I believe [John **to be honest**]
c′) I forced John [△**to leave**] [△は表現されていない不定詞の主語]

つまり，これらの文は，それぞれ，[　　]内の文がはめ込まれて派生したものである．ここで分かってほしいことは，a), b), c) 文の to 不定詞は，a′), b′), c′) の分析で明らかなように，元来は**はめ込まれた文の述語動詞であった**，という事実である．上で to 不定詞が「述語動詞的に」用いられることがあるといったのは，このような場合のことをさしている．こういうわけで，〈S+V+O+C〉のCの働きをするto不定詞を「動詞としての用法」と呼ぶことにする．主要な3つの型がある．

(A) want 型：want, *desire 〈文章体〉, **like, *prefer, hate, *wish** など「望む」とか「好き・きらい」を表す動詞（*のついている動詞は that 節をとることができる）．

① She ***desires*** you **to come.**
(彼女は君が来ることを望んでいる.)
[=She desires **that** you (should) come.]

② I ***prefer*** John **to go.**
(私はむしろジョンに行ってもらいたい.)
[=I prefer **that** John (should) go.]

③ I ***like*** boys **to be quiet.** (私は男の子がおとなしくしているのが好きだ.) [▶I like (boys to be quiet). と分析されるので，私が男の子が好きだという意味はない点に注意]

〈NB〉 **hope** をこの型で用いることはできない．
× I ***hope*** you **to come.**
○ I ***hope*** **that** you will come.
(あなたに来てほしいと思う.)

(B) believe 型：believe, suppose, consider, find, think, know などの"思考動詞"(〈文章体〉で，〈口語体〉では that 節が用いられる)．

④ I ***thought*** Bill **to be innocent.** (私はビルが無罪だと思った.)
[=I thought **that** Bill was innocent.]

⑤ I ***know*** this **to be a fact.** (私はこのことが事実だということを知っている.) [=I know **that** this is a fact.]

⑥ I ***found*** the plan **to be all wrong.** (私はその計画はまるで間違っていることを知った.) [=I found **that** the plan was all wrong.]

(参考) want 型，believe 型は，to 不定詞の前に形式主語 there をとることができる：
I don't want ***there*** **to be** another war.
(もう2度と戦争は起こってほしくない.)

(C) force 型： さらに3種類に分けられる．

(1) force, challenge, compel, get ; allow, permit などの「むりやり

に～させる」〈使役〉とか,「～することを許す」〈許容〉とかの意味を表す動詞(that 節への書き換えはできない).

⑦ Mary ***challenged*** John **to go.**
(メアリーは, ジョンにいどんで行かせた.)

⑧ I ***allowed*** Bob **to go out.** (私はボブが外出するのを許した.)

(2) advise, tell, teach など「人に教える」という意味を表す動詞は,〈目的語＋that 節〉に書き換えられる.

⑨ I ***told*** John **to see the doctor.** (私はジョンに医者に見てもらうようにいった.) [＝I told *John* **that** he (should) see the doctor.]

〈NB〉 この型の動詞 promise には要注意.
John ***promised*** us **to come.** (ジョンは来ると私たちに約束した.)
[＝John promised us that {○ **he** / × **we**} would come.]

(3) command, order, request, require, ask などの〈命令・依頼〉の動詞は, that 節に書き換えると意味の違いが生じる.

⑩ He **ordered** John **to start at once.** (彼はジョンにすぐ出発するように命じた.) [ジョンに直接に命じた]

⑪ He ***ordered*** **that** John (should) start at once.
(彼はジョンがすぐ出発することを命じた.) [第 3 者に命じた]

282. 慣用表現

「動詞としての to 不定詞」には, 次のような慣用表現がある.

(A) seem [appear] to ～「～のようだ, ～らしい」(▶「～らしい」と思われるのは話し手の視点であることに注意. **It seems [appears] that...** の構文に書き換えられる.)

① He **seems [appears] to be** quite happy.
(彼はとても幸せそうだ.)
[＝**It seems [appears] that** he is quite happy.]

② He **seems [appears] to have been** late for the train.
(彼は列車に遅れたらしい.)
[＝**It seems [appears] that** he **was** late for the train.]

(B) happen [chance] to ～「たまたま～する」(▶ **It happens [chances]**

that... の構文に書き換えられる；happen のほうが一般的.）

③ I **happened** [**chanced**] **to be** out when he called.
（彼が訪ねて来たとき，私はたまたま外出していた.）
[=**It happened** [**chanced**] **that** I **was** out when he called.]

(C) prove to be～/turn out to be～「結局～であることが分かる」（▶～は名詞・形容詞；後者は **It turns out that...** の構文に書き換えられる.）

④ He **proved** [**turned out**] **to be** a coward.
（彼は結局腰抜けだと分かった.）

⑤ The experiment **proved** [**turned out**] **to be** successful.
（実験は結局うまくいった.）

⑥ The news **turned out** [**proved**] **to be** false.
（そのニュースは結局誤りであることが分かった.）
[=**It turned out that** the news **was** false.]

▶**be to～** の用法については，☞ **§ 63.**

F 原形不定詞

to のつかない**原形不定詞**は，名詞的・形容詞的・副詞的の各用法をもたず，**常に“動詞として”**用いられる.

283. 〈助動詞＋原形不定詞〉

① *Do* you **speak** English?（英語を話しますか.）

② You *must* **go** to bed earlier.
（もっと早く寝なければなりません.）

▶ただし，ought, used は to 不定詞を伴う（☞ **§§ 114, 120**）.

284. 知覚動詞とともに

see, hear, feel, watch（じっと見る），**notice**（気づく），**listen to, look at** などの知覚動詞は，〈S＋V＋O＋C(＝原形不定詞)〉の文型をとる.「**Oが～するのを見る[感じる]**」などと訳せる.〈**O**〉は，**原形不定詞の意味上の主語**として働く.

① I *saw* a boy **enter** the room.
(私は1人の少年がその部屋へ入るのを見た.)

② Did you *hear* a dog **bark**? (犬がほえるのが聞こえましたか.)

③ We *felt* the house **shake**. (家が揺れるのが感じられた.)

④ I didn't *notice* you **raise** your hand.
(君が手をあげたのに気づかなかった.)

知覚動詞が受動態になると，to 不定詞が用いられる. 英語では，動詞が直接に2つ並ぶのをきらうので to をはさむのである.

⑤ A boy *was seen* **to enter** the room.

(参考) 次の2つの文を比較してみよう.

ⓐ I *saw* John **cross** the street. [完了]
(私はジョンが通りを**渡る**のを見た.)

ⓑ I *saw* John **crossing** the street. [進行中]
(私はジョンが通りを**渡っている**のを見た.)

このように，一般に，原形不定詞の場合は動作が〈完了〉したことを表し，現在分詞の場合は動作が〈進行中〉であるという意味が含まれる.

285. 使役動詞とともに

使役動詞は，〈S+V+O+C(＝原形不定詞)〉の文型で「**Oに〜させる**」というような意味を表す. 〈O〉が原形不定詞の**意味上の主語**になっている(☞ § 288(A)).

(A) make ([強制的に]〜させる), **let** ([勝手に]〜させておく)

① He *made* me **go**. (彼は(むりやりに)私を行かせた.)

② I *let* my hair **grow**. (私は髪を伸ばしておいた.)

〈NB〉 make とほぼ同じ意味で get も使えるが，get は force 型だから to 不定詞をとる(☞ § 281(C)(1)).

I couldn't *get* the dog **to keep** quiet.
(犬を静かにさせておくことができなかった.)

(B) have: 3つの意味用法がある.

a) [have に強勢を置いて]「(人に)**〜させる，してもらう**〈使役〉」

b) [will/would have として]「(人に)**〜してほしい**〈文章体〉」

c) [have に強勢を置かずに]「(人に)**〜される**〈受身〉」

③ a) I *hád* John **find** me a house.
(私はジョンに家を見つけてもらった.)

b) What *would* you *have* me **do**?
(私に何をしてほしいのか.)

c) John *had* a man **rob** him last night.
(ジョンは，昨夜１人の男に金を奪われた.)

(C) **help**：使役動詞に準じるが，〈英〉ではよく to をつける.

④ John *helped* Bill (**to**) **paint** the room.
(ジョンは，ビルがその部屋にペンキを塗るのを手伝った.)

(参考) help は〈S+V+O+C〉の〈O〉を省略した次の構文でも，to をつけないほうが普通.

Will you help (**to**) **mow** the lawn? [=help *me* (to) mow...]
(芝生を刈るのを手伝ってくれるかい.)

〈NB〉 以上の使役動詞のうち，have と let を除いて受動構文がある．その場合，知覚動詞の場合と同様，to がつけられる.

ⓐ I *was made* **to go**. (私は(むりやり)行かされた.)

ⓑ Bill *was helped* **to paint** the room by John.
(ビルは，部屋にペンキを塗るのをジョンに手伝ってもらった.)

286. 若干の慣用表現とともに

(A) **had better ～「～するほうがよい」**：特定の場合の助言に用いる(▶目上の人に使うと失礼になる).

① We'*d better* **try** again. (もう１度やってみるほうがいい.)

② You'*d better* not **stop**. (やめないほうがいいよ.)

[×hadn't better は誤り]

③ A: ***Had*** we ***better*** **leave** early?

B: Yes, you **had.** / No, you don't need to.
(「早めに立ったほうがいいですかね.」「ええ，そうですよ.」/「いや，その必要はないでしょう.」[No, you **hadn't**. は避けられる])

(B) **would rather ～「むしろ～したい」**

④ How about a drink?—I'*d rather* **have** a cup of tea.
(「１杯どうかね.」「むしろ紅茶を１杯ほしいね.」)

(C) **do nothing but ～「～ばかりする」**

⑤ The child *did nothing but* **cry** all morning.
(その子は，午前中泣いてばかりいた.)

■**cannot but ～**「～せざるを得ない」(☞ § **98**(2)), **may (just) as well ～**「～するほうがよい」(☞ § **103**(2)).

G　不定詞の意味上の主語

不定詞は，“非定形動詞”の1つとして，文法上の主語はもたないけれども，必ず**意味上の主語**をもっている．それは，特定の語によって文中に明示されていることもあれば，明示されていないこともある．

287．意味上の主語が表現されない場合

以下の用例で，△は表現されていない不定詞の主語の位置を示すものとする．

(A)　意味上の主語が「一般の人々」の場合

① It's easy △ ***to make*** mistakes.（誤りをするのは易しい．）

(B)　意味上の主語が場面・文脈から明白である場合

② It was too cold △ ***to go out***.
（ひどく寒くて外へは出られなかった．）

(C)　意味上の主語が文の主語と一致する場合：義務的に省略される．

③ *cf.* { a) **I** want △ ***to go***.（私は行きたい．）[<I want (**I** to go)]
b) I want **John** ***to go***.（私はジョンに行ってもらいたい．）[<I want (**John** to go)] }

④ **I** have some letters △ **to write**. [=letters **I** must write]
（私は書かなければならない手紙が何通かある．）

288．意味上の主語が表現される場合

不定詞の意味上の主語が文の主語と異なる場合は，それを必ず表現しなければならない．それには，主に3つの場合がある．

(A)　意味上の主語が他動詞の目的語である場合

① I expect **Mary** ***to succeed***.（私は**メアリーが**成功するものと思っている．）[=I expect that **Mary** will succeed.]

② I advised **Bob** ***to wait***.（私は**ボブに**待つように勧めた．）
[=I advised Bob that **he** (should) wait.]

③ We found **him** ***to be a spy***. (**彼が**スパイであることが分かった.) [=We found that **he** was a spy.]

(B) 〈for＋目的語＋to 不定詞〉の構造

この構文では，for の目的語が to 不定詞の意味上の主語．重要な構造で，次のような種々の用法をもつ．

(1) 文の主語：

④ **For you to call** would be the best thing.
(あなたが訪ねるのが一番いいでしょう.)

⑤ ***It***'s unusual **for her door to be open.**
(彼女の家のドアが開いているのは異常だ.)

(2) 文の補語：

⑥ His idea is **for us to travel together.**
(彼の考えは，私たちがいっしょに旅行をしようというものだ.)

(3) 他動詞の目的語：

⑦ I prefer **for you to go.** (むしろ君に行ってもらいたい.)
[〈米〉語法；〈英〉では for をつけない]

(4) 自動詞のあと：

⑧ He hoped **for Mary to come.**
(彼はメアリーが来ればいいと思った.)

⑨ Can you arrange **for a car to come for me?**
(私を迎えに車がくるように手配してくれませんか.)

⑩ I waited **for the bus to come.**
(バスの到着を待った.)

この構文をとる自動詞：**apply** (申し込む), **ask** (頼む), **long** (切望する), **plan** (計画する), **prepare** (準備する), **telephone** (電話をする), **wait** (待つ), *etc.*

(5) 名詞のあと (形容詞的用法)：

⑪ There's *a good film* **for us to see.**
(私たちが見るべき良い映画がある.)

(6) 形容詞のあと (副詞的用法)：

⑫ I am *anxious* **for John to meet her.**
(私はジョンが彼女と会うことを切望している.)

ほかに **eager** (しきりに～したがって), **sorry** (残念で), など.

(7)　副詞のあと（副詞的用法）：

⑬　This book is easy *enough* **for you to understand.**
（この本は，君にも分かるほどやさしい.）

(C)　〈It is kind of you to come〉のタイプ

このタイプでは，to 不定詞の主語は you である．b) 文への書き換えが可能である．（休止を置くとすれば，to 不定詞の前.）

⑭　a)　It is **kind of** you to come.
⇨ b)　You are **kind** to come.
（来てくれてありがとう.）

⑮　a)　It was **wise** [**foolish**] **of** Bob to go.
⇨ b)　Bob was **wise** [**foolish**] to go.
（ボブが行ったのは，賢明[愚か]だった.）

このタイプをとる形容詞は，主語の行為に対する話し手の評価を表すものである.

⑯　**bold**（大胆な），**brave**（勇敢な），**careless**（不注意な），**clever**（利口な），**cruel**（残酷な），**foolish, silly, stupid**（ばかげている），**good, kind, nice**（親切な），**polite**（礼儀正しい），**rude**（無礼な），**wise**（賢明な），**wrong**（まちがって），*etc.*

参考 不定詞の意味上の主語は，さらに，次のような現れ方をしている場合がある.

ⓐ　It was **her** pleasure ***to sing.***
（歌を歌うのは，彼女の楽しみだった.）

ⓑ　It took **us** two hours ***to paint the gate.***
（私たちが木戸にペンキを塗るのに 2 時間かかった.）

● 例題 3 ●

次の各文の(　)内の適当な 1 語を選びなさい.

(1)　She did nothing but (cry, crying, to cry) all day.
(2)　I had the man (paint, painted) the house.
(3)　You had better (get, getting, gotten, got) up early.
(4)　I asked him (write, to write) his name carefully.
(5)　It is clever (of, for, to) the boy to see the point.
(6)　Hard training (enabled him, made him) to win the game.

考え方　(1)〈do nothing but＋原形不定詞〉(§ **286**(C))　(2) 使役動詞 (§ **285**(B))

(3) 〈had better＋原形不定詞〉(§ 286(A))　(4) ask は force 型 (§ 281(C))
(5) clever は主語の行為に対する話し手の評価を表す形容詞 (§ 288(C))
(6) enable は force 型 (§ 281(C))

解答 (1) cry (2) paint (3) get (4) to write (5) of (6) enabled him

H 不定詞の時制

289. 単純不定詞の表す時

単純不定詞 (例：**(to) go**) は，述語動詞と「**同じ時**」，またはそれより「**以後の時**」を表す．(「**以前の時**」を表すことはない．)

(A) 述語動詞と「同じ時」：

① a) He *seems* **to be** ill. (彼は病気で**ある**らしい．)
[＝It *seems* (現在) that he **is** (現在) ill.]

b) He *seemed* **to be** ill. (彼は病気で**ある**らしかった．)
[＝It *seemed* (過去) that he **was** (過去) ill.]

② a) I *can* **use** a typewriter perfectly ***now.***
(私は**今**タイプを完全に使いこなせる．) [原形不定詞 use は can と同様，現在をさす：now に注目]

b) I *could* **use** a typewriter perfectly ***then.***
(私は**そのころ**タイプを完全に使いこなせた．) [use は could と同様，過去をさす：then に注目]

(B) **hope, expect, promise, will** などが“未来指向的”な意味で使われているときには，それに続く不定詞は「**それ以後の時**」を表す．(日本語でも同じで，「彼が**来る**ことを**期待する**」といえば，「来る」は「期待する」よりも「以後の時」を表す．)

③ a) I *hope* **to see** him ***tomorrow.*** [現在時から見ての未来]
(**あす**彼に会いたいと思っている．)

b) I *hoped* **to see** him ***the next day.*** (**その翌日**彼に会いたいと思っていた．)　[過去の基準時から見た未来]

(C) 述語動詞によっては，文脈に応じて，不定詞はそれと「**同じ時**」を表すこともあれば，「**以後の時**」を表すこともある．

④ a) You *can* **go** ***now.*** (君は**もう**行ってよろしい．) [go は can と同様，現在をさす：now に注目]

b) You *can* **go** ***next week.*** (君は**来週**行ってもよろしい.)
[can は現在を, go はそれより「以後の時」をさす: next week に注目]

⑤ a) I *prefer* **to go** ***now.*** (むしろ**今**行きたい.) [現在]
b) I *prefer* **to go** ***tomorrow.*** (むしろ**明日**行きたい.) [未来]

290. 完了不定詞の表す時

完了不定詞(例:**(to) have gone**)は, 述語動詞の表す時よりも「**以前の時**」を表す(完了不定詞は, まさにそのために存在するといってよい).

① a) He *seems* **to have seen** Jill ***yesterday.***
(彼は**昨日**ジルと会ったらしい.)
[=It *seems* (現在) that he **saw** (過去) Jill yesterday.]

b) He *seems* **to have seen** Jill ***before.***
(彼は**以前**ジルと会ったことがあるらしい.)
[=It *seems* (現在) that he **has seen** (現在完了) Jill before.]

c) He *seemed* **to have seen** Jill ***before we arrived.***
(彼は**私たちが到着する前に**ジルに会っていたらしかった.)
[=It *seemed* (過去) that he **had seen** (過去完了) Jill before we arrived.]

to have seen Jill という完了不定詞は, a) では過去時制, b) では現在完了形, c) では過去完了形に対応していることが分かる. to なしの不定詞の完了形についても, 同じことがいえる.

② a) John *may* **have left** ***yesterday.***
(ジョンは**昨日**去ったのかもしれない.)
[=It *may be* (現在) that John **left** (過去) yesterday.]

b) John *may* **have left** ***already.***
(ジョンは**もう**去ったのかもしれない.) [=It *may be* (現在) that John **has left** (現在完了) already.]

c) John *may* **have left** ***before you came.***
(ジョンは**君が来る前に**去っていたのかもしれない.)
[=It *may be* (現在) that John **had left** (過去完了) before you *came* (過去).]

書き換えのポイント

He **seems** *to be* rich. ⇨ It **seems** that he *is* rich.
（彼は金持ちのように思える.）
He **seems** *to have been* rich. ⇨ It **seems** that he *was* rich.
（彼は金持ちだったように思える.）
He **seemed** *to be* rich. ⇨ It **seemed** that he *was* rich.
（彼は金持ちのように思えた.）
He **seemed** *to have been* rich. ⇨ It **seemed** that he *had been* rich.
（彼は金持ちだったように思えた.）

■〈should [ought to] have＋過去分詞〉の形式については，☞ **§§ 122, 121.**

Ⅰ　不定詞のその他の用法

291. 不定詞の進行形

進行不定詞（例：**(to) be going**）は，次のような場合に用いられる.

(A)　法助動詞（☞ 第11章）**のあとで：**

① He *may* **be watching** TV.（彼はテレビを見ているのかもしれない.）　[＝It may be that he **is watching** TV.]

② He *must* **be coming** by bus.　（彼はバスで来ているにちがいない.）　[＝It must be that he **is coming** by bus.]

（参考）進行不定詞を伴った場合の法助動詞は，普通，このように〈推量〉とか〈強い推定〉とかの**話し手の判断**を示す意味に限って用いられ，主語の〈能力〉とか，主語に与えられる〈許可〉とかの意味にならない．例えば，①は「テレビを見てもよろしい」という〈許可〉の意味にならないし，②は「来ていなければならない」という〈強制〉の意味にならない.

(B)　appear, seem, happen などのあとで：

③ He *appeared* [*seemed*] **to be waiting** for someone.
（彼はだれかを待っているらしかった.）

(C)　be believed [supposed, thought] のあとで：

④ He *is believed* **to be living** in Tokyo.
（彼は東京で暮らしていると信じられている.）

292. 不定詞の態

不定詞の受動態は，〈(to) be＋過去分詞〉の形で表す.

① I don't expect **to be invited.**
(招待されるとは期待していない.)

② a) There's a lot of work **to do [to be done].**
(するべき[なされるべき]仕事がたくさんある.)

b) *cf.* I have work **to do.** (私はする(べき)仕事がある.)
[×I have work **to be done.** は誤り]

② a) では，to do と to be done のどちらも可能であるが，「行為者」を特に考えていれば to do の形を，「仕事」を特に考えているならば to be done が用いられる. ② b) で to be done がだめなのは，「人」が主語として明示されているので，「人中心」の視点が定まってくるからである.

(参考) 次の ⓐ,ⓑ 1) は，受動の意味があるが，共に成句として能動不定詞の形が定着してしまっている.

ⓐ I am **to blame** for that. (それは僕が悪いのです.)

ⓑ 1) "**To let**" (貸し家) [掲示]

2) *cf.* This house is **to be let.** (この家貸します.)

日本語でも「貸され家」とはいわない. また,「舌切りすずめ」,「こぶ取りじいさん」,「読みびと知らず」なども，論理的には,「舌切られすずめ」,「こぶ取られじいさん」,「読みびと知られず」の意味であるが，そのようにいえば，むしろこっけいである.

293. to だけの不定詞

同じ動詞が2度目に to 不定詞で現れる場合，その動詞の反復を避けるために，**to** だけを残すことができる. **代不定詞** (pro-infinitive) と呼ばれ，〈口語〉に多い用法である.

① You can *go* now if you want **to** [=to go].
(帰りたければもう帰ってよろしい.)

② Mary *left* before I expected her **to** [=to leave].
(メアリーは，思いのほか早く帰った.)

③ He *opened the box*, though I told him ***not*** **to** [=not to open the box].
(その箱を開けるなといっておいたのに，開けてしまった.)

章末問題 25

A 次の( )内の適当な1語を選びなさい.

(1) It is very kind (that, of, it) you to say so.
(2) He ordered the boys (not to go, to go not, to not go) out.
(3) Would you like (to me to read, me to read) this book?
(4) You needn't tell me, if you don't want (doing, so, such, to).
(5) I felt my heart (beat, to be beating, to beat) with joy.
(6) We never saw him (to fall, fall, fell, fallen) through the snow.
(7) A magnifying glass will make it (to look, look) larger.
(8) We could not afford to let such a thing (to occur, occur, occurred).
(9) It seems necessary (of him to, with him to, for him to) go to college.
(10) She was made (wait, to wait, waiting) for over an hour.
(11) (Done, Doing, To do) him justice, he is the last man to do so.
(12) The singer never did anything else but (smiling, smile, smiled, to smile).
(13) You (had better not, had not better, had better not to) go out in such bad weather.

B 次の各文の( )内に適当な1語を入れなさい.

(1) He was too angry ( ) speak.
(2) This dictionary is small ( ) to go in my pocket.
(3) "Come with me." "I should like ( ), but I'm sorry I can't."

ヒント **A** (1) 不定詞の意味上の主語 (2) order は force 型 (§ **281(C)**) (3) like は want 型 (§ **281(A)**) (4) ☞ § **293** (5), (6) 知覚動詞 (§ **284**) (7), (8) 使役動詞 (§ **285**) (9) 不定詞の意味上の主語 (10) 使役動詞 (§ **285**) (11) 独立不定詞「**A**を公平に評すれば」(§ **279**) (12) ☞ § **286(C)** (13) 〈had better＋原形不定詞〉 **B** (1) too...to ～ (§ **280(B)**) (2)「ポケットに入るのに十分に」(§ **280(C)**) (3) 代不定詞 (§ **293**)

(4) Jack was the first (　　) wake in the morning.
(5) He was brute (　　) to have committed such a cruelty.
(6) I am sorry not to (　　) answered your letter sooner.

C　次の各文を不定詞を用いて書き換えなさい．

(1) He was very foolish. He couldn't do it.
(2) He was so fortunate that he found his lost watch.
(3) He went to India. He never returned.
(4) I was glad at the sound of my mother's voice.
(5) They saw the boy enter the room. [The boy を主語として]
(6) We have no one who helps us.
(7) The box was so heavy that I could not lift it.
(8) He pretended that he did not hear me.
(9) He desires that you should see her at once. [He desires you で始めて]
(10) He stood aside so that she might enter.

D　次の各文の誤りを正しなさい．

(1) This book is too hard to me to read.
(2) It takes for me thirty minutes to go there.
(3) We sincerely hope you to succeed in this entrance examination.
(4) Will you help me moving the table?

ヒント　(4)「目をさました最初の人」(§ **278**(A))　(5)「～したほど…」; brute「残忍な」　(6) 完了不定詞 (§ **290**)　**C** (1) too...to ～ を用いる (§ **280**(B))　(2) → so...as to ～ (§ **280**(D))　(3)〈結果〉の不定詞 (§ **279**(C))　(4) at the sound of ～「～を聞いて」　(5) 受動態；to が現れる点に注意 (§ **284**)　(6) who helps の部分を to 不定詞に (§ **278**(A))　(7) → too...to (§ **280**(B))　(8) pretend「ふりをする」は to 不定詞構文ももつ　(9) want 型に (§ **281**(A))　(10)〈for＋目的語＋to 不定詞〉の構造にする (§ **288**(B)(4))　**D** (1) 不定詞の意味上の主語を導く前置詞は？(§ **288**(B))　(2)〈It takes＋IO＋DO＋to ～〉「～するのに IO に DO (＝時間) がかかる」; 重要構文　(3) **hope you to ～** という言い方はできない (§ **281**(A))　(4)〈help＋目的語＋(to) ～〉(§ **285**(C))

(5) He thinks to go on a picnic tomorrow.
(6) They gradually became to enjoy their English lessons.
(7) They saw him to leave the house.
(8) My parents made me to go to school every day.

E 次の(1)～(13)は[ ]内の語句で始まる文に，(14)～(17)は[ ]内の指示に従って書き換えなさい．

(1) English is difficult for us Japanese to master. [It is]
(2) The river is dangerous to swim in. [It is]
(3) It is certain that he will help us. [He is]
(4) It is likely that he will come again. [He is]
(5) You are very kind to invite me to dinner. [It is]
(6) I was careless to make such a wrong guess. [It]
(7) You were kind enough to give me a nice gift. [It]
(8) He is hard to please. [It]
(9) It is hard to talk to Maggie. [Maggie]
(10) They say Mr. Sato is a very good administrator. [Mr. Sato]
(11) It is said that Wilson is very honest. [Wilson]
(12) He seems to have been quite satisfied. [It seems that]
(13) You have only to pay me what you owe me. [All you]
(14) That car is very expensive. I can't buy it. [too ～ to を用いて１つの英文に]
(15) My grandmother lived to be eighty. [till を用いて下線部を]
(16) It seems comfortable to sleep in this bed. [This bed を主語として]
(17) He was too fat to wear the uniform. [so ～ that の構文に]

ヒント (5)「～しようと思う」は，think to ～ ではなく，be thinking of ～ing (6)「～するようになる」は，become to でよいか (§ 280(F)) (7) see は知覚動詞 (§ 284) (8) make は使役動詞 (§ 285(A)) **E** (1) English を master の目的語にする (2) the river を in の目的語にする (3),(4) that 節は to 不定詞に変わる (§ 290) (5) ☞ § 288(C) (6),(7) ☞ § 288(C) (8)「彼を喜ばすのはむずかしい」とする (9)「マギーとは話しにくい」 (12) ☞ § 290 (14) ☞ § 280(B) (16) ☞ § 290 (17) ☞ § 280(B)

F　次の日本文を英語に直しなさい.

⑴　わざわざ会いに来ていただいてありがとうございます.
⑵　一生懸命やったが，まただめだった.
⑶　長らくお待たせしてすみません.
⑷　うそをつくのは悪いと思う.
⑸　ジミーはそんなことをするような人では決してない.
⑹　約束していたのに，スミスさんに電話するのを忘れた.
⑺　君はそんなことをしないだけの分別があってもいい年ごろだ.
⑻　ある朝目覚めてみると，僕は有名人になっていた.
⑼　子供のころ，僕は毎日午後に，ラジオを聞くことにしていた.
⑽　混んだバスの中では，若い者が年老いた人に席をゆずるのが社会の慣行である.

■よく使われる英語のことわざ■

- So many men, so many minds.
  (十人十色.)
- No pains, no gains.
  (苦は楽の種.)〔←骨折りなければ利得もなし〕
- Walls have ears.　(壁に耳あり.)

ヒント　**F**　⑴〈It is＋形容詞＋of you to〉の構文　⑵ only to を使う (**§ 279**(C))　⑶「待たせる」keep a person waiting　⑷ 形式目的語を it を用いる　⑸ the last man to ～ を使う　⑹「電話をする」call up　⑺「～しないだけの分別がある」know better than to ～　⑻ 結果の to 不定詞を用いる (**§ 279**(C))　⑼「～ことにしている」make it a rule to　⑽「～するのは…の慣行である」It is the custom with...to ～

第 26 章

分　　詞

分詞には，**現在分詞**と**過去分詞**の 2 種類があり，動詞と形容詞の性質を合わせもっている．動詞用法の分詞は，進行形・完了形・受動態を作り，一方，形容詞用法の分詞は名詞を修飾したり補語になったりする．

また，分詞で始まる句が時・理由・条件などの副詞節の働きをする場合を**分詞構文**という．

A　分詞の種類と形式

分詞は，非定形動詞の 1 つで，**現在分詞**（例：**taking**）と**過去分詞**（例：**taken**）の 2 つがある（作り方の詳細については，☞第 9 章）．現在分詞と過去分詞とは，必ずこの順に配列されて，次のような複雑な形式を作る．

単純分詞		**複合分詞**		
taking	[現在分詞]	**having**	**taken**	[完了分詞]
taken	[過去分詞]	**being**	**taken**	[受動分詞]
		having been taking		[完了進行分詞]
		having been	**taken**	[完了受動分詞]

分詞は動詞と形容詞の性質を合わせもっている（**very** で修飾できたら，形容詞と考えてよい）．なお，他動詞出身の形容詞用法では，現在分詞は「**〜させる**」という**能動的意味**を表し，これに対して，過去分詞は「**〜された**」という**受動的意味**を表す．

① a) The work was **tiring**.（仕事は退屈なものだった.）
[＜人を疲れさせる]

b) The workers became **tired**.（労働者は疲れてきた.）
[＜疲れさせられて]

② a) The game was **exciting**.
（そのゲームは，（人を）わくわくさせるものだった.）

b) We got **excited** at the game.
（私たちは，そのゲームに興奮した.）[＜興奮させられて]

注 分詞の動詞用法のうち，**進行形 (be＋現在分詞)** (☞ 第 7 章)，**完了形 (have＋過去分詞)** (☞ 第 6 章)，**受動態 (be＋過去分詞)** (☞ 第12章) については，すでに学んだ．ここでは，それ以外の用法を研究する．

〈NB〉 “現在” 分詞は現在をさすわけではなく，“過去” 分詞も過去をさすわけではなく，共にいかなる時に関しても用いられる．

B 現在分詞の用法 (1)

294. 前位用法

現在分詞が単独で用いられる場合は，普通の形容詞と同様，修飾する**名詞の前**に置かれる．自動詞出身の現在分詞は「**〜する**」という意味を表し，他動詞出身の現在分詞は「**〜させる**」という意味を表す．

① **Barking** *dogs* seldom bite. (ほえる犬はめったにかまない．)
〈ことわざ〉 [＝Dogs **that bark**...]

② There are many **developing** *countries* in the world.
(世界には多くの発展途上国がある．)

③ This is a very **interesting** *book*.
(これは，とてもおもしろい本です．)
[＝a book **that interests** one very much]

④ That was a more **exciting** *match*.
(そのほうがもっとわくわくするような試合だった．)

①, ② は自動詞出身の，③, ④ は他動詞出身の現在分詞である．前位用法の現在分詞は，名詞の**恒久的な分類的特徴**を表す(例えば，② の「発展途上国」というのは，世界の国々を「先進国」，「発展途上国」というふうに “分類” していることになる)．

(参考) **遊んでいても a “working” man**：a **working** man は「労働者」の意味であって，「×今働いている人」という意味ではない．つまり，休日で遊んでいても a **working** man といえるのである．① の barking dogs も，その犬はたまたま眠っていても，「よくほえる犬」という分類的特徴に変わりはないのである．前位用法の現在分詞が名詞の特徴を表すということは，現在ほえている犬をさして

ⓐ × That **barking** dog is John's.
(あのほえている犬は，ジョンのだ．)

ということはできないことで明らかである．その意味では，ⓑのように修飾する名詞のあとへ回さなければならない(次節で扱う〈後位用法〉)．

ⓑ That dog **barking** over there is John's.
(向こうでほえているあの犬は，ジョンのだ．)

295．後位用法

現在分詞が副詞句または目的語を伴う場合は，修飾する**名詞のあとに**置かれる．この場合は，現在分詞は述語的に用いられて，名詞の**一時的な状態**を表す．この用法では，現在分詞とそれに伴う語句は，関係詞節に書き換えることができる．

① ***The boy*** **sitting *in the corner*** is my brother.
(部屋の隅に座っている少年は，僕の弟です．)
[=The boy **who is sitting** *in the corner*...]

② ***The man*** **driving *the car*** is a doctor.
(車を運転している人は，お医者さんです．)
[=The man **who is driving** *the car*...]

③ It was ***a small box*** **containing *jewels***.
(それは宝石の入っている小さい箱だった．)
[=a small box **which contained**]

現在分詞は，通例は①,②のように進行形で書き直せるが，③のように進行形をもたない状態動詞の場合もある点に注意．

〈NB〉**1.** 上例の場合は，×The **sitting in the corner** boy のように分詞句を名詞の前に置くことはできない．

〈NB〉**2.** 分詞が単独の場合でも，修飾する名詞の“恒久的な特徴”ではなく，“一時的な状態”を表す場合は，後位をとる．

The people **singing** (=who were singing) were students.
([その時]歌を歌っている人々は，学生たちだった．)

Ⓒ　現在分詞の用法(2)

現在分詞は，次のような構文で**述語的に**(=補語として)用いられる．

296. 主語補語として

不完全自動詞（☞ § 9）の補語になる場合は，通例，形容詞化している．そこで，be ～ing となっていても，進行形ではないことに注意．

① This book *is* ***very*** **interesting.**（この本はとてもおもしろい．）

② This story *is* ***more*** **amusing** than that.
（この物語は，それよりもおもしろい．）

③ The girl *seemed* **charming** to me.
（その娘は私には魅力的に思われた．）

〈NB〉 ①, ② のように，very, more に修飾されていたり，③ のように seem のあとにくる ～ing は，**形容詞化している証拠**である．seem のあとに形容詞化していない現在分詞を置く場合は，seem **to be ～ing** とする．

It *seems* **to be raining** outside.（外は雨が降っているようだ．）

297. 準主語補語として

(A) stand, lie, sit や **come** などの完全自動詞のあとにくる現在分詞は，省略可能である点から分かるように，準主語補語である．

① He *stood* there **smoking.**
（彼はたばこを吸いながらそこに立っていた．）

② Mary *came* **running** to meet me.
（メアリーは，私を迎えに走ってやって来た．）

(B) 〈**go ～ing**〉「**～しに行く**」: **go boating [dancing/fishing/hunting/shopping/skiing/swimming/walking]** などスポーツ，体を動かす娯楽に用いる（×go smoking「喫煙に行く」などとはいわない）.

③ They *went* **swimming** in the pool.
（彼らはプールへ泳ぎに出かけた．）[＜プール**で**泳ぐ]

④ Let's *go* **skating** on the lake.（湖へスケートしに行こうよ．）
[＜湖**で**スケートする]

〈NB〉〈口語〉では，〈**go ～ing**〉は「〈望ましくないこと〉**をしでかす**」の意味でも用いる．

Don't *go* **telling** me lies!（おれにうそなんかつくのはよせ．）

(C) 〈**be busy ～ing**〉「**忙しく～している**」

⑤ Mother **is busy packing.**（母はせっせと荷造りをしている．）

(D)　**〈spend＋時＋～ing〉「～に時を費やす」**

⑥　I **spent** the whole afternoon **writing** letters.
（その日の午後はずっと手紙を書いて過ごした.）

(E)　**〈have difficulty ～ing〉「～するのに骨が折れる」**

⑦　I **had** some **difficulty doing** the work.
（その仕事をするのに少々骨が折れた.）

298. 目的語補語〈S＋V＋O＋C（＝分詞）〉として

(A)　**知覚動詞の場合：「Oが～するのを見る[聞く], など」**（☞ § 284）

①　I *saw* them **entering** the house.
（彼らがその家へ入って行っているのが見えた.）

②　I *heard* him **singing.**（彼が歌っているのが聞こえた.）

③　I *felt* the house **shaking.**（家が揺れているのが感じられた.）

④　We *watched* the lions **being fed.**
（私たちはライオンがえさを与えられているところを見守った.）

(B)　**〈have＋O＋～ing〉**：次の3つの意味がある（☞ § 285(B)）.

a）[have に強勢を置かないで]「**Oが～するのを経験する**」

⑤　We will soon *have* the mist **coming** down on us.
（すぐに霧が立ち込めてくるだろう.）

b）[have に強勢を置いて]「**Oに(～するように)させる**」

⑥　He *hád* us all **laughing.**（彼は私たちみんなを笑わせた.）

⑦　We'll soon *háve* you **walking** about again.
（すぐにまた歩き回れるようにしてあげますよ.）[医者のことば]

c）[**can't, won't** に伴い，have に強勢を置いて]「**Oに～させておくわけにいかない**」

⑧　We *can't háve* them **forcing** their views on everyone else.
（彼らが自分の考えを他のすべての人に押しつけるのを放っておくわけにはいかない.）

⑨　I *won't háve* you **saying** such things about my mother.
（お前に母のことをそんなふうにいわせてはおかないぞ.）

(C)　**その他の動詞の場合**

▶**catch**（現場を見つける），**find**（見つける）も，知覚動詞の仲間である.

⑩　I *caught* the children **stealing** my apples.

（その子供らがうちのりんごを盗んでいるところを見つけた.）

⑪ I *found* the man **lying** on the floor.
（その男が床の上に倒れているのを見つけた.）

▶**keep, leave**（OをCにしておく），**set**（OにCしはじめさせる）は，使役動詞の仲間である.

⑫ I'm sorry to have *kept* you **waiting**.
（お待たせしてすみません.）

⑬ I *left* the engine **running** while I went into the shop.
（店に入って行く間エンジンをかけたままにしておいた.）

⑭ His joke *set* everyone **laughing**.
（彼の冗談がみんなをどっと笑わせた.）

⑮ He *set* the engine of the car **going**.
（彼は車のエンジンをかけた.）

● 例題 1 ●

次の各文中の(　)内の動詞を適当な形に変えなさい.

(1) Are you going to keep me (wait) all day?
(2) He saw a boy (read) at the desk.
(3) Mary came (run) to her mother.
(4) He was busy (get) ready for his journey.
(5) What has set the dog (bark)?

考え方 (1)「OをCにしておく」(§ **298**(C))　(2) 知覚動詞の目的補語 (§ **298**(A))　(3) 準主語補語 (§ **297**(A))　(4) 〈be busy ～ing〉(§ **297**(C))　(5) 〈set＋目的語＋～ing〉「OをCしはじめさせる」(§ **298**(C))

解答 (1) waiting　(2) reading　(3) running　(4) getting　(5) barking

D　現在分詞による分詞構文

a) He saw the policeman **and** he ran away.
b) **When** he saw the policeman, he ran away.
c) **Seeing** the policeman, he ran away.

(訳) a), b), c) 彼は警官を見て逃げ去った.

解説 He saw the policeman.＋He ran away. という2つの文で表される情況があったとしよう．この2つの情況は，a)のように等位接続詞 and を使って，2つの等位節を含む文（＝重文：☞§ 414）にまとめることもできるし，b)のように従位接続詞 when を使って，時を表す副詞節を含む文（＝複文：☞§ 415）で表現することもできるし，また，c)のように分詞を使って，主語を1つしか含まない文（＝単文：☞§ 413）で表現することもできる．c)のように，等位節や副詞節の代わりに，分詞を用いて文を短縮する役目をする構文を**分詞構文**という．

▶**分詞構文の作り方**　「接続詞＋S＋V..., S′＋V′...」という形式の文の場合，次の手順で分詞構文を作ることができる．

When **he** **saw** the policeman, he ran away.
⇩　⇩　⇩
△　△　**Seeing**
①　②　③

① 接続詞をとる．
② S＝S′ なら，S をとる．
③ V を現在分詞（V-ing）に変える．

分詞構文
消す 消す ing と覚えよう
(S＝S′ の場合)

注意 c)の分詞構文は，a)の等位節や，b)の副詞節を使った文よりも簡潔である分だけ〈文章体〉で，会話文では使用されない．また，c)は，a), b)の2つの文に対応することを見ても分かるように，接続詞を使った文よりも「あいまい」であり，事実，「あいまいさ」が分詞構文の特徴である．

299．副詞節に相当する場合

(A)　〈時〉：**while, when**（**〜しているとき，〜すると**）などで書き換えられる．

① **Walking** (＝*While* I was walking) down the street, I met a friend.（通りを歩いているうちに友人に会った．）

② **Arriving** (＝*When* he arrived) at the station, he found his train gone.
（駅へ着いてみると，電車は出てしまっていた．）

AとBとが同時に起こっている別々の動作である場合は，どちらを分詞構文にしてもよい．

③　a)　**Strolling** (=*While* I was strolling) about the park, I thought of Mary.
（公園をぶらつきながら，私はメアリーのことを考えた.）

b)　**Thinking** (=*While* I was thinking) of Mary, I strolled about the park.
（メアリーのことを考えながら，私は公園をぶらついた.）

(B)　〈**原因・理由**〉：**because, as, since**（**〜なので**）などで書き換えられる.

④　**Being** ill (=*As* I was ill), I stayed in bed.
（病気だったので，ベッドで寝ていた.）

⑤　**Living** (=*As* we lived) in the country, we had few amusements.（田舎に住んでいたので，娯楽が少なかった.）

⑥　**Not knowing** (=*Because* I did not know) what to do, I asked John's advice.
（どうしていいか分からなかったので，ジョンの助言を求めた.）
注　分詞を否定形にするときには，**分詞の前に not をつける.**

(C)　〈**条件**〉：**if**（**もし〜ならば**）で書き換えられる.〈まれ〉

⑦　**Happening** (=*If* it should happen) in wartime, this would amount to disaster.（もし戦時中に起こりでもすれば，これは災害になってしまうだろう.）[*amount to 〜「結局〜になる」]

(D)　〈**譲歩**〉：**though**（**〜けれども**）で書き換えられる.

⑧　**Sitting** (=*Though* I am sitting) in the sun, I still feel cold.
（日なたに座っているのに，まだ寒い.）

(E)　〈**付帯情況**〉「**A しながら B する**」：A と B の動作が同時に起こっており，A は B の動作の一部になっている場合：A を分詞構文にする.

⑨　**Walking** on tiptoe, I approached the door.
（つま先で歩きながら，私はドアの方へ近づいた.）

⑩　He went out, **slamming** the door.
（彼はドアをバタンと閉めて，出て行った.）

〈NB〉「付帯情況」を示す分詞構文では，**as** を使って次のようにいうこともできるが，今度は，付帯的動作 A に力点を置いた言い方になる.

ⓐ　I walked on tiptoe **as** I approached the door.
（私はドアの方へ近づいて行くとき，つま先で歩いた.）

ⓑ He slammed the door **as** he went out.
（彼は出て行くとき，ドアをバタンと閉めた.）

300. 等位節に相当する場合

(A)「**A して B する**」(2つの事件の起こった順序)： Aの動作を分詞構文にし，B文の前に置く.

① **Opening** the drawer, he took out a fountain pen.
[=He **opened** the drawer **and** (he) took out a fountain pen.]（彼は引き出しを開けて，万年筆を取り出した.）

(B)「**A した結果 B する**」：〈結果〉を示すBの動作を分詞構文にし，A文のあとに置く.

② I fell, **spraining** my ankle. [=I fell, **and** (I) **sprained** my ankle.]（私は転んで，足首をくじいた.）

③ It rained heavily, completely **ruining** our holiday.
[=It rained heavily, **and** (it) completely **ruined** our holiday.]（大雨が降って，私たちの休日は完全にだいなしになってしまった.）

301. 完了形の現在分詞構文

主文の示す時よりも「**以前の時**」を明示するために用いられる.

① **Having finished** (=**After/As** I *had finished*) my work, I went for a walk.
（仕事をすませてから/すませたので，私は散歩に出かけた.）

② **Having failed** (=**As** I *have failed*) twice, I don't want to try again.
（2度も失敗したので，もう1度やってみたいとは思わない.）

▶**完了形分詞構文の作り方**　「接続詞+S+V..., S′+V′...」という形式の文では，次の手順で完了形分詞構文を作ることができる.

After **I** **had finished** my work, I went for a walk.
⇩　⇩　⇩
△　△　**Having finished**
①　②　③

①　接続詞をとる.　②　S=S′ なら，Sをとる.
③　Vを完了形分詞〈**having+過去分詞**〉に変える.

従属節が現在完了形の場合も，手順は同じである．

As **I** **have failed** twice, I don't want to try again.
⇩ ⇩ ⇩
△ △ **Having failed**

(参考) **分詞構文の意味**：上にあげたような意味が分詞自体にあるのではなく，A 文と B 文との関係から論理的に推論されるものであることに注意．例えば，①の場合は，「仕事をすませた＋散歩に出かけた」という 2 つの文は，「仕事をすませてから出かけた」という〈時間〉の前後関係を示すものとしても，「仕事をすませたので出かけた」という〈理由〉を示すものとしても，共に意味的に成立する．

302．〈接続詞＋現在分詞〉

分詞構文の意味は，以上見てきたように，ときに「あいまい」であるが，意味が不明確になりすぎる場合は，分詞の前に接続詞をつけて文意をはっきりさせる．

① ***While*** (＝While I was) **reading**, I fell asleep.
（読書しているうちに寝入った．）

② ***Though*** (＝Though I am) **living** next door, I seldom see him. （隣に住んではいるが，私はめったに彼に会わない．）

303．独立分詞構文

The day **being** fine (＝**As** *the day* was fine), we decided to go swimming.

(訳) その日は天気がよかったので，私たちは泳ぎに行くことに決めた．

解説 これまで見てきた分詞構文の“意味上の主語”は，すべて主語と同一であった．しかし，**分詞の意味上の主語が文の主語とは異なる場合は，分詞の主語**（上の範例では The day）**をつけなければならない**．こうして，〈**S＋～ing, S′＋V**〉のように，分詞構文がそれ自身の主語をもつ場合を，**独立分詞構文**という．

▶**独立分詞構文の作り方**　「接続詞＋S＋V, S′＋V′...」という形式の文において，S≠S′ の場合は，次の手順で独立分詞構文を作ることができる．

As **the day** **was** fine, we decided to go swimming.
⇩　⇩　⇩
△ **The day being**
ⓐ　ⓑ　ⓒ

ⓐ　接続詞をとる.

ⓑ　S≠S′ の場合は, S を消さない.

ⓒ　V を現在分詞 (**V-ing**) に変える.

独立分詞構文
消す 消さない ing と覚えよう
(S≠S′ の場合)

① 〈理由〉 *The sun* **having set** (＝**As** the sun *had set*), they went home.（太陽が沈んだので，彼らは家へ帰った.）

② 〈条件〉 We will start, *weather* **permitting** (＝**if** the weather permits).（天気がよければ，私たちは出発します.）

㊟　接続詞を用いて書き換えると，**weather** に **the** がつく点に注意.

①のような完了形の独立分詞構文の作り方は，分詞の主語を残す以外は，普通の完了形分詞構文（☞ **§ 301**）と同じ.

As **the sun** **had set**, they went home.
⇩　⇩　⇩
△ **The sun** **having set**, they went home.
ⓐ　ⓑ　ⓒ

ⓐ　接続詞をとる.

ⓑ　S≠S の場合は S を消さない.

ⓒ　V を完了形分詞〈**having＋過去分詞**〉に変える.

③ 〈付帯情況〉 The car was upside down, *its wheels* still **turning.**（車はひっくり返り，車輪はまだ回っていた.）

④ 〈等位節相当〉 We started, *John* **remaining** behind (＝…, **and** John remained behind).
（われわれは出発し，ジョンがあとに残った.）

it や **there** も分詞構文の形式主語になることがある.

⑤ 〈理由〉 *It* **being** (＝**As** *it* was) cold, no one went out.
（寒かったので，だれも外へ出なかった.）

⑥ 〈理由〉 *There* **being** (＝**As** *there* was) nothing else to do, we went home.
（ほかに仕事がなかったので，私たちは家に帰った.）

独立分詞構文は，③のように後位に置かれて〈付帯情況〉を表す場合のほかは，きわめて〈文語的〉であることに注意しよう．

独立分詞構文が“付帯情況”を表す場合は，しばしばその前に **with** がつけられる．

⑦＝③　The car was upside down, **with** *its wheels* still **turning**.

この構文は，次のように，時に〈理由〉の意味を表すことがある．

⑧　I daren't dance, **with** *you all* **watching**.
（君たちみんなが見ているので，ダンスする勇気がない．）

なお，この構造は，次の⑨などと同様，〈**with＋O＋C**〉と分析され，「O を C の状態にして」というような意味を表す．

⑨　I feel lonely **with** *you* **away**.（君がいないので寂しい．）

304．“ぶら下がり分詞”

次の分詞構文を見てみよう．

①　×**Turning** the corner, a handsome building appeared.
（角を曲がると，りっぱな建物が見えた．）

①は，「角を曲がった」のは「建物」であるかのような言い方になっている．このように，分詞の意味上の主語と文の主語とが異なっているにもかかわらず，分詞の主語を表現しないで，分詞がいわば宙に浮いているような構文を，“ぶら下がり分詞”という．①は，次のように書き換えるなら，「角を曲がった」のが文の主語である「私」と一致するので，文法的な文になる．

②　○**Turning** the corner, **I** saw a handsome building.

①のような“ぶら下がり分詞”は非文法的，またはスタイル上好ましくないとされるが，次のような，分詞の意味上の主語が「**一般の人々**」である場合は，慣用的に確立した用法である．

③　**Generally speaking**, men are taller than women.
（一般的にいえば，男性のほうが女性よりも背が高い．）

④　**Talking** of London, have you visited Hyde Park?
（ロンドンといえば，ハイドパークへ行ったことがありますか．）

⑤　〈条件〉　**strictly speaking**（厳密にいえば）/ **judging from**

（～から判断すると）/ **taking everything into consideration**（あらゆることを考慮すれば）

⑥　〈譲歩〉　**Granting that** you are innocent, can you prove it？（君が潔白だとしても，それを証明できるか.）

〈NB〉 **considering**「～のわりには」とか，**supposing**「～だとすれば」の場合は，慣用化が進んで，それぞれ，前置詞，接続詞になっている.

ⓐ　She looks young **considering** (＝for) her age.
（彼女は年のわりには若く見える.）

ⓑ　**Supposing** (＝If) he did not come, what would you do?
（彼が来ないとしたら，君はどうするかね.）

● 例題 2 ●

次の各文の(　)内に適当な1語を入れなさい.

(1)　Having (　　) deceived so often, I cannot believe him.
(2)　(　　) finished my homework, I have nothing more to do.
(3)　(　　) what you say, I still think you are in the wrong.
(4)　All else (　　) equal, industrious men are the happiest men.
(5)　(　　) being fine yesterday, we went on a picnic together.

考え方　(1) Having のあとには過去分詞しかこない　(2) 完了分詞　(3)「認める」という意味の動詞を捜す；be in the wrong「誤っている」　(4)「他のすべての条件が同じならば」は，きまり文句　(5)「きのうは天気だった」という文の分詞構文

解答　(1) been　(2) Having　(3) Admitting　(4) being　(5) It

E　過去分詞の用法(1)

305. 前位用法

過去分詞は，現在分詞と同様，単独で用いられる場合，修飾する**名詞の前に置かれる**. 通例，形容詞化している.

(A)　自動詞の過去分詞：「～している」（能動的・完了的な意味；主に場所・状態の変化を示す“変移動詞”で，その数は多くない）

①　a) **fallen** leaves　（落葉）[＜落ちてしまっている葉]

b) a **retired** general (退役した将軍)

c) a **grown-up** son (成長した息子)

d) an **escaped** prisoner (脱獄囚)[<脱獄した囚人]

e) **faded** material (色あせた生地)

(B) 他動詞の過去分詞：次の2つの場合がある.

(1) 動作動詞の場合：「**〜された**」(受動的・結果的な意味)

② a) a **broken** window (こわれた窓)[<こわされた窓]

b) a **spoilt** child (甘やかされた子供)

c) a **closed** shop (閉められた店)

d) **lost** property (失われた財産)

(2) 状態動詞の場合：「**〜されている**」(受動的・状態的な意味)

③ a) an **honored** guest (尊敬されている客)

b) a **despised** scoundrel (軽べつされている悪党)

c) a well-**known** writer

(有名な作家)[<人によく知られている作家]

〈NB〉 **〈名詞+〜ed〉**は「〜をもった」という意味の形容詞を作る. 過去分詞ではない.

a **blue-eyed** girl (青い目をした少女) / a **talented** actress (才能のある女優)

306. 後位用法

過去分詞が修飾語句を伴う場合は, 修飾する**名詞のあとに**置かれる. 現在分詞の場合と同様, 分詞は述語的に用いられていて, 関係詞節に書き換えられる.

① *The book* **borrowed** ***from the library*** was dull.

(図書館から借り出した本は, おもしろくなかった.)

[=The book **which** *had been borrowed from the library*]

② This is *a poem* **written** ***by Keats***.

(これはキーツが書いた詩です.)

[=a poem **which** *was written by Keats*]

〈NB〉 過去分詞が修飾語句を伴っていない場合でも, 修飾する名詞の“一時的な状態”を表す場合は, 後位をとる. (☞ § 295 〈NB〉 2.)

ⓐ ○ Bill talked to the man **shot**.
（ビルは銃で撃たれた男と話した.）

ⓑ × Bill talked to the **shot** man.

𝔽　過去分詞の用法(2)

307. 主語補語として

be, look, seem, feel, remain などの不完全自動詞とともに用いられる. 通例は形容詞化していると考えてよい.

① I *am very* **tired**. （とても疲れた.）

② You *look* **tired**. （疲れた顔をしているね.）

③ He *seemed* **pleased** with the present.
（彼はその贈り物が気に入ったらしかった.）

④ I *felt* thoroughly **disappointed**. （私はすっかり失望した.）

⑤ John *remained* **unmarried**.
（ジョンはいつまでも未婚のままでいた.）

① のように very に修飾されたり, ②, ③ のように look, seem のあとにきたり, ⑤ のように un- という接頭辞がついたりした場合は, 完全に形容詞化している証拠になる.

308. 準主語補語として

awake（目をさます）, **stand**（立っている）, **lie**（横たわっている）などの完全自動詞に伴う場合. 過去分詞は省略可能.

① He *awoke* **refreshed**.
（彼はさわやかな気持ちで目をさました.）

② I *stood* there **entranced** with the music.
（私はその音楽にうっとりとしてそこに立ちつくした.）

309. 目的語補語 〈S+V+O+C (=分詞)〉として

(A)　知覚動詞の場合：「O が C されるのを見る[聞く], など」

① He *saw* his team **beaten**.
（彼は自分のチームが負けるのを見た.）

② I didn't *hear* my name **called.**
（自分の名前を呼ばれるのが聞こえなかった.）

③ He *felt* himself **lifted up.**
（彼は体が持ち上げられるのを感じた.）

find もこの類である.

④ I *found* the house **deserted.**
（その家にはだれも住んでいないことが分かった.）

(B) 〈have＋O＋過去分詞〉：次の3つの意味がある.（☞ § 298(B)）

a) [have に強勢を置いて]「**O を〜させる[してもらう]**」〈使役〉

⑤ I *hád* my shoes **shined.**（くつをみがいてもらった.）

b) [過去分詞に強勢を置いて]「**O を〜される**」〈受身〉

⑥ John *had* his watch **stólen.**（ジョンは時計を盗まれた.）

⑦ He *had* his leg **bróken** in the accident.
（彼はその事故で足を折った.）

c) [過去分詞に強勢を置いて]「**O を〜してしまっている**」〈結果〉

⑧ I *have* a revolver **lóaded.**
（ピストルには弾丸が込めてある.）

⑨ He *had* his plan **máde.**（彼は計画を立ててしまっていた.）

(C) その他の動詞の場合：get, make, like, want, wish, order など. まず，**get, make** は，“使役動詞”である.

⑩ Please *get* your hair **cut.**（髪を刈ってもらいなさい.）
[〈使役〉：上の have *a*) よりも〈口語的〉；なお，get は通例〈受身〉の意味には使わない]

⑪ Can you *make* yourself **understood** in English?
（あなたは英語で用が足せますか [＜自分のいいたいことを人に分からせることができるか].）

次に，**want, wish, like, order** などの〈注文・命令〉の動詞がある.

⑫ Do you *want* this box **opened**?
（この箱を開けてほしいのですか.）

⑬ I don't *like* it **discussed.**（私はそれをとやかく論じるのを好まない.）[**to be** discussed よりも命令口調になる]

⑭ He *ordered* the parcel **sent.**
（彼はその小包を送るように命じた.）

注　主に〈米〉で，〈英〉では ordered the parcel **to be sent** とする．

●例題 3●

次の各文中の(　)内の動詞を適当な形に変えなさい．

(1) The language (speak) in the province is English.

(2) The speaker tried to make his voice (hear).

(3) He certainly deserves to have his biography (write).

(4) I saw a nail (beat) into a thick board.

(5) This work (do), we went home.

考え方　(1)「話している」か「話されている」か；province「地方」 (2)〈make＋O＋過去分詞〉「Oを～させる」の構文 (§ **309**(C))　(3)〈have＋O＋過去分詞〉(§ **309**(B))；deserve to ～「～する価値がある」 (4)「OがCされるのを見る」(§ **309**(A))　(5)「この仕事がすんだので」

解答　(1) spoken　(2) heard　(3) written　(4) beaten　(5) done

G　過去分詞による分詞構文

過去分詞の分詞構文は，現在分詞の場合よりも少ない．それは，節に直せば〈**S＋be＋過去分詞**〉の形式になる．

310．副詞節に相当する場合

(1)　〈時〉

① **Left** (＝**When** *it was left*) to itself, the baby began to cry.（1人ぼっちにされると，赤ちゃんは泣き出した.）

(2)　〈原因・理由〉

② This book, (**being**) **written** (＝**as** *it is written*) in simple English, is suitable for beginners.（この本は，易しい英語で書かれているので，初学者に向いている.）

being は普通省略されるが，補えば現在分詞による分詞構文になる．

③ **Tired out** (＝**As** *she was tired out*) after her long walk, she went to bed early.
（遠道の散歩のあとで疲れはてて，彼女は早めに床についた.）

(3)　〈条件〉

④　**Used** (=**If** *it is used*) economically, one box will last for two weeks.
（節約して使えば，1箱が2週間はもつでしょう．）

(4)　〈譲歩〉：この意味は〈まれ〉．

⑤　**Testified** (=**Whether** *it is testified*) or not, it is a fact.
（立証されようとされまいと，それは事実だ．）

311．等位節に相当する場合

この用法も非常に限られている．

①　**Aroused** by the noise, he leapt to his feet. (=He was **aroused** by the noise, **and** (he) leapt to his feet.)
（彼はその音で目をさまし，がばと立ち上がった．）

312．〈接続詞＋過去分詞〉

分詞構文の意味を明確にするために，接続詞をつけることがある．
(☞ § 302)

①　***Once*** **deprived** of oxygen, the brain dies.
（いったん酸素を奪われると，脳は死ぬ．）

②　***Though*** **wounded**, they continued to fight.
（負傷してはいたが，彼らは戦い続けた．）

● 例題 4 ●

次の各文の(　)内に適当な1語を入れなさい．

(1)　It is no use crying over (　　) milk.
(2)　He (　　) his wallet stolen yesterday.
(3)　He could not make (　　) understood in French.
(4)　(　　) from an airplane, this would look like a green ball.

考え方　(1)「こぼれた牛乳のことで泣いても仕方がない → 覆水盆に返らず」〈ことわざ〉　(2)「財布を盗まれた」(§ **309**(B))　(3) § **309**(C)　(4)「飛行機から見ると → 見られると」

解答　(1) spilt (<spill「こぼす」)　(2) had　(3) himself　(4) Seen

313．独立分詞構文

過去分詞はこの用法でも〈まれ〉で，通例，その前に現在分詞 **being** または **having been** が省略されていると見ることができる．

① 〈時〉 *This* **done** (=**When** *this was done*), he went to bed.（これをすますと，彼は床についた．）

② 〈理由〉 *The window* **left** (=**As** *the window was left*) open, he could look inside.
（窓が開けたままになっていたので，彼は中がのぞけた．）

③ 〈条件〉 He is not a bad man, *all things* **considered** (=**if** all things are considered).
（すべてを考え合わせてみると，彼は悪人とはいえない．）

現在分詞の場合と同様，この構文の前に **with** をつけて，〈**with+O+C**〉の型にし，「**OをCにして**」という意味の〈付帯情況〉を表すことがよくある．**with** を落とせば，〈文章体〉になる．

④ The woman advanced slowly, **with** *her eyes* **fixed** on me.
（女は私をじっと見すえたまま，ゆっくりと歩み寄って来た．）

章 末 問 題 26

A　次の各文の(　)内の適当な形を選びなさい．

(1) George was caught (cheating, cheated) in his examination.

(2) I hate to see chances (throwing away, thrown away).

(3) He could not make (to understand himself, understood himself, himself understood) in French.

(4) Where did you have your watch (mend, mending, buy, purchase, repaired)?

(5) You had better have that tooth (to pull, pulled) out.

(6) She is going to have a new dress (make, making, made).

ヒント　**A**　(1) cheat「カンニングをする」　(2)「OがCされるのを見る」(**§ 309**(A))　(3)「自分のいうことを人に分からせる」　(4), (5), (6)「OをCさせる［してもらう］」(**§ 309**(B))

B　次の各文を分詞構文を用いて書き換えなさい.

(1) I felt very warm. I opened all the windows.
(2) As I did not feel well, I stayed at home all day.
(3) I became very tired and stopped to rest.
(4) While he stood in the door, he found someone approaching.
(5) The last bus had gone; some had to walk home.
(6) It was a very dull evening. We left as soon as we could.
(7) As it is fine today, let us take a walk in the suburbs.

C　次の各文の誤りを正しなさい.

(1) The baseball game was very much excited.
(2) A drowned man will catch at a straw.
(3) His house, situating on a hill, commands a fine view.
(4) He kept me to wait for dinner.
(5) Please have my luggage carry to the station.
(6) I was blown off my hat by the wind.
(7) Seeing from a distance, it looked like a human face.
(8) Comparing with his brother, he is not so intelligent.
(9) Waving to the driver, the taxi stopped before me.
(10) Being robbed of her purse on the way, nothing could be bought.
(11) I must have this room sweep now.
(12) She was stolen her gold ring.

ヒント　**B**　(1), (2), (3), (4) 前の文を分詞構文に　(5), (6), (7) 独立分詞構文
C　(1)「試合」は,「興奮している」のではなく,「人を興奮させるような」ものである (**§ 294**)　(2) drowned「おぼれ死んだ」, drowning「おぼれかかっている」〈ことわざ〉　(3) situate「〈建物などを〉ある位置に置く」は他動詞　(4) 〈keep＋O＋現在分詞〉「人を～させ続ける」(**§ 298(C)**)　(5) **〈have＋O (＝物)＋過去分詞〉**「物を～してもらう」, **〈have＋O (＝人)＋原形不定詞〉**「人に～させる」　(6) 〈have＋O (＝物)＋過去分詞〉の構文に (**§ 309(B)**)　(7) **it** が「見る」のではなく,「見られる」のである　(8) **he** は「比べる」のではなく,「比べられる」のである　(9), (10) “ぶら下がり分詞” になっている (**§ 304**)
(11), (12) 〈have＋O (＝物)＋過去分詞〉(**§ 309(B)**)

D　(　)内に入れる適当な語句を，下の語群から選びなさい．

(1) The (　　) man was carried to a nearby hospital.

a. wind　**b.** wound　**c.** wounding　**d.** wounded

(2) Do you know of any restaurants (　　) Japanese food at reasonable prices?

a. serving　**b.** serves　**c.** where to serve
d. where serve

(3) Mr. Jones is a very (　　) man because he is always talking about himself.

a. bored　**b.** boring　**c.** interested　**d.** tired

(4) His speech leaves something to be (　　).

a. hoped　**b.** asked　**c.** wanted　**d.** desired

(5) I am always (　　) in hearing what you have to say.

a. eagerly　**b.** taught　**c.** interesting　**d.** interested

(6) Please let me know if I am (　　). If so, I will do it again.

a. mistaken　**b.** mistaking
c. misunderstood　**d.** misunderstanding

(7) Some books, if (　　) carelessly, will do more harm than good.

a. read　**b.** to read　**c.** in reading　**d.** reading

(8) The student was successful in the examination. He came home (　　).

a. satisfying　**b.** full of confident
c. quite satisfied　**d.** with confident

(9) We had our house (　　) a week ago.

a. paint　**b.** to paint　**c.** painting　**d.** painted

(10) He (　　) his watch stolen yesterday.

a. was　**b.** had　**c.** let

ヒント　**D**　(1)「負傷した」　(2)「〈食事を〉出す」　(3)「退屈な」　(4)「少し遺憾なところがある」　(5)「～に関心がある」　(6)「間違っている」　(7)「不注意に読まれるならば」　(8)「満足して」　(9)「ペンキを塗ってもらう」(§ **309**(B))

(11) I could not make myself (　　) in the noisy restaurant.
　a. hear　　b. to hear　　c. hearing　　d. heard

(12) Many people spend their spare time (　　) television.
　a. looking　　b. seeing　　c. staring　　d. watching

(13) Being (　　) in literature, she often dreams of writing a novel.
　a. interest　　b. interested　　c. interesting　　d. interests

(14) The hour (　　) before noon, he was almost sure to find her at home.
　a. having　　b. being　　c. to be　　d. be　　e. was

(15) (　　), a car knocked her down.
　a. Walking home　　b. Having walked home
　c. As she walked home　　d. While walking home

(16) Alice, (　　) where to find the book, asked her mother where the book was.
　a. not to know　　b. never to know
　c. with no knowledge　　d. not knowing

(17) While (　　) the street on my way to school, I met with an accident.
　a. crossing　　b. crossed　　c. to cross
　d. have crossed

(18) We all left home at eight, (　　) at the destination at ten.
　a. have arrived　　b. arriving　　c. arrived
　d. having arrived

E　次の分詞構文を，接続詞を用いて書き換えなさい．

(1) She must be very hungry, having eaten nothing for a whole day.

ヒント　(11)「先方に聞こえるようにする」 (12)「テレビを見ながら」 (14) 独立分詞構文　(15) “ぶら下がり分詞”にならないように (§ 304)　(16)「分からないので」 (17) 〈接続詞＋現在分詞〉(§ 302)　(18)「そして到着した」　**E** (1)「～ので」〈理由〉

(2) Being very careful, he hardly makes any mistakes.

(3) Feeling that he wasn't wanted, he went away.

(4) Not knowing where to go, she asked me for help.

(5) Being injured, I did not go out.

(6) The other conditions being equal, this material is superior to that.

(7) My wife having earned a lot of money last summer, she and I are now enjoying an oversea trip.

(8) Mr. Jones, his resignation having been accepted, retired to the country.

■よく使われる英語のことわざ■

- For every evil under the sun, there is a remedy.
  (災いを転じて福となす.)〔←この世のすべての災いには治療法がある〕
- The danger past, and God forgotten.
  (苦しいときの神頼み.)〔←危険が過ぎれば，神のことなど忘れてしまう〕
- Manners and money make a gentleman.
  (衣食足りて礼節を知る.)〔←良い作法とお金が，人を紳士にする〕

ヒント (2)〜(5)「〜ので」〈理由〉 (6)〜(8) 独立分詞構文 (6)「他の条件が同じならば」 (7), (8)「〜ので」完了形分詞は主節の動詞の表す時よりも以前 **(§ 303)**

第27章

動　名　詞

動名詞は，動詞と名詞の性質を合わせもっている．動詞としては，目的語をとったり，副詞語句に修飾されたり，他動詞出身の場合は受動態も作る．名詞としては，主語・目的語・補語などになる．この章では，動名詞の**用法**，**意味上の主語**，動名詞の表す**時と態**などを研究しよう．

Ⓐ 動名詞の形式

動名詞 (gerund) は非定形動詞の1つで，形式は現在分詞と同じ (**~ing**) であるが，文中では**名詞**の働きをし，「**~すること**」という意味を表す．**take** を例にとれば，次のような形式がある．

	能　動　態	受　動　態
単　純　形	**taking**	**being taken**
完　了　形	**having taken**	**having been taken**

注　自動詞の場合は，当然，受動態はない．

Ⓑ 動名詞の用法

314. 基本用法

動名詞は，名詞と同じように，文中で主語・目的語・補語，または複合名詞の第一要素になることができる．

(A)　文の主語

① **Telling** *lies* is wrong.（うそをいうことは，よくない．）

② **Speaking** *English well* requires a lot of practice.
（英語を上手に話すことは，たくさんの練習を必要とする．）

③ ***It***'s no good **talking** *to him*.（彼に話したってむだだ．）
[It は形式主語で，talking が真主語]

(B)　他動詞の目的語

④　Boys ***like*** **playing** *baseball.*
（男の子は，野球をするのが好きだ．）

⑤　I ***hate*** **telling** *lies.*（私はうそをいうのはきらいだ．）

(C)　前置詞の目的語：前置詞は目的語をとるので，すべての動詞は前置詞のあとでは名詞化して動名詞の形にしなければならない．

⑥　He is interested ***in*** **learning** *English.*
（彼は英語を学ぶことに興味をいだいている．）

⑦　Mary is fond ***of*** **going** *to concerts.*
（メアリーは，コンサートへ行くのが好きだ．）

⑧　I am used ***to*** **getting** *up early.*
（私は早起きには慣れている．）

(D)　補語

⑨　My hobby is **collecting** *old stamps.*　［主語補語］
（私の趣味は，古切手を集めることです．）

⑩　We call that **asking** *for trouble.*　［目的語補語］
（それが自業自得というものだ．）［*ask for trouble「自ら災いを招く」］

⑩のような目的語補語の例は，〈まれ〉である．

315．形容詞的用法

名詞の apple が **apple**-tree（りんごの木）のように複合名詞を作るように，動名詞も名詞の前に置かれて複合名詞を作り，その名詞を修飾限定することができる．動名詞に第１強勢が置かれる．

①　a **díning** room（食堂）［＝a room *for dining*］

②　**drínking water**（飲料水）［＝water *for drinking*］

③　a **smóking** room（喫煙室）［＝a room *for smoking*］

〈NB〉　**〈動名詞＋名詞〉と〈現在分詞＋名詞〉との比較**：両構造は，次の２点で区別される．

1）　動名詞は名詞の**用途・目的**を表し，現在分詞は名詞の**分類的特徴**（**§ 205**）を表す．

ⓐ　動名詞：a **sléeping** car（寝台車）［＝a car *for sleeping*］
　　現在分詞：a **sleeping** dóg（［ほえたり走ったりしている犬ではなく］眠っている犬）［a dog *that sleeps*］

2）〈動名詞＋名詞〉は他の複合語と同様に［ˊ ＿］のように第１強

勢が第1要素に置かれるが，〈現在分詞＋名詞〉は，他の〈形容詞＋名詞〉の結びつき(例：a pretty gírl)と同様に，[＿ ˊ]のように第2要素に第1強勢が置かれる．(☞ § 152)

ⓑ {動名詞　：a **wálking** stick　(ステッキ)〈主に英〉
　　現在分詞：a **walking** díctionary　(生き字引き)

(参考) その他の名詞的特徴：

1) 形容詞に修飾される：

ⓐ I enjoy **graceful** *dancing.*
(私は上品にダンスするのが楽しい.)

2) 冠詞をとる：

ⓑ It was John who did **the** *talking.*
(しゃべったのは，ジョンだった.)

ⓒ I have **a** *liking* for painting.　(私は絵が好きだ.)

3) 複数形を作る：

ⓓ all his **doings**　(彼がしたことすべて)

4) 所有格を作る：

ⓔ He is doing the work for *living*'s sake.
(彼は生活のためにその仕事をしている.)

なお，**meaning** (意味)，**building** (建物)，**saying** (ことわざ) のように，完全に名詞になっているものもある.

C　動名詞の意味上の主語

316. 主語を表現しない場合

次のような場合，意味上の主語は表現されない.

(1)　文の主語と一致している場合

① {a) I am afraid of **being** *late.*　(私は遅れはしないかと心配だ.)　[＝**I** am afraid that **I** *may be late.*]
　b) I am afraid of *his* **being** *late.*(彼が遅れはしないかと心配だ.)　[＝**I** am afraid that **he** *may be late.*]

② {a) He insisted on **going.**　(彼は行くことを主張した.)　[＝**He** insisted that **he** *would go.*]
　b) He insisted on *my* **going.**(彼は私が行くことを主張した.)　[＝**He** insisted that **I** *should go.*]

① a)，② a) のように，動名詞の意味上の主語が文の主語と一致し

ているときは，表現されない．というよりも，**表現してはいけない．**（一方，先回りしていっておけば，① b)，② b) のように，文の主語とは異なる場合は，当然，**表現しなければならない．**）

(2) 文の目的語と一致している場合

③ Illness prevented **me** from **going** out.
（病気のため私は外出できなかった．）［私が出かける］

④ I scolded **Tom** for **tormenting** animals.
（私はトムが動物をいじめるのでしかった．）［トムがいじめる］

(3)「一般の人々」(we, you, one, they など)**である場合**

⑤ **Seeing** is **believing.**（百聞は一見にしかず．）〈ことわざ〉

⑥ **Hunting** *lions* can be dangerous.
（ライオン狩りは，危険な場合がある．）

317．主語を表現する場合

前節の (1), (2), (3) 以外の場合は，主語を表現しなければならない．**動名詞の意味上の主語は，**〈文章体〉では(代)名詞の所有格 (John's, his) を用い，〈口語体〉では，名詞は -'s のつかない形 (John)，代名詞は目的格 (him) が好まれる．

① a) I tried to stop ***John's*** [***his***] **hitting** Bob.　〈文章体〉
b) I tried to stop ***John*** [***him***] **hitting** Bob.　〈口語体〉
（私はジョンがボブをぶつのを止めようとした．）

同じことが次の諸例についてもいえる(所有格でないほうが〈口語体〉)．

② Do you mind ***their/them*** **coming** too?
（彼らも来てもいいですか．）

③ I don't like ***Mary's/Mary*** **coming** late every time.
（メアリーがいつも遅刻するのは好まない．）

● 例題 1 ●

次の各文の動名詞の用法をいいなさい．

(1) Talking loudly is not allowed in a library.
(2) John is fond of reading novels.
(3) He has given up smoking.
(4) It is throwing your money away.

考え方 (1) talking loudly「大声で話すこと」　(2) be fond of「～が好きだ」 (3) give up「やめる」 (4) throw away「投げ捨てる」

解答 (1) 主語　(2) 前置詞の目的語　(3) 動詞の目的語　(4) 主語補語

D　動名詞の表す時と態

318. 動名詞の表す時

動名詞は，時制を積極的に表す力がないので，その表す時は述語動詞の時制によって間接的に決定される.

(A) 単純動名詞（例：taking）は，述語動詞の表す時と「**同じ時**」，または「**それ以後の時**」を表す.

① I ***am*** proud of my son **being** a teacher.
（私は息子が教師であることを誇りに思っている.）
［＝I **am** proud that my son **is** a teacher.］　［現在］

② He ***is*** sure of **winning** the race.
（彼はそのレースで優勝することを確信している.）
［＝He **is** sure that he **will win** the race.］　［未来］

(B) 完了動名詞（例：having taken）は，述語動詞の表す時より「**以前の時**」を表す.

③ He ***repents*** of **having been** idle in his school days.
（彼は学生時代に怠けたことを後悔している.）　［過去］
［＝He **repents** that he **was** idle in his school days.］

④ I ***am*** glad at **having finished** the work so soon.
（こんなに早く仕事をすませたことを喜んでいる.）［現在完了］
［＝I **am** glad that I **have finished** the work so soon.］

⑤ He ***denied*** **having seen** it.
（彼はそれを見たことはないといった.）　［過去完了］
［＝He **denied** that he **had seen** it.］

〈NB〉 述語動詞が **remember**（思い出す），**forget**（忘れる）などの場合，すでに起こっている事柄をさしていることは明らかなので，完了動名詞の代わりに単純動名詞を用いるほうが多い.

ⓐ I *remember* **seeing** him before. =I *remember* **having seen** him before.
(彼には以前会った覚えがある.) [=I *remember* that I **have seen** him before.]

ⓑ I shall never *forget* **seeing** her on that day.
(その日彼女に会ったことは決して忘れない.)
[=I shall never *forget* that I **saw** her on that day.]
注 forget は, 普通, ×I **forget** seeing her. のように肯定文では用いない点に注意.

319. 動名詞の態

動名詞は, *p.* 401 で示したように, **態**を表すことができる. 単純能動態は taking, 単純受動態は being taken であり, 完了能動態は having taken, 完了受動態は having been taken である.

(A) 動名詞が〈受動〉の意味を表すときには, **受動動名詞**を用いるのが原則である.

① I dislike **being opposed.** (私は反対されるのはきらいだ.)
② The bed showed no signs of **having been slept in.**
(ベッドには人が寝た形跡はなかった.)

(B) **need, require, want** などの〈必要〉の意味をもつ動詞のあとでは, 動名詞は受動的な意味を表す.

③ Your hair **needs cutting** (=to be cut).
(君の髪は, 刈ってもらう必要がある.)
④ John **requires helping** (=to be helped).
(ジョンは, 助ける[=助けられる]必要がある.)
⑤ The house **wants painting** (=to be painted). 〈主に英〉
(家はペンキを塗る[=塗られる]必要がある.)

③～⑤ の構文では, ( )内に示したように受動不定詞による書き換えが可能であるが, 動名詞構文のほうが普通.

《NB》 **bear ～ing**「～されることが可能である」の構文でも, 動名詞はつねに受動的な意味を表す.

ⓐ This cloth will **bear washing.** (この布地は洗たくがきく.)
ⓑ His language won't **bear repeating.**
(彼のことばは(実に下品で)くり返すに耐えない.)

例題 2

次の各文を動名詞を用いて書き換えなさい.
(1) May I smoke? Do you mind? ［1 文に］
(2) He insisted that I should stay.
(3) He repents that he was idle in his youth.
(4) There is no hope that he will be saved.
(5) She was not afraid that her son went the same way as his father.

考え方 (1) mind A's / A ～ing?「Aが～するのをいやがる」 (2) insist *on* ～ing 動名詞の意味上の主語は, 〈文章体〉では(代)名詞の所有格を用いる (**§ 317**) (3) repent *of* ～ing; was idle は repents よりも「以前の時」を表すので, 完了動名詞が必要 (**§ 318**(B)) (4) no hope *of* ～ing (5) afraid *of* ～ing; go the same way as ～「～と同じ道を歩む」

解答 (1) Do you mind my smoking? (2) He insisted on my staying. (3) He repents of having been idle in his youth. (4) There is no hope of his being saved. (5) She was not afraid of her son's (=〈口語体〉her son) going the same way as his father.

E 目的語としての動名詞と不定詞

320. 動名詞のみをとる動詞

次の動詞は, 動名詞のみを目的語にとる. 動名詞の表す動作は, 話し手が〈事実〉を表すとみなすものでなければならない. 特に何かを「中止する (give up)」ような場合は, その動作はそれ以前に〈事実〉になっている(つまり, すでに始められている)必要がある.

avoid (避ける), **escape** (免れる), **mind** (気にする), **miss** (～しそこなう), **postpone** (延期する), **put off** (あとに延ばす); **finish** (終える), **complete** (完成する), **give up** (中止する), **leave off** (やめる); **admit** (認める), **deny** (否認する); **enjoy** (楽しむ), **practice** (練習する), **recollect** (思い出す), **understand** (理解する), **look forward to** (～することを楽しみにして待つ), *etc.*

① **Avoid *smoking*** too much.（たばこの吸い過ぎは避けなさい.）

② A : Would you **mind *opening*** the window ? [開け手は you]
B : No, not at all. / Certainly not.
（「窓を開けてくださいませんか.」「いいですよ.」）

③ A : Would you **mind *my*** [〈口語〉***me***] ***opening*** the window ?
B : No, not at all. / Certainly not. [開け手は I]
（「窓を開けてもよろしいですか.」「いいですよ.」）

④ Have you **finished *reading*** the book ?
（例の本，読み終わりましたか.）

⑤ I'm **looking forward to *hearing*** from you.
（おたよりをお待ちしています.） [×to hear は誤り]

321．不定詞のみをとる動詞

次の動詞は，to 不定詞のみを目的語にとる． to 不定詞の表す動作は，いずれの場合も〈未来指向的〉である．つまり，動作は未来に行われるという特徴がある．

> **decide**（～しようと決心する），　**expect**（～することを期待する），**mean**（～するつもりである），**plan**（～する計画である），**hope**（～することを望む），**care**（[主に否定文・疑問文で]～したいと思う），**wish**（～したいと思う），**agree**（～することに同意する），**offer**（～しようと申し出る），**promise**（～することを約束する），**refuse**（～することを拒否する），*etc.*

① He **decided *to go*** to America.
（彼はアメリカへ行こうと決心した.）

② I **hope *to see*** you soon.
（近いうちにお会いしたいものです.）

③ He **agreed *not to tell*** it to anyone.
（彼はそれをだれにもいわないことに同意した.）
[not の位置に注意]

④ He **promised** (me) ***to come***.（彼は(私に)来ると約束した.）
[「来る」のは彼]

⑤ I don't **care *to see*** the film.（その映画は見たくない.）

322. 動名詞と to 不定詞の両方をとる動詞・形容詞

(A)　意味がほとんど変わらない動詞

(1)　attempt（～しようと企てる），**intend**（～するつもりである），**propose**（～しようと提案する），**continue**（～し続ける），**neglect**（～することを怠る），**can't bear**（～するに耐えられない）：最初の3つの動詞では，to 不定詞のほうが普通.

① What do you **intend** ***to do*** [***doing***] today?
（きょうは何をするつもりですか.）

② Don't **neglect** ***to write*** [***writing***] to your mother.
（お母さんに手紙を出すのを怠ってはいけませんよ.）

③ I can't **bear** ***living*** [***to live***] alone.
（私は1人で暮らすのには耐えられない.）

(2)　begin, start：ほとんど同義で使われるが，動作の「始まり」に力点があるときは to 不定詞を，動作の「継続」に力点のあるときは動名詞を使う傾向がある.

④ a) He **started** ***to speak***, but was soon interrupted.
（彼は話し出したが，じきにじゃまされた.）
b) He **started** ***speaking*** and kept on for half an hour.
（彼は話しはじめて，30分間話し続けた.）

⑤ It **began** ***to rain*** [***raining***].（雨が降り出した.）

(3)　love（～することが好きだ），**hate**（～することがきらいだ），**prefer**（～するほうを好む）などの〈好悪動詞〉：ほとんど同義で用いられる.

⑥ Some people **hate** ***working*** [***to work***] in the early morning.（朝早く働くのをきらう人もいる.）

しかし，⑥のように一般論ではなく，⑦,⑧のように**特定の場合**に言及する場合は，to 不定詞のほうが好まれる.

⑦ What would you **like** ***to eat***?
（[今]何が食べたいですか.）

⑧ I'd **love** ***to see*** her some time.
（彼女にいつか会いたいものです.）

(B)　意味が変わる動詞・形容詞

(1)　a) **remember ～ing「～したことを覚えている」**　[過去の行為]
b) **remember to～「忘れずに～する」**　[未来の行為]

a) I **remember** ***seeing*** him before.
（以前彼に会ったことを覚えている.）
b) Please **remember** (=don't forget) ***to post*** the letter.
（忘れずに手紙を投函してくださいよ.）

(2) a) **forget～ing** [否定文で]「**～したことを忘れる**」[過去の行為]
b) **forget to ～**「**～するのを忘れる**」[「忘れる」より以後の行為]

a) I shall never **forget** ***seeing*** the Queen.
（私は女王に会ったことは決して忘れない.）
b) I **forgot** ***to come*** to the exam yesterday.
（きのう試験を受けにくるのを忘れてしまった.）

(3) a) **try ～ing**「試みに～してみる」 [実験]
b) **try to ～**「～しようとする」 [通例，失敗の意味が含まれる]

a) I **tried** ***skating***, and found it rather hard.
（私は(試みに)スケートしてみたが，かなりむずかしかった.）
b) I **tried** ***to skate***, but fell at once.
（私はスケートしようとしたが，すぐ転んでしまった.）

(4) a) **stop ～ing**「**～するのをやめる**」
b) **stop to ～**「**～するために立ち止まる[仕事をやめる]**」[不定詞は〈目的〉を表す]

a) I have **stopped** ***smoking***. （私はたばこをやめました.）
b) I **stopped** ***to smoke***. （一服するために立ち止まった.）

(5) a) **go on ～ing**「**～し続ける**」 b) **go on to～**「**次に～する**」

a) He **went on** ***reading*** for hours.
（彼は何時間も読書を続けた.）
b) He stopped speaking and **went on** ***to read*** the letter.
（彼は話をやめ，今度はその手紙を読みにかかった.）

(6) a) **be afraid of ～ing**「**～しないかと心配である**」(=be afraid that...) b) **be afraid to ～**「**こわくて～できない**」

a) I **am afraid of** ***making*** her angry.
[=I am afraid that I may make her angry.]
（彼女を怒らせはしないかと心配だ.）
b) I **am afraid** ***to make*** her angry.
（こわくて彼女を怒らせることなんかできない.）

〈NB〉 ときにa)をb)の意味に用いる人もいる．しかし，無意志動詞の場合は，a)の構文しか許されない．

I **am afraid of** ***being caught*** in a shower.
（夕立にあうのではないかと心配だ．） [×afraid **to be caught**]

(7) a) **be sure of ～ing**「～することを確信している」[**主語**の確信]
b) **be sure to ～**　「きっと～する」　[**話し手**の確信]

a) He **is sure of** ***winning*** the prize.
（彼はその賞を得ることを確信している．）
[＝He is sure that he will win the prize.]
b) He **is sure** ***to win*** the prize. （彼はきっとその賞を得る．）
[＝I am sure that he will win the prize.]

𝔽　動名詞を含む慣用表現

323．慣用表現

(1) **cannot help ～ing**　a)「**～せずにはいられない**」 b)「**～をどうしようもない**」

① a) I **couldn't help buying** such lovely roses.
（そんな美しいバラを買わずにはいられなかった．）
b) I **can't help** my husband **being** such a bore.
（夫があんな退屈な男なのはどうしようもない．）

(2) **There is no ～ing**「**～することはできない**」(＝It is impossible to ～)

② **There is no accounting** for tastes.
（タデ食う虫も好き好き．）〈ことわざ〉
[＜趣味というものを説明することはできない]

(3) **It's no use [good]** (𝔸's) **～ing**「(𝔸 **が)～してもむだだ**」

③ **It's no use [good] arguing** with him.
（彼と議論してもむだだ．）

④ **It's no use your pretending** that you didn't know the rules.
（君がその規則を知らなかったようなふりをしてもむだだ．）

(4)　feel like ～ing「～したい気がする」

⑤　I **felt like crying.**（私は泣きたい気持ちだった.）

(5)　worth ～ing「～する価値がある」

⑥　The book is **worth reading.**
（その本は読むだけの価値がある.）

⑦　Paris is a city **worth visiting.**
（パリは訪れる価値のある都市だ.）

(6)　It is worth (one's) while ～ing [to ～]「～することは価値がある」

⑧　**It isn't worth while going [to go]** there now.
（今そこへ行ってもむだだ.）

(7)　not [never]...without ～ing　a) [前から訳して]「**…すれば必ず～する**」b) [逆に訳して]「**～しなければ…しない**」

⑨　a)　They **never** meet **without greeting.**
（彼らは会えば必ず会釈する.）

b)　You can**not** succeed **without making** efforts.
（努力しないで成功はできない.）

(8)　It goes without saying that...「…はいうまでもない」

⑩　**It goes without saying that** time is money.
（時は金なりということはいうまでもない.）

(9)　of one's (own) making「自分で作った[起こした]」〈文語〉

⑪　This trouble is entirely **of your own making.**
（このごたごたは，まったく君が起こしたものだ.）

⑫　The debts were not **of his making.**
（その借金は彼の作ったものではなかった.）

(10)　prevent [prohibit, keep]＋目的語＋from＋～ing　「…が～するのを妨げる，…が～しないようにする」

⑬　Illness **prevented** him **from going out.**
（病気のため外出できなかった.）

⑭　The law **prohibits** minors **from smoking.**
（未成年者の喫煙は，法律によって禁じられています.）

(11)　make a point of ～ing「必ず～するように心がける」

⑮　He **makes a point of attending** such meetings.
（彼はそのような会合には必ず出席することにしている.）

(12)　on the point of 〜ing「まさに〜しようとして」

⑯　He was **on the point of leaving.**
（彼はまさに立ち去ろうとしていた.）

(13)　on 〜ing「〜するとすぐ」

⑰　**On arriving** at the town, he telephoned his wife.
（その町に着くとすぐ，彼は妻に電話した.）

章末問題 27

A　次の各文の（　）内の適当な語句を選びなさい.

(1)　The heavy snow prevented him (to come, come, for coming, from coming) in time.

(2)　He insisted on (to visit, visit, visiting) the mayor.

(3)　(At, In, On) finding the news true, she began to cry.

(4)　I'm looking forward to (see, seeing) Bill when he comes for Christmas.

(5)　Seeing a cat approach the cage, the frightened canary stopped (song, to sing, singing).

(6)　This knife wants (sharpen, sharpening, sharpened).　We must have it (sharpen, sharpened, sharpening).

B　次の各文の（　）内に適当な1語を入れなさい.

(1)　The witness denied (　　) seen the accused.

(2)　I don't feel (　　) going out this morning.

(3)　It was a difficult business (　　) everything ready in time.

(4)　There is no (　　) rid of him.

(5)　It is (　　) use your complaining.

ヒント　**A**　(1)〈prevent＋目的語＋from 〜ing〉　(2)〜(4) 前置詞のあとに動詞を置くためには，動詞を名詞化して動名詞にする（§ **314**(C)）　(5)〈stop＋〜ing〉「〜するのをやめる」; frightened「おびえた」　(6) ☞ § **319**(B), § **309**(B)　**B**　(1)〈deny＋動名詞〉「〜したことを否定する」 (2) ☞ § **323**(4)　(3)〈It is a difficult business＋〜ing〉「〜するのは困難なことである」; get 〜 ready「〜を準備する」 (4) ☞ § **323**(2)　(5) ☞ § **323**(3)

(6) The marriage was not (　　) her making.

C 動名詞を用いて書き換えなさい.

(1) They passed by me. But they didn't notice me.

(2) She was in bad health, and so she could not work.

(3) They forbid us to smoke in this room. [They prohibit us]

(4) When he left school, he went into business.

(5) It is impossible to know what may happen. [There is]

(6) As it rained, we could not start. [The rain]

(7) Mary saw that it was a wet day. She put on her new raincoat immediately. [1文に]

D (　)内に入れる適当な語句を, 下から選びなさい.

(1) We enjoyed (　　) you as our guest.

a. have　**b.** to have　**c.** having　**d.** to having

(2) John regretted (　　) to afford the expensive hi-fi set.

a. not　**b.** being able　**c.** he had　**d.** not being able

(3) The brakes need (　　).

a. adjusted　**b.** to adjust　**c.** adjusting

(4) Iceboxes keep food from (　　).

a. worsening　**b.** preserving　**c.** corrupting　**d.** spoiling

(5) All of us objected to Jane (　　) him.

a. marry　**b.** marries　**c.** marrying　**d.** married

(6) She didn't feel (　　) that evening.

a. like eating　**b.** like to eat　**c.** eating　**d.** to eat

---

ヒント (6) ☞ § **323**(9)　**C** (1)「～することなく…した」の構文を用いる (…without ～ing)　(2),(3),(6) § **323**(10) の構文にする　(4) when 節を on ～ing「～するとすぐ」に変える　(5) ☞ § **323**(2)　(7) saw…immediately を on seeing～「～を見るとすぐ」に書き換える〈§ **323**(13)〉
D (1)～(3) 動名詞をとる動詞　(4) keep＝prevent〈§ **323**(10)〉　(5)「ジェーンが彼と結婚すること」 (6)「～したい気がする」(☞ § **323**(4))

(7) I got accustomed (　　) alone.

a. live　**b.** to live　**c.** living　**d.** to living

(8) He said he wasn't used (　　) in public.

a. to speak　**b.** to speaking　**c.** to be speaking

(9) I could not help (　　) at his red tie.

a. laugh　**b.** to laugh　**c.** laughing　**d.** to laughing

(10) It means a lot to me (　　) you every week.

a. looking　**b.** seeing　**c.** talking　**d.** marrying

(11) There is no (　　) when we shall meet again.

a. reading　**b.** helping　**c.** loving　**d.** knowing

(12) Peter was accused (　　) having broken the law.

a. by　**b.** for　**c.** of　**d.** at

E　次の日本文を動名詞を用いて英訳しなさい.

(1) ここでしばらく待っていてくださいませんか.

(2) 私は難なくその問題を解いた.

(3) 彼らは両親に知られずに，こっそり抜け出した.

(4) 他人の言うことなど気にしないで正しいと信じることをしなさい.

(5) 若い人たちは，自分たちの両親と話が通じないと不満をいうことがある.

■よく使われる英語のことわざ■

- Good medicine is bitter in the mouth.
  (良薬は口に苦し.)
- Fine feathers make fine birds.
  (馬子にも衣裳.)〔←羽が美しければ鳥も美しくなる〕

ヒント　(7), (8) to は前置詞　(9)「～しないわけにいかない」(☞ § **323**(1))　(10) It は形式主語　(11)「～することはできない」(☞ § **323**(2))　(12)「～したかどで告訴される」　**E**　(1) mind ～ing を使う　(2)「解くのに困難を覚えなかった」とする　(3) without ～ing　(4)「気にする」pay attention to　(5) complain of ～ing ;「と話が通じない」be not able to communicate with

第28章

仮　定　法

「もしも私が王様であったなら」とか，「王様であったらいいのになあ」とかのように，事実と反対のことを仮定したり願望したりする場合，英語では動詞の**仮定法**の形を用いる．仮定法には，仮定法現在，仮定法過去，仮定法過去完了の3種類がある．この章では，それぞれの形式と用法を研究する．

A　3種類の法

文の内容に対する話し手の心的態度を表す動詞の語形を**法** (mood) という．英語では，次の3種類の法が認められている．

(1)　直説法 (indicative mood)：事柄を**事実として述べる**法で，叙実法ということもある．

①　John **goes** to church on Sundays.
（ジョンは，日曜日には教会に行く．）

②　When **did** you get up?（何時に起きたのですか．）

③　How happy I **am**!（私はなんて幸せなんだろう．）

(2)　命令法 (imperative mood)：**命令・依頼などを表す**場合で，動詞の原形と同じ形．

④　**Speak** English!（英語を話せ．）

⑤　**Open** the door, please.（ドアを開けてください．）

(3)　仮定法 (subjunctive mood)：**事実と反対のことを仮定したり願望したりする**文で用いられる．

⑥　I wish I **were** a king!（王様だったらいいのになあ．）
[私は王様ではない]

これまで学んだ動詞の用法は，すべて**直説法**（直接法ではない！）の場合であった．**命令法**は，§**44** で見たように，命令文で用いられる．この章では，そこで**仮定法**を勉強する．仮定法は，次の3種類に分けられる．

〈1〉　**仮定法現在**　　〈2〉　**仮定法過去**　　〈3〉　**仮定法過去完了**

B　条件文の仮定法

324. 仮定法過去：現在の事実に反対の仮定

＞条件節＜	＞帰結節＜
a) If I **were** you,	I ***would*** see the doctor.
b) If I **had** a thousand pounds,	I ***could*** buy a yacht.

(訳) a) 僕が君だったら，医者に見てもらうだろうね.
b) 僕に千ポンドあったら，ヨットが買えるのだが.

解説 “条件文”は，範例のように，条件節と帰結節から成る文をいう. さて，a)では，私が君でないことは明らかな事実であり，それが were という過去形によって表されている. b)でも，had という過去形が使われていることによって，私が現在千ポンド持っていないということがよく分かる. このように，“現在の事実に反対の仮定”をするときには，英語では必ず**仮定法過去**が用いられる（日本語で**タ**形を使うのも同じ心理である）.

条件文の仮定法過去は，if 節(＝条件節)中に動詞の過去形(**仮定法過去**)を用い，主節(＝帰結節)には would, could などの過去形の助動詞が用いられる.

注意 仮定法“過去”という名称は，“過去”のことをさすからではなく，動詞の“過去”形を用いるところから付けられたものであって，**文の内容は現在時をさしている点に注意.**

〈NB〉 次のような「事実承認の条件文」は，ここでは扱わない.〈仮定法〉ではなく，〈直説法〉で書かれているからである.

If you **go** by bus, you **will** be in time.
(バスで行けば，間に合うでしょう.)

▶仮定法過去◀

(条件節：もし今～ならば)	(帰結節：～するだろうに)
If＋S＋{過去形 / were/was}～,	S＋{would, should / could, might}＋原形

なお，**would, should, could** などの選択は，主語の人称，および文の意味に応じてなされる.

① If it **was** [**were**] fine, I ***would*** go for a walk.=I ***would*** go for a walk if it **was** [**were**] fine.
（天気だったら，散歩に出かけるところだが.）
[≈I *won't* go for a walk because it *is not* fine.]

② If I **were** you, I ***would*** tell the police.
（僕が君だったら，警察にいうだろうね.）
[if I were youは，このように人にアドバイスするときに用いる]

〈NB〉 **be** 動詞の場合は，人称に関係なく **were** を用いるのが原則であるが，〈口語〉では，**if I were you**（私が君だったら），**as it were**（いわば），**If S were to ～**（仮にSが～するとするならば）のようなきまり文句のほかは，**was** のほうが普通に用いられる.

条件節において主語の〈可能性〉を表す場合には **could** が，2・3人称主語の〈意志〉を表したい場合は **would** が用いられる.

③ He ***would*** go if he **could** get a visa [víːzə].
（彼はビザをとることができたら行くだろうに.）
[≈He *will not* go because he *cannot* get a visa.]

④ I ***should*** [***would***] be grateful if you **would** do that for me.
（それをしていただけますなら，ありがたいことですが.）

仮定法過去は，ある命題を単に“仮定の話”としてもち出す場合にも用いられる．この場合，そのことが事実かどうかは考えられていない.

⑤ If you **had** a million pounds, what ***would*** you do?
（君に仮に100万ポンドあったら，どうしたいかね.）

（参考）未来についての可能性の少ない仮定は，さらに次の形式によって表すことができる．（未来に言及していても，形式は仮定法**過去**であることに注意しよう.）

ⓐ
（もしも～したら）	
If＋S＋should＋原形,	{ **命令文** / **S＋would [should, could, might, ought to]** } **＋原形**

1) **If** you **should** see John, **give** him my regards.
（もしもジョンに会ったら，よろしくいってくれ.）

2) **If** he **should** hear of it, he **would** be surprised.
（もしも彼がそのことを聞いたら，びっくりするだろうに.）

ⓑ

（仮に～したとしたら；たとい～したとしても）

If＋S＋were to ～, S＋{would, should / could, might}＋原形

3) What **would** you do **if** war **were to** break out?
（戦争が急に起こったとしたら，君はどうするかね.）

4) **If** the sun **were to** rise in the west, I **would** never break my promise.
（たとえ太陽が西から昇っても，私は決して約束を破りません.）

どちらの形式も〈文章体〉で，共に可能性の少ない仮定について用いるが，特にⓑは純粋な仮定を述べる場合に用いられる.

325. 仮定法過去完了：過去の事実に反対の仮定

＞条件節＜	＞帰結節＜
If you **had left** earlier,	you ***would have caught*** the bus.

㊞ もっと早めに立っていたら，バスに乗れただろうにね.

解説　範例の過去の事実は，「早めに立たなかったので，バスに乗り遅れた」のである．このような情況で,「もしもあの時…していたならば」というように，**過去の事実に反する仮定をする**場合，**仮定法過去完了**が用いられる．条件節の動詞は**過去完了形（had＋過去分詞）**を使い，「～したことだろうに」という帰結節には **would, should, could, might** などの**〈過去形の法助動詞＋have＋過去分詞〉**を用いる.

なお，仮定法過去完了は，形式は過去完了であるが，文の内容は過去時をさしている点に注意.

▶仮定法過去完了◀

（条件節：もしあの時…だったら）	（帰結節：～しただろうに）
If＋S＋had＋過去分詞…,	**S＋{would, should / could, might}＋have＋過去分詞**

ここでも，帰結節の助動詞の選択は，主語の人称と文意に応じてなされる.

① **If** it **had been** fine, I ***would have gone*** for a swim.

=I ***would have gone*** for a swim **if** it **had been** fine.
（天気がよかったら，泳ぎに行ったところだが．）
[≈I *did not* go for a swim because it *was not* fine.]

② I ***might have gone*** for a walk **if** it **had been** fine.
（天気がよかったら，散歩に行ったかもしれない．）

③ He ***could have gone*** to the party **if** he **had been** invited.
（招待されていたらパーティーへ行くことができただろうに．）
[≈He *could not* go to the party because he *wasn't* invited.]

④ **If** we **had been able to** borrow your car, we ***would have got*** there in time. （君の車を借りられたら，そこに間に合うように着けただろうに．）[≈We *did not* get there in time because we *could not* borrow your car.]

ポイント

現在の事実に反対の仮定 → 仮定法過去
過去の事実に反対の仮定 → 仮定法過去完了

参考 **「もし(過去に)…したとすれば，(現在は)～だろう」**というときは，条件節は**過去**に言及するのだから**仮定法過去完了**のままで，帰結節は**現在**に言及するのだから，当然，**仮定法過去**が用いられる．

ⓐ If I **had caught** that plane, I ***would*** be dead now.
（あの飛行機に乗っていたら，今ごろは死んでいるだろう．）

反対に，条件節が**現在**に言及し，帰結節が**過去**に言及する例もある．

ⓑ If he **were** in this town, I ***should have met*** him before this.
（もし彼がこの町にいれば，これまでに会っているはずだが．）

326. 仮定法現在

仮定法現在の動詞の形は，**原形**である（例えば，**be** 動詞の場合は **be**）．仮定法現在は，ある事柄を〈事実〉としてではなく，単なる〈想念〉として述べる場合に用いられる．現代英語では，法律文のような，きわめて〈形式ばった〉スタイルでしか用いられない．

① If any person **be** found guilty, he shall have the right of appeal.
（だれでも有罪と判決された場合は，上告権を与えられる．）

② Even if it **be** the official view, it cannot be accepted.
（たといそれが役所の見解だとしても，受け入れることはできない.）

327. if 節に相当する語句

〈仮定〉を表す形式は，if 節が代表的であるが，それ以外にも次のような場合がある.

(A) 語順転倒：〈If＋S＋were [had/would/should/might/could]〉の場合は，〈(助)動詞＋S〉の語順に変えて条件を表すことがある．これは〈文章体〉で，〈話しことば〉では避けられる.

① **Should you** change (＝If *you should* change) your mind, let us know.（万一お気持ちが変わったら，お知らせください.）

② **Were she** (＝If *she were*) my daughter, how happy I would be!（彼女が私の娘なら，どんなにうれしいだろうに.）

③ **Had you** waited (＝If *you had* waited), he would have come.（君が待っていたら，彼は来たことだろうに.）

〈NB〉 この場合の条件節は，普通，帰結節の前に置かれる.

(B) if の類義語を用いる

(1) if only「〜でありさえすれば」：通例，仮定法過去または過去完了と共に用いられる.

④ **If only** I **had** more money, I **could** buy a car.
（もっと金がありさえすれば，車が買えるのだが.）

〈NB〉 if only は，帰結節を省略して一種の感嘆文（＝How I wish 〜）として用いられる場合がある：

ⓐ **If only** I **had** more money!
（(今)もっと金がありさえしたらなあ.）

ⓑ **If only** I **had known**!（(あの時)分かってさえいたらなあ.）

(2) but for 〜/without 〜＝ⓐ if it were not for 〜「もし(現在)〜がなければ」（仮定法過去），ⓑ **if it had not been for 〜「もし(過去に)〜がなかったならば」**（仮定法過去完了）

⑤ ⓐ **But for [Without/If it were not for]** your advice, I **should** fail.
（あなたの助言がなければ，私は失敗するでしょう.）

ⓑ **But for [Without/If it had not been for]** your advice, I **should have** failed. (あなたの助言がなかったならば，私は失敗していたでしょう.)

〈NB〉 but for は without の意味の複合前置詞. 上例で分かるように，これらの前置詞は仮定法過去，仮定法過去完了のいずれの代用にもなる. なお，without は次のように直説法でも用いられる.

Without health, happiness *is* impossible.
(健康でなければ幸福はあり得ない.)

(3) Supposing [Suppose] (that)「もし…だとしたら」

共に接続詞的に用いられているけれども，supposing は分詞構文出身，suppose は命令文出身である.

⑥ **Supposing [Suppose] (that)** you **were** left alone on a desert island, what would you do?
(もしも君が無人島に1人残されたら，どうしますか.)

(4) otherwise「そうでなければ」

⑦ I went at once; **otherwise** (=*if* I *had not gone* at once) I should have missed the train. (私はすぐ出かけた. そうでなかったら汽車に乗り遅れたことだろう.)

(C) 語・句・節に仮定の意味が含まれている場合

⑧ **主語：A true friend** *would have acted* differently.
(真の友人なら，違った行動をしただろうに.)
[=*If* a man *had been* a true friend, he...]

⑨ **不定詞：To hear** him speak, you *would* take him for an Englishman. (彼が話すのを聞けば，イギリス人だと思うでしょう.)[=*If* you *heard* [*were to* hear] him speak,...]

⑩ **分詞：Born** in better times, he *might have become* famous. (もっと良い時代に生まれていたならば，彼は有名になっていたかもしれない.)
[=*If* he *had been* born in better times,...]

⑪ **前置詞句：**I *would* say nothing, **in your place**.
(私が君の立場だったら，何も言わないだろうね.)
[=...*if* I *were* in your place]

⑫ **関係詞節：**Anybody **who did that** *would* be laughed at.
(だれでも，そんなことをすれば笑われるだろう.)

[=Anybody, *if* he *did* that...]

328. 条件節が表現されない場合

a) You **could have gone** yesterday. Why didn't you ask me?
b) It **could** rain this evening.

(訳) a) 君はきのう行ってもよかったのに. なぜ私に頼まなかったの.
b) 今晩, ひょっとすると雨が降るかもしれない.

解説 条件節が省略される場合は, 2つある. a) のように, 条件節が言外に含まれている場合と, b) のように, 表現を控えめにする場合である.

a) では, 後の Why *didn't* you *ask* me? によって分かるように, **if you had asked** me (君がもしも頼んでいたならば) という条件節が言外に含まれていることは明らかである. 一方, b) は, 〈推量〉を控えめに述べているだけで, 適切な条件節を補うことは困難である.

(〈推量〉の can は, 肯定平叙文に使えないことに注意(☞ § **96**(D)).)

(A) 条件節が言外に含まれている場合

① I **would** do that for you. (それをしてあげますよ.)
[if you asked me (もし頼むのであれば)]

② I **could** lift that. (あんなもの持ち上げられるよ.)
[if I tried (もし持ち上げようとしたならば)]

③ Did you try skating there? You **might have killed** yourself. (あんな所でスケートしてみたのかい. まかり間違えば死んだかもしれないんだよ.) [もしもスケートを続けていたら]

(B) 表現を控えめにする場合: 仮定法を使うことによって, 表現を控えめに, したがって丁寧にすることができる. これは, 仮定法のもつ "現実からの隔たり" の機能を利用したものである. 〈話しことば〉でよく使われる.

(1) 断定的でない陳述

④ He **could** be there now.
(ひょっとしたら, 彼が今そこにいるかもしれない.)

⑤ I **might** get a job soon.
（もしかすると，まもなく仕事にありつけるかもしれない.）

⑥ That **would** be our bus.
（あれは，たぶん私たちの乗るバスだろう.）

(2) 丁寧な依頼：「もしよろしければ」の気持ちが含まれる.

⑦ **Would** you pass the salt, please?
（すみませんが，塩を回していただけませんか.）

⑧ **Could** you help me with this box? [**Would** you ...? よりも丁寧]（この箱を動かすのを手伝っていただけませんか.）

• 例題 1 •

次の各文の(　)の動詞を適当な形にしなさい.

(1) If he were living, he (will be) twenty years old now.
(2) If it (not rain), he would have come.
(3) If we walked faster, we (may catch) the train.
(4) (be) you in my place, what would you do?
(5) (be) a man ever so rich, he ought not to be idle.

考え方 (1) 彼は「現在」生きていない；仮定法過去 (**§ 324**)　(2)「(あの時)雨が降らなかったならば」仮定法過去完了 (**§ 325**)　(3) 仮定法過去 (**§ 324**)　(4)「あなたが私の立場だったら」(**§ 327(A)**)　(5) 〈**Be** S **ever so** ～〉「S がどんなに～でも」〈文語〉仮定法現在

解答 (1) would be　(2) had not rained　(3) might catch　(4) Were　(5) Be

C　条件文以外の仮定法

仮定法は，条件節以外にも，**I wish** に続く名詞節，**It's time** に続く形容詞節，祈願文，「命令・要求・必要」を表す動詞・形容詞に続く **that 節**，**as if/as though** に導かれる副詞節においても用いられる.

329. I wish (that)+S+仮定法

I wish に続く名詞節 (that は普通省略される) に**仮定法過去**が用いられると，**現在または未来の事実に反する願望**(**～であればいいのに**)を表す.

① ***I wish*** I **knew** her name.（彼女の名前が分かっていればいいのに.）［≈I'm sorry I *don't know* her name.］

② ***I wish*** I **was** [**were**] at home now.（今家にいるのであればいいのに.）［≈I'm sorry I *am not* at home now. このような例では，was のほうが普通］

③ a) ***I wish*** the postman **would** come earlier.
（郵便屋さんが早めに来てくれるといいのに.）

b) ***I wish*** the post **came** earlier.（郵便が早く来ればいいのに.）［post（郵便）は無生物なので，a) のように **would** を使用することはできない］

一方，**仮定法過去完了**が用いられると，④～⑥に見られるように，**過去の事実に反する願望**（～であればよかったのに）を表す.

④ ***I wish*** Peter **had been** there.（ピーターがあそこにいたらよかったのに.）［≈I'm sorry Peter *wasn't* there.］

⑤ ***I wish*** I **hadn't missed** the play on TV last night.
（ゆうべのテレビでその劇を見そこねなければよかったのに.）
［≈I'm sorry I *missed* the play.］

⑥ ***I wish*** Susan **had been able to** come to the dance.
（スーザンがダンス・パーティーに来られたらよかったのに.）
［≈I'm sorry Susan *could not* come to the dance.］

〈NB〉 **1. I wish** の代わりに，**I would rather** を使うこともできるが，前者のほうが普通の言い方.

ⓐ ***I'd rather*** you **went** home now.
（あなたはもう家に帰ったほうがいいと思う.）

ⓑ ***I'd rather*** you **hadn't done** that.
（君があんなことをしなければよかったのに.）

なお，**would rather** は，**I wish** がほとんど常に1人称主語とともに用いられるのと異なり，2・3人称とともに使うことができる.

ⓒ You [She] ***would rather*** I **did**n't go tomorrow.
（君［彼女］は，私にあす行ってほしくないと思っているのだね.）

〈NB〉 **2.** 〈文語〉では **Oh that, Would that** で **I** [**We**] **wish** の意味を表すことがある.

ⓐ ***Oh that*** I **could** be with you again!
（もう1度あなたといっしょにいることができたらなあ.）

ⓑ ***Would that*** we **had** not **agreed**!
((あの時)同意しなければよかったのになあ.)

330. 〈It's time＋S＋仮定法過去〉「もう～すべきころだ」

① ***It's time*** the children **went** to bed.
(子供たちはもう寝ていいころだ.)
[≈But they *are* not in bed.]

この文は,「もう当然寝ている時間なのに,まだ寝ていない」という情況で発話される文である. 類例:

② ***It's about time*** we all **went** home.
(もうそろそろみんな家に帰っていいころだよ.)

③ ***It's high time*** you **had** a haircut.
(もう散髪していいころだよ.) [*high「十分熟した」]

〈NB〉「もう～していいころだ」という意味は,次のように,不定詞構文によって表すこともできる. 〈米〉では,このほうが普通.
***It's time* for the children to go** to bed.

331. 祈願文で

祈願を表す若干のきまり文句では,仮定法現在が用いられる. 〈文語・古風〉

① God **bless** you! (神様の祝福がありますように.)

② God **save** the Queen! (女王万歳.) [英国国歌:＜神が女王を守り給わんことを.]

③ So **be** it!＝**Be** it so! (そうあれかし.) [＝Amen!]

332. "命令の" 仮定法

"**命令の**" **仮定法**とは,〈命令・要求・必要〉を表す形容詞・動詞に続く that 節中で用いられる仮定法現在をいう. 特に〈米〉の新聞英語で普通に用いられる. 〈英〉では仮定法代用の **should** (☞ § 109) を使うことが多い. (▶主節の動詞が過去でも, that 節の動詞は,通例, **原形のまま**である点に注意.)

① ***It is necessary that*** he **start** [〈英〉**should start**] at once. (彼はすぐ出発する必要がある.)

② ***It is essential that*** he **resign** [〈英〉**should resign**].
(彼が辞職することが絶対必要だ.)

③ He ***ordered that*** she **fasten** [〈英〉**should fasten**] her safety belt.
(彼は彼女に安全ベルトを締めるように命じた.)

④ The doctor ***insisted that*** he **stop** [〈英〉**should stop**] smoking. (医者は彼がたばこをやめるように主張した.)

"命令の"仮定法をとる形容詞・動詞については, ☞ § 109.

333. 〈as if/though...〉「まるで…かのように」

これらの接続詞に導かれる様態の副詞節では, 語義から分かるように, 事実に反する想像をしている以上, 仮定法が用いられるのは当然である.

まず, **主節の動詞の示す時と「同時の事柄」を表す場合**(つまり, "状態動詞"の場合)**は, 仮定法過去を用いる.**

① a) He *looks* ***as if*** he **were** [〈口語〉**was**] ill.
(今病気であるかのような顔をしている.)

b) He *looked* ***as if*** he **were** [〈口語〉**was**] ill.
(その時病気であるかのような顔をしていた.)

一方, **主節の動詞の示す時よりも「以前の事柄」を表す場合**(つまり, "動作動詞"と完了形の場合)**は, 仮定法過去完了を用いる.**

② a) You *look* ***as if*** you **had seen** a ghost.
(まるで今幽霊でも見たような顔をしていますね.)

b) You *looked* ***as if*** you **had seen** a ghost.
(あのときまるで幽霊でも見たような顔をしていましたね.)

〈NB〉 **1.** *1*) 〈口語〉では, as if/though の導く節が現在真であると話し手が考えている外見を呈している場合には, 直説法現在が用いられる.

ⓐ It looks ***as if*** it's going to rain. [=It looks like rain.]
(どうやら雨になりそうだ.)

ⓑ You look ***as if*** you've **been** running.
(今まで走っていたようですね.)

一方, 上の②の 2 つの文のような場合は, as if の内容が真であるとは普通考えられないので, 直説法が用いられる可能性はない.

2) **as if** には主節を省略して, 〈反語〉的に強い感情を表す慣用語法がある.

ⓒ **As if** you didn't know!
([知ってるくせに]知らないみたいな顔をして.)

3) as if 節中に前置詞句や to 不定詞を含む場合, その前の〈S+V〉

は省略されることがある.

ⓓ The cat had disappeared **as if** *by magic.*
(ネコはまるで魔法を使ったかのように姿を消していた.)

ⓔ He opened his mouth **as if** (he wanted) *to speak.*
(彼は話そうとするかのように口を開いた.)

〈NB〉 2. **as it were** (いわば)という成句は, かなり極端な比喩にしか用いられないが, それは, この句が仮定法過去から出ているからである.

He is, **as it were,** a grown-up baby.
(彼はいわば大きな赤ん坊だ.)[現実にはおとな]

● 例題 2 ●

次の各文の( )内に適当な1語を入れなさい.

(1) It's time I ( ) going.
(2) Oh that he ( ) here!
(3) I would ( ) you went.
(4) He looks ( ) if nothing were the matter.
(5) He is my best friend, my second self, as it ( ).

考え方 (1) 〈It's time＋仮定法過去〉(§ **330**)　(2) **Oh that**＝I wish ; あとに仮定法過去か過去完了がくる (ここでは, here があるから仮定法過去) (§ **329** 〈NB〉 2)　(3) I would ( )＝I wish (§ **329** 〈NB〉 1)　(4) were に注目(仮定法過去)　(5)「いわば」の意味の成句は? ; my second self「第2の自分」

解答 (1) were (2) were (3) rather (4) as (5) were

章末問題28

A 次の各文の( )内の適当な語句を選びなさい.

(1) I wish I (have, had) a brother.
(2) Even if you (are, were, will be) a king, you would find something more powerful than yourself.
(3) Long (lives, live) the King!
(4) I shall start even if it (should, would, will) rain.

ヒント A (1) I wish＋仮定法　(2) 帰結節の would に注意　(3) 祈願文 (§ **331**)　(4) 未来についての可能性の少ない仮定 (§ **324** **参考**)

(5) (Could, May, Should, Would) that he were here to help us!

(6) (Had he possessed, Has he possessed, Had he been possessed) the book, he would have lent it to me.

B　次の1対の文が同じ意味になるように，(　)内に適語を1つ入れなさい．

(1) He does not work hard, so he does not do well at school.
(　) he (　) hard, he would do well at school.

(2) (　) I a bird, I could fly to you.
Since I'm not a bird, I cannot fly to you.

(3) He wishes he were a millionaire.
It's a (　) he is not a millionaire.

(4) Without air, no creature could live.
If it were not (　) air, no creature could live.

(5) I am sorry I can't help you do business.
I wish I (　) help you do business.

(6) As I had no money, I could not buy the book.
If I had (　) money, I could (　) bought the book.

(7) As he didn't take the train, he was late for the meeting.
If he had taken the train, he would (　)(　)(　) late for the meeting.

(8) With a little more patience she could have succeeded.
If she (　)(　) a little more patient, she could have succeeded.

(9) Without your advice, I should have done wrong.
If you (　) not (　) me, I should have done wrong.

(10) (　) for the fatal accident he would have lived to be eighty at least.
Because of the fatal accident, he could not live to be eighty.

ヒント　(6) 帰結節の〈would have＋過去分詞〉の形に注意(仮定法過去完了)(§ 325)　　**B**　(1)〜(5) 現在の事実に反対の仮定 → 仮定法過去　(6)〜(11) 過去の事実に反対の仮定 → 仮定法過去完了　　(4) without「〜がないならば」(9), (10)「〜がなかったならば」

(11) { Had (　　) not been for you, I should have felt lonely at the party.
As you were there, I did not feel lonely at the party.

C　次の各文の(　)内に適当な1語を入れなさい.

(1) You (　　) better feed the dog.
(2) (　　) the matter what it may, do your best.
(3) If you would grant my request, I (　　) esteem it a great favor.
(4) The foreigner talks as if he (　　) a Japanese.
(5) If he (　　) not been killed, he (　　) have been elected to Congress.
(6) If it had rained, I (　　) not have gone out.
(7) I wish I (　　) swim.
(8) (　　) you read my letter then, you would have understood me.
(9) (　　) anyone call, say I shall soon be back.

D　次の各文を指示に従って書き換えなさい.

(1) As I did not go there, I did not give him your message. [If で始まる文に]
(2) As the burglar was armed with a pistol, we could not seize him. [If で始まる文に]
(3) I wished to buy that book, but I had not enough money. [If で始まる文に]
(4) As I was not there, it happened. [If で始まる文に]

ヒント　(11)「〜がいなかったならば」
C　(1) (　) better に注目　(2) **Be the matter what it may**「いずれにせよ」〈文語〉(仮定法現在)　(3) esteem「〈〜を…と〉考える」　(4) as if のあとは仮定法 (§ **333**)　(5) 仮定法過去完了；be elected to Congress「代議士に選ばれる」　(6) 条件節の形は仮定法過去完了(雨が降らなかったので，外出した)　(7)「泳げたらいいのに」(§ **329**)　(8), (9) 語順転倒 (§ **327**(A))
D　(1)〜(4) 仮定法過去完了 (§ **325**)

(5) But for air and water, no living thing could exist.
[下線部を If で始まる節に]

(6) With your assistance, I should certainly succeed.
[下線部を If で始まる節に]

(7) Without your help, I should certainly have failed.
[下線部を節に]

(8) Born in better times, he would have been known all over the world. [下線部を If で始まる節に]

(9) If he had taken his doctor's advice, he might still be alive.
[直説法で]

E 次の各文の誤りを正しなさい.

(1) If I was you, I will not do such a thing.

(2) I wish I am as tall as she.

(3) If I live to be 150 years old, I cannot learn to speak Japanese well.

(4) If I knew your address, I would have written to you.

ヒント (5)「～がなければ」(§ **327**(B)) (6)「もしあなたが助けてくだされば」(仮定法過去) (7)「～がなかったならば」(仮定法過去完了) (8)「もっと良い時代に生まれていたら」(§ **327**(C)) (9)「医者の助言に従わなかったので，死んでしまった」 **E** (1) 帰結節が過去形になっていない (2) **I wish** のあとは仮定法 (3) ☞ § **324**(参考)) (4) 条件節を仮定法過去完了 (had＋過去分詞) に

第 29 章
接　　続　　詞

この章では，語・句・節を結びつける働きをする**接続詞**を研究する．

2 種の接続詞のうち，**等位接続詞**は語・句・節を文法上対等の関係に結びつけるのに対して，**従位接続詞**はもっぱら節のみを導いて，その節を文の一部とする．

A　接続詞の種類

334．等位接続詞と従位接続詞

接続詞は，語・句・節を結びつける働きをする語である．接続詞は，その働きの上から次の 2 つに分けられる．

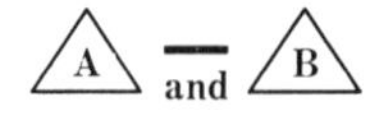

(A)　等位接続詞：and, but, or, for など，文法上対等の関係にある語・句・節を結びつけるもの．

①　Jane **and** May are talking.　　[語と語]
（ジェーンとメイはおしゃべりしている．）

②　Did you come by bus **or** by train?　　[句と句]
（バスで来たのですか，それとも列車で来たのですか．）

③　I like coffee, **but** I don't like tea.　　[節と節]
（私はコーヒーは好きだが，紅茶はきらいだ．）

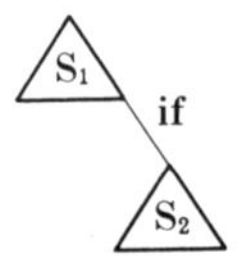

(B)　従位接続詞：that, if, because など，**従属節**を導いて，その従属節を名詞または副詞の資格で主節の一部にはめ込むもので，上にあげた接続詞以外はすべてこれに属する．従位接続詞の導く従属節には，**名詞節と副詞節**の 2 つがある．（もう 1 つの従属節である形容詞節は，普通，関係詞に導かれる：☞ 第23章)

④　[I know [**when** *he left*]. 従属節]主節　　[名詞節]
（S　V　O）
（彼がいつ去ったか私は知っている．）　[*cf.* I know **it.**]

⑤ [[When *he left*]従属節 is still a mystery.]主節　　[名詞節]
　　S　　V　　C
（彼がいつ去ったかは，まだなぞである.） [*cf.* **It** is still a mystery.]

⑥ [[**If** *it rains*,]従属節 we'll stay at home.]主節　　[副詞節]
（雨が降れば，家にいます.） [*cf.* **Then** we'll stay at home.]

（参考） **主節と従属節**：④を例に取るなら，**主節**は I know when he left. という文全体であり，その主節の中に when he left という**従属節**が1つの名詞(＝目的語)としてはめ込まれている.

今度は，次の文を分析してみよう.

[[What surprised me]従属節 is [that you should get angry.]従属節]主節 （私が驚いたのは，君が怒ったということだ.）

つまり，この文全体が**主節**であり，その中に2つの**従属節**（＝主語節と補語節)が含まれている.（文から従属節を引いた残りが主節であるとする考え方では，この文では **is** が主節である，と不合理なことをいわなければならなくなる.）

B 等位接続詞

335. and

(A) 〈A **and** B〉「A と B」

A, B は，同じ資格の語・句・節である.

① *John* **and** *Bill* are good friends.　　[語と語]
（ジョンとビルは仲よしです.）

② They went *across the river* **and** *through the woods.*
（彼らは川を渡り森を抜けて行った.）　　[句と句]

③ *I said it* **and** *I mean it.*　　[節と節]
（私はそういったし，またそのつもりだ.）

〈NB〉 次のような慣用語法に注意.
There are *books* **and** *books.*
（本にもいろいろある.） [良い本もあれば悪い本もある]

(B) 〈**both** A **and** B〉「A も B も」

A, B は，語または前置詞句である. both は副詞.

④ **Both** *you* **and** *I* are to blame. [語と語]
（君も僕も悪いのだ.）［複数呼応］

⑤ They worked **both** *by day* **and** *by night*. [句と句]
（彼らは昼も夜も働いた.）

(C) **〈命令文＋and [ǽnd]...〉「〜しなさい，そうすれば…」**

if 節を使って書き直すことができる.

⑥ *Go straight on*, **and** you will see a church.
（まっすぐに行けば教会が見えます.）
[＝If you go straight on, you will see a church.]

⑦ *Get up early*, **and** you will catch the train.
（早起きすれば汽車に間に合うでしょう.）
[＝If you get up early, you will catch the train.]

次のように「命令文に相当する語句」の場合もある.

⑧ *Another step*, **and** I will shoot.
（もう1歩でも動いたら撃つぞ.）
[＝If you take another step, I will shoot.]

〈NB〉 **〈come [go/try] and [ən]＋原形不定詞〉**「〜しに来る[行く/〜しようとする]」

ⓐ **Come and** *see* me tomorrow. （あすおいでなさい.）
ⓑ **Go and** *see* who it is. （だれだか見に行きなさい.）
ⓒ I will **try and** *get* one.
（1つ手に入れるようにしてみましょう.）

336. but

(A) **〈A but B〉「A だが B だ」**

語・句・節を対立・反対の関係で結ぶ.

① He is a *rich* **but** *dull* man. [語と語]
（彼は金持ちだが，退屈な男だ.）

② *I would like to go*, **but** *I'm busy*. [節と節]
（行きたいのだが，忙しい.）

(B) **〈not A but B〉「A ではなくて B」**

③ It was **not** John **but** Bob that you met.
（君が会ったのは，ジョンではなくてボブだ.）

④ (It is) **Not** *that* I dislike the work, **but** *that* I have no time. (その仕事がきらいというのではなく，時間がないのです.) [この構文では，よく It is [was]... が省略される]

〈NB〉 **not A but B** の語順を入れ替えて，**B, (and) not A** としても，ほぼ同じ意味を表せる.

ⓐ He is **not** a journalist, **but** a scholar.
ⓑ=He is a scholar, (**and**) **not** a journalist.
(彼はジャーナリストではなく，学者だ.)

(C) **〈not only A but (also) B〉「A だけではなく B も(また)」**
(*cf.* **B as well as A** (§ **397**(B)))

⑤ **Not only** you **but also** I am wrong.
(君だけではなく私もまちがっている.) [動詞は B と一致]

⑥ He is famous **not only** in Japan **but** in all the world.
(彼は日本ばかりか全世界で有名だ.)

(D) **〈Indeed [It is true (that)] ~ but...〉「なるほど~だが…」**

⑦ **Indeed** he is rich, **but** he is not intelligent.
(なるほど彼は金持ちだが，知性がない.)

⑧ **It is true** (**that**) he said that, **but** he didn't mean it.
(なるほど彼はそうはいったが，本気ではなかったのだ.)
注 He said that, **it is true, but**... の語順もある.

337. or

(A) **〈A or B〉「A かまたは B」**

語・句・節を **2** 者択一の関係で結びつける.

① Is it green **or** blue? (それは緑ですか，それとも青ですか.)

② Is he coming **or** not? (彼は来るのですか，来ないのですか.)

③ Were you there, **or** was he?
(君がそこにいたのですか，それとも彼ですか.)

(参考) 〈**A or B**〉が「**A**, すなわち[言い換えれば] **B**」の意味を表すこともある.

ⓐ He studies astronomy, **or** the science of stars.
(彼は天文学，すなわち星の学問をしている.)

ⓑ The distance is two miles, **or** about three kilometers.
(距離は 2 マイル，言い換えれば約 3 キロです.)

(B) 〈either A or B〉「A か B かどちらか」

④ He must be **either** mad **or** drunk.
（彼は気が違っているか酔っているかにちがいない.）

⑤ **Either** the dog **or** the cat has eaten it.［動詞は B と呼応］
（犬か猫かのどちらかがそれを食べたのです.）

⑥ **Either** come in **or** go out.
（入るか出るかどちらかにしなさい.）

(C) 〈命令文＋or (else)...〉「～せよ，さもないと…」

if または unless を使って，書き換えることができる.

⑦ Wear your coat **or** (**else**) you'll be cold.
（上着を着ないと寒くなりますよ.）
[If you don't wear your coat, you'll be cold.
＝Unless you wear your coat, you'll be cold.]

⑧ Watch your step, **or** you will slip.
（足元に気をつけないと，すべりますよ.）
[If you don't watch your step, you will slip.
＝Unless you watch your step, you will slip.]

次のように命令文に相当する表現の場合もある.

⑨ You had better hurry **or** you'll be late.
（急いだほうがいい，さもないと遅れますよ.）

338. nor

(A) 〈否定語＋A nor B〉「A でないし，また B でもない」

① The job can**not** be done by you **nor** (by) me.
（その仕事は，君にも私にもできない.）

② I do**n't** want to go, **nor** will I (＝*and* I won't go *either*).
（私は行きたくないし，また，行くつもりもない.）
㊟ nor に導かれる節では〈S＋V〉が倒置される(☞ § 431(E)).

(B) 〈neither A nor B〉「A も B も～ない」〈文章語〉

③ This book is **neither** interesting **nor** instructive.
（この本は，おもしろくもないし，ためにもならない.）

④ **Neither** John **nor** Mary was there.
（ジョンもメアリーもそこにいなかった.）［動詞は B と呼応］

339. for「というのは」〈文章体〉

直前の文・語句でいったことの証拠また解説を追加する**節**を導く.(語や句を導くことはない.)

① It may rain, **for** the barometer is falling.
(雨が降るかもしれない. だって, 晴雨計が下がっているから.)
[because を用いると, 晴雨計の下がることが雨降りの**原因**のように聞こえるので不可]

② I went into the shop, **for** a shop it was.
(私はその店――というのは, そこは店だったのだ――に入って行った.)[shop という語を使ったことを解説している]

(参考) **for と because との比較**: *1)* **for** は**等位接続詞**なので, 〈節+**for**+節〉の語順しか許されない. 一方, **because** は**従位接続詞**なので, because 節は主節の前にもあとにも置くことができる.

ⓐ 1) ○He felt no fear, **for** he was a brave man. (彼は少しもこわくなかった. というのも勇敢な人だったから.)
2) ×=**For** he was a brave man, he felt no fear.

ⓑ 1) I didn't go **because** I was ill.
2) =**Because** I was ill, I didn't go.
(病気だったので, 行かなかった.)

2) **because** が**直接の原因・理由**を述べるのに対して, **for** は前いったことの**証拠**または**説明を追加**する.

ⓐ He looks pale **because** he is ill. (彼は病気なので顔色が悪い.)
ⓑ He must be ill, **for** he looks pale.
(彼は病気にちがいない. 顔色が悪いから.)

340. only「ただ(し)」〈口語〉

① You may go, **only** come back early.
(行ってもよろしい, ただし早く帰りなさい.)

② This dictionary is handy, **only** a little expensive.
(この辞書は便利だ, ただ少し値が高い.)

〈NB〉 **so** (そこで), **yet** (しかも) を接続詞とする辞書もあるが, どちらもその前に接続詞の **and** をつけることができるので, 実は副詞であることが分かる.

ⓐ It's raining, (**and**) **so** you'd better take a taxi.
(雨が降っている, だからタクシーに乗るほうがいい.)

ⓑ She's not pretty, (**and**) **yet** people like her.
（彼女は美人じゃないが，人に好かれている.）

• 例題 1 •

次の各文の(　)内に，and, but, or, nor, for の中から適当な接続詞を入れなさい.

(1) One step farther, (　　) you will fall over the precipice.
(2) Work hard, (　　) you will succeed.
(3) Hurry up, (　　) you will miss the train.
(4) I am not rich, (　　) do I wish to be.
(5) Indeed she is pretty, (　　) she is not intelligent.
(6) A fish cannot fly, (　　) it has no wings.

考え方 (1), (2)「～せよ，そうすれば」(**§ 335**(C))　(3)「～せよ，さもないと」(**§ 337**(C))　(4)「また…ない」(**§ 338**(A))　(5)「確かに～だが，しかし…」(**§ 336**(D))　(6) 前文の〈解説〉(**§ 339**)

解答 (1) and　(2) and　(3) or　(4) nor　(5) but　(6) for

C　従位接続詞(1)：名詞節を導くもの

that, if, whether の 3 語がある．名詞節は，名詞と同様，文の主語，目的語，補語などになる．

341. that「…ということ」

① **That** *he was there* is certain.　[主語]
（彼がそこにいたということは，確かだ.）

② I know **that** *you are my friend.*　[目的語]
（私は君が私の友人であることは知っている.）

③ My belief is **that** *he is innocent.*　[補語]
（私の信じるところでは，彼は無実だ.）

④ No one can deny ***the fact*** **that** *things fall down.* [同格]
（物が落下するという事実を否定することはだれにもできない.）

㊟ 同格の that 節は，文末に回すことができる.
The fact remains **that** he is guilty.
（彼が有罪だという事実は，依然として残っている.）

〈NB〉 **1. that の省略**：believe, say, think, suppose, wish, hope, などの，よく使われる動詞のあとでは **that** はよく省略される．

that は，**afraid, glad, sorry, sure** などの形容詞のあとでも，普通，省略される．

ⓐ I am *afraid* [*glad, sorry, sure*] (**that**) it is true.
（それが本当であることを私は恐れている[喜んでいる，残念に思っている，確信している].）

ⓐの that 節は，その前に省略されている前置詞の目的語と考えるのが最も自然である．that の前に前置詞があることは，ⓑの書き換えによって明らかである．

ⓑ What I am *afraid* [*glad/sure*] **of** is **that** it is true.
（私が恐れている[喜んでいる，確信している]のは，それが本当だということだ.）

〈NB〉 **2.「判断の基準」を表す that 節**「…**とは**」：主節はしばしば疑問文.

Are you mad **that** you should do such a thing?
（そんなことをするなんて，君は気でも狂ったのか.）

342. if/whether「…かどうか」

動詞の目的語になる場合は，〈口語〉では **if** のほうがよく使われる．

① I don't know **if** [**whether**] he will be able to come.
（彼が来ることができるかどうか私は知りません.）

or がつく場合は，**whether** のほうが普通である．

② Let me know **whether** [**if**] you can come **or** not.
（来られるかどうかお知らせください.）

その他の構造では，**whether** しか使えない．

③ Everything depends ***upon*** **whether** we have enough money. （万事はわれわれに十分な金があるかどうかにかかっている.） [前置詞のあと]

④ ***The question*** **whether** I should marry her or not worries me. （彼女と結婚すべきかどうかの問題で私は悩んでいる.） [名詞と同格]

⑤ **Whether** *he will like it* is another matter.
（彼がそれを好むかどうかは，別問題だ.） [主語]

⑥ I did not know **whether** *to laugh* or *cry*.
（笑っていいのか泣いていいのか分からなかった.）[不定詞の前]

D　従位接続詞(2)：副詞節を導くもの

343．〈時〉の副詞節

(A)　when「…するとき」

① **When** it is fine, I go for a walk.
（天気のよい日には散歩をします.）

② He was busy **when** you came.
（あなたが来たとき彼は忙しかった.）

〈NB〉 2つの節の間に意味的な矛盾があるときには，「**…のに**」という意味になる.

How can we explain it to you **when** you won't listen?
（君が聞こうとしないのに，どうして説明できるだろうか.）

(B)　whenever「**…するときはいつも**」

③ **Whenever** he drinks, he gets into trouble.
（彼は酒を飲むといつも，もめごとを起こす.）

(C)　while「**…する間に**」：節中にしばしば進行形が用いられる.

④ He hurt himself **while** (he was) playing football.
（彼はフットボールをしているときにけがをした.）

次の例では，had は完了した動作を表すので，進行形になっていない.

⑤ John *waited* **while** I *had* my bath.
（私が入浴している間ジョンは待っていた.）

(D)　as「**…するとき，…しながら，…するにつれて**」〈同時性〉

⑥ He arrived just **as** I was leaving.
（ちょうど私が帰ろうとしているときに彼が着いた.）

⑦ He whistled **as** he walked.
（彼は歩きながら口笛を吹いた.）

⑧ **As** he grew older, he became more obstinate.
（彼は年をとるにつれて，ますますがんこになっていった.）

注　**〈as＋"経過" 表現〉**の場合，「…するにつれて」と訳す.

(E)　after「**…したあとで**」(↔ before)

⑨ He will arrive **after** you leave [have left].
（彼は君が去った[去ってしまった]あとに着くだろう.）

〈NB〉 **after** は接続詞のほかに，前置詞・副詞としても使われる.

ⓐ She visited me again **after** five days had passed. ［接続詞］
（彼女は5日たったあとで再び私を訪ねてきた.）

ⓑ She visited me again **after** five days. ［前置詞］
（5日後彼女は再び私を訪ねてきた.）

ⓒ She visited me five days **after**. ［副詞］
（5日後彼女は私を訪ねてきた.）

(F)　before「…する前に」(↔ after)

⑩ I'll do it now **before** I forget it.
（忘れないうちに今やっておこう.）

▶ **〈It is A before B〉「B するには A(時間)かかる，A かかってようやく B する」**（it は漠然と時間をさす用法）

⑪ **It will be** *two years* **before** we meet again.
（今度お会いするのは2年先のことでしょう.）

⑫ **It was** *not long* **before** the news came.
（まもなく知らせが来た.）
［＜知らせが来るまでに長くはかからなかった.］

〈NB〉 **before** は接続詞のほかに，前置詞・副詞としても使われる.

ⓐ Her father died **before** she was born. ［接続詞］
（彼女の父親は，彼女が生まれる前に亡くなった.）

ⓑ Her father died **before** her birth. ［前置詞］
（彼女の父親は，彼女の誕生前に亡くなった.）

ⓒ Her father had died long **before**. ［副詞］
（彼女の父親は，ずっと前に亡くなった.）

(G)　since「…して以来」：普通，**〈現在完了形＋since＋過去形〉**の形で用いるが，〈主に英〉では⑭の構文で It is ～since... を用いる.

⑬ She ***has done*** nothing **since** she *left* school.
（彼女は学校を出てから何もしていない.）

⑭ ***It has been*** ［〈主に英〉***It is***］ two years **since** my father *died*. （父が死んでから2年になる.）

〈NB〉 **since** は接続詞のほかに，前置詞・副詞としても使われる.

ⓐ I haven't seen her **since** she returned from London. ［接続詞］
（彼女がロンドンから帰って以来会っていない.）

ⓑ I haven't seen her **since** her return from London. ［前置詞］
（彼女がロンドンから帰って以来会っていない.）

ⓒ I haven't seen her **since**. ［副詞］
（それ以来，彼女に会っていない.）

(H) **till/until**「…するまで；…してついに」：両語は同義で，**till** は〈口語体〉でよく用いられるが，**until** は〈口語体〉でも〈文章体〉でも使われる．

⑮ I'll wait **till [until]** I hear from you.
（おたよりがあるまで待っています．）

⑯ You mustn't go **till** I return.
（私が戻るまで行ってはいけない．）

⑰ The sound became fainter and fainter, **till [until]** it ceased to be heard. （その音はだんだんかすかになって，ついに聞こえなくなった．）［この意味では，よく前にコンマがある］

▶ **〈not A till [until] B〉「B まで A しない，B して初めて A する」**

⑱ He did**n't** come **till [until]** I called.
（彼は私が呼んで初めてやって来た．）
［=**It was not till [until]** I called **that** he came.］

(I) **〈as soon as〉「…するとすぐに」**

⑲ The man ran away **as soon as** he saw a policeman.
（その男は，警官の姿を見たとたん走って逃げた．）

〈NB〉 同じ意味は，**directly**〈主に英口語〉**, the instant, the moment** でも表せる．

The man ran away **directly [the instant/the moment]** he saw a policeman. =⑲

(J) **〈no sooner A than B〉=scarcely[hardly] A when [**〈まれ〉 **before] B**「A するやいなや B する」（▶**as soon as** よりも固苦しい言い方．）

⑳ He had **no sooner** come in **than** the telephone rang.
=He had **scarcely** come in **when [before]** the telephone rang. （彼が入って来るやいなや電話が鳴った．）

㉑ **No sooner** had he arrived **than** she started crying.
=**Hardly** had he arrived **when [before]** she started crying. （彼が着くとすぐ彼女は泣き出した．）〈文章体〉

〈NB〉 これらの構文では，A の部分が過去完了形，B の部分が過去形であることが多い．

(K) once「**いったん…すると**」

㉒ You'll find the way all right **once** you get to the station.
（いったん駅へ着けば，きっと道が分かります．）[*all right「きっと」]

⟨NB⟩ **every time**「…する度ごとに」，**next time**「今度…するときに」は，接続詞的に用いられる．

ⓐ **Every time** I call him, he is out.
（いつ電話しても彼は留守だ．）

ⓑ Bring May with you **next time** you come.
（今度来るときはメイを連れて来なさい．）

344．〈理由〉の副詞節

主な接続詞は **because, since, as** で，この順に意味が強い．話し手の関心は **because** では従属節の内容にあり，**since, as** では主節の内容にある．それぞれが“新しい情報”を伝えているからである．ほかに接続詞相当語句として **seeing (that)** がある．

(A) because「**…なので，(なぜなら)…だから**」

① I do it **because** I like it.（好きだからそれをするのです．）

② I can't go, **because** I have no ticket.
（私は行けない．切符がないから．）

注 コンマがあるときは，前から訳す．

▶主節に否定語がある場合は「**…だからといって**(～ではない)」の意味．

③ You should**n't** despise a man **because** he is poor.
（貧乏だからといって人を軽べつしてはならない．）

注 not は〈文否定〉(§ 382)：
You should **not** [despise a man because he is poor].

⟨NB⟩ 次の表現では，**because** よりも **that** が好まれる．
The reason he was absent was **that** [**because**] he was ill.
（彼が欠席したのは，病気だったからだ．）

(B) since, seeing (that)「**…ので，…である以上**」

④ **Since** you ask me, I will go.
（君が頼むので，行くよ．）

⑤ **Seeing (that)** the ground is wet, it must have rained.
（地面がぬれているところを見ると，雨が降ったにちがいない．）

(C) as「…なので」(▶自明な理由について用いる)

⑥ **As** it was raining, I stayed in.
(雨降りだったので，家にいました.)

(参考) **as, since, seeing (that)** は事実だと分かっている事柄 (＝古い情報) についてのみ用いる．したがって，次のような疑問文でこれらを **because** の代わりに用いることはできない． because 節は新しい情報を伝えるからである．

Did he come **because** [×**since, as, seeing**] he wanted money?
(彼は金がほしいのでやって来たのか.)

(D) now (that)「**もう…なので**」：〈時間＋理由〉を表す.

⑦ **Now (that)** you have left university, you will have to find a job.
(もう大学を出たのだから，仕事を捜さなければならない.)

345. 〈目的〉の副詞節

(A) 〈**so (that)** S **will [can]～**〉〈口語体〉＝〈**so that [in order that]** S **may [shall]～**〉〈文章体〉「**S が～するために**」

① I am lighting the fire **so (that)** the room **will** be warm.
(部屋が暖まるように暖炉に火をつけているところです.)

② Please turn off the light **so (that)** I **can** sleep.
(私が眠れるように電灯を消してください.)

主節の動詞が過去形の場合は，目的の副詞節の法助動詞も時制の一致により **would, could, might, should** と過去形になる.

③ She bought a book **so that** she **could** [〈文章体〉**might**] learn English.＝She bought a book **in order that** she **might** learn English. 〈文章体〉 (彼女は英語を学ぶために1冊の本を買った.)

目的の副詞節に **not** をつけると，「～しないように」という否定の目的を表す.

④
a) They came early **so (that)** they **wouldn't** miss the overture. 〈口語体〉
b) They arrived early **so that [in order that]** they **might [should] not** miss the overture. 〈文章体〉
(彼らは序曲を聴き逃がさないように早めにやって来た.)

(B)　〈**in case** S～〉「**Sが～してはいけないので**」〈英〉（▶主節は〈用心〉を表す.）

⑤　Make a note of it **in case** you forget.　〈口語体〉
（忘れてはいけないから，それをメモしておきなさい.）

⑥　We didn't move **in case** we woke him up.　〈口語体〉
（彼の目をさましてはいけないので，動かなかった.）

〈NB〉 **in case** を if の意味に用いるのは，〈米〉用法.
In case you see him, give him my regards.
（彼に会ったら，よろしくいってください.）

(C)　〈**lest** S **should** ～〉＝〈**for fear** (**that**) S **may** [**should**]～〉「**～するといけないので，～しないように**」どちらも〈文章体〉で，〈口語体〉では〈**so that** S **will** [**can**] **not**～〉(§ **345**(A)) の構文を用いる.

⑦　I hid the letter **lest** he **should** see it.
（彼に見られないようにその手紙を隠した.）
注　〈米〉では，**lest** he **see** it のように，仮定法現在を用いる.

⑧　Shut the window **for fear** (**that**) it **may** [**should**] rain.
（雨が降るといけないので窓を閉めてくれ.）

⑨　We didn't move **for fear** (**that**) we **might** [**should**] wake the baby.　（私たちは，赤ちゃんが目をさましてはいけないので身動きしなかった.）

346. 〈結果・程度〉の副詞節

(A)　〈**so**＋形容詞/副詞＋(**that**)...〉「**非常に～なので…**」「**…ほど～である**」

①　It was **so** heavy (**that**) I couldn't lift it.
（とても重くて持ち上げられなかった.） [＝It was **too** heavy for me **to** lift.]

②　She was crying **so** bitterly **that** she could hardly answer.
（彼女は返事もできないくらい激しく泣いていた.）

〈NB〉 〈**so**＋**動詞**＋**that...**〉は，「…するような具合に」の意味になる.
The bridge is **so** made **that** it opens in the middle.
（その橋は，中央が開くように作られている.）

(B)　〈**such** (＋形容詞＋名詞)＋**that**...〉「**非常に～なので…**」

③ It's **such a good story** (**that**) I'll never forget it.
（とてもおもしろい話なので決して忘れないだろう.）

④ His courage was **such that** we all admired him.
（彼の勇気は大変なものだったので,私たちはみな彼を賞賛した.）

〈NB〉 **1.** 〈文章体〉では，強調のため **so** や **such** を文頭に出すことがあるが，その場合は倒置が起こる.

So great [**Such**] **was** his courage **that** we all admired him.

〈NB〉 **2.** 〈口語体〉では，④のような場合を除き，〈**so ～ that...**〉〈**such ～ that...**〉の **that** が落ちることがある.

347. 〈譲歩〉の副詞節

(A) **though/although** 「**…だけれども**」：〈くだけたスタイル〉では **though** のほうがよく用いられるが，**although** はすべてのスタイルで使用することができる.

① (**Al**)**though** he was tired, he kept on working.
（疲れていたけれども，彼は仕事を続けた.）

② We'll stay a little longer, (**al**)**though** it is late.
（遅いけれども，もう少しいることにしよう.）

〈NB〉 **though** は，〈口語〉では「しかし」の意味の**副詞**として用いられる (**although** にはこの用法はない). この場合は，通例文尾に置かれる.

It was a quiet party. I had a good time, **though**.
（静かなパーティーだった. でも楽しかったよ.）

(B) **even if/even though**「**たとい…でも**」: if/though よりも意味が強い.（× **even although** とはいわない.）

③ **Even if** [**though**] you offer it to him, he won't accept it.
（たといそれを提供するといっても，彼は受け取らないだろう.）

④ I have to go **even if** [**though**] it rains.
（たとい雨でも私は行かなくてはならない.）

〈NB〉 **if** が **even if** の意味を表すことがある.

If (=Even if) he is outspoken, at least he's honest.
（彼はずけずけものをいうにしても，少なくとも正直だ.）

(C) 〈**名詞/形容詞/副詞＋as [though]＋S＋V**〉「**…だけれども**」非常に強い〈対立〉を表す. 〈文章体〉

⑤ **Cold as** [**though**] it was (=Though it was cold), we

went out.（寒かったけれども，私たちは外出した.）

⑥ **Young man as** he was (=Though he was a young man), they looked upon him as their leader. [無冠詞]
（彼は若者であったが，みんなは彼をリーダーと見なしていた.）

⑦ **Bravely though** they fought (=Though they fought bravely), they had no chance of winning.
（勇敢に戦ったけれども，彼らには勝つ見込みはなかった.）

〈NB〉 この構文の **as** が 'because' を意味することがあるが，それは文脈で判断できる.

Tired as she was (=As she was tired), I decided not to disturb her.（彼女は疲れていたので，じゃましないことにした.）

(D) 〈**whatever [whoever, however,** *etc.*]**...**〉=〈**no matter＋what [who, how,** *etc.*]**...**〉「**たとい…でも**」：〈口語〉では no matter のほうをよく用いる.

⑧ Keep calm, **whatever** (=**no matter what**) happens.
（たといどんなことが起こっても，落着いていなさい.）

⑨ He will never succeed, **however** (=**no matter how**) hard he tries.（どんなに一生けんめいにがんばっても，彼は成功しないだろう.）

⑩ **Wherever** (=**No matter where**) you go, I'll go with you.
（君がどこへ行っても，私もついて行きます.）

⑪ **Whoever** (=**No matter who**) telephones, say I'm out.
（だれが電話してきても，私は留守だといってくれ.）

⑫ **Whenever** (=**No matter when**) you come, you'll be welcome.（いつ来ても歓迎するよ.）

(E) 〈**whether A or B**〉「**A であろうと B であろうと**」

⑬ I will go, **whether** you come with me **or** stay at home.
（君がいっしょに来ようと家にいようと，僕は行く.）

⑭ **Whether** you like it **or** not, you'll have to do it.
（好きでもきらいでも，君はそれをしなければならない.）

(F) **while**「**…だけれども**」(=though)

⑮ **While** I understand what you say, I can't agree with you.
（君のいうことは分かるけれども，賛成することはできない.）

348. 〈様態〉の副詞節

(A)　as「…するように，…のままに」

① Do it **as** I tell you. (私のいうとおりにそれをしなさい.)

　注　特に〈米口語〉では，Do it **like** I tell you. のように，**like** を **as** の意味の接続詞として用いる.

② Leave it **as** it is. (それはそのままにしておきなさい.)

③ It is **as** you said. (それは君のいったとおりだ.) [**as** 以下は補語節]

(B)　as if/as though「まるで…かのように」(☞ § 333)

349. 〈制限〉の副詞節

(A)　as [so] far as「…する限り(では)」

① **As [So] far as** I can see, he cannot be more than thirty. (私の見る限りでは，彼は30歳以上であるはずがない.)

② That is all right, **so [as] far as** I am concerned.
(私に関する限り，それでさしつかえありません.)

(B)　insofar as「…する限りにおいて」

③ I will help you **insofar as** I can.
(できる限りお手伝いします.)

(C)　in that「…という点で」

④ I am fortunate **in that** I have so many friends.
(友人がたくさんいるという点で私は幸せだ.)

350. 〈対照〉の副詞節

(A)　whereas [wɛərǽz]「…だが(一方)」

① a) **Whereas** I would rather live in a flat, my wife wants a house. (私はむしろマンションに住みたいのに，妻のほうは家をほしがっている.)

　 b) My wife wants a house, **whereas** I would rather live in a flat. (妻は家がほしいといっているが，私のほうはむしろマンションに住みたい.)

(B)　while「…だが(一方)」 whereas と同義だが，意味が弱い.「…する間」という時間的な意味はない.

② Some men are rich(,) **while** others are poor.
（金持ちの人もいれば，一方貧乏な人もいる.）

351. 〈比較〉の副詞節 (☞ §§ 234, 235)

(A) as A as B「B と同じく A」

① She is **as** sweet **as** her mother.
（彼女は母親と同様，気立てがよい.）

② Mary writes **as** neatly **as** Susan does.
（メアリーは，スーザンと同様きれいな字を書く.）

(B) not as [so] A as B「B ほど A ではない」

③ His house isn't **as [so]** big **as** yours.
（彼の家は，君の家ほど大きくはない.）

(C) 〈比較級＋than...〉「…よりもより～」

④ We arrived **sooner than** we thought.
（思っていたよりも早く着いた.）

(D) 〈the＋比較級, the＋比較級〉「…すればするほど～」

⑤ **The quicker** we walk, **the sooner** we shall get there.
（速く歩けばそれだけ早くそこに着ける.）

(E) 〈according as〉「…するに比例して」

⑥ A person isn't always paid **according as** he works.
（人は必ずしも仕事に比例した給料をもらっているわけではない.）

〈NB〉 **according to/in proportion to**「…に応じて」のあとには**名詞**がくる.

I will reward him **according to** his work.
（彼の仕事ぶりに応じて報いるつもりだ.）

(F) 〈as A, so B〉「Aであるように B」（▶この形式は〈文章体〉であり，よくことわざに用いられる.）

⑦ **As** rust eats iron, **so** care eats the heart.
（さびが鉄を腐食するように，心労が心をむしばむ.）

⑧ **As** a man lives, **so** shall he die.
（生あるごとく死あり.）〈ことわざ〉

352. 〈条件・仮定〉の副詞節 (☞ 第28章 B)

(A) **if**「**もしも…ならば**」: 一般的に現実・非現実の条件に用いる.

① I'll go **if** he goes. (彼が行くなら私も行く.) [現実の条件]

② **If** I knew her name, I would tell you. [非現実の条件]
(彼女の名前を知っていたら, 教えてあげるのに.)

(B) **suppose/supposing**「**仮に…ならば**」: 仮定の情況について用いる.

③ **Suppose [Supposing]** it rains, what shall we do?
(もし雨ならば, どうしよう.)

(C) **provided [providing] (that)**「**…という条件で**」: 特定の条件を示すときに用いられる.

④ I will go **provided [providing] (that)** my expenses are paid. (費用を出してくれるならば行きます.)

(D) **unless**「**…でない限り**」

⑤ Come tomorrow **unless** I phone (=**if** I do**n't** phone).
(私が電話しない限りあす来なさい.)

⑥ Let's go out **unless** you're (=**if** you are **not**) too tired.
(ひどく疲れているのでなければ外出しよう.)

⑦ I'll be glad **if** she does**n't** come this evening.
(彼女が今晩来なければうれしい.)[×**unless** she comesは誤り]

unless は, 通例⑤, ⑥のように **if…not** で書き直せるが, ⑦のように, 意味的にそれが不可能な場合がある (「彼女が今晩来るのでなければうれしい」では意味をなさない). また, 普通 **unless** は⑧のような仮定法の条件節では用いない.

⑧ a) ○ **If** he weren't so silly, he would understand.
b) × **Unless** he weren't so silly, he would understand.
(あんなに愚かでなければ, 分かってくれるだろうが.)

(E) **as [so] long as**「**…さえすれば**」(=if only)

⑨ You can stay here, **as [so] long as** you keep quiet.
(静かにしていさえすれば, ここにいてよろしい.)

〈NB〉 **as long as** には, 「…する間は」という時間の副詞節を導く場合もある.

I'll remember it **as long as** I live.
(生きている間はそれを忘れないだろう.)

(F)　on condition (that)「…という条件で，もし…ならば」

⑩　I will let you drive **on condition (that)** you have a license.（もし免許証があるなら，車の運転をさせてあげよう.）

● 例題 2 ●

次の日本文と同じ意味を表すように，各文の(　)内に適当な1語を入れなさい.

(1)　Take your umbrella with you, in (　　) it rains.
　雨が降るといけないから，傘をもって行きなさい.

(2)　We feared (　　) she should fall down.
　私たちは彼女が倒れやしないかと心配しました.

(3)　He looked well the (　　) time I saw him.
　この前会ったときには彼は元気そうでした.

(4)　I won't come (　　) you invite me.
　君の招待がなければ，僕は行かないよ.

(5)　As far as I (　　) (　　), I have no objection to the plan.
　私に関するかぎりでは，その計画に異存はありません.

考え方　(1) ☞ **§ 345(B)**　(2) should に注目　(3)「彼に会った最後の時」　(4)「～でなければ」unless　(5) **as far as** S **is concerned**「S に関する限り」

解答　(1) case　(2) lest〈文章体〉　(3) last　(4) unless　(5) am, concerned

章 末 問 題 29

A　次の各文の(　)内の適当な1語を選びなさい.

(1)　I have not seen him yet (on, when, since) he returned from America.

(2)　(Unless, If) we don't leave immediately, we are going to arrive late for class.

(3)　We had scarcely arrived (than, when, that) it began to rain.

(4)　She sings (as, as if, like) she had a cold.

(5)　I cannot run (as, like, than) he can.

ヒント　**A**　(1)「アメリカから戻って以来」　(2) 否定文を導く以上，unless ではあり得ない　(3)「…するとすぐ」　(4) had（仮定法過去）に注目　(5)「彼が走れるくらいに」

B　次の文の(　)内に入れる適当な語を，下の語群から1つ選びなさい．

(1)　(　　) you are not ready for the dance, I am.
　a. Although　**b.** Because　**c.** As

(2)　(　　) they were in need of food was easy to see.
　a. That　**b.** When　**c.** What

(3)　You can go to the theater (　　) by bus or subway.
　a. both　**b.** any　**c.** which　**d.** either

(4)　Would you leave the books at his office (　　) pick them up?
　a. in order that I　**b.** so that I can
　c. in order to　**d.** in order for me

(5)　He passed the examination (　　) he had been prevented by illness from studying.
　a. although　**b.** but　**c.** since　**d.** unless

(6)　People do not know the value of health (　　) they lose it.
　a. after　**b.** if　**c.** since　**d.** till　**e.** when

(7)　You had better wait (　　) he gets back.
　a. before　**b.** by the time　**c.** till　**d.** when

(8)　I am going to call the police (　　) you give my car back.
　a. if　**b.** because　**c.** unless　**d.** to

C　次の各文の(　　)内に適当な1語を入れなさい．

(1)　(　　) the State nor the House will agree to this proposal.
(2)　I am an eager, (　　) not a skillful, sportsman.
(3)　(　　) people should do such things is a scandal.
(4)　I saved money in order (　　) I might buy the dictionary.
(5)　(　　) you like it or not, you will have to do it.
(6)　Make hay (　　) the sun shines.

ヒント　**B**　(1)〈対照〉がある　(2) 主語節を導く　(3)「**A**か**B**か」　(4) 目的節　(5)「～だけれども」　(6)「～までは」　(7)「～まで」　(8)「～のでない限り」
C　(1) nor と相関する接続詞は？　(2)「上手ではないが，熱心な」　(3)「…するなどということは」　(4)〈目的〉の副詞節（**§ 345(A)**）　(5) or not と相関する接続詞は？（**§ 342**）　(6)「日の照るうちに干し草を作れ → 好機を逃がすな」〈ことわざ〉

(7) Don't be longer (　　) you can help.
(8) This book is both interesting (　　) instructive.
(9) It will not be long (　　) spring comes.
(10) It is three years (　　) his father died.
(11) Leave it (　　) it is, or you will be scolded.
(12) There came horses, dogs, monkeys, and (　　) forth.
(13) As (　　) as I know, he is honest.
(14) Neither low clouds (　　) fog prevents the plane from landing.
(15) (　　) he smokes heavily, yet he limits his drinking to milk and coffee.
(16) Fearless (　　) he was, he shuddered at the sight.

D　次の日本文の意味を表すように，各文の(　)内に適当な1語を入れなさい．

(1) He had (　　) (　　) in Tokyo a year (　　) he was transferred to Sapporo.
　彼は東京に来て1年経つか経たないうちに札幌へ転勤になりました．
(2) It will not be long (　　) he feels sorry (　　) what he has done.
　まもなく彼は自分のしたことを後悔するだろう．
(3) Do you know (　　) it is true or not?
　それが本当かどうか，あなたはご存じですか．
(4) He didn't know (　　) to go or to turn back.
　先に進むべきか後戻りすべきなのか，彼には分からなかった．
(5) I would do it with pleasure, (　　) I am too busy.
　喜んでそれをしたいのだが，ただ忙しくてね．

ヒント　(7)〈否定文＋比較級＋than S can help〉「せずに済む以上に(→なるべく)～するな」　(8) both と相関する接続詞は？(**§ 335**(B))　(9)「やがて～する」(**§ 343**(F))　(10)「死んで以来」(**§ 343**(G))　(11)「そのままに」　(12)「～など」　(13)「～の限り」　(14) neither と相関する接続詞　(15)「～だけれども」　(16)「～だけれども」　**D**　(1) hardly…when [before], scarcely…when [before] を使う　(2) ☞ **§ 343**(F)　(3) or not と相関する接続詞は？(**§ 342**)　(4) or に注目 (**§ 342**)　(5)「ただ」の意味の接続詞は？(**§ 340**)

E　次の日本文を接続詞を用いて英訳しなさい.

(1)　昨日になってやっと彼はその知らせを聞いた.

(2)　まもなく彼は海外旅行から帰って来ました.

(3)　彼はとても速く走ったので，私は彼に追いつけなかった.

(4)　とても易しい問題だったので，だれもみな解答できました.

(5)　私が黙っていたので，彼はますます腹を立てた.

(6)　そのカメラは高価なので買う気がしなかった.

(7)　彼女は，だれか金持ちの美男子でも見つけない限り結婚しないだろう.

(8)　地球が存続する限り，昼と夜は決してなくなりはしない.

■よく使われる英語のことわざ■

- Don't count your chickens before they're hatched.
  (とらぬタヌキの皮算用.)〔←かえらないうちにひなを数えるな〕
- Penny wise and pound foolish.
  (一文惜しみの百知らず.)
- Pride goes before destruction.
  (おごる者久しからず.)〔←傲慢は破滅に先立つ〕
- Strike the iron while it is hot.
  (鉄は熱いうちに打て.)

ヒント　**E**　(1)「～になってやっと」It was not until ～ that　(2)「まもなく」It was not long before ～　(3), (4)「とても～なので」so ～ that　(5)「ますます」all the more　(6) so ～ that を用いる　(7)「～ない限り」unless　(8)「～する限り」as long as

第30章

前　置　詞

前置詞は，日本語の助詞（＝後置詞）に対応する．前置詞の意味は，通例，その前後にくる語と語との関係から決まってくる．この章では，まず，前置詞の用法を概観し，次に，紛らわしい前置詞を対照的に研究し，最後に，主な**群前置詞**の意味・用法を調べることにしよう．

A 前置詞総説

353. 前置詞の用法

前置詞は，〈**前置詞＋名詞（相当語句）**〉の形で前置詞句を作り，その前置詞句は文中で**副詞句・形容詞句**の働きをする．前置詞のあとにくる名詞（相当語句）を**前置詞の目的語**という．

① There is a book **on** *the desk.* ［副詞句］

（デスクの上に本があります．）

② The book **on** *the desk* is Bill's. ［形容詞句］

（デスクの上の本は，ビルのです．）

ポイント (1) 前置詞の目的語は名詞（相当語句）

このことが分かっていれば，次の選択問題に答えることは簡単である．

He insisted **on** (to visit, visit, visiting) the mayor.

（彼は市長を訪問すると言い張った．）

前置詞のあとに動詞を置くことはできないことは，すでに分かっている．動詞を置きたければ，それを“名詞化”して**動名詞**の形 (visiting) にしさえすればよいのである．

ポイント (2) 前置詞のあとには目的格

ⓐ I went **with** *him.* （彼といっしょに行った．） ［× with *he*］

ⓑ 誤りを正せ：He had two sons, both **of** *who* were killed in the war.

（彼には2人の息子がいたが，2人とも戦死してしまった．）

ⓑの場合，who は of の目的語である以上，whom に訂正しなければならない．

354. 前置詞の目的語になるもの

前置詞の目的語になるものは，**名詞(相当語句)**である．それには，次のようなものがある．

(A)　名　詞

① He is staying **at *a hotel*.** （彼はホテルに泊まっている．）

(B)　代名詞

② He got angry **with *me*.** （彼は私に腹を立てた．）

(C)　形容詞

③ He was given up **for *dead*.**
（彼は死んだものとあきらめられた．）［<死んだものとして］

④ Things went **from *bad* to *worse*.**
（事態は，しだいに悪化していった．）

(D)　副　詞

⑤ He will come **before *long*.** （彼はまもなく来るでしょう．）

⑥ It's a long way **from *here*.** （そこは，ここから遠い．）

(E)　動名詞

⑦ He went out **without *saying*** a word.
（彼はひと言もいわないで出て行った．）

⑧ **On *arriving*** in Paris, I telephoned Bob.
（パリに着くとすぐボブに電話した．）

(F)　前置詞句：ひとまとまりで目的語となる．

⑨ A cat came out **from** [***behind the door***].
（ドアの後ろから猫が出て来た．）

⑩ He stayed **till** [***after supper***].
（彼は夕食後まで帰らないでいた．）

(G)　名詞節

⑪ Your success will depend **on *how you do it*.**
（君の成功は，それをいかにやるかにかかっている．）

〈NB〉 以上見たように，前置詞の目的語は名詞・代名詞以外のものである場合があるが，共通していえることは，それらがすべて前置詞の目的語として臨時に名詞的性格を与えられているということである．

355. 前置詞の位置

前置詞の語順は，**〈前置詞＋目的語〉**が原則である．しかし，次の条件のもとでは，**〈目的語＋前置詞〉**の語順になる．

(A) 疑問詞が目的語の場合(疑問詞は義務的に文頭に回される：§ **41**)

① ***Where*** do you come **from**?（ご出身はどちらですか．）

② ***Who*** are you looking **for**?（だれを捜しているのですか．）

注 whom が文法的であるが，〈口語〉では who のほうが普通．文頭は“主語の位置”という意識があるからである．

(B) 関係代名詞が目的語の場合（関係代名詞は義務的に節頭に回される：§ **257**)

③ This is the house (***which/that***) I spoke **of.**
（これが私の話していた家です．）

注 This is the house **of *which*** I spoke. は〈文章体〉で，〈口語〉では使用されない．

(C) 形容詞的用法の不定詞の場合

④ There was no ***chair to sit*** **on.**（座るいすがなかった．）

⑤ I have no ***children to take care*** **of.**
（私には面倒を見るべき子供がいない．）

(D) 〈自動詞＋前置詞〉の受動態の場合

⑥ His ***rudeness*** cannot *be put up* **with.**
（彼の無礼は，がまんできない．）

B 〈場所〉の前置詞

356. at, in, on

(A) at と in：▶話し手がある場所に〈広がり〉を感じている場合は **in** を用い，〈地点〉と感じている場合は **at** を用いる．

① a) I am **in** Kamakura now.
（私は今鎌倉にいます．）

b) I was **at** Kamakura last year.
（私は昨年鎌倉にいました．）

a)では，現在住んでいる土地なので〈広がり〉を感じているわけであり，b)では，昨年いた土地なので地理上の〈一点〉と感じているのである．次の諸例も，同様な考え方で説明できる．

② a) I walked about **in** his shop.（彼の店の中を歩き回った．）

b) I bought this pen **at** his shop.
（このペンは，彼の店で買いました．）

③ a) He stayed **in** London.（彼はロンドンに滞在した．）

b) Our plane refuelled **at** London.
（我々の乗った飛行機は，ロンドンでガソリンを補給した．）
注 ロンドンを地図上の〈一点〉と考えている．

(B) on：▶on は〈接触〉を表す．

④ a) The players are practising **on** the field.
（選手たちは，運動場で練習している．）
[field はスポーツをする表面]

b) Cows are grazing **in** the field.（牛は放牧場で草をはんでいる．）[field は柵で囲まれた土地]

at ●□ in ⊡ on —●—

357. above/below, over/under, in front of/behind, up/down

above と **below, over** と **under, in front of** と **behind, up** と **down** は，それぞれ反対関係にある．

(A) above「～よりも高い所に」，below「～よりも低い所に」：

① a) The picture is **above** the desk.
（その絵は，デスクの上の方にある．）

b) The desk is **below** the picture.
（デスクは，絵の下の方にある．）

(B) over「～の真上に」，under「～の真下に」：

② a) The bridge is **over** the ticket office.
（陸橋は出札所の上にある．）

b) The ticket office is **under** the bridge.
（出札所は，陸橋の下にある．）

(C) in front of「〜の前に」, behind「〜の後ろに」:

③ a) The car is **in front of** the bus.
(車はバスの前にある.)

b) The bus is **behind** the car. (バスは車の後ろにある.)

(D) up「〜の上へ[に]」, down「〜の下へ[に]」:

④ He went **up** [**down**] the hill. (彼は山を上った[下った].)

⑤ He is **up** [**down**] the hill. (彼は山の上に[ふもとに]いる.)

参考 次の例では, **up** も **down** も「〈通り〉に沿って」(=along) の意味で用いられている.

He was walking **up** [**down**] the street. (彼は通りを歩いていた.)

この文は, 本通りの場合は **up** を町の中心部に向かっているときに, **down** を中心部から離れるときに用いる. 一方, わき道や郊外の通りの場合は, **down** は話し手から遠ざかって行くときに, **up** は話し手に近づいて来るときに用いる傾向がある.

(E) above と over との区別: *1*) **over** は「〜の真上に」という意味を表すが, **above** はただ「〜よりも高い所に」という意味を表す. そこで, 次のような例では, 両者を交換することはできない.

⑥ a) The castle stands **above** the valley.
(城はその谷間の上にある.) [× **over** the valley]

b) The policeman was leaning **over** the body.
(警官は, その死体の上にかがみ込んでいた.)
[× **above** the body]

しかし, ⑦のように, そうした方向の違いが問題にならない場合には, どちらを使うこともできる.

⑦ The plane is flying **above** [**over**] the town.
(飛行機は, その町の上空を飛んでいる.)

2) **over** は, **above** と違って, 2つのものが接触している場合も使える.

⑧ She put a blanket **over** him.
(彼女は彼に毛布を掛けてやった.) [× **above** him]

(F) below と under との区別: below の場合は2つのものの間に常に空間があるが, **under** は接触している場合にも用いられる.

⑨　She put a pillow **under** his head.
（彼女は，彼の頭の下に枕をあてがってやった.）
[× **below** his head]

以上の関係を図示すれば，大体，次のようになる.

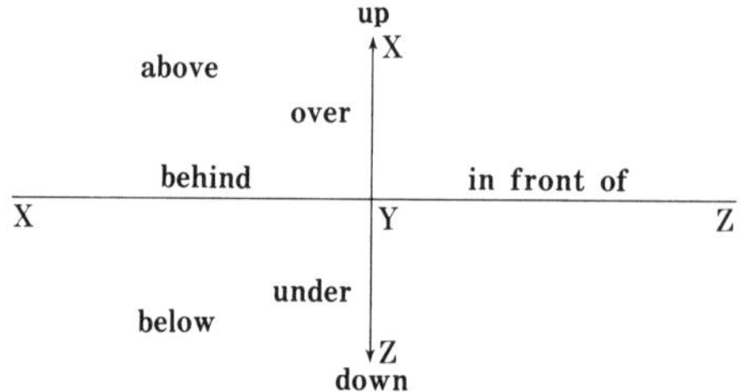

〈NB〉 **underneath, beneath**〈文語〉は **under** とほぼ同義であるが，〈まれ〉.

358. in front of, before, opposite

(A)　〈場所〉を示す場合は，**before** はあまり用いられず，普通は **in front of** が用いられる.

①　He stood **in front of** [〈文語〉**before**] me.
（彼は私の前に立っていた.）

②　There's a car park **in front of** the hotel.
（そのホテルの前に駐車場がある.）

〈NB〉 **before** は，次の場合は〈場所〉をさして用いられる.

1）「〈重要人物など〉**の面前に**」
He was brought **before** the judge.
（彼は裁判官の前に連れて行かれた.）

2）**before** *a person's* (**very**) **eyes**（人の目の前で）という成句で：
The thing happened **before** *my* (*very*) *eyes.*
（そのことは私の目の前に起こった.）
注　**under** *my* (*very*) *eyes* ともいう.

(B)　in front of と opposite：「**〜の向こう側に**」の意味では，×**in front of** ではなく **opposite** を用いる.

③　Tom was sitting **opposite** me.　●→　←●
（トムは私に向かい合って腰かけていた.）

④ There's a cinema **opposite** our house.
（わが家の向かいに映画館があります.）

359. between と among

(A) **between**「**～の間に**」は，通例２つ(時に３つから５つ)のものが１つ１つ明確に区別できる場合に用いる.

① May was sitting **between** Ann and Susan.
（メイは，アンとスーザンとの間に腰かけていた.）

② Switzerland lies **between** [×**among**] France, Italy, Austria and Germany. （スイスは，フランス，イタリア，オーストリア，ドイツにはさまれている.）

一方，**among**「**～の間に**」は，１つ１つが明確に区別できない集合体について用いられる.

③ I was **among** the crowd.
（私は群衆の中にいた.）

(B) したがって，**share**（分かち合う），**divide**（分配する）の場合，当事者が**単数**で示されるときは **between** が用いられる.

④ He *shared* his property **between** his wife, his son, and his sister.
（彼は自分の財産を妻，息子，妹とで分かち合った.）

当事者が**複数**名詞の場合は，**between, among** の両方が用いられる.

⑤ He divided his money **between/among** his five sons.
（彼は自分の金を５人の息子たちに分配した.）

しかし，ここでも，**between** を使えば“平等な分配”を暗示し，**among** を使えば“不平等な分配”を暗示する可能性がある.

360. across, through, over, along

across は「**〈平面〉を横切って**」，**through** は「**〈立方体〉を通り抜けて**」の意味に使い分けられる.

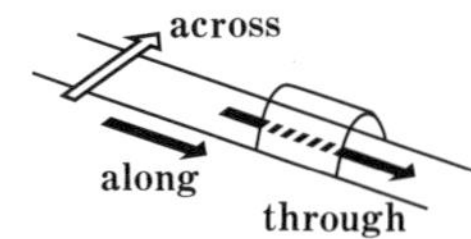

① He walked **across** the square.
（彼は広場を歩いて横切った.）

② We drove **through** the town.
（私たちはその町を車で通り抜けた.）

over は，この意味の **across** と同義に用いられる．

③ The ball rolled **over** [**across**] the lawn.
（ボールが芝生を横切ってごろごろ転がっていった．）

along は，「〈道路など〉**に沿って，を通って**」の意味を表す．

④ She walked **along** the beach.（彼女はなぎさ伝いに歩いた．）

361. (a)round, about

(A) (**a**)**round** 「**〜の回りを[に]**」： 位置も運動も示す．〈米〉では **round** よりも **around** のほうがずっと普通．この意味では，×**about** は用いられない．

① He ran (**a**)**round** the corner.
（彼は走って角を曲がった．）

② My belt is (**a**)**round** my waist. 〈位置〉
（私はベルトを腰にしめている．）

③ The moon moves (**a**)**round** the earth. 〈運動〉
（月は地球の回りを回る．）

(B) 「**〜のあちこちを[に]**」の意味では，(**a**)**round, about** のいずれも使用できる．〈米〉では，**around** が普通．

④ There were papers lying (**a**)**round** [**about**] the room.
（新聞が部屋のあちこちに散らばっていた．）

(C) 「**〜の近くに**」の意味では，〈米〉では主に **around**，〈英〉では主に **round, about** を用いる．

⑤ Is there a pub anywhere **around** 〈米〉(=**round, about** 〈英〉) here?（どこかこの近くにパブはありませんか．）

〈NB〉「およそ〜」の意味では **around, about** が用いられる．

ⓐ There were **around** [**about**] fifty people there. [概数]
（そこにはかれこれ 50 人の人がいた．）

ⓑ It's **around** [**about**] lunchtime. [時間]
（かれこれ昼食時間だ．）

362. by, beside

どちらも「**〜のそばに**」の意味で同義的に使われることがある．

① Come and sit **by** [**beside**] me.
（こっちへ来て私のそばに座りなさい．）

しかし，**by** には「**〜の近くに**」という含みがあり，**beside** には「**〜と並んで**」という含みがある．次の例では，両語の交換はむずかしい．

② a) He sat **by** the fire.（彼は暖炉のそばに座っていた．）

b) I walked **beside** John.（私はジョンと並んで歩いた．）

〈NB〉 1. **near** は，**by** よりも距離があるときに用いられる．

ⓐ We live **near** the sea.（私たちは海の近くに住んでいる．）
[5キロ離れているかもしれない]

ⓑ We live **by** the sea.（私たちは海のそばに住んでいる．）
[近くなので海が見える]

〈NB〉 2. **beside**「**〜のそばに**」≒**besides**「**〜のほかに**」であることに注意．

ⓐ 1) All of us passed **besides** John.
（ジョンのほかに私たちもみんなパスした．）
[ジョンもパスした]

2) All of us passed **except** John.（私たちはジョンを除いてみんなパスした．）[ジョンはパスしなかった]

ⓑ **Besides**/×**Beside** being a businessman, he is a poet.
（実業家であるほかに，彼は詩人でもある．）
[=He is a poet *as well as* a businessman.]

363. away from と back to

away from「**〜から離れて**」：×⟶

① He ran **away from** the spot.
（彼はその場所から走り去った．）

back to「**〜に戻って**」：⟶×

② Let's go **back to** the first point.（第1点に話を戻そう．）

364. onto [〈英〉on to] と off

onto「**〜の上へ**」〈運動〉：

① He climbed **onto** the roof.（彼は屋根の上へよじ登った．）

off「**〜から離れて**」〈運動〉：

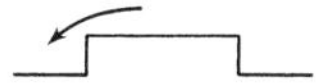

② He got **off** the platform.（彼は壇上から下りた．）

365. in/inside, into/inside, out of/outside (of)

in/inside「**〜の中に**」：

① Stay **in** [**inside**] your room.（自分の部屋の中にいなさい．）

into/inside「**～の中へ**」：

② He went **into** [**inside**] the room.
（彼はその部屋へ入って行った.）

out of/outside (of)「**～の外に**」：

③ He stayed **out of** [**outside (of)**] his office.
（彼は自分の事務所の外にいた.）

out of/outside (of)「**～の外へ**」：

④ He came **out of** [**outside (of)**] his office.
（彼は自分の事務所から出て来た.）

366. to, toward(s), for

to「**～に**」は，〈**着点**〉を示す.

① We walked **to** the station.
（私たちは，駅まで歩いて行った.）

toward〈米〉，**towards**〈英〉「**～の方へ**」は，〈方向〉を示す．必ずしも到着しなくてもよい.

② He was walking **toward**(s) the station.
（彼は駅の方へ歩いていた.）

for「**～を目ざして**」は，到達すべき〈目的地〉を表す.

③ We set out **for** London.
（私たちは，ロンドンを目ざして出立した.）

C 〈時間〉の前置詞

367. at, in, on

at は〈時点〉，**in** は〈期間〉，**on** は〈特定の日・朝・午後・夕方・場合〉に用いる.

① **at** ten o'clock（10時に）/**at** noon（正午に）/**at** that moment（その瞬間に）/**at** Christmas（クリスマスの季節に）［季節をひとまとめにとらえている；日をさすのではない］

② **in** the afternoon（午後に）/**in** (the) winter（冬に）/**in** 1980（1980年に）/**in** the twentieth century（20世紀に）

③ **on** Monday（月曜日に）/**on** the following day（その翌日に）/**on** Saturday morning [afternoon, evening]（土曜日の朝[午後，夕方]に）/**on** that occasion（その折に）

次の各文を比較してみよう．

④ *cf.*
- a) It occurred **at** night.（それは夜起こった．）
- b) It occurred **in** the evening.（それは夕方起こった．）
- c) It occurred **on** the evening of 1st June.（それは6月1日の夕方起こった．）[特定の日の夕方]

368. from, since

since は，「**〈ある時〉から今まで**」の意味であるから，現在完了形と共に用いられる．一方，**from**「**〈ある時〉から**」は，単に〈時の起点〉を示すだけで〈着点〉を示さないので，（完了形を除く）どんな時制にも用いられる．

Cf.
- ① It'*s been raining* **since** [×**from**] two o'clock.（2時からずっと雨が降っている．）
- ② He ***began*** [***begins, will begin***] work **from** Monday.（彼は月曜日から仕事を始めた[始める，始めるだろう]．）

369. in, after

「**〜たって**」の意味では，通例，未来のことには **in** を，過去のことには **after** を用いる．

① I will come back **in** two hours.（2時間後に戻って来ます．）

② He came back **after** two hours.（彼は2時間後に戻って来た．）

〈NB〉「**〜以後は**」の意味では，**after** しか使えない．
I shall be at home **after** five o'clock.（5時以後は在宅します．）

370. by, till/until

by「**〜までに**」は動作・状態の〈完了〉を，**till/until**「**〜まで**」は

動作・状態の〈継続〉を表す.

① a) Can you finish the work **by** tomorrow?
　　(あすまでにその仕事をすませることができますか.)

　b) I was tired out **by** evening.
　　(夕方までにはへとへとに疲れていた.)

② I shall have to stay in the office **till** five o'clock.
　(5時まで会社にいなければならない.)

両語は日本の学生によく混同されるので，要注意.

by「〜までに」	〈完了〉
till「〜まで」	〈継続〉

371. during, for, through

(A) **during** は，①「**〜の間ずっと**」，②「**〜の間(のある時)に**」という2つの意味を表す.

① The sun gives us light **during** the day.
　(太陽は，昼の間ずっと，我々に光を与える.)

② He called to see me **during** my absence.
　(彼は留守中に私に会いに来た.)

　注　この意味では，**in** とほぼ同義 [(=**in** my absence).]

(B) **for**「**〜の間**」は，**during** の①の意味とほぼ同義であるが，**during** は「特定の期間を通じて」を意味するのに対して，**for** は通例「非特定の期間」について用いる.

③ a) I stayed there **for** ***a week***.　[非特定の期間]
　　(私はそこに1週間滞在した.)

　b) I stayed there **during** ***the week***.　[特定の期間]
　　(私はその1週間そこに滞在した.)

また，**during** のあとには the lecture のような期間を表さない名詞もくるが，**for** のあとには a week, seven days のような“期間名詞”しか置けない.

④ a) ○ She slept **during** the lecture.

　b) × She slept **for** the lecture.
　　(彼女は，その講義中ずっと眠っていた.)

(C) **through** は，「**〜の間ずっと**」という，ある特定の期間の初めから終わりまでを表す．

⑤ He stayed up **through** the night.
（彼は1晩中起きていた．）

D その他の紛らわしい前置詞

372. by, with

by は〈動作主〉を，**with** は〈道具〉を表す．

Cf. { ① He was killed **by** his enemy. （彼は敵に殺された．）
② He was killed **with** a sword. （彼は剣で殺された．）

①, ②を1つの文で表せば，③のようになる．

③ He was killed **by** his enemy **with** a sword.
（彼は敵に剣で殺された．）

〈NB〉 **by** は，「(交通・通信の)手段」を示すことがある．

ⓐ I usually go to work **by** bus [train, car].
（私は通例バス[電車，車]で会社へ行きます．）

ⓑ The news came **by** telegram.
（そのニュースは，電報で知らされた．）

373. from, of, out of

通例，**from** は〈原料〉を示す(製品を見てもその材料が分からない)．**of** は〈材料〉を示す(製品を見れば，その材料が分かる)．

① Steel is made **from** iron. （鋼鉄は，鉄から造られる．）

② That bridge is made **of** steel.
（その橋は，鋼鉄で造られている．）

make と **of** とが離れている場合は，**out of** を用いることが多い．

③ He *made* the frame **out of** wood.
（彼はその枠を木で造った．）

〈NB〉 次の2つの文を比較してみよう．

Cf. { Wine is *made* **from** grapes. （ワインは，ぶどうから造られる．）
Grapes are *made* **into** wine. （ぶどうは，ワインに造られる．）

[**into** は“変化”を表す]

374. 〈値段〉の at と for

at は〈割合〉を，**for** は〈交換〉を表す.

① I sold them **at** a good price. (私はそれを良い値で売った.)

② I sold them **for** ten dollars. (私はそれを10ドルで売った.)

〈NB〉 **apiece** (1つにつき)という語があるときは〈割合〉を示すので，**at** が選ばれる.

These cups are sold **at** fifty cents *apiece*.
(これらのカップは，1個50セントで売られている.)

375. 〈結果〉の to と into

to は〈結果〉を，**into** は〈変化〉を表す.

① Failure drove him **to** despair.
(失敗して彼は絶望してしまった.)

② Water is frozen **into** ice. (水は凍ると氷になる.)

376. die of と die from

通例，**die of** は，病気など〈内的な原因〉で死ぬことを表し，**die from** は外傷など〈外的な原因〉で死ぬことを表す.

① He *died* **of** an illness [hunger, grief, old age, *etc*.].
(彼は病気[飢え，悲しみ，老衰，など]で死んだ.)

② He *died* **from** a wound [overwork, a blow, eating too much, *etc*.].
(彼はけがで[過労で，打たれて，食べ過ぎて，など]死んだ.)

377. 〈備え〉の for と against

共に「**〜に備えて**」の意味を表すが，**against** は特に事故・敵など〈悪いこと〉について用いる.

① I must prepare myself **for** the examination.
(私は試験の準備をしなければならない.)

② They stored up their grain **against** famine.
(飢きんに備えて穀物をたくわえた.)

378. 〈除外〉の except と except for

except は「**〜を除いて**」(名詞にかかる)の意味を表し，**except for**

は「**〜があるのを除いて**」(主文にかかる)の意味を表す．両語を交換して使うことはできない．

① All the essays are good **except** Jim's.
（ジムのを除いて，どのエッセーも上出来だ.）

② Your essay is good **except for** a few spelling mistakes.
（君のエッセーは，少し綴りの誤りがあるのを除けば上出来だ.）

Ⅲ 群 前 置 詞

2語以上がまとまって1つの前置詞の働きをするものを**群前置詞**という．すべての群前置詞は，1個の前置詞で終わっている．以下，代表的なものをあげてみよう．

379. 〈**前置詞＋名詞＋前置詞**〉

(1) **at the cost of**「**〜を犠牲にして**」
It is foolish to study **at the cost of** health.
（健康を犠牲にして勉強するのはばかげている.）

(2) **by means of**「**〜によって**」
He made a fortune **by means of** hard work.
（彼は勤勉によって財産を作った.）

(3) **by way of**「**〜を経由して**」
He returned home **by way of** Europe.
（彼はヨーロッパ経由で帰国した.）

(4) **for fear of**「**〜を恐れて**」
We talked quietly **for fear of** waking her.
（彼女が目をさますといけないので静かに話した.）

(5) **for want [lack] of**「**〜がないので**」
The crops failed **for want of** rain.
（雨が降らないので不作だった.）

(6) **for the purpose of 〜ing**「**〜するために**」
He went to Italy **for the purpose of** study**ing** music.
（彼は音楽を勉強するためにイタリアへ行った.）

(7)　**for the sake of**「～のために」〈利益〉

They fought **for the sake of** their country.

（彼らは祖国のために戦った.）

(8)　**on account of**「～のために」〈原因〉

The plane delayed **on account of** the dense fog.

（飛行機は，濃い霧のため遅れた.）

(9)　**in comparison with**「～と比較して」

This is far better **in comparison with** that.

（これは，それと比べるとずっとよい.）

(10)　**in consequence of**「～の結果」

In consequence of the war, she lost her only son.

（その戦争の結果，彼女は１人息子を失った.）

(11)　**in place of**「～の代わりに」

He planted a pine tree **in place of** the dead rose.

（彼はその枯れたばらの代わりに松の木を植えた.）

(12)　**in search of**「～を捜して」

He went to Alaska **in search of** gold.

（彼は金を捜しにアラスカへ行った.）

(13)　**in spite of**「～にもかかわらず」

I like him **in spite of** his faults.（欠点はあっても彼が好きだ.）

(14)　**in the course of**「～の間に」(＝during)

In the course of our conversation, he referred to his youth.

（私たちの談話中に彼は若いころのことに触れた.）

(15)　**instead of**「～の代わりに」

Instead of punishing him, they set him free.

（彼らは彼を罰しないで自由にしてやった.）

(16)　**in case of**「～の場合は」

In case of fire, ring the bell.

（火事の場合は，このベルを鳴らしてください.）

(17)　**with a view to ～ing**「～する目的で」

We held a meeting **with a view to** discuss**ing** the problem.

（その問題を議論するために会合を開いた.）

(18) **with the exception of「〜を除いて」**

With the exception of Tom, everyone was tired.
=Everyone was tired **with the exception of** Tom.
(トムを除いて，みんな疲れていた.)

380. 〈**副詞＋前置詞**〉

(1) **apart from「〜は別として」**

Apart from joking, what do you mean to do?
(冗談はさておき，君はどうするつもりか.)

(2) **as for「〜についていえば」**(主題を提示する)

As for the others, they don't count.
(残りの連中といえば，問題にならない.)

(3) **as to「〜に関しては」**(=about, as regards)

He said nothing **as to** hours.
(時間のことについては何もいわなかった.)

381. 〈**分詞/形容詞/接続詞/名詞など＋前置詞**〉

(1) **according to** a)「**〜によれば**」 b)「**〜に従って**」

a) **According to** the dictionary, this word is no longer in use. (辞書によれば，この語はもはや使われていない.)

b) The ship left Kobe **according to** its schedule.
(その船は，予定どおり神戸を出港した.)

(2) **because of「〜のために」**〈原因〉

I couldn't sleep **because of** the heat.(暑さのため眠れなかった.)

(3) **contrary to「〜に反して」**

Contrary to what I thought, he succeeded.
(私の考えに反して，彼は成功した.)

(4) **owing [due] to「〜のために」**(=because of)〈原因〉

Owing [Due] to the rain the match was cancelled.
(雨のためその試合は中止された.)

(5) **thanks to「〜のおかげで」**(しばしば反語的)

Thanks to television, boys and girls are neglectful of their study. (テレビのおかげで，子供たちは勉強を怠る.)

章末問題 30 A

A　次の各文の(　)内の適当な1語を選びなさい.

(1) I threw a stone (at, to) the dog.

(2) One may well take pride (in, of, at) one's friends.

(3) I live within five minutes' walk (to, near, for, from, of) the school.

(4) Our school begins (from, at, on) eight in the morning.

(5) I praised him (for, by, in) his diligence.

(6) I cannot agree (on, at, in, with) you on this point.

(7) You will find it (by, at, on) the right-hand side.

(8) Such a state of things cannot be put up (in, on, with).

(9) He insisted (in, on, from, of) his innocence.

(10) He deals (on, over, at, in) precious metals.

(11) He devoted himself (in, to, for, on) the study of literature.

(12) Life is often compared (towards, with, above, to) a voyage.

(13) See (in, of, on, to) it that no strangers come into this room.

(14) We must inquire (of, into, about) this mystery.

(15) Poverty is preferable (than, to) dishonesty.

ヒント　**A**　(1)「～めがけて」　(2)「～を誇りとする」　(3)「～から歩いて5分以内の所に」　(4)「～に始まる」　(5)「勤勉さの報いとして」　(6)「人に同意する」　(7)「右側に」　(8)「～をがまんする」　(9)「～を主張する」　(10)「～の商いをする」　(11)「～に献身する」　(12) **compare A with [(時に) to] B**「AとBとを比較する」, **compare A to B**「AをBにたとえる」　(13) **see (to it) that**「…するように気をつける」　(14)「〈事件・原因など〉を調査する」　(15) **prefer A to B**「BよりもAを好む」→ **A is preferable to B**「AはBよりも好ましい」

B 次の各文の( )内に適当な1語を入れなさい.

(1) He is very good ( ) English conversation.

(2) People started ( ) the news of his death.

(3) That accounts ( ) his dislike for sandwiches.

(4) It is ( ) your sake that I say this.

(5) The doctor is ( ) the opinion that the invalid will recover.

(6) Three ( ) three leaves nought.

(7) He patted me ( ) the back.

(8) I have no patience ( ) such a selfish fellow.

(9) He is independent ( ) his parents.

(10) Judging ( ) reports, he must be an able man.

(11) I have found a friend ( ) him.

(12) He lay ( ) his back.

(13) He was frozen ( ) death.

(14) He is known ( ) everybody.

(15) May I ask a favor ( ) you ?

(16) Can you tell wheat ( ) barley at sight ?

(17) The evidence admits ( ) no doubt.

(18) Drinking leads ( ) other vices.

(19) I was robbed ( ) my purse in the car.

(20) Thanks ( ) you, I was saved from drowning.

ヒント **B** (1)「〜が上手だ」 (2)「〜を聞いて」 (3)「〜を説明する」 (4)「君のため」 (5)「…という意見で」; invalid「病人」 (6)「3引く3は0」 (7)「背中を軽くたたく」 (8)「〜にはがまんできない」 (9)「〜から独立して」 (10)「〜から判断すると」 (11)「彼の中に[→彼という]友人を見いだす」 (12)「背中に支えられて→あお向けに」 (13)「こごえ死ぬ」 (14)「〜に知られて」 (15)「あなたから→あなたに」 (16)「AとBとを区別する」 (17)「疑いをさしはさむ余地がない」 (18)「〜を引き起こす」 (19)「AからBを奪う」 (20)「〜のおかげで」

C 次の文の誤りを正しなさい.

(1) Examinations begin from Monday.
(2) She has been angry to me for days.
(3) The boy made a kite by a knife.
(4) Don't talk at your mouth full.
(5) I asked many questions to him.
(6) Is your answer different with mine?
(7) They blamed him from his laziness.
(8) The committee consists from five members.
(9) China is to the east of Asia.
(10) The American colonies became independent on England.

D 次の各文の( )内に入れる適語を下の語群から選びなさい.

(1) In America most students are now ( ) vacation.
  a. on **b.** to **c.** in **d.** with **e.** at
(2) He is good ( ) playing the piano.
  a. as **b.** at **c.** with **d.** to
(3) ( ) the other hand, we were too busy to help him.
  a. In **b.** On **c.** To **d.** By
(4) Can you tell a German ( ) an Englishman?
  a. for **b.** to **c.** from **d.** of
(5) We hurried ( ) direction of the fire.
  a. to the **b.** in the **c.** at the **d.** for the
  e. toward the

ヒント **C** (1)「～から始まる」は from でよいか (2)「angry ( )＋人」は？ (3)「ナイフで」は「道具」を表す (**§ 372**) (4)「食べ物をほおばったまま」 (5) 〈ask＋質問＋( )＋人〉の前置詞は？ (6)「～とは異なる」 (7)「～について人を非難する」 (8)「～から成り立つ」 (9) 比較：**in the east of**/〈米〉**in the eastern part of**「～の東部に」, **to the east of**「～の東方に」 (10)「～から独立して」 **D** (1)「休暇中で」 (2)「～が上手」 (3)「他方では」 (4)「AとBとを見分ける」 (5)「～の方へ」

(6) She looks young (　　) her age.
a. against　**b.** by　**c.** for　**d.** than

(7) We have supplied those families (　　) food.
a. for　**b.** of　**c.** off　**d.** with

(8) It is bad manners to speak (　　) your mouth full.
a. during　**b.** when　**c.** while　**d.** with

(9) He felt (　　) his matches and found that he had only one left.
a. with　**b.** for　**c.** from　**d.** on

(10) She certainly looks beautiful (　　) a Japanese kimono.
a. in　**b.** for　**c.** with　**d.** on

(11) How much do you want to sell your car (　　)?
a. to　**b.** by　**c.** for　**d.** with

(12) The police aren't allowed to drink (　　) duty.
a. at　**b.** on　**c.** while　**d.** in

(13) Accustomed as he was (　　) those remarks, John made no direct reply.
a. at　**b.** on　**c.** about　**d.** to

(14) Many visitors feed animals in spite of the signs (　　) the contrary.
a. on　**b.** in　**c.** of　**d.** to

(15) (　　) the long run, we may be forced to spend more money on the project.
a. For　**b.** With　**c.** On　**d.** In

(16) Judging (　　) the look of the sky, we are going to have a storm soon.
a. on　**b.** from　**c.** for　**d.** with

ヒント　(6)「年の割には」　(7)「AにBを供給する」　(8)「口に食べ物を入れたまま」　(9)「(手探りで)～を捜す」　(10)「～を着ていると」　(11)「いくら(の価格)で」　(12)「勤務中」　(13)「～に慣れて」　(14)「それと反対の主旨の」　(15)「結局」　(16)「～から判断すれば」

章末問題 30 B

A 次の各文の( )内の適当な1語を選びなさい.

(1) It happened (in, on, at) Sunday morning.

(2) The baby was born (at, in, on) the morning of June 10.

(3) A good thing is cheap (on, by, for, at) any price.

(4) He was (aside, beside, over) himself with fury.

(5) Can you finish it (till, until, by) tomorrow?

(6) The boy was named (from, with, to, after, under) Lincoln.

(7) It cannot be done (by, for, on, under, with) these circumstances.

(8) If I can be (in, by, of, to) any help to him, I want to be there.

(9) Instead (for, of, to) punishing him, they gave him money.

(10) Thoughts are expressed by (mean, means) of words.

(11) For fear (on, in, of, by) accidents, please drive slowly.

(12) He died (by, from, of) cancer.

(13) Fortune smiled (on, at, for) him.

(14) He was ill (by, with, from, for) eating too much.

(15) We escaped by means (of, with, to) a secret exit.

(16) We started (in, on, by, for) spite of the heavy rain.

(17) Nothing was seen because (for, to, of, with) the fog.

(18) The bus stopped in front (on, to, of) the station.

(19) In case (in, on, with, of) fire, press the red button.

(20) He went to Europe by way (of, in, on) Siberia.

ヒント **A** (1), (2) 特定の日(**§ 367**) (3)「値段」を表す(**§ 374**) (4)「夢中になって」 (5)「あすまでに」 (6)「～の名にちなんで」 (7)「こういう情況では」 (8)「少しでも役に立つなら」 (9)「彼を罰する代わりに」 (10)「～によって」 (11)「～するといけないので」 (12) ☞ **§ 376** (13)「～にほほえむ」 (14)「食べすぎのため」 (15)「～によって」 (16)「～にもかかわらず」 (17)「～のために」 (18)「～の前に」 (19)「～の場合は」 (20)「～を経由して」

(21) As (with, for, about) me, I have nothing to complain.

B　次の各文の(　)内に適当な1語を入れなさい.

(1) I called (　　) him to inquire (　　) his health.

(2) The train was (　　) its time, so I could not get there (　　) time.

(3) Nagoya lies halfway (　　) Tokyo and Osaka.

(4) He had to choose (　　) honor and death.

(5) I was persuaded (　　) doing it against my will.

(6) We must look deep (　　) the cause of the accident.

(7) When did this world come (　　) existence?

(8) He often gets angry (　　) me (　　) trifles.

(9) Scarcely a day passed (　　) his going to the library.

(10) We talked with him far (　　) the night.

(11) He was born (　　) a lucky star.

(12) He is a man who can be depended (　　) in a crisis.

(13) John talked Mary (　　) going to Canada together.

(14) She has turned the top floor (　　) a temporary nursery.

(15) I took the boy (　　) the hand and struck him (　　) the head.

(16) The president was accompanied (　　) his wife.

(17) The book is very popular (　　) students.

(18) What are the differences (　　) men and monkeys?

(19) Are you for it or (　　) it?

ヒント　(21)「～はといえば」　**B** (1)「人を訪問する」「～の健康を尋ねる」 (2)「遅れて」「間に合うように」 (3)「AとBとの中間に」 (4)「AとBとのどちらかを選ぶ」 (5)〈persuade＋人＋into＋動名詞〉「人を説きつけて～させる」 (6)「～を詳しく調査する」 (7)「存在するようになる」 (8)〈angry at＋人＋over＋事柄〉「～のことで人に腹を立てて」 (9)〈否定語＋without～〉「～しないで…することはない」→「…すれば必ず～する」 (10)「夜がふけるまで」 (11)「幸運の星のもとに」 (12)「頼れる」 (13)「～するように説得する」 (14)「AをBに改造する」 (15)「手を取る」「頭をぶつ」 (16)「～を同伴して」 (17)「～の間で」 (18)「AとBとの(間の)違い」 (19)「～に不賛成で」

(20) Never speak ill of a man ( ) his back.

(21) This book is quite ( ) me.

C 次の各文の誤りを正しなさい.

(1) The train will arrive within an hour. [1時間したら]

(2) Twelve airplanes flew on our house.

(3) He walked from Tokyo till Yokohama.

(4) The dog walks besides his master.

(5) I was kept waiting by half past five.

(6) The sun was sinking under the horizon.

D 次の各文の下の語群から適当なものを1つ選んで, ( )内に入れなさい.

(1) ( ) a slight fever, Jimmy doesn't seem to be very ill.

a. Although **b.** Except for **c.** Without **d.** No matter

(2) I visited quite a few temples ( ) my recent trip to Kyoto.

a. by **b.** during **c.** in **d.** within

(3) Just ( ), I think Mr. Jones has not quite got over his illness yet.

a. between us **b.** beyond us **c.** beyond words **d.** by ourselves

(4) Leaf ( ) leaf fell to the ground.

a. in **b.** at **c.** to **d.** after

(5) It is all ( ) you whether you'll come or not.

a. within **b.** up to **c.** done by **d.** with

ヒント (20)「人のいないところで」 (21)「〜の力を越えて」 **C** (1) within an hour「1時間以内に」, in an hour「1時間したら」 (2) ☞ **§ 357(E)** (3) 〈from A till B〉は「時間」にしか用いないが, 〈from A to B〉は「空間・時間」に用いられる (4) besides 〜「〜のほかに」, beside「〜と並んで」 (5)「5時半まで」 (6) under では「水平線」と接触した感じ (**§ 357(F)**) **D** (1)「〜を除いて」 (2)「〜の間に」 (3)「ここだけの話だが」 (4)「木の葉が次々に」 (5)「〜次第で」

第 31 章

否　　定

否定の現象は，いくつかの品詞にまたがって見いだされる．否定には，文全体が否定される**文否定**と，文中の特定の語句だけが否定される**語否定**の 2 種がある．いわゆる**全体否定**も**部分否定**も文否定に属する．否定の理解には，論理的思考が要求されると思われる．

A　否定の 2 種類

否定の現象をこの章で独立に扱うのは，それが品詞の区別を越えて存在するからである．例えば，no は形容詞，never, nowhere は副詞，nobody, nothing は代名詞，nor は接続詞といったふうである．

否定は，大きく，2 つに分かれる．

〈1〉 **文否定**：文全体が否定されるもの．

〈2〉 **語否定**：文中の特定の語句だけが否定されるもの．

この 2 種類の否定は，次のテストで区別できる．以下，a) は〈文否定〉，b) は〈語否定〉．

1) 〈文否定〉には**肯定**の付加疑問文がつき，〈語否定〉には**否定**の付加疑問文がつく．

a) You do*n't* like cats, **do you**?
(君は猫がきらいだよね.)

b) He came in *no time*, **didn't he**?
(彼はじきに来たのでしょう.)

2) 〈文否定〉では答えを **No** で受け，〈語否定〉では Yes で受ける．

a) "He *doesn't* speak Russian." "**No.**"
(「彼はロシア語をしゃべらない.」「ええ.」)

b) "They live *not far* from you." "**Yes.**"
(「彼らは君の近くに住んでいる.」「そうだよ.」)

3) 否定語句が文頭にくると，〈文否定〉では**倒置**が起こるが，〈語否定〉では起こらない．

a) **Not a word** *would he* say.
（彼はひと言もしゃべろうとしなかった.）

b) In **no time** *he came* back.
（じきに彼は戻ってきた.）

B 文　否　定

382. not

〈文否定〉は，最も一般的には，**not** を動詞につけることによって作られる.（否定文の作り方の詳細については，☞ **§ 37**）

① He is **not** [is**n't**] happy.（彼は幸せではない.）
② I have **not** [have**n't**] met him.（彼と会ったことはない.）
③ She will **not** [**won't**] come.（彼女は来ないだろう.）
④ He did **not** [did**n't**] go.（彼は行かなかった.）

383. その他の否定語

否定語は，**not** のほかにも，以下の b) 文に見られるように，**no**（及び **nothing, nobody** のような，その複合語），**neither, never, none** がある．次の例文において，a) 文では動詞に否定語がつき，b) 文では目的語や副詞に否定語がついている点に注目しよう．

① a) I have**n't** had **any** lunch.
b) =I've had **no** lunch.
（私は昼食を食べなかった.）

② a) He did**n't** see **either** man.
b) =He saw **neither** man.
（彼はどちらの人にも会わなかった.）

③ a) I have**n't** bought **anything** for you.
b) =I have bought **nothing** for you.
（あなたのためには何も買わなかった.）

④ a) I did**n't** see **anybody** [**anyone**].
b) =I saw **nobody** [**no one**].
（私はだれにも会わなかった.）

⑤ a) I can**'t** find it **anywhere**.

b)　=I can find it **nowhere.**　〈まれ〉
（それがどこにも見当たらない.）

⑥　a)　He does**n't ever** visit us.
b)　=He **never** visits us.
（彼は1度も訪ねて来ない.）

⑦　a)　He's **not** at school **any longer** [**more**].
b)　=He's at school **no longer** [**more**].　〈まれ〉
（彼はもう学校へ行っていない.）

⑥ b) の **never** の場合のほかは，それぞれ a) 文のほうが b) 文よりも〈口語的〉で慣用的である.

〈主な否定語〉

副　詞	**not, never, hardly, scarcely, little, seldom, rarely**
形容詞	**no, few, little**
代名詞	**none, nothing, nobody, neither**
接続詞	**nor**

384. 〈any...not〉の語順

英語では，以下の b) 文のような〈**any...not**〉の語順は許されない. そこで，a) 文のように，主語を否定形にしなければならない.

①　a) ○**No one** [**Nobody**] came.（だれも来なかった.）
b) ×**Any** one did**n't** come.

②　a) ○**Nothing** came of it.（そこからは何も生じなかった.）
b) ×**Any**thing did**n't** come of it.

③　a) ○**None** of us were ready.
（我々のうちで準備のできている者はだれもいなかった.）
b) ×**Any** of us were**n't** ready.

385. 準否定語

以上見てきた否定語のほかに，次のような，否定の意味を含む語(=準否定語)がある.

(A)　seldom/rarely「**めったに～しない**」(=**not** often)

① It **seldom [rarely]** rains here.
（ここではめったに雨が降らない.）

② I have **rarely [seldom]** seen such a beautiful sunset.
（こんな美しい日没はめったに見たことがありません.）

(B) scarcely/hardly「ほとんど〜ない」(=almost **not**)

③ I **hardly [scarcely]** know her.
（彼女のことはほとんど知らない.）

④ I could **hardly [scarcely]** eat anything.
（私はほとんど何も食べられなかった.）

scarcely/hardly ever は,「**めったに…しない**」という意味を表す.

⑤ I **scarcely ever** smoke.（私はめったにタバコはすわない.）

⑥ He **hardly ever** eats meat.（彼はめったに肉を食べない.）

(C) little (=**not** much), **few** (=**not** many)（☞ **§ 210**）

⑦ There is **little** hope.（望みはほとんどない.）

⑧ **Few** people know it.
（そのことを知っている人は，ほとんどいない.）

386. 部分否定と全体否定

a) I do**n't** know **both** of them.	**[部分否定]**
b) I do**n't** know **either** of them.	**[全体否定]**

(訳) a) 私は彼らの２人とも知っているわけではない.
b) 私は彼らのどちらも知らない.

解説 文中に **both, all, always, every, necessarily** などの“全体性”を意味する語がある場合，**not** の否定はこれらの語と結び付く．つまり，これらの語が最も情報価値の高い語として否定の〈焦点〉となる．例えば，a) では，not は both だけと結び付くので,「２人とも知っているのではない」，つまり,「片方しか知らない」という意味になる．一方，b) は「彼らのどちらも知らない」という意味になる．a) のように,「**すべて〜とは限らない**」という意味になるものを**部分否定**，b) のように「**すべて〜でない**」という意味になるものを**全体否定**という．*p*.479 のテストによって明らかであるように，どちらの否定も**文否定**である——例えば，You do*n't* want *both* of them, **do you**?（その２つともほしいわけではないでしょう.）という部分否定の文には，文否定である証拠として肯定の付加疑問文がつく——が，部分否定では情報価値の高い語だけに否定が結び付くのである.

以下の例文で，a) 文は**部分否定**（音調は，降昇調），b) 文は**全体否定**（音調は，下降調）の例である.

① a) I do**n't** want **bóth** of them.↶
(その2つともほしいわけではない.)
b) I do**n't** want **either** of them.↘
(そのどちらもほしくない.)
[=〈文語〉I want **neither** of them.]

② a) I do**n't** know **áll** of them.↶
(彼らをみんな知っているわけではない.)
b) I do**n't** know **any** of them.↘
(彼らはだれも知らない.)

③ a) **Not éverybody** knows about it.↶
(そのことをだれもが知っているわけではない.)
b) **Nobody [No one]** knows about it.↘
(そのことはだれも知らない.)

部 分 否 定	全 体 否 定
not…all [every] (すべてが…とは限らない)	**not…any, none** (すべて…ではない)
not…both (両方とも…とは限らない)	**not…either, neither** (両方とも…ない)
not always [necessarily] (必ずしも…とは限らない) **not quite [altogether, entirely]** (まったく…とは限らない)	**never** **not…at all** (決して…ない) **not…in the least**

〈NB〉 次の文を比較してみよう.

ⓐ **Not all** boys went. (すべての少年が行ったわけではない.)

ⓑ **All** boys did **not** go. (① すべての少年が行かなかった. ② すべての少年が行ったわけではない. =ⓐ)

ⓑのように，all が not に先行すると，全体否定(=①)の意味にとられ

やすいので，部分否定のつもりならば，ⓐのように **not all** の語順にするほうが普通である．

●例題 1●

次の各文を，(a)部分否定の文と(b)全体否定の文に書き換えなさい．

(1) All the boys played baseball.
(2) Everything interests me.
(3) I know both of his parents.
(4) I am always busy on Mondays.
(5) This can be found everywhere.
(6) He knows both German and French.

考え方 **部分否定：all, every, both, always** を否定する．**全体否定：all → no/not ～ any ; every(-) → no/not any ; both → neither/not ～ either ; always → never** (6) **both A and B** の全体否定は → **neither A nor B**

解答 (1) a) Not all the boys played baseball.
b) No boys played baseball.
(2) a) Not everything interests me.＝Everything does not interest me.
b) Nothing interests me.
(3) a) I don't know both of his parents.
b) I know neither of his parents.
(4) a) I am not always busy on Mondays.
b) I am never busy on Mondays.
(5) a) This cannot be found everywhere.
b) This cannot be found anywhere.＝〈文章体〉 This can be found nowhere.
(6) a) He doesn't know both German and French.
b) He knows neither German nor French.

C 語　否　定

387. 語否定と文否定

以上は**文否定**の例であるが，否定にはもう 1 つ，文中の特定の語句だけが否定される**語否定**がある．以下，**語否定**と**文否定**の例を対照的にあげてみよう．否定の及ぶ範囲(**〈否定の作用域〉**と呼ばれる)は，[　]によって示しておく.

① a) I [did**n't** listen] to *some* of the speakers. [語否定]
(私はその講演者のうちの何人かの話は聞かなかった.)

b) I [did**n't** listen to *any* of the speakers.] [文否定]
(私はその講演者のうちのだれの話も聞かなかった.)

a) の some は〈否定の作用域〉の外にあるので否定されていないが, b) の any は〈否定の作用域〉の中にあるので否定されている点に注意.

② a) He is [**no** fool]. [語否定]
(彼はばかどころではない(天才だ).)

b) He [is**n't** a fool.] [文否定]
(彼はばかではない.)[かといって, 賢いとは限らない]

③ a) [**Not** many of us went.]↗ [文否定]
(私たちのうちで行った者はあまりいない.)

b) Many of us [did**n't** go.]↘ [語否定]
(私たちのうちの多くの者は, 行かなかった.)

D 従属節の否定

388. 主節の否定と従属節の否定

次の2つの文を比較してみよう.

① I do**n't** think it will rain. (雨が降るとは思わない.)

② I think it wo**n't** rain. (雨は降らないと思う.)

話し手は, 雨は降らないと「考えている」のだから, ②のほうが論理的な言い方である(日本語も, ②の言い方のほうが普通か). しかし, 英語では, ①の言い方のほうが好まれている. というのは, 否定しうる要素が2つある場合は, 意味の変化をきたさない限り, 英語では文頭に近いものを否定する傾向があるからである.

《NB》 このように, 従属節の not を主節にくり上げても意味の変化が生じない動詞は, think, believe, suppose, fancy, expect, imagine などの〈信念・想定〉を表す動詞に限られる. 例えば, fear, hope では意味が異なってくる.

ⓐ I fear he will **not** come. (彼は来ないのではないかと思う.)

ⓑ I do**n't** fear he will come. (彼が来るなどと心配していない.)

389. 否定文を代表する not

主節の動詞が **hope, think, suppose, believe, expect, imagine, be afraid** など〈信念・想定〉を表す動詞の場合，否定文を **not** で，肯定文を **so** で代表させることができる.

① Has John failed?（ジョンは失敗したのか.）
　a) I think **so.**（そうだと思う.）
　　[=I think *he has failed.*]
　b) I think **not.**（そうではないと思う.）
　　[=I think *he hasn't failed.*]

② Will he come?（彼は来るだろうか.）
　a) I hope **so.**（そうだといいね.）
　　[=I hope *he will come.*]
　b) I hope **not.**（来ないといいのに.）
　　[=I hope *he will not come.*]

E　否定の意味を含む肯定文

390. 否定の意味を含む語の場合

(A) **without, before, than, too** のような否定の意味を含む語の場合：否定の文脈なので **any** が生じる点に注目しよう.

① He answered **without** ***any*** hesitation.
　（彼は少しのためらいもなく答えた.）

② Stop him **before** he does ***any***thing foolish.
　（彼が何かばかげたことをしでかさないうちにやめさせろ.）

③ He has more books **than** ***any***body else.
　（彼は他のだれよりも多くの本を持っている.）

④ I feel **too** tired to eat ***any***thing.
　（私は疲れすぎて何を食べる気にもなれない.）
　[=I feel so tired that I *cannot* eat ***any***thing.]

(B) **prevent, deny, avoid, doubt, keep...from** など否定の意味を含む動詞の場合：

⑤ He **denied** that there were ***any*** letters.
　（彼は手紙は1通も来ていないといった.）

⑥ **Avoid** breaking glasses.（グラスを割らないようにせよ.）

⑦ The noise **kept** us **from** sleeping.
（その音で眠れなかった.）

⑧ *cf.* a) I **doubt** that it is false.（それは偽りではないと思う.）
[＜偽りであることを疑う]
b) I **suspect** that it is false.（それは偽りだと思う.）

391. 修辞疑問文

肯定の修辞疑問文は，強い否定の意味を表す.（☞ § 43(B)）

① **Can** I ever forget it?（それを忘れることができようか.）
[＝I can **never** forget it.]

② **Who** knows?（だれが知ろう.）[＝**No**body knows.]

392. その他の表現

① It is **far from** (**being**) true.（それはまったく本当ではない.）
[＝It is *not at all* true.]

② He's **anything but** a scholar.（彼は全然学者ではない.）
[＝He is *not* a scholar *at all*.]

③ a) He is **the last** man to tell lies.
（彼は決してうそをいうような人ではない.）
[＜～する最後の人]

b) He is **the last** man I want to see.
（彼は一番会いたくない人間だ.）

④ a) He **failed to** come.
（彼は来なかった.）[＝He didn't come.]

b) *cf.* He **never fails to** write to his mother every week.
（彼は毎週きまって母親に手紙を書く.）

⑤ He is **above** tell*ing* lies.
（彼はうそをつくような卑劣な人ではない.）
[*above「～を超越して，～を恥とする」]

⑥ He is **free from** prejudice.
（彼は偏見を少しももたない.）

⑦ The time **is yet to** come.（その時はまだ来ていない.）

⑧ This book is **beyond** [〈まれ〉**above**] me.
（この本は，むずかしすぎて私には分からない.）

⑨ These goods are **by no means** satisfactory.
(この商品は決して満足すべきものではない.)

𝔽 二 重 否 定

1つの文中で否定が2回(以上)くり返されることを**二重否定**といい，次の2つの場合がある.

393.「否定(−)×否定(−)＝肯定(＋)」の場合

① You can**not** make omelets **without** breaking eggs.
(まかぬ種ははえぬ.)〈ことわざ〉
[<卵を割らずにオムレツを作ることはできない]

② **No** man is so old **but** (**that**) he may learn.
(=**No** man is so old that he may **not** learn).
(人はどんなに年をとっても学ぶことができる.)[<学べないほど年をとった人はいない]

次のように控えめにいって，かえって肯定の意味を強める場合もある(修辞学でいう"緩叙法").

③ He is **not without** money. (彼はかなり裕福だ.)

394. 再叙否定

否定文が完結したあとで，否定の効果を明確にするため，さらに否定の語句を追加するもの．日本人には分かりにくいので注意.

① There was **no** money, **not** even coins.
(お金はなかった，銅貨さえなかった.)

② I would**n't** steal, **not** if I was starving.
(盗みなんかするものか，たとい飢え死にしかけていても，だ.)

章 末 問 題 31

A　次の各文につき，部分否定の文は全体否定の文に，全体否定の文は部分否定の文に書き換えなさい.

(1) I did not buy all of them.

ヒント　**A**　(1) 部分否定

(2) I know none of them.

(3) He cannot speak either German or French.

(4) Not everybody believed it.

(5) Nobody went.

B 次の各文の(　)内に not または so を入れなさい.

(1) Will he succeed?—I think (　　).
「彼は成功するだろうか.」「すると思いますよ.」

(2) Will he join us?—I'm afraid (　　).
「彼もいっしょに来るだろうか.」「来ないのではないか.」

(3) Will you be back by noon?—Well, I suppose (　　).
「昼までに戻りますか.」「いや，まず無理だろうね.」

(4) Has he lost all his goods?—I'm afraid (　　).
「彼は財産を全部失ったのか.」「どうもそうらしい.」

C 次の各文の(　)内に適当な1語を入れなさい.

(1) He left (　　) means untried.
できる手立ては全部やってみた.

(2) He never visits us (　　) bringing us some present.
彼は私たちを訪ねるときは何かプレゼントを持って来る.

(3) The noise kept me (　　) sleeping.
その物音のため私は眠れなかった.

(4) His composition is free (　　) mistakes.
彼の作文には少しも誤りがない.

(5) Don't be (　　) asking questions.
質問することを恥じるな.

(6) He is the (　　) man to do such a thing.
彼は決してそのようなことをする人ではない.

(7) He is (　　) but an honest man.
彼は絶対に正直者ではない.

ヒント (2) 全体否定 (3) 全体否定 (4) 部分否定 (5) 全体否定 **B not は否定文を，so は肯定文を代表する** **C** (1) leave ～ untried「試さないでほうっておく」 (2) 2重否定の文に (**§ 393**) (3) keep「妨げる」 (4)「〈悪いもの〉がない」 (5)「～を超越して」という意味の前置詞は？ (6),(8) ☞ **§ 392**

(8) She is (　　) from being pleased about it ; she is very angry.
彼女はそのことを喜んでいるどころではない．ひどく怒っているのだ．

D 次の各文の誤りを正しなさい．

(1) Anybody didn't know him.

(2) It does not seldom rain here.

(3) Rarely I have seen such a good man as John.

(4) I felt too tired to eat something.

(5) It began to rain before I didn't get home.

(6) I don't want neither one.

E 次の1対の文が同じ意味になるように，(　)に適語を1つ入れよ．

(1) Can they ever forget your kindness?
They can (　　) forget your kindness.

(2) He said he hadn't struck the child on the head.
He (　　) striking the child on the head.

(3) Her sentences had no grammatical errors at all.
Her sentences were entirely (　　) from grammatical errors.

(4) I have no wish whatever to meet her here.
She is the (　　) person I wish to meet here.

(5) All of them are not healthy.
(　　) of them are healthy but others are not.

(6) You are (　　) too old to learn.
However old you may become, you can always learn new things.

(7) He was by no means happy.
He was far (　　) happy.

ヒント **D** (1) 〈any ... not〉の語順は許されない (§ **384**)　(2) seldom は準否定語　(3) 〈否定語＋V＋S〉の語順 (§ **431**(A))　(4) too は準否定語　(5) before「〜しないうちに」も準否定語　**E** (1) 反語　(2)「しないという」＝「否定する」　(3)「〜がない」　(4)「一番会いたくない人」(☞ § **392**)　(5) 部分否定　(6) ☞ § **393**

第32章

呼　応

文中の2つの文法的要素が，数・人称・性・格に関して，相互に一定の形式的な特徴を示すことを**呼応** (concord) という．この章では，そのうちで最も重要な主語と述語動詞との呼応を中心に研究しよう．

𝔸　主語と述語動詞との呼応

395. 呼応の原則

呼応の原則：単数主語は単数動詞をとり，複数主語は複数動詞をとる．原則は，このように簡単なものなので，以下，この原則の例外をあげればよいことになる．

396. 複数主語が単数動詞をとる場合

(A)　〈A and B〉の A と B とが同一人物をさす場合

① ***The editor and publisher*** of the magazine **is** coming.
（その雑誌の編集者兼発行者がやって来る．）
［1人の人物：冠詞が1つ］

② *cf.* ***The editor and the publisher*** of the magazine **are** coming.（その雑誌の編集者と発行者とがやって来る．）
［2人の人物：冠詞が2つ］

(B)　〈A and B〉全体が1つの単位になっている場合

③ ***Curry and rice*** **is** his favorite food.
（カレーライスは，彼の好きな食べ物です．）

④ ***A watch and chain*** **was** found on the floor.
（鎖のついた時計が床の上で発見された．）

(C)　〈A and B〉に every, each がついている場合

⑤ ***Every boy and*** (***every***) ***girl*** **is** taught to read and write.
（どの男の子も女の子も読み書きを教えられる．）

(D)　語形が複数でも意味が単数である場合

⑥ ***Romeo and Juliet*** **is** a tragedy.
(『ロメオとジュリエット』は，悲劇である.)　[書名]

⑦ ***The United States of America*** **is** a large country.
(アメリカ合衆国は，大きな国だ.)　[国名]

⑧ ***Physics*** **makes** use of mathematics.
(物理学は，数学を利用する.)　[-ics で終わる学問名]

注　-ics で終わる語も，学問名ではない場合は複数扱い.
Statistics often **lie**. (統計は，しばしばうそをいう.)

(E)　〈数詞＋金額・期間・距離など〉：数個の個体をひとまとめにして１つの集合 (set) と見る.

⑨ ***Five pounds*** **is** enough for your purchase.
(あなたの買物には５ポンドで十分です.)

⑩ ***Ten years*** **is** a long time. (10年といえば，長い年月だ.)

⑪ ***Twenty miles*** **is** a long way to walk.
(20マイルは，歩くには長い道のりです.)

⑫ 類例：***Another five minutes*** **has** been wasted.
(さらに５分間がむだになった.)

ただし，次のような例では１年が次々と過ぎて行ったと感じられるので，複数呼応となる.

⑬ ***Five years*** **have** passed since he died.
(彼が死んで５年になる.)

(F)　〈more than one＋単数名詞〉の場合

⑭ ***More than one writer*** **is** interested in the story.
(１人以上の作家がその話に興味を抱いている.)

397. いずれか一方の名詞と呼応する場合

(A)　〈either A or B〉，〈neither A nor B〉，〈not only A but (also) B〉など：動詞は原則として近い方の名詞 (B) と呼応する.

① ***Either*** Mary ***or*** I **am** in the wrong.
(メアリーか私かどちらかが間違っている.)

② ***Neither*** John ***nor*** his parents **have** arrived.
(ジョンもその両親も到着していない.)

③ ***Not only*** the students, ***but also*** the teacher **was** highly excited. (学生だけでなく，先生も大いに興奮した.)

〈NB〉 ②の〈**neither A nor B**〉は，〈口語〉では複数呼応のほうが普通．「A も B も…ない」は，「共に…ない」と感じられるからである．

Neither John **nor** Mary **have** arrived.

(B) **〈A (together) with B〉，〈A as well as B〉など**：動詞は原則として A と呼応する（A が主役で，B はつけ足し）．

④ *The king* ***with*** his prime minister **is** in the council chamber.（首相と共に国王も会議室にいる．）

⑤ *The teacher*, ***as well as*** the students, **was** highly excited.（学生と同様に，先生も大いに興奮した．）

〈NB〉 〈口語〉では，**with** が心理的に **and** のように扱われて，複数呼応をすることがある．

One man **with** his wife **were** walking in the park.
（1人の男が妻と共に公園の中を歩いていた．）

398．動詞が単数形と複数形のどちらでもよい場合

(A) **足し算・掛け算**：単数が普通だが，複数も用いられる．

① Two and two **makes** [**make**] four.（2足す2は4となる．）

② Ten times five **is** [**are**] fifty.
（10×5＝50）［5×10 ではない］

〈NB〉 次の言い方では，普通，複数が用いられる．

Two fives **are** ten.（2×5＝10）

(B) **引き算・割り算**：単数が原則である．

③ Four from seven **leaves** [**is**] three.（7−4＝3）

④ Twenty divided by five **equals** four.（20÷5＝4）

(C) **〈a number of＋複数名詞〉と〈the number of＋複数名詞〉**：前者は「複数名詞」が主語なので複数動詞で呼応し，後者は“the number”が主語なので単数動詞で呼応する．

⑤ ***A number of*** (＝Some) books **are** missing from the library.（本が何冊か図書館からなくなっている．）

⑥ ***The number of*** books missing from the library **is** large.（図書館からなくなっている本の数は，相当なものだ．）

(D) **〈all [most, half, the rest, *etc.*] of＋名詞〉**：**of** のあとの名詞が単数ならば単数動詞で，複数ならば複数動詞で呼応する．

⑦　a)　***All of*** the *jam* **has** been eaten.　[Ⓤ→単数]
（ジャムは全部食べられている.）
b)　***All of*** the *boys* **have** been beaten.　[Ⓒ→複数]
（少年たちはみんなぶたれた.）

⑧　a)　***Most of*** his *talk* **is** nonsense.　[Ⓤ→単数]
（彼の話のほとんどはナンセンスだ.）
b)　***Most of*** the *people* **are** aware of it.　[Ⓒ→複数]
（その人たちの大部分は，そのことに気づいている.）

〈a lot of＋名詞〉も同じ扱い.

⑨　a)　***A lot of*** *money* **was** spent.（たくさんの金が費やされた.）
b)　***A lot of*** *people* **are** coming.（たくさんの人がやって来る.）

(E)　all：「すべてのもの」の意味では単数動詞，「すべての人」〈文語〉の意味では複数動詞で呼応する.

⑩　***All*** that I own **is** yours.
（私が所有しているものはすべてあなたのものです.）

⑪　***All*** who **want** to come **are** welcome.
（来たい人はすべて歓迎します.）

《NB》all を次のように単独で使うのは古い用法で，現代英語では〈まれ〉.

ⓐ　*All* **was** silent.（あたりはどこもしんとしていた.）
ⓑ　*All* **are** dead.（みんな死んでしまった.）

(F)　〈none of＋名詞〉：単数名詞を伴うときは単数動詞，複数名詞を伴うときは，〈口語〉では複数動詞と呼応するほうが普通である.

⑫　***None of*** the *furniture* **is** wet.
（家具はどれも濡れていない.）

⑬　***None of*** my *friends* **lives** [〈口語〉**live**] here.
（当地には私の友人はだれも住んでいない.）

(G)　either, neither：〈口語〉では複数呼応が普通. 意味的に「2者」としてとらえられるからであろう.

⑭　***Neither*** of them **have** [**has**] replied.
（彼らのどちらも返事をしていない.）

⑮　I doubt if ***either*** of them **are** [**is**] coming.
（彼らのどちらかが来るかどうか疑わしい.）

●例題 1●

次の各文の誤りを正しなさい.

(1) Bread and butter are their usual breakfast.

(2) Every boy and girl have received a good education.

(3) Many a boat have been wrecked.

(4) She is one of those women who always speaks ill of others.

(5) Then the United States were ready for war.

(6) Neither you nor I are rich.

考え方 (1) 〈A and B〉が1つの単位（§ **396**(B)）　(2) 〈A and B〉に every がついている（§ **396**(C)）　(3) 〈**many a＋単数名詞**〉〈文語〉は単数呼応（＝many＋複数名詞）　(4) 〈**one of 複数名詞＋関係詞**〉は複数呼応（関係詞の先行詞は one ではなく，複数名詞）　(5) 語形は複数でも意味は単数（§ **396**(D)）　(6) 〈neither A nor B〉はBと呼応（§ **397**(A)）

解答 (1) are → is　(2) have → has　(3) have → has　(4) speaks → speak　(5) were → was　(6) are → am

B　その他の呼応

399. (代)名詞と代名詞との呼応

(A) somebody, someone, anybody, anyone, nobody, no one, everybody, everyone：動詞は単数で呼応するが，代名詞は〈口語〉ではしばしば複数形 (**they, their, them**) で呼応する.

① If *anybody* **calls**, tell **them** I'm out.
（だれか訪ねて来たら，私は留守だといってください.）

② *Everyone* **thinks they**'re the center of the universe.
（だれもみな自分が宇宙の中心だと考えている.）

〈文章体〉では，次のような単数代名詞が用いられる.

③ *Every* student **has** to make up **his** [**his or her**] own mind.（どの学生も決心しなければならない.）

(B) each of us [you], every one of us [you] は，3人称単数の he (女性ばかりなら she) で受けるのが原則であるが，〈口語〉では心理的に we (our, us), you (your) で受けるほうが普通である.

④ *Each of us* **has his** [〈口語〉**our**] just claims.
（我々はいずれも正当な権利をもっている.）

⑤ We hope that *every one of you* will enjoy **his** [〈口語〉**your**] school life.（皆さんの１人１人が学校生活を楽しまれることを希望しています.）

400. 主語と目的語との呼応

(A) 再帰代名詞：数・人称・性において呼応する.

① *He* injured **himself** [×**herself**].（彼はけがをした.）

(B) 次のような場合は，各人がそれぞれ１つずつ所有しているものなので，普通，単数を用いる（"配分単数"）.

② *We* have **a nose.**（我々には鼻がある.）

③ *The girls* were nodding their **head** [**heads**].
（少女たちは，うなずいていた.）[単数のほうが普通]

章末問題 32

A　次の各文の(　)内の適当な１語を選びなさい.

(1) Six months (are, is) a long time to wait.

(2) Fifty dollars (are, is) more than I can pay.

(3) One out of three motorcar accidents (are, is, were) caused by a teen-age driver.

(4) He as well as I (am, are, is) to blame.

(5) Either Mary or John (is, are, were) coming here.

(6) He often fails to sell the eggs, which (make, makes) his master angry.

(7) This is one of the few books that (has, have) been written this year.

ヒント　**A** (1), (2) Six months, Fifty dollars は「１つの集合」(§ **396**(E))　(3) one が主語　(4) ☞ § **397**(B)　(5) ☞ § **397**(A)　(6) which の先行詞は前文の内容　(7) 〈one of＋複数名詞＋関係詞〉では，複数名詞が先行詞

(8) More than one student (studies, study) French in our class.
(9) Slow and steady (win, wins) the race.

B　次の各文の(　)に適当な1語を入れなさい.

(1) The captain as well as the crew (　　) drowned.
(2) Neither you nor I (　　) wrong.
(3) It is I that (　　) wrong.
(4) That woman with a child in her arms (　　) in need of help.
(5) You and I (　　) going.
(6) Three-fourths of the earth's surface (　　) water.

C　次の各文の誤りを正しなさい.

(1) The English is said to be a practical people.
(2) Do anybody know what have become of him?
(3) All work and no play make Jack a dull boy.
(4) Mathematics are more difficult than physics.
(5) One or the other of these fellows have stolen it.
(6) The number of the pupils are small.
(7) A number of people was drowned.
(8) The book, together with some flowers, were on the table.
(9) There seem to be no limit to the number of ideas for new toys.
(10) Every one of my friends were present at the meeting.
(11) A black and white dog were running after the cat.

[ヒント] (8) 〈more than one＋単数名詞〉→単数呼応 (§ **396**(F))　(9) ☞ § **396**(B)　**B** (1) ☞ § **397**(B)　(2) ☞ § **397**(A)　(3) I と呼応　(4) ☞ § **397**(B)　(6) ☞ § **398**(D)　**C** (1) 〈the＋固有形容詞〉は全国民を表す　(2) 〈what has become of ～〉「～はどうなったのか」では, what が主語　(3) 〈A and B〉全体が1つの単位になっている (§ **396**(B))　(4) -ics で終わる学問名 (§ **396**(D))　(5) 主語は「2人のうちの1人」　(6), (7) ☞ § **398**(C)　(8) ☞ § **397**(B)　(9) seem の主語は?　(10) 〈Every＋単数名詞〉→単数呼応　(11)「1匹の犬」か「2匹の犬」か? 不定冠詞に注目 (§ **396**(A))

⑿ He seldom go to see the cinema.
⒀ It was they that was scolded for the mischief.
⒁ Neither you nor I are to blame.
⒂ Bread and butter are what he wanted.
⒃ Gulliver's Travels were written by Swift.

■よく使われる英語のことわざ■

- Out of sight, out of mind.
  (去る者は日々に疎し.)
- Never look a gift horse in the mouth.
  (贈り物の馬の口の中をのぞくな.)〔もらい物にけちをつけるな，の意：馬は歯を見れば年齢が分かるところから〕
- Curses, like chickens, come home to roost.
  (人を呪わば穴二つ.)〔←呪いはひな鳥のようにねぐらに戻る〕
- Every man has his faults.
  (なくて七癖.)〔←人にはそれぞれ欠点がある〕
- An Englishman's house is his castle.
  (英国人にとって家は城である.)〔英国人は家庭のプライバシーを他人がのぞくのを許さない，の意〕
- Nothing ventured, nothing gained.
  (虎穴に入らずんば虎子を得ず.)〔←冒険しなければ，何も手に入らない〕
- Even Homer sometimes nods.
  (弘法も筆の誤り.)〔←ホーマーも，時にはしくじる〕

ヒント ⑿ go の主語は He ⒀ they と呼応 ⒁ neither A nor B では B と呼応 ⒂「バターつきパン」 ⒃ 1つの単位

第33章

時制の一致と話法

英語では I **thought** he **was** rich. のように，主節の動詞が過去ならば従属節の動詞も過去になる．（日本語には“**時制の一致**”は存在しないので，上の文は「私は彼が金持ち**だ**[×**だった**]と思ったとなる．）この章では，このような“**時制の一致**”と，それと深くかかわる**話法の転換**について研究する．

A 時制の一致

401．時制の一致の原則

主節の動詞が過去時制の場合は，従属節の時制も過去時制（または過去完了形）に調整される． これを「**時制の一致**」という．

John says (that) he	John said (that) he
1) **watches** TV.	⇨**watched** TV.
2) **has watched** TV.	⇨**had watched** TV.
3) **watched** TV.	
4) **had watched** TV.	
5) **is watching** TV.	⇨**was watching** TV.
6) **has been watching** TV.	⇨**had been watching** TV.
7) **was watching** TV.	
8) **had been watching** TV.	
9) **will watch** TV.	⇨**would watch** TV.
10) **will be watching** TV.	⇨**would be watching** TV.

以上の時制の一致は，次の2つのルールにまとめることができる．

(1) **現在** ⟶ **過去**

(2) {**過去** / **現在完了** / **過去完了**} ⟶ **過去完了**

〈NB〉 **1.** 主節の動詞が現在系列の場合は，時制の一致は生じない．

John {**says** / **has said** / **will say**} **that** {he **watches** TV. / he **has watched** TV. / he **watched** TV. / he **will watch** TV.}

〈NB〉 **2.** 時制の一致が生ずるのは，主に名詞節であり，形容詞節や副詞節の時制は，通例，自由である．

〈NB〉 **3.** must, ought to, need は，過去形がないので間接話法でも同じ形が用いられる．

He said he **must** [**ought to**/**need**n't] go.
（彼は行かなければならない[行くべきだ/行く必要はない]といった．）

ポイント

時制の一致の原則：主節が過去なら，従属節も過去または過去完了

402．時制の一致の例外

(A)　普遍的な真理，現在も変わらぬ習慣・事実： 時制の一致を適用してもしなくてもよい．

① We **learned** at school that the earth **is**/**was** round.
（私たちは，地球は丸いということを学校で学んだ．）

② *cf.* The ancients **believed** that the earth **was** flat.
（古代人は，地球は平ったいと信じていた．）

②のような場合は，現在真ではないので，過去時制になる．

③ He **said** he **likes**/**liked** reading.
（彼は読書が好きですといった．）

④ She **told** me she **is**/**was** getting married in June.
（彼女は，6月に結婚しますといっていました．）

(B)　歴史上の事実： 主節の動詞の時制を基準にするのではなく，発話時（＝現在）を基準にしているので，たとい5,000年前のことであっても過去時制のままでよい．

⑤ We **learned** that Columbus **discovered** America in 1492.
（私たちは，コロンブスは1492年にアメリカを発見したということを学んだ．）

⑥ John **said** that he **was** born in 1960.
（ジョンは，自分は1960年の生まれだといった．）

注　これは，個人についての“歴史的事実”である．

(C) 仮定法：時制の一致を適用すると，仮定法の体系がくずれて意味解釈ができなくなるので，そのまま．

⑦ a) I *wish* I **were** a king.
b) I *wished* I **were** a king.
（王様ならいいのに，と私は思う/思った．）

⑧ a) He **says,** "I **would** go abroad if I **were** rich."
b) He **said** that he **would** go abroad if he **were** rich.
（もし金持ちなら，外国へ行くのだが，と彼はいう/いった．）

例題 1

次の各文の(　)内の動詞を適当な形に変えなさい．

(1) Our teacher told us that the earth (move) round the sun.
(2) He knew that World War I (break out) in 1914.
(3) He said that if he had wings he (will fly) to her.
(4) I said that the plan (be) very good.

考え方 (1) 普遍的な真理 (§ **402**(A)) (2) 歴史上の事実 (§ **402**(B)) (3) 仮定法 (§ **402**(C)) (4) be → 過去 (§ **401**)

解答 (1) moves (2) broke out (3) would fly (4) was

B 話法の変換

403. 直接話法と間接話法

a) He says, "**It's raining.**"
b) He says (**that**) **it is raining.**

(訳) a)「雨が降っている」と彼がいう． b) 彼は雨が降っているという．

解説 他人や自分のことばを引用するとき，2つの方法がある．1つは，a) のように発話者のことばをそのまま引用する方法，もう1つは，b) のように発話者のことばの内容を自分のことばで伝達する方法である．前者を**直接話法** (direct speech)，後者を**間接話法** (indirect speech) という．なお，a), b) において，He says を**伝達節**，says を**伝達動詞**，伝達される文を**被伝達文**という．

404. 平叙文の場合

① John {said, / said to me,} "I am tired."

(「僕は疲れた」とジョンは(私に)いった.)

①は，次の操作をへて，間接話法に変えられる.

1) 伝達動詞が **say to ～** の場合は **tell ～** に変え，**say** (および他の動詞)の場合は変えない.

⇨ John {**said** / **told me**} …

注 **say to ～** をそのまま用いても誤りではないが，**tell** に変えるほうが普通.

2) 被伝達文を **that** 節に変える(ただし，この that は，伝達動詞が **say, tell, wish, think** のような日常語の場合はよく省略される).

⇨ John {said / told me} (**that**)…

3) 必要に応じて，被伝達文中の時制を一致させ，主語の代名詞を**話し手の立場**から見た人称に変える.

⇨ John {said / told me} (that) ***he*** was tired.

② He said to me, "I want to go home."

⇨ He **told** me (**that**) ***he*** **wanted** to go home.

(「私は家へ帰りたい」と彼は私にいった.)

ポイント 平叙文の伝達

①	伝達動詞	**say to＋人 ←→ tell＋人**
		say ←→ say
②	接続詞	**that**
③	人称代名詞	話し手の立場から見た人称に変える
④	時制の一致	

405. 疑問詞のある疑問文の場合

① John said (to me), "When will the plane leave?"

(「飛行機はいつ発つのですか」とジョンは(私に)いった.)

1) 伝達動詞を普通 **ask** に変える.

⇨ John **asked** (me)…

2) 被伝達文を**間接疑問文** (☞ § **252**) に変える (疑問詞が "つなぎの語" になる). その他の変化は平叙文の場合と同じ.

⇨ John asked (me) **when** the plane **would** leave.

注 間接疑問文は, 〈S+V〉の語順になる (☞ § **252**).

② I said to Mary, "Why have you done that?"

⇨ I **asked** Mary **why** ***she*** **had done** that.

(「君はなぜあんなことをしたの」と私はメアリーにいった.)

伝達動詞は, ほかに **wondered/wanted to know** なども用いられる.

③ He said, "How do you know that?"

⇨ He **wanted to know how** ***I*** **knew** that.

(「どうしてそのことを知っているのか」と彼はいった.)

④ "Which book is she taking?" I wondered.

⇨ I **wondered which** book she **was** taking.

(「彼女はどちらの本を持っていくのかしら」と私は思った.)

406. 疑問詞のない疑問文の場合

① He said (to me), "Have you seen Mary anywhere?"

(「メアリーをどこかで見かけましたか」と彼は私にいった.)

被伝達文を **if/whether** でつなぐ (**if** のほうが短いのでよく用いられる). その他の変化は平叙文の場合と同じ.

⇨ He asked (me) **if/whether** ***I*** **had seen** Mary anywhere.

② He said, "May I use your telephone?"

⇨ He asked **if/whether** ***he*** **might** use ***my*** telephone.

(「電話を貸していただけますか」と彼はいった.)

ポイント 疑問文の伝達

①	伝達動詞	**say to＋人 ⟷ ask＋人**
②	接続詞	疑問詞のない疑問文……**if** (または **whether**) 疑問詞のある疑問文……**疑問詞**
③	被伝達文	「**S＋V**」という平叙文の語順にする
④	人称代名詞	話し手の立場から見た人称に変える
⑤	時制の一致	

407．命令文の場合

① He said to me, "Go at once."
（「すぐ行け」と彼は私にいった.）

1) 伝達動詞を，「命令する」という意味をもつ **tell** (**order, command**) に変える：⇨ He **told** me...

2) 被伝達文中の命令形の動詞を **to 不定詞**に変える：
⇨ He told me **to go** at once.

3) 被伝達文が否定命令文〈Don't＋原形〉の場合は，〈**not＋to 不定詞**〉にする：

② He said to her, "**Don't** do it."
⇨ He *told* her **not to do** it.
（「そんなことをするな」と彼は彼女にいった.）

伝達動詞は，被伝達文の内容によって，**ask**〈依頼〉，**advise**〈助言〉，**invite**〈誘い〉も用いられる.

③ He said to her, "*Please* open the door."　〈依頼〉
⇨ He **asked** her **to open** the door.
（「ドアを開けてください」と彼は彼女にいった.）

④ The doctor said to him, "Don't smoke too much."　〈助言〉
⇨ The doctor **advised** him **not to** smoke too much.
（「たばこを吸いすぎてはいけません」と医者は彼にいった.）

⑤ "Do have a cup of coffee," she said to me.　〈誘い〉
⇨ She **asked** [**invited**] me **to have** a cup of coffee.
（「どうぞコーヒーを1杯召しあがれ」と彼女が私にいった.）

ポイント　**命令文の伝達**

① **伝達動詞**　**say to＋人 ↔ tell＋人**（命令）
say to＋人 ↔ ask＋人（依頼）
say to＋人 ↔ advise＋人（忠告）

② **被伝達文**　肯定の命令文——動詞を **to 不定詞**に
否定の命令文——**not to 不定詞**に

③ **人称代名詞**　**話し手の立場**から見た人称に変える

④ **時制の一致**

参考　〈依頼〉の意味を表す "Will you...?" は，〈依頼〉の **ask** を用いる.
He said to me, "**Will you** pass me the salt?"

⇨He **asked** me **to pass** him the salt.
(「塩を取ってくださいませんか」と彼は私にいった.)

〈NB〉 〈勧誘〉を表す〈**Let's 〜**〉は，次のようにする.
Mary said (to John), "Let's start at once."
⇨Mary **suggested/proposed** (**to** John) **that** they **should** start [=〈米〉they start] at once.

408. 感嘆文の場合

what や **how** で始まる感嘆文では，それらを"つなぎの語"とする.

① "How silly you are!" Mary told him.
(「あなたってばかねえ.」とメアリーは彼にいった.)
⇨Mary told him **how** silly **he was.**

② She said, "What a lovely garden this is!"
⇨She said **what** a lovely garden **that was.**
(「これは何て美しい庭でしょう.」と彼女はいった.)

〈NB〉 〈話しことば〉で感嘆文が伝達される場合は少ない．参考までに，次のような場合をあげておく.

ⓐ She said, "Oh dear! I've torn my dress!"
⇨She **exclaimed** *bitterly* **that** she had torn her dress.
=She **sighed** and **said that** she had torn her dress.
(「あらまあ，ドレスやぶいちゃった.」と彼女がいった.)

ⓑ He said to me, "Happy Christmas!"
⇨He **wished** me a happy Christmas.
(「クリスマスおめでとう.」と彼は私にいった.)

C　被伝達文中の代名詞・副詞語句の変更

409. 代名詞・副詞語句の変更

被伝達文中の this, I のような代名詞や，here, today のような場所・時間の副詞語句は，場面に依存するものであるから，**話し手の立場から**，必要があれば適当に変える必要がある.

まず，人称代名詞の場合から見ていこう.

① He says, "**I am** wrong."　[I=He]
⇨He says (that) **he is** wrong.
(「私が間違っている」と彼はいっている.)

② John said to me, "**You are** wrong." [You＝話し手(I)]
⇨John told me (that) **I was** wrong.
(「君は間違っている」とジョンが私にいった.)

③ John said to Mary, "**I** love **you.**" [I＝John; you＝Mary]
⇨John told Mary (that) **he** loved **her.**
(「君を愛している」とジョンがメアリーにいった.)

次は，指示代名詞や場所・時間の副詞語句の場合である.

④ He said, "She is coming **this** week." [この]
⇨He said (that) she was coming **that** week. [その]
(「彼女は今週やって来る」と彼がいった.)

⑤ He said at the library, "I'll be **here** again **tomorrow.**"
⇨He said at the library that he would be **there** again **the next day.** (彼は図書館で「あすまたここへ来る」といった.)

♦代名詞・副詞語句の変更

直接話法	間接話法
this (これ, この)/these (これら)	⇨ that (あれ，あの)/those (それら)
here (ここ)	⇨ there (そこ，あそこ)
now (今)	⇨ then (その時)
today (今日)	⇨ that day (その日)
tonight (今夜)	⇨ that night (その夜)
tomorrow (明日)	⇨ {the next day (その翌日) / the following day (その次の日)}
yesterday (昨日)	⇨ the day before (その前日)
this week [month, *etc.*] (今週[今月，など])	⇨ that week [month, *etc.*] (その週[月，など])
last week [month, *etc.*] (先週[先月，など])	⇨ {the week [month, *etc.*] before / the previous week [month, *etc.*]} (その前の週[月，など])
next week [month, *etc.*] (来週[来月，など])	⇨ the following week [month, *etc.*] (その次の週[月，など])
a week [month, *etc.*] ago ((今から)1週間[1か月，など]前)	⇨ a week [month, *etc.*] before ((その時から)1週間[1か月，など]前)

〈NB〉 上述したように，代名詞や場所・時間の副詞語句は，場面依存的であるから，場面が変わらなければ人称代名詞以外には変更は生じないことに注意．例えば，④の内容を「今週」中に伝達するのであれば，this week のままでよいし，⑤の場合も，伝達者が被伝達文が発せられたのと**同じ**日に**同じ**図書館にいるのであれば，He said at the library that he **will** be **here** again **tomorrow**. のように，人称代名詞以外には，当然，何の変化も生じない．

● 例題 2 ●

次の各文を間接話法に書き換えなさい．

(1) He said to me, "I saw this man long ago."

(2) He said to the boys, "Why did you laugh?"

(3) This morning he said to me, "Will you go there tomorrow?"

(4) I said to her, "Show him in."

(5) He said to us, "Let's wait and see."

考え方 (1) long ago → long before　(2) 疑問詞で始まる疑問文 (§ **405**)　(3) 疑問詞のない疑問文 (§ **406**)；「今日」の伝達だから tomorrow は変化しない (§ **409** 〈NB〉)　(4) 命令文(§ **407**)　(5) 〈Let's ～〉で始まる文(§ **407** 〈NB〉)；wait and see「成り行きを見守る」

解答 (1) He *told* me that he *had seen that* man long *before*.

(2) He *asked* the boys *why* they *had laughed*.

(3) This morning he *asked* me *if* [*whether*] I would go there *tomorrow*.

(4) I *told* her *to* show him in.

(5) He *suggested to* us that we *should* wait and see.

D　重文・複文などの間接話法

これまでの変更の仕方を応用すればよい．

410. 被伝達文が重文(☞ § 414)の場合

◆ 2 つの平叙文から成る場合：接続詞が and, but の場合は，その次に "つなぎの語" の **that** をくり返して，文脈を明らかにする．ただし，第 1 の that は省略されることもある．

① He said, "My father has gone out, **but** my mother is at home."

⇨ He said (**that**) his father had gone out, **but that** his mother was at home.

(「父は出かけていませんが，母は家にいます」と彼はいった.)

注　この場合，第2の that を省略すると，普通，「父は出かけていない」と彼はいったが，母親は家にいた」という意味にとられ，元の文とは意味が違ってくる.

ポイント　重文の伝達

He said (**that**) S＋V $\left\{\begin{matrix}\textbf{and}\\ \textbf{but}\end{matrix}\right\}$ **that** S′＋V′

◆等位接続詞の for や so の場合：第2の that はくり返されない.

② He said, "I am thirsty, **for** the sun is hot."

⇨ He said (that) he was thirsty, **for** the sun was hot.

(「のどがかわいた．日が照りつけているのでね」と彼はいった.)

[for that... としない]

◆〈疑問詞のない疑問文＋(等位接続詞＋) 疑問詞のない疑問文〉の場合：**whether/if** をくり返す.

③ He said, "Are you satisfied? **Or** have you anything to complain of?"

⇨ He asked **whether/if** I was satisfied, **or whether/if** I had anything to complain of. (「満足しましたか，それとも何か不満がありますか」と彼がいった.)

◆〈疑問詞のある疑問文＋(等位接続詞＋) 疑問詞のある疑問文〉の場合：疑問詞をくり返す(伝達動詞はくり返さなくてもよい).

④ She said to me, "Where is Mary? Why isn't she studying in her room?"

⇨ She asked me **where** Mary was and (wanted to know) **why** she wasn't studying in her room.

(「メアリーはどこにいるの．なぜ自分の部屋で勉強していないの」と彼女は私にいった.)

411．被伝達文が複文(§ 415)の場合

被伝達文中の名詞節中では，普通，時制の一致が生じる.

① He said to me, "Do you know who is coming?"
⇨He asked me **if I knew** who **was coming.**
(「だれが来るのか知っていますか」と彼が私にいった.)

② "Do you know why he didn't come?" he asked.
⇨He asked **if I knew** why he **had not come.**
(「なぜ彼が来なかったか知っていますか」と彼が聞いた.)

しかし，被伝達文中の副詞節中では，時制の一致をしないことが多い.発話時(＝現在)を基準にしているからである.

③ He said, "Why didn't you come when you were wanted?"
⇨He asked **why** I **hadn't come** when I **was wanted.**
(「用事のあるときになぜ来なかったのか」と彼はいった.)
[I **had been wanted** とはしない]

412. 被伝達文が異なる種類の文から成る場合

それぞれの文に応じた伝達動詞を使う.

♦〈平叙文＋疑問詞のない疑問文〉の場合

① He said, "I like this. May I have it?"
⇨He **said** (**that**) he liked that **and asked if** he might have it.
(「これは気に入った. 売っていただけますか」と彼はいった.)

♦〈平叙文＋疑問詞のある疑問文〉の場合

② Mary said, "I must write some letters. What date is it?"
⇨Mary **said** (**that**) she must write some letters **and asked what** date it was. (「手紙を書かなければならない. きょうは何日だったかしら」とメアリーはいった.)

♦〈平叙文＋命令文〉の場合

③ "Someone's coming," he said. "Get behind the curtain.
⇨He **said** (**that**) someone was coming and **told** me **to** get behind the curtain.
(「だれか来ている. カーテンの陰に隠れなさい」と彼がいった.)

(参考) 次の例は，作中人物の思考内容をそのまま地の文に投げ入れた形の話法で，**描出話法**と呼ばれる．

He watched her for a second, but she did not look up, and he turned. **Well, then, he would go.**
（彼は一瞬彼女の様子を見ていたが，相手は顔を上げないので，彼はくるりと向き直った．よし，それじゃ行ってやる.）

章末問題 33

A　次の各文を直接話法の文に変えなさい．

(1) He asked me if I had ever been abroad.
(2) I asked him how long he had lived in Japan.
(3) John's father asked her who discovered the North Pole.
(4) He told John to wait there till he came back.
(5) He advised me to consult the doctor at once.
(6) He exclaimed with delight that those flowers were pretty.
(7) A stranger asked Peter if he could tell him the way to the post office.
(8) I said that I wished I were rich enough to buy those pictures.
(9) He said that he had met her the day before but that he had not seen her since.
(10) He said that if he had known my address, he would have written to me.

B　次の各文を間接話法の文に変えなさい．

(1) He said, "I will do my best."
(2) He said, "I am going to leave here tomorrow."
(3) The man of science said, "Water boils at 212°F."
(4) He said to me, "If I were you, I would admit it."

ヒント　**A**　(1),(7) 疑問詞のない疑問文 (§ **406**)　(2),(3) 疑問詞のある疑問文 (§ **405**)　(4) 命令文 (§ **407**)　(5) 命令文 (advise に注目)　(6) 感嘆文；with delight → Oh,…　(8),(10) 仮定法の文 (☞ § **402**(C))　(9) 平叙文が２つ；the day before → yesterday　**B**　(1),(2) that でつなぐ　(3) 時制の一致は起こらない (§ **402**(A))　(4) 仮定法の文 (§ **402**(C))

(5) "I wish I had not come here," he said.

(6) I said to him last night, "Do you think your father will be able to come tomorrow morning?"

(7) "Have you been studying in your room?" said my mother to me.

(8) I said to him, "Do you think it is right?"

(9) She said to me, "Can you play the piano?"

(10) He said to the students, "Do not play here."

(11) She said to me, "Please shut the window."

(12) She said to me, "Let's go into the garden."

(13) "Alas! How foolish I have been!" cried he.

(14) My father said to me, "You ought to be ashamed of yourself. Never make such a mistake hereafter."

(15) She said to me, "Please tell us anything you have seen. We shall be most grateful if you will."

(16) "Can you leave me alone?" I said to him. "I am tired. I haven't had any sleep."

C 次の文の誤りを正しなさい.

(1) My father asked that how many marks I had got for English.

(2) He said to leave the room, but I refused.

(3) He said that "I shall soon be there."

(4) He asked me there was any danger.

(5) He asked me who and what am I?

(6) He said me that he was busy.

(7) He told me to not do that.

ヒント (6), (7), (8), (9) 疑問詞のない疑問文 (10) 否定命令文 (§ **407**) (11) 命令文 (please に注目) (12) 〈Let's ～〉の構文 (§ **407** 〈NB〉) (13) 感嘆文; Alas! → with regret「後悔をこめて」 (14) 平叙文＋命令文 (15) 命令文＋平叙文 (16) 疑問詞のない疑問文＋平叙文＋平叙文 **C** (1) how を"つなぎの語"にする (2) said to → told me to ～ (3) that が必要か (4) "つなぎの語"がない (5) 間接疑問文の語順は〈S＋V〉 (6) said me でよいか (7) not の位置は?

(8) He said that it would rain, for that the barometer was falling.

D　次の１対の文が同じ意味になるように，（　）内に適語を１つ入れなさい．

(1) The teacher (　　) to his students, "The earth is round."
The teacher told his students that the earth (　　) round.

(2) He said to me, "I am tired. Are you tired, too?"
He told me (　　) he was tired and (　　) me (　　) I was tired, too.

(3) He asked a favour of me.
He said to me, "Please (　　) (　　) a favour."

(4) I said to him, "Don't eat too much."
I told him (　　) (　　) eat too much.

(5) The child shouted, "Help me."
The child (　　) (　　) help.

(6) "Please don't do it again," she said to me.
She (　　) (　　) (　　) to do it again.

(7) I said to him, "Good luck!"
I (　　) him good luck.

■よく使われる英語のことわざ■

- Like father like son.
  (この親にしてこの子あり.)
- He that stays in the valley shall never get over the hill.
  (井の中の蛙(かわず)大海を知らず.)〔←谷の中にいる者は決して山を越えることはない〕
- A sound mind in a sound body.
  (健全な肉体に健全な精神[が望ましい].)

ヒント　(8) for that でよいか？ (**§ 410**)　　**D** (1) 時制の一致は随意　(2) "つなぎ" の語に注意　(3) do a person a favour「人に願いごとを聞いてあげる」　(4) not to～ でつなぐ (**§ 407**)　(5)「大声をあげて～を求める」とする　(6) please があるので ask を用いる　(7)「彼に幸運を祈る」とする

第34章

文 の 転 換

文を構造によって分類すると，**単文・重文・複文**の3種類になる． この章では，文の意味内容を変えずに，重文・複文を単文に，またはその逆に転換する方法を研究する．この場合，構造が変われば，通例，文体やニュアンスの違いが生ずることに注意しよう．

A 構造による文の種類

文は，構造によって，次の3種類に分けられる．

413．単文 (simple sentence)

〈**S＋V**〉の組み合わせが1つしかないもの．

① The sun (S) rose. (V) （太陽が昇った．）

② Tom (S) saw (V) a movie last night.（トムは，夕べ映画を見た．）

414．重文 (compound sentence)

2つの〈**S＋V**〉が等位接続詞 (**and, but, or, for**) で結ばれているもの．

① The sun (S) rose (V) **and** the fog (S) disappeared. (V)
（太陽が昇り，霧が消えた．）

② He (S) is (V) old, **but** he (S) has (V) a strong will.
（彼は年はとっているが，意志は強い．）

〈NB〉 **重文**の特徴は，2つの〈S＋V〉がそれぞれ独立できるということである．例えば，①の場合，and をとれば，The sun rose. と The fog disappeared. との2つの単文が得られる．

415．複文 (complex sentence)

文の中に名詞節，形容詞節，副詞節のいずれかを含むもの．

① I know [**who did it**] (名詞節). （私は，それをだれがしたか知っている．）

② This is the house [**that** Jack built].
形容詞節
（これはジャックの建てた家です.）

③ He came [**while** I was out]. （彼は私の留守中に来た.）
副詞節

（参考）重文を構成する等位節の中に，さらに１つ(以上)の従属節がはめ込まれている文を**混文** (mixed sentence) ということがある.

[John said 〈***that*** he would come,〉]$_{S_1}$ **but** [he didn't come.]$_{S_2}$
（ジョンは来るといったが，来なかった.）

しかし，上の分析を見れば，but で連結されているのは S_1 と S_2 の２つの等位節であることが分かる. that 節は S_1 の内部に，said の目的語としてはめ込まれているだけで，S_2 との直接の関係はない. そこで，混文は重文の一種と見ることができる.

B　文の転換：単文⟷重文⟷複文

文の意味を変えることなく，その構造のみを変えることを**文の転換**という. 単文を重文・複文に，またはその逆に変えることなどをさす. そのような文の構造の転換によって，文体やニュアンスの違いが生じてくることに注意しなければならない. 一般に重文や複文を単文にすれば(つまり，文を簡潔にすればするほど)，〈文章体〉になり，その逆の転換は〈口語体〉になるといえる.

416. 重文 ⟷ 単文

ポイント

重文を単文に転換するには，２つの〈S+V〉のどちらか一方を句に変えればよい.

以下，a) 文が重文，b) 文が単文である．

(A)　to 不定詞を用いて (§§ 279(C)，280)

① a) He is very strong **and** he can lift this trunk.
⇨b) He is strong **enough to lift this trunk**.
（彼はとても力があるのでこのトランクが持ち上げられる．）

② a) The coffee was very hot **and** he couldn't drink it.
⇨b) The coffee was **too** hot *for him* **to drink**.
（コーヒーは，とても熱くて彼には飲めなかった．）

③ a) I worked very hard, **but** I failed.
⇨b) I worked very hard, **only to fail**.
（私は一生けんめい勉強したが，失敗した．）

(B)　分詞構文を用いて (☞ §§ 299，310)

④ a) He was my friend, **so** he helped me a lot.
⇨b) **Being my friend**, he helped me a lot.
（彼は私の友人なので，いろいろと助けてくれた．）

⑤ a) She was left to herself, **and** she began to weep.
⇨b) **Left to herself**, she began to weep.
（1人になると，彼女は泣き始めた．）

(C)　前置詞句を用いて

⑥ a) She failed the exam **and** I was greatly disappointed.
⇨b) **To my great disappointment**, she failed the exam.
（彼女が試験に失敗したので，私は大いに失望した．）

⑦ a) He has many faults, **yet** he is a great man.
⇨b) **For all his faults**, he is a great man.
（いろいろ欠点はあるが，彼は偉人だ．）

⑧ a) It was raining, **but** we decided to start.
⇨b) **In spite of the rain**, we decided to start.
（雨が降っていたけれども，出発することに決めた．）

⑨ a) He **not only** teaches music **but** also he composes.
⇨b) **As well as [Besides] teaching music**, he composes.
（彼は音楽を教えるばかりでなく，作曲もする．）

●例題 1●

次の各文(重文)を単文に書き換えなさい．

(1) The river was very broad and he could not cross it.
(2) This book is very easy and I can read it.
(3) She failed and I was greatly disappointed.
(4) I walked for a few minutes and came to the farmhouse.

考え方 **◆重文を単文に変えるには，2つの〈S＋V〉の一方を句に変えればよい．**
(1)〈too...to ～〉の構文を用いる (§ **280**(B))　(2)〈enough...for A to ～〉の構文を用いる (§ **280**(C))　(3)〈to one's＋感情名詞〉を用いる　(4) A few minutes' walk を主語にする

解答 (1) The river was too broad for him to cross. [△to cross *it*]
(2) This book is easy enough for me to read.
(3) She failed, to my great disappointment.
(4) A few minutes' walk brought me to the farmhouse.

417. 重文 ⟷ 複文

ポイント

重文を複文に転換するには，重文の等位接続詞を(ほぼ)同義の従位接続詞に変えればよい．

以下，a) 文が重文，b) 文が複文である．

① a) It's not cheap, **but** it's very good.
⇨b) **(Al)though** it's not cheap, it's very good.
(それは安くはないが，とても良いものだ．)

〈命令文＋and...〉は **If...** で，**〈命令文＋or...〉**は **If...not** または **Unless...** で複文に換えることができる(☞ §§ **335**(C)，**337**(C))．

② a) Work hard, **and** you will soon master English.
⇨b) **If** you work hard, you will soon master English.
(一生けんめい勉強すれば，じきに英語がマスターできるでしょう．)

③ a) Hold your tongue, **or** (**else**) you will repent it.
⇨b) **If** you don't [**Unless** you] hold your tongue, you will repent it. (おだまり，さもないと後悔しますよ．)

④　a)　It was late, **so** I went home.
⇨b)　**As** it was late, I went home.
（遅かったので家に帰った.）

● 例題 2 ●

次の各文(重文)を複文に書き換えなさい.
(1)　Make a note of it, or you will forget it.
(2)　Everyone wanted him to go, but he wouldn't.
(3)　He had a bad cold, so he stayed away from school.

考え方　**♦重文を複文にするには，重文の等位接続詞を従位接続詞に変えればよい.**
(1) or → unless　(2) but → (al)though　(3) so → as ; stay away from「～を欠席する」

解答　(1)　Unless you make a note of it, you will forget it.
(2)　(Al)though everyone wanted him to go, he wouldn't.
(3)　As he had a bad cold, he stayed away from school.

C　文の転換：複文⟷単文

ポイント

複文を単文に転換するには，従属節を句に縮めればよい.

以下，a) 文が複文，b) 文が単文である.

418. 名詞節を句に縮める

(A)　〈It is necessary that…〉⟷〈It is necessary (for A) to ～〉

①　a)　***It is necessary*** that I (should) go.
⇨b)　***It is necessary*** **for *me* to go.**
（私が行く必要がある.）

②　a)　***It's natural*** **that** a child should love its mother.
⇨b)　***It's natural*** **for *a child* to love** its mother.
（子供が母親を愛するのは当然だ.）

(B)　〈S＋V＋that…〉⟷〈S＋V＋to ～〉：that 節と to 不定詞の両方を目的語としてとる動詞 (agree（賛成する), decide（決心する), hope（希望する), pretend（～のふりをする）など) の場合.

③ a) He decided **that** he would be a teacher.
⇨b) He decided **to be** a teacher.
（彼は教師になろうと決心した.）

④ a) He pretended **that** he did not hear me.
⇨b) He pretended **not to hear** me.
（彼は私のいうことが聞こえないふりをした.）

(C) 〈It seems that S～〉⟷〈S seems to～〉：以下の構文では名詞節の主語を It のところへ代入して，単文の主語にする.

⑤ a) ***It seems*** [***appears***] **that** she knows all about it.
⇨b) ***She seems*** [***appears***] **to know** all about it.
（彼女はそのことについてはすべて知っているらしい.）

⑥ a) ***It is said*** [***They say***] **that** he died in Egypt.
⇨b) ***He is said*** **to have died** in Egypt.
（彼はエジプトで死んだといわれている.）

⑦ a) ***It is likely*** **that** Bill will win.
⇨b) ***Bill is likely*** **to** win.
（ビルが勝ちそうである.）

⑧ a) ***It happened*** [***chanced***] **that** Patty was out.
⇨b) ***Patty happened*** [***chanced***] **to be** out.
（パティーは，たまたま外出中だった.）

(D) 〈S＋V＋that 節〉⟷〈S＋V＋動名詞〉：that 節と動名詞の両方を目的語にとりうる動詞（**admit**（認める），**suggest**（提案する），**deny**（否定する）など）の場合.

⑨ a) Tom admitted **that** he had broken the glass.
⇨b) Tom admitted **breaking** the glass.
（トムは，そのグラスを割ったことを認めた.）

⑩ a) I suggested **that** we (should) go home.
⇨b) I suggested **going** home.
（私は家に帰ることを提案した.）

⑪ a) He denied **that** he had seen it.
⇨b) He denied **seeing** [**having seen**] it.
（彼はそれを見たことはないといった.）

(E)　〈自動詞/形容詞＋that 節〉⟷〈前置詞＋動名詞〉：この場合，that 節の前で省略されていた前置詞が復活する．

⑫　a)　I *insisted* **that** he should come with us.

⇨b)　I *insisted* **on *his*** [〈口語〉***him***] **coming** with us.

（私は彼もいっしょに来るようにといい張った．）

⑬　a)　He is *proud* **that** his son is a doctor.

⇨b)　He is *proud* **of *his son* being** a doctor.

（彼は息子が医師であることを誇りにしている．）

(F)　疑問詞節の場合：内容に応じて〈疑問詞＋to 不定詞〉(☞ **§ 254**)，または名詞句に変える．

⑭　a)　I don't know **what** I ***should*** do.

⇨b)　I don't know **what to do.**

（私はどうしたらいいか分からない．）

⑮　a)　Tell him **where** he ***should*** go.

⇨b)　Tell him **where to go.**

（彼にどこへ行くべきかいってやれ．）

⑯　a)　He asked me **what** my name was.

⇨b)　He asked me **my name.**

（彼は私に名前は何というのかと聞いた．）

419. 形容詞節を句に縮める

(A)　to 不定詞を用いて (☞ § 278)

①　a)　I have no money **that I can spare.**

⇨b)　I have no money **to spare.**

（私は余分の金はもっていない．）

②　a)　There is no reason **why we should refuse it.**

⇨b)　There is no reason **for us to refuse it.**

（それをわれわれが拒絶する理由はない．）

③　a)　It is time **that you went to bed.**

⇨b)　It is time **for you to go to bed.**

（もう寝る時間ですよ．）［〈米〉では，a)よりも普通］

(B)　分詞を用いて：〈関係代名詞＋be 動詞〉を省略する．(☞ **§§ 295, 306**)

④　a)　The man **who is talking to Tom** is a doctor.

⇨b)　The man **talking to Tom** is a doctor.
（トムと話をしている人は，医者です．）

⑤　a)　The girl **who was mentioned in the report** was innocent.

⇨b)　The girl **mentioned in the report** was innocent.
（その報告書に名の上がっていた娘は，無実だった．）

(C)　形容詞句を用いて

⑥　a)　Tell me the reason **why he is absent.**

⇨b)　Tell me the reason **for his absence.**
（彼が欠席している理由を教えてください．）

⑦　a)　The hotel **which is in the High Street** is the best.

⇨b)　The hotel **in the High Street** is the best.
（本通りのホテルが最上です．）

420. 副詞節を句に縮める

(A)　to 不定詞を用いて (☞ §§ 279, 280)

①　a)　He ran fast **so that** he **could** catch the train.

⇨b)　He ran fast (**so as**) **to catch** the train.
（彼は列車に間に合うように速く走った．）

②　a)　He spoke clearly **so that** everyone **could** understand.

⇨b)　He spoke clearly (**in order**) **for everyone to** understand.
（彼はみんなに分かるようにはっきりと話した．）

③　a)　He was sorry **when he heard** the news.

⇨b)　He was sorry **to hear** the news.
（彼はその知らせを聞いたときに気の毒に思った．）

④　a)　I would be delighted **if I could join** you.

⇨b)　I would be delighted **to join** you.
（ごいっしょできたら大喜びです．）

⑤　a)　He was **so** tired **that** he **could not** eat anything.

⇨b)　He was **too** tired **to eat** anything.
（彼はあまりにも疲れていたので，何も食べられなかった．）

⑥　a)　This book is **so** difficult **that I cannot read it.**

⇨b) This book is **too** difficult **for me to read.**
（この本はとてもむずかしくて私には読めない.）

(B) 動名詞を用いて （☞ § 323）

⑦ a) **As soon as he arrived** there, he called on his aunt.
⇨b) **On arriving** there, he called on his aunt.
（そこへ着くとすぐ，彼はおばを訪問した.）

⑧ a) I must finish this **before I go to bed.**
⇨b) I must finish this **before going to bed.**
（寝る前にこれを済まさなければならない.）

⑨ a) You must be careful **when you choose your friends.**
⇨b) You must be careful **in choosing your friends.**
（友人を選ぶときには注意しなければならない.）

⑩ a) Do you mind **if I smoke**?
⇨b) Do you mind **my smoking**? (§ 317)
（たばこを吸ってもかまいませんか.）

(C) 分詞構文を用いて （☞ §§ 299, 310）

⑪ a) **While I was walking down the street,** I met a friend.
⇨b) **Walking down the street,** I met a friend.
（通りを歩いているとき，友人に会った.）

⑫ a) **As I was tired,** I went to bed early.
⇨b) **Being tired,** I went to bed early.
（疲れていたので早めに寝た.）

⑬ a) **Though I live next door,** I seldom see her.
⇨b) **Though living next door,** I seldom see her.
（隣に住んでいるけれど，彼女にはめったに会わない.）
[この場合，Though を残すほうが文意が明確になる（☞ § 302）]

(D) 前置詞句を用いて

⑭ a) **If it were not for water,** we could not live.
⇨b) **But for [Without] water,** we could not live. (§ 327(B))
（水がなかったら生きてはいけない.）

⑮ a) **As it rained heavily,** we could not go out.
⇨b) **Because of [On account of] a heavy rain** we could not go out. (§§ **379**(8), **381**(2))
(大雨のため外出できなかった.)

⑯ a) **Though he is poor,** he is cheerful.
⇨b) **In spite of his poverty** he is cheerful. (§ **379**(13))
(彼は貧乏だが，快活だ.)

章末問題 34

A 次のそれぞれ2つの文を1つの文にしなさい.

(1) I see a letter on the table. It is written in English.
(2) May I close the window? Do you mind it?
(3) They were talking very softly. They did not want to wake up the others. [lest を用いて]
(4) Charles studied very diligently. He was soon at the top of his class. [such...that を用いて]
(5) How long will he be away? Do you think?
(6) He was lazy. The teacher scolded him for that.
(7) The book is very difficult. I cannot read it.
(8) I am very sorry. I have kept you waiting so long.
(9) The weather was stormy. The ship could not leave.

B 次の各文を単文にしなさい.

(1) When she found the truth, she was much delighted. [動名詞を用いて]

ヒント **A** (1)「英語で書かれた手紙」とする (2)〈Do you mind＋動名詞〉 (3)〈lest...should ～〉「～しないように」 (4) diligently が diligence に変わる(「大変な勤勉さで」) (5) ☞ § **253** (6)〈for＋動名詞〉の構文にする (7)〈too...to ～〉，または〈so...that ～〉のどちらかを用いる(§ **280**(B)) (8)〈be sorry＋完了不定詞〉「～してすみません」の構文に (9)〈so...that〉の構文に(§ **346**(A)) **B 複文または重文を単文にするには，一方の節を句にすればよい** (1)〈on＋動名詞〉

(2) It happened that I was away from home on that evening. [Iを主語にして]

(3) It seems that he had bitter experiences of life when young. [He seems...]

(4) He speaks so fast that I cannot follow him.

(5) As he is ill today, he cannot go to school.

(6) I am sure that you will pass the examination.

(7) If there were no intellectual freedom, there would be no progress of civilization at all.

(8) Though he has much learning, yet he is a fool.

(9) I reminded him that what I told him was true.

(10) I think he is guilty.

(11) If it had not been for my mother's illness, I could have accompanied you. [My mother's illness...]

(12) Look at the woman who is holding her baby in her arms.

(13) She has no friends with whom she can talk about the matter.

C 次の文を複文に書き換えなさい.

(1) During my stay in America, I visited New York twice. [While...]

(2) He is known to have been very wild in his youth. [It is...]

(3) It is warm enough for you to play out of doors. [that を用いて]

(4) He is old but still plays cricket. [Old...]

ヒント (2), (3) that 節を to 不定詞に変える (§ **282**(A), (B)) (4) 〈too...to ～〉 (§ **280**(B)) (5) 前文を分詞構文に (§ **299**(B)) (6) 〈be sure of＋動名詞〉の構文に (7) If there were no ～＝But for ～ (8) Though...yet → With all ～「～にもかかわらず」 (9) 〈remind＋人＋of＋事柄〉の構文に (10) think は believe 型動詞 (§ **281**(B)) (11) 〈prevent＋人＋from＋動名詞〉の構文に (§ **323**(10)) (12) with を用いる (13) 形容詞節を to 不定詞に変える **C 単文または重文を複文にするには，句または等位節を従属節にすればよい** (2) that 節を用いる；節中の時制は in his youth「若いときに」で決定される (3) 〈so... that ～〉の構文に (4) ☞ § **347**(C)

(5) They insisted on my attending the meeting. [that を用いて]
(6) On reaching manhood, you will have to work for your living.
(7) He was sorry to have to leave so soon.
(8) I am certain of giving you satisfaction.
(9) I believe him to be honest.
(10) The question was very difficult and nobody could answer it.
(11) He seemed to have been rich.
(12) My task being completed, I went to bed. [As...]
(13) On my return in the afternoon, I gave an enthusiastic account of my day's ramble.
(14) The dog, seeing the guest, began to bark.
(15) Tell me the date and place of your birth.

D 次の文を重文に書き換えなさい.

(1) If you are faithful, they will rely upon you.
(2) If you hurry up, you will be in time for school.
(3) He hoped to have succeeded.
(4) His father's failure in business forced him to live on his own.

E 次の各文を[ ]内の指示に従って書き換えなさい.

(1) A stranger happened to visit me. [It で始まる文に]
(2) You must never wish to deceive others. [the last を用いて]
(3) I little dreamt of seeing my mother again. [Little で始まる文に]

ヒント (5) 〈insist that...〉の構文 (6) 〈on＋動名詞〉→ when... ; manhood「成年」 (7) 〈be sorry＋that 節〉 (8) 〈be certain＋that 節〉 (9) 〈believe＋that 節〉 (10) 〈so...that ～〉 (11) 〈It seemed that...〉 (13) 〈on＋動名詞/動作名詞〉→ when... (14)「客を見たとき」 (15)「いつ，どこで生まれたか」とする **D ある文を重文にするには，〈S＋V＋等位接続詞＋S＋V〉にすればよい** (1), (2)「～せよ，そうすれば」 (3) 希望の非実現(§ **73** 〈NB〉 2) ; but を用いよ (4) on his own「独立して」 **E** (1) 〈It happened that...〉 (2)「他人をだます最後の人」とする(§ **278**(A)) (3) little は「少しも…しない」という意味の否定語だから，語順転倒が生じる(§ **431**(A))

(4) The grammar book proved too difficult for her.
[She を主語にして]
(5) This is twice the size of that. [This is twice as で始めて]
(6) Give me that box of matches. [Would you mind で始めて]
(7) You shall have this watch for nothing. [I を主語にして]
(8) She is a good speaker of English. [speaks を用いて]
(9) Such was her astonishment that it robbed her of speech.
[She was so で始めて]

■よく使われる英語のことわざ■

- Everybody's business is nobody's business.
  (連帯責任は無責任.)〔←皆の仕事はだれの仕事でもない〕
- Two of a trade seldom agree.
  (職がたき.)〔←同じ職業の二人は意見が合わない〕
- A watched pot never boils.
  (待つ身は長い.)〔←待っているとなべは煮え立たない〕
- He laughs best that laughs last.
  (早まって喜ぶな.)〔←最後に笑う者が最もよく笑う〕

ヒント (4) found を用いよ　(5)「〜の 2 倍」という言い方は？(§ **238**(A))　(6)〈Would you mind＋動名詞…？〉　(7) You shall → I will　(8) good → well

第 35 章

無生物主語構文

英語では，無生物を表す名詞を主語にして，**「無生物が人に…させる」**という意味を表す構文がよく用いられる．いわゆる**無生物主語構文**である．

無生物を主語扱いすることは，日本語ではきわめてまれで，英語の大きな特徴となっている．

A 無生物主語

421. 無生物主語の特徴

a) **What** makes you laugh?
=**Why** do you laugh?

b) **This picture** reminds me of my school days.
=**When I see this picture,** I am reminded of my school days.

(訳) a) 君はなぜ笑うのか．(←何が君を笑わせるのか．)
b) この写真を見ると，私は学生時代を思い出す．(←この写真は私に学生時代を思い出させる．)

解説 範例のように，英語では無生物を表す名詞を主語にして，**「無生物が人に…させる」**という意味を表す構文がよく用いられる．これは，「無生物主語構文」と呼ばれる．

この構文の特徴は，無生物を擬人化によって動作主にし，それによって，英語で最も愛用される〈S+V+O〉の文型を貫徹しようとする点にある．無生物を主語扱いにすることは，日本語ではきわめて少なく，英語の大きな特徴となっている．

422. 無生物主語の訳し方

無生物主語は，次のように訳すことができる．

ポイント 無生物主語の訳し方

① 無生物主語を副詞語句に変え，
② 人間を表す目的語を主語にする．

① **What** has put that in your head?
何が(①) 君に(②) そんなことを思いつかせたのか.
⇒どうして(①) 君は(②) そんなことを考えるようになったのか.

② **Hunger** drove him to steal.
飢えが(①) 彼を(②) かって盗みを働かせた.
⇒飢えにかられて(①) 彼は(②) 盗みを働いた.

無生物主語構文で用いられる動詞は，かなり限られている．この点に注目して以下の節では，動詞を中心に研究することにしよう.

B　無生物主語をとる動詞

423．〈強制・許容〉を表す動詞

〈強制〉を表す動詞には，まず，**make, cause**（～させる）がある．主語は，〈原因・理由〉を表す名詞である.

① What **makes** you sad?　（どうして君は悲しいのか.）
[=Why are you sad?]

② Nothing can **make** him change his mind.
（どうあっても彼は自分の決心を変えない.）
[=Under no circumstances will he change his mind.]

③ The rain **caused** the river to overflow.
（その雨で川がはんらんした.）
[=The river overflowed because of the rain.]

force, compel（むりに～させる），**oblige**（やむをえず～させる）は，**make** よりも〈強制〉の意味が強くなる.

④ Hunger **forced** him to steal.
（ひもじさのために，彼はやむなく盗みをした.）
[=Because he was hungry, he was forced to steal.]

⑤ This accident **compelled** him to stay another week.
（この事故のため，彼はやむなくもう1週間滞在しなければならなくなった.）
[=Because of this accident he had to stay another week.]

⑥ The snowstorm **obliged** us to stay at home.
(吹雪のため私たちはやむをえず家にいた.)
[=Because of the snowstorm, we were obliged to stay at home.]

remind A of B（AにBのことを思い出させる）も，'make A remember B' という意味だから，使役動詞の仲間である.

⑦ Roses **remind** me **of** my mother.
(バラを見ると，私は母のことを思い出す.)
[=When I look at roses, I remember [am reminded of] my mother.

〈許容〉を表す動詞は，**allow, permit**（～を許す）である.

⑧ His pride did not **allow** him to tell lies.
(彼は誇り高かったので，うそをつくなんてできなかった.)
[=He was so proud that he could not tell lies.
=He was too proud to tell lies.]

424. 〈妨げる〉の意味を表す動詞

「人が～するのを妨げる」という意味を表す動詞は，すべて〈**prevent/keep/hinder A from ～ing**〉という構文をとる.

主語は，ここでも〈原因〉を表す名詞である.

① Illness **prevented** him **from** coming.
(彼は，病気のために来られなかった.)
[=Because he was ill, he could not come.]

② A heavy snow **kept** us **from** going to school.
(大雪で私たちは学校に行けなかった.)
[=Owing to a heavy snow, we could not go to school.]

③ Rain **hindered** us **from** completing the work.
(雨で私たちの仕事の完成が遅れてしまった.)
[=Because of rain, we were delayed in completing the work.]

〈NB〉 〈口語〉では，**from** を落とした構文も用いられている.
Business **prevented/kept his/him** attending the meeting.
(彼は用事でその会に出られなかった.)

425. 〈奪う〉の意味を表す動詞

〈奪う〉を意味する動詞は，**rob/deprive** A **of** B の構文をとる．主語は，やはり，〈原因〉を表す動詞である．

① The shock **robbed** him **of** the power to speak.
(そのショックで彼は口がきけなくなった.)
[=Because of the shock, he could not speak.]

② A toothache **deprived** me **of** sleep.
(歯痛のため私は眠れなかった.)
[=I could not sleep because of a toothache.]

426. 〈与える〉の意味を表す動詞

この類の代表的な動詞は，**give** である．

① The result will **give** you satisfaction.
(この結果に君は満足するでしょう.)
[=You will be satisfied with the result.]

cost（〈人に〉〈費用・犠牲〉**を払わせる**）も，その反対の意味を表す **spare, save**（〈人に〉〈手間など〉**を省く**）も，**give** の類にはいる．

② The book **cost** me ten dollars.
(その本は10ドルした.)
[=I paid ten dollars for the book.]

③ His call **spared** me the trouble of writing to him.
(彼が電話してくれたので，手紙を書く手間が省けた.)
[=Since he called me, I didn't need to trouble to write to him.]

④ A washing machine **saves** lots of trouble and time.
(洗たく機を用いると，多くの手間と時間が省ける.)
[=By means of a washing machine we can save lots of trouble and time.]

427. 〈示す・明らかにする〉を意味する動詞

この類は，**tell, show, suggest, reveal** などの動詞で，日本語ではたいてい「～が分かる」と訳すことができる．主語は，〈情報源〉または〈調査〉を示す名詞である．

① This fact **shows** how clever she is.
(この事実により，彼女がどんなに利口であるかが分かる.)
[=From this fact we know how clever she is.]

② A glance **told** him she was an artist.
(一目見ただけで彼女が芸術家であることが分かった.)
[=By taking a glance he knew she was an artist.]

③ A brief examination **revealed** me two other things.
(ちょっと調べたら，さらに2つのことが分かった.)
[=By examining briefly I found out two other things.]

428. 〈感情〉を表す動詞

amuse (楽しませる), **astonish** (驚かす), **excite** (興奮させる), **frighten** (こわがらせる), **satisfy** (満足させる) などの動詞で，主語は〈原因〉を表す名詞である.

① His joke did not **amuse** me at all.
(私は彼の冗談がちっともおもしろくなかった.)
[=I was not amused by his joke at all.]

② A ghost story **frightens** children.
(子供たちは，幽霊話を聞くとこわがる.)
[=Children are frightened by a ghost story.]

③ His explanation didn't **convince** me.
(彼の説明で僕は納得しなかった.)
[=I wasn't convinced by his explanation.]

429. 〈連れて行く・持って行く〉を意味する動詞

この類は，**take, bring** などの動詞で，主語は〈乗り物〉や，〈歩行動作〉を表す名詞である.

① This bus will **take** you to the museum.
(このバスに乗れば，博物館に行けます.)
[=If you take this bus, you can go to the museum.]

② A few steps **brought** him to the shop.
(数歩歩くと，彼はその店に着いた.)
[=By taking a few steps he got to the shop.]

③ This path will **take** me home.
(この道を通って行けば家へ帰られる.)
[=By taking this path I can get home.]

430. 〈見つける〉を意味する動詞

find, see などの動詞で，主語は〈時間〉を表す名詞である.

① The next morning **found** him in the village.
(翌朝，彼はその村にいた.)
[=The next morning he was in the village.]

② The 17th century **saw** the establishment of this usage.
(17世紀に，この用法が確立した.)
[=In the 17th century this usage was established.]

章 末 問 題 35

A 次の各文を[ ]内の語句を主語にして書き換えなさい.

(1) After a few minutes' walk I got to the school. [A few minutes' walk]

(2) Why did you change your mind? [What]

(3) If you take this bus, you can get to the station in about ten minutes. [This bus]

(4) We could not go on a picnic because of bad weather. [Bad weather]

(5) When we look at the picture, we are always reminded of our native town. [The picture]

B 次の各文が同じ意味になるように，( )内に適語を1つ入れなさい.

(1) What ( ) you to do such a foolish thing?
Why did you do such a foolish thing?

ヒント **A** 無生物主語の例 (1) bring を用いる (2) make を用いる (3) take を用いる (4) prevent を用いる

(2) To our great surprise, she died suddenly.
Her (　　) (　　) surprised us greatly.

(3) I cannot hear the tune without recollecting my childhood.
The tune always (　　) me of my childhood.

(4) When we saw the wounded soldiers, he realized fully what war meant.
The (　　) of the wounded soldiers brought (　　) to him the meaning of war.

(5) Jane got angry because they laughed.
Their (　　) made Jane get angry.

C　(　)内の語を主語にして，英文に直しなさい.

(1) 君はどうしてここへ来たのですか. (What)

(2) 電気掃除機を使えば，家の掃除は楽です. (The vacuum cleaner)

(3) 私は病気で残念ながらあなたにお目にかかれませんでした. (Sickness)

(4) 私たちは，コンピューターのおかげで，飛行機の座席を予約することができる. (Computers)

(5) うそをついたためにジョンは退学になった. (John's lie)

■よく使われる英語のことわざ■

- A burnt child dreads the fire.
  (あつものに懲りてなますを吹く.)〔←やけどをした子供は火をこわがる〕
- Lookers-on see more than players.
  (岡目八目.)〔←ゲームをしている人よりも，見ている人のほうがよく見える〕

ヒント　**B**　(2)「彼女の突然の死」とする　(3)「思い出させる」　(4) see に関連した名詞を用いる；「…を～にはっきりと認識させる」　(5) laugh の名詞形
C　すべて無生物主語　(1) bring　(2) make　(3) deprive A of B　(4) enable　(5) cause

第36章
特殊構文

この章では，特殊な構文として，**倒置，強調，省略**をとりあげて研究する．いずれも基本構文に何らかの変形が加えられているので，文の意味解釈もむずかしいし，スタイルの違いも生じてくる．英文法の最もやっかいな部分である．何回も読み直して，理解を深めていただきたい．

A 倒　　置

〈**S＋V**〉の語順が〈**V＋S**〉の順序になることを**倒置** (inversion) という．倒置には，強調のための倒置と，文法上の倒置とがあるが，いずれの場合も，倒置が生じている文の意味解釈でつまずく学生諸君が多い．この節では，英語における典型的な倒置を調べることにしよう．

以下，〈**V**〉は助動詞も含むものとする．

431．強調のための倒置

(A)　〈**否定語句＋V＋S**〉：否定語句を強調するために文頭に回したもので，この場合は**必ず**倒置が生じる．〈文章体〉

①　***Never*** **have I** felt better.
（こんな良い気分だったことは1度もない．）

②　***Seldom*** **had I** seen such a beautiful sunrise.
（そんなに美しい日の出を見たことはめったになかった．）

③　***In no way*** **can John** be held responsible.
（どう見てもジョンの責任を問うことはできない．）

④　***Not a moment*** **did she** waste.
（彼女は一瞬もむだにしなかった．）

⑤　***Nothing*** **could I** find.　（何ひとつ見つけられなかった．）

①～③では否定の副詞語句が，③，④では否定の目的語が文頭に置かれて“新しい情報”として強調されている．

(B)　〈**方向の副詞語句＋V＋S**〉：この語順は，〈話しことば〉で，Sの談話の場面への登場(⑥，⑦の例)，または談話の場面からの退場(⑧，⑨

の例)を，感嘆の気持ちを込めて報告する文で用いられる．そこで，通例，文尾に感嘆符がつく．

⑥ ***Here*** **comes** our bus！（さあ，バスが来たぞ.）

⑦ ***There*** **goes** the vicar！（あそこを牧師さんが行く.）

⑧ ***Off*** **went** John！（ジョンのやつ，とっとと行ってしまった.）

⑨ ***Away*** **flew** my hat！
（僕の帽子，ぽーんと飛んで行っちゃった.）

〈NB〉 主語が人称代名詞の場合は，〈倒置〉は生じない．
ⓐ **Here it** comes！　　ⓑ **There it** goes！

(C)　〈O/C+S+V〉：目的語または補語を“新しい情報”として強調する(そこに文強勢が置かれる)ために文頭に回す場合である．**〈S+V〉**の語順は変わらない(したがって，厳密な意味では倒置とはいえない)．〈話しことば〉で普通に用いられる．

⑩ **His cháracter** I dislike.（彼の性格は，きらいだ.）[目的語]
[<I dislike his character.]

⑪ **Méan** I call it.（卑劣だよ，そういうのは.）　[目的語補語]
[<I call it mean.（私はそれを卑劣だと考える.）]

〈NB〉 次のような補語の前置は，〈古語体〉とされる．
Happy is the man who is contented.
(幸いなるかな，こころ満ち足りし人.)

(D)　〈場所の副詞語句+V+S〉：この場合は，“新しい情報”を伝えるものとしてSが強調され，したがって，Sに文強勢が置かれる．〈文章体〉で，小説などに多く見られる．

⑫ ***On the bed*** **lay** a beautiful gírl.
(そのベッドの上に美しい娘が横たわっていた.)[「ベッド」は前出の“古い情報”]

⑬ ***Under the tree*** **was sitting** a strange old mán.
(その木の下に奇妙な老人が座っていた.)［「木」は前出の“古い情報”]

(E)　〈neither [nor, so]+V+S〉：neither, nor は先行する否定文と，so は先行する肯定文と関連している．Sに強勢が置かれて，“新しい情報”として強調される．

⑭ I can't speak French.—**Nor [Neither] can** I [ái]. (=I can't speak French, **either**.)
(私はフランス語が話せません.——私もです.)

⑮ I am hungry.—**So am** I [ái].
(おなかがすいた.——私もだ.) (詳しくは ☞ § 178(C))

(F) **〈形容詞句＋V＋S〉**：形容詞句は先行文脈と関連があり，“古い情報”を表している．Sが“新しい情報”を伝える．

⑯ **More important** is his poetry.
([これよりも]もっと重要なのは，彼の詩である.)

⑰ **Equally surprising was** her love of money.
([これと]同様に驚くべきは，彼女の金銭欲だった.)

432. 文法上の倒置

何らかの文法上の役目をシグナルするために語順が転倒するもの．**強調**の意図はない．

(A) **疑問文** (☞ § 39)

① **Have you** seen John? (ジョンに会いましたか.)

② **Do you** speak German? (ドイツ語を話しますか.)

(B) **〈Were I a bird, ...〉のタイプ**：これは **if** を用いないで条件を表すもので，〈文章体〉. (☞ § 327(A))

③ **Were I** (=If I were) a bird, I could fly to you.
(もし鳥だったら，君の所へ飛んで行けるのに.)

④ **Should you** (=If you should) change your mind, let us know. (万一お気持ちが変わったら，知らせてください.)

⑤ **Had I** taken (=If I had taken) your advice, I should be happier now.
(あなたの忠告に従っていたら，現在もっと幸福になっているでしょうに.)

(C) **〈May you succeed!〉のタイプ**：祈願を表す.〈文章体〉

⑥ **May you** succeed! (ご成功を祈ります.)
(=〈口語体〉I hope you will succeed!)

⑦ Long **may he** live! (彼の長寿を祈る.)

𝔹 強　　調

倒置による**強調**は，前節で見た．ここでは，それ以外の強調のしくみを調べてみよう．

433．〈It is ～ that...〉の強調構文による場合

～の部分に文強勢が置かれ，“新しい情報”としてスポットライトが当てられる．(詳しくは ☞ § 171)

① **It was** Máry (**that**) I met in the park yesterday.
(きのう公園で会ったのは，メアリーだ.)

② **It was** yésterday (**that**) I met Mary in the park.
(メアリーと公園で会ったのは，きのうのことだ.)

③ **It was** in the párk **that** I met Mary yesterday.
(きのうメアリーと会ったのは，公園だった.)

434．助動詞による文意の強調

まず，強調の do [dúː] は，平叙文の内容が事実であることを強調する．(☞ § 94Ⓓ)

① You **dó** look pale. (ほんとに顔色がよくないよ.)

② That's what he **díd** say.
(彼は確かにそういった.)

be, have, 法助動詞の場合は，それに強勢を置く．

③ That **wíll** be nice! (そりゃ，ほんとにすてきでしょうね.)

④ What **áre** you doing? (一体，何しているのか.)

⑤ I **háve** enjoyed myself! (ほんとに楽しかったなあ.)

命令文，または let's の前に強調の **do** をつけると，ある行為をしぶっている相手に対して，〈説得〉または〈懇請〉の気持ちを表す．そういう情況がないのに，いきなりこの構文を使うことはできない．

⑥ **Dó have** some more cake.
(ぜひもう少しケーキを召しあがれ.)

⑦ **Dó be** quiet! (静かにしろったら.)

⑧ **Dó let's** go to the movies! (ねえ，映画に行こうよ.)

435. 強意語を用いる

強意語を用いて形容詞・副詞を強調する. いずれも〈口語体〉である.

① It was **really** funny. (ほんとにおかしかった.)

② It was **terribly** cold. (すごく寒かった.)

③ I am **frightfully** sorry. (ほんとに申し訳ありません.)

④ Thank you **so** much. (どうもありがとう.)

次のように, 強意語を反復する場合もある.

⑤ It's **very, very** difficult. (それはとってもむずかしい.)

⑥ She looks **much, much** older now.
(彼女は今はすごーくふけて見える.)

⑦ The wind carried the boat **far, far** away.
(風がそのボートをずっとずっと遠くへ運んで行った.)

(参考) 強意語の意味の強弱は, 次のとおり.

弱い ↑
fairly, quite, rather, pretty (かなり)
very (とても)
amazingly, remarkably, surprisingly (びっくりするほど, 驚くほど)
awfully, extremely, terribly (ひどく)
completely, absolutely, entirely, totally, utterly (まったく, すっかり)
↓ 強い

436. 感嘆文を用いる

① **How good** of you to come! (よく来てくださいました.)

② **Isn't** it cold! (寒いねえ.)

③ **Hasn't** she grown! (彼女, 大きくなったねえ.)

〈NB〉 ②, ③は疑問文の形をしているので"感嘆疑問文"とも呼ばれる.

437. 文中のある語に強勢を置く

次の文を比較してみよう. すべての語を強調することができる.

① **Tóm** phoned me yesterday.
(きのう僕に電話したのは, **トム**なんだ.)[ほかの人ではない]

② Tom **phóned** me yesterday.
(トムはきのう**電話**してきたんだ.)[手紙をよこしたのではない]

③ Tom phoned **mé** yesterday. (トムがきのう電話したのは，**この僕に**なんだ.) [他の人にではない]

④ Tom phoned me **yésterday.**
(トムが電話してきたのは，**きのう**のことだ.) [きょうではない]

〈NB〉 **not** に強勢を置くと，動詞から離れる (does**n't** とならない).
She does **not** [nɔ́t] love John!
(彼女はジョンを愛してなんかいない.)

438. 〈What…is C〉の構文を用いる

この構文では，“新しい情報”を伝えるものとして補語が強調される.

① **What** I want **is** móney.
(私がほしいのは，金です.) [お説教や忠告ではない]

② **What** I like **is** her géntleness.
(僕が好きなのは，彼女の優しさだ.)

(参考) ほかに，次のような強調語句がある.

強調される語	主な強調語句
名　詞	**very** (まさに～), **oneself** (～自身で[が, に])
疑問詞	**ever, on earth, in the world** (一体)
比較級	**by far, much, still, even**
最上級	**much, by far, possible, imaginable, very**
否定語	**at all, in the least, by any means, whatever**

C 省　略

439. 省略の条件

省略した部分が，前後関係または場面から完全に復元できる場合は，しばしば省略が行われる．一種の“言語の経済”である．具体的にいえば，次のような場合である.

(A) 文頭の代名詞主語・助動詞：〈口語〉ではよく省略される.

① **(Have you)** seen John? (ジョンに会ったかい.)

② (**I**) hope to see you soon. (じきお会いしたいね.)

③ (**It**) looks just like Bill. (いかにもビルらしいね.)

(B) and, or, but のあとで

通例, 前文との共通項が省略される.

④ *He* sang ***and*** (**he**) played the guitar.
(彼は歌い, ギターをひいた.)

⑤ Are you coming *on* Monday ***or*** (**on**) Tuesday?
(君は月曜日に来るのか, それとも火曜日(に)かい.)

⑥ I would like to *go*, ***but*** I can't (**go**).
(行きたいが, 行けないんだ.)

(C) 形容詞のあとの名詞

⑦ What kind of potatoes would you like?—Boiled (**potatoes**), please. (「じゃがいもはどういたしましょうか.」「煮たのにしてください.」)

(D) to のあとの不定詞 (§ 293)

⑧ I *went* there because I wanted **to** (**go there**).
(行きたかったからそこへ行ったのです.)

(E) 〈助動詞＋本動詞〉: 2度めに現れる本動詞はしばしば省略される.

⑨ He said he'd ***write***, but he **hasn't** (**written**).
(彼は手紙を書くといったのに, まだ書いていない.)

⑩ Bob hasn't ***been told***, but I **have** (**been told**).
(ボブは話を聞かされていないが, 僕は聞いている.)

⑪ Have you ***finished***?—Yes, I **have** (**finished**).
(「すみましたか.」「ええ, すみました.」)

〈NB〉 このことは, **be** 動詞, **have** 動詞にも当てはまる.

ⓐ I'm sleepy.—I **am**, too. [=I **am sleepy**, too]
(「眠くなった.」「僕もだ.」)

ⓑ Who has a dictionary?—I **have** (**a dictionary**).
(「辞書はだれが持っているのか.」「私です.」)

(F) 〈接続詞＋S＋be〉: 〈S′＋be〉の〈S′〉が主節の〈S〉と同一である場合は, 〈S′＋be〉は〈文章体〉ではしばしば省略される.

⑫ I came to London ***when*** (**I was**) a boy of ten.
(私は10歳の子供のころロンドンへやって来ました.)

⑬ ***Though*** **(I was)** very tired, I kept working.
（ひどく疲れていたけれど，私は仕事を続けた.）

⑭ He does not speak, ***unless*** **(he is)** spoken to.
（彼は話しかけられないかぎり，口をきかない.）

⑮ He wrote down his name and address ***as*** **(he was)** requested.（彼は要求されたとおりに名前と住所を書き留めた.）

⑯ He sat ***as if*** **(he were)** charmed by music.
（彼は音楽に魅せられたかのように座っていた.）

このタイプの省略は，**if possible**（できるならば）/ **if necessary**（必要なら）/ **if any**（もしあれば）/ **if not**（もし…でなければ）など，特に if のあとで慣用的に用いられている.

⑰ Correct the errors **if any.**
（誤りがあれば訂正しなさい.）

⑱ You can use the money, **if necessary.**
（必要ならその金を使ってもいい.）

章 末 問 題 36

A 次の各文の（ ）内に適当な1語を入れなさい.

(1) I can't speak Japanese.——Neither (　　) I.
(2) (　　) it rain tomorrow, the meeting would be put off.
(3) Little (　　) he know how much suffering he has caused.
(4) Scarcely (　　) he sat down when he heard someone knock at the door.

B 次の各文の（ ）内に省略されている1語を補いなさい.

(1) You don't have to go unless you want to (　　).
(2) Mother loves Mary as much as (　　) (　　) me.
(3) Correct the errors if (　　) (　　) any (　　).

ヒント **A** (1) 前文と同じ助動詞を用いる　(2)「もしもあす雨が降るなら」 (3) ☞ **§ 431**(A)　(4) heard したよりも sat down したほうが “以前の時” **B** (1) 代不定詞（§ **439**(D)）　(2)「彼女が私を愛する」　(3)「何か誤りがあるなら」

(4) It was so hot (　　) I couldn't sleep.

(5) If (　　) (　　) wisely used, money may do you good.

C　次の各文の誤りを正しなさい.

(1) I am not rich, nor am I wish to be.

(2) Not till then they found the passage.

(3) Here comes it!

(4) What a fool are you to reject his offer!

(5) Never I have felt better.

(6) It's me that he gave the book.

(7) Only in this way it is possible to do this.

■よく使われる英語のことわざ■

- Haste makes waste.
  (急(せ)いては事をし損ずる.)
- Too many cooks spoil the broth.
  (船頭多くして船山に登る.)〔←料理人が多すぎると，スープがだめになる〕
- It is an ill wind that blows nobody good.
  (泣く子もあれば笑う子もある.)
  〔←だれのためにもならぬ風などはない〕

ヒント　(4) 〈so＋形容詞/副詞＋that〉の that は〈口語〉ではよく省略される (§ **346** 〈NB〉 2)　(5) 〈接続詞＋S＋be〉の〈S＋be〉は省略可能 (§ **439**(F))
C　(1) wish を否定形にする助動詞は　(2) 〈否定語句＋V＋S〉の語順 (§ **431**(A))　(3) ☞ § **431**(B)　(4) 感嘆文の語順は〈S＋V〉(§ **46**)　(5) ☞ § **431**(A)　(6) ☞ § **433**

第37章

複　合　動　詞

複合動詞は句動詞とも呼ばれ，**do, get, make, put, set, take** などの基本動詞に **at, down, for, off** などの短い副詞や前置詞を添えて，1つの動詞の働きをするもので，英語の大きな特徴の1つとなっている．複合動詞には4つのタイプがある．

A　複合動詞の特徴

440. 複合動詞とは

a) The prices **came down.**
b) A stranger **called on** me this morning.
c) I can't **put up with** his temper any longer.
d) Peter **was brought up** by his uncle.

(訳) a) 物価が下がった．　b) 見知らぬ人がけさ私を訪ねてきた．
c) 彼のかんしゃくにはもう我慢できない．
d) ピーターは，おじに育てられた．

解説 複合動詞 (complex verb) は，句動詞 (phrasal verb) とも呼ばれる．英語本来の基本動詞 (*e.g.* do, get, go, let, look, make, put, run, take, turn, work, *etc.*) に，短い副詞や前置詞 (*e.g.* at, down, for, in, off, out, over, to, up, with, *etc.*) を組み合わせて，文法的・意味的に1つの動詞句として使用するもので，次の4つのタイプがある．

〈1〉 〈自動詞＋副詞〉：come down（〈物価が〉下がる）
〈2〉 〈自動詞＋前置詞〉：call on（～を訪問する）
〈3〉 〈自動詞＋副詞＋前置詞〉：put up with（～にがまんする）
〈4〉 〈他動詞＋副詞〉：bring up（育てる）

〈タイプ 1〉は，つねに自動詞として働く．

① I **got up** at six this morning.（けさ6時に起きた．）

〈タイプ 2〉は目的語をとるが，受け身になるものと，ならないものがある．

② a) John **called on** me yesterday.
(きのうジョンが僕を訪ねてきた.)
b) ＝I **was called on** (＝visited) by John yesterday.

③ a) I **ran across** an old friend in Oxford Street.
(私はオックスフォード通りで旧友と出くわした.)
b) ×An old friend **was run across** in Oxford Street.

〈タイプ 3〉も目的語をとるが, 〈タイプ 2〉と同様, 受け身になるものと, ならないものがある.

④ a) We should **do away with** these taxes.
(これらの税は廃止すべきだ.)
b) ＝These taxes should **be done away with.**

⑤ a) The old man cannot **keep up with** the times.
(その老人は, 時世に遅れずについていくことができない.)
b) ×The times cannot **be kept up with** by the old man.

〈タイプ 4〉はつねに目的語をとり, 通例, 受け身になる.

⑥ a) We must **carry out** this plan by all means.
(この計画をぜひとも実行しなければならない.)
b) ＝This plan must **be carried out** by all means.

441. 〈タイプ 2 : call on〉と〈タイプ 4 : call up〉との区別

両タイプの相違は次のとおりである.

a) 〈タイプ 2〉では, 目的語の名詞を前置詞の前に置くことができないが, 〈タイプ 4〉では, 目的語の名詞を副詞の前後いずれにも置くことができる.

① a) I **called on** John today. 〈タイプ 2〉
(私はきょうジョンを訪問した.)
b) ×I **called** John **on** today.

② a) I **called up** John today. 〈タイプ 4〉
(私はきょうジョンに電話をかけた.)
b) ＝I **called** John **up** today.

b) 〈タイプ 2〉では, 目的語が代名詞の場合も前置詞の前に置くことができないが, 〈タイプ 4〉では, 目的語の代名詞は必ず副詞の前に置かれる.

③ a) ○I **called on** ***him*** today. (彼をきょう訪問した.)
   b) ×I **called** ***him*** **on** today. 〈タイプ 2〉
④ a) ○I **called** ***him*** **up** today. (きょう彼に電話をした.)
   b) ×I **called up** ***him*** today. 〈タイプ 4〉

c) 〈タイプ 2〉の中には，前置詞を関係詞の前へ回せるものがあるが，〈タイプ 4〉の副詞はそれができない.

⑤ ○The boy **on** ***whom*** I **called** today is John.
(きょう僕が訪問した少年は，ジョンだ.) 〈文章体〉
×The boy **up** ***whom*** I **called** today is John.

以上の基準のうち，決定的なのは a), b) である.

𝔹 複合動詞の用例

442. 〈タイプ 1〉(自動詞＋副詞)

このタイプは，つねに1つの自動詞として働く.

① **break down** (故障する)，**break out** (〈戦争・火事などが〉急に起こる)，**break up** (解散する)，**come about** (〈事故などが〉起こる)，**come off** (〈ボタンなどが〉取れる)，**come out** (明るみに出る)，**drop in** (立ち寄る)，**get away** (逃げる)，**get on** (暮らして行く)，**give in** (降参する)，**go off** (行われる)，**look out** (気をつける)，**show up** (姿を見せる)，**sit/stay up** (寝ずに起きている)，**take off** (離陸する)，**turn out** (結局～になる)，**turn over** (ひっくり返る)，*etc.*

② My car **broke down** on the way. (車が途中で故障した.)

③ A war may **break out.** (戦争が起こるかもしれない.)

④ The handle has **come off.** (柄が取れた.)

⑤ He **dropped in** to see us last night.
(彼は，昨夜私たちのところに立ち寄った.)

⑥ The boxer **gave in** in the third round.
(そのボクサーは，第3ラウンドで降参した.)

⑦ They **set out** for London.
(彼らは，ロンドンへ向けて出発した.)

⑧ He didn't **show up** at the office next day.
(彼は，翌日事務所に姿を見せなかった.)

⑨ The nurse **stayed up** all night.
(看護婦は，一晩中起きていた.)

443. 〈タイプ 2〉(自動詞＋前置詞)

他動詞として働くが，受け身になれないものがある．受け身が可能なものには，* をつけておく．

① **account for*** (〜を説明する)，**ask for*** (〜を要求する)，**call for*** (大声で〜をくれという；〈人〉を誘いに寄る，〈物〉を取りに寄る)，**call on*** (〈人〉を訪問する)，**care for** ([否定文・疑問文に用いて]〜を好む)，**come across** (偶然〜に出くわす)，**come by** (〜を手に入れる)，**deal with*** (〜を扱う)，**decide on*** (〜に決定する)，**do without*** (〜なしですます)，**look after*** (〜の世話をする)，**look for*** (〜を捜す)，**look into*** (〜を調査する)，**refer to*** (〜に言及する；〜を参照する)，**result in** (〜という結果になる)，**run over*** (〈車が〉〈人〉をひく)，**see to*** (〜に配慮する)， **stand for** (〜を表す，〜の略字である)， **take after** (〈親など〉に似る)，**wait for** (〜を待つ)，*etc.*

② Don't hesitate to **ask for** advice.
(ためらわずに助言を求めなさい.)

③ I will **call for** you by three.
(3時までにお誘いに参ります.)

④ I don't **care for** that color. (その色はきらいだ.)

⑤ I cannot **do without** this dictionary.
(私はこの辞書なしではすまされない.)

⑥ He will be well **looked after**.
(彼は十分世話をしてもらえるだろう.)

⑦ I must **look into** this matter.
(この件を調べてみなければならない.)

⑧ What does UN **stand for**?
(UN は何を表しているのですか.) [*UN＝United Nations]

⑨ I'll **see to** the matter at once.
(すぐその件を手配しましょう.)

⑩ I am **waiting for** the bus. (バスを待っているのです.)

444. 〈タイプ 3〉(自動詞＋副詞＋前置詞)

他動詞として働く．受け身が可能なものには，＊をつけておく．

① **catch up with*** (～に追いつく)，**come up to** (〈標準・期待など〉に達する)，**do away with*** (～を処分する，廃止する)，**end up in** (結局～になる)，**keep up with** (～について行く)，**look down on*** (～を見下す)，**look forward to*** (～を楽しみにして待つ)，**look up to*** (～を尊敬する)，**make up for*** (～の埋め合わせをする)，**put up with*** (～にがまんする)，**run out of** (～が尽きる)，*etc.*

② These restrictions should be **done away with.**
(こういう制限は，廃止しなければならない.)

③ They always **looked down on** us as poor relations.
(彼らは，私たちを貧乏な親類としていつも見下していた.)

④ We have just **run out of** sugar.
(ちょうど砂糖が切れてしまった.)

⑤ I must **make up for** lost time.
(空費した時間の埋め合わせをしなければならない.)

445. 〈タイプ 4〉(他動詞＋副詞)

① **break off** (〈契約などを〉解消する)，**bring about** (〈事故などを〉起こす)，**bring up** (〈子供を〉育てる)，**call up** (〈人に〉電話をかける)，**carry on** (続ける)，**carry out** (実行する)，**cut down** (切り詰める)，**cut off** (〈電気・ガスなどを〉切る)，**give up** (あきらめる；〈習慣などを〉やめる)，**hand down** (〈伝統などを〉伝える)，**hand in** (提出する)，**hand over** (譲り渡す，引き渡す)，**hang up** (〈電話を〉切る)，**leave out** (省略する)，**look up** (〈辞書などで〉調べる)，**make out** (理解する)，**pick out** (選び出す)，**put off** (延期する)，**put on** (着る)，**put out** (〈火などを〉消す)，**take over** (〈仕事などを〉引き受ける)，**turn off** (〈ガス・電気などを〉消す)，**work out** (〈問題などを〉解く)，*etc.*

② It was gambling that **brought about** his ruin.
(彼を破滅させたのは，ばくちであった.)

③ When his father died, he **carried on** the business.
(父が死んだとき，彼がその商売を続けた.)

④ The story has **been handed down** to this day.
(その話は，今日まで伝えられている.)

⑤ **Look up** the word in your dictionary.
(その単語を辞書でひいてみなさい.)

⑥ I'll give five minutes to **work out** this problem.
(この問題を解くのに5分あげよう.)

章 末 問 題 37

A 下線を施した複合動詞と同じ意味を表す語を a～g から選びなさい.

(1) The game was called off because of the rainstorm.

(2) I called up Tom and told him the news.

(3) We must work together to get over the difficulty.

(4) He takes after his grandmother; she had red hair, too.

(5) I waited for him at the station for an hour, but he didn't show up.

a. appear **b.** arrange **c.** telephoned
d. resembles **e.** canceled **f.** overcome
g. visit

B 次の各文の下線部と同じ意味を表す語句を下から選びなさい.

(1) What does each star of the flag of the United States represent?

a. settle up **b.** run out of **c.** make up for
d. stand for **e.** consist of

ヒント **A** (1)「取りやめる」 (2)「～に電話をかける」 (3)「〈困難など〉を乗り越える」 (4)「～に似ている」 (5)「姿を見せる」 **B** (1)「表す」

(2) As she didn't want to go to the party, she made up a good excuse.

a. persuaded　b. wrote　c. asked for
d. invented　e. conveyed

(3) When I was cleaning out my desk drawer, I came across my old diary.

a. read through　b. quickly hid　c. ripped
d. found　e. looked for

(4) His secretary can't put up with his smoking cigars.

a. ignore　b. try to stop　c. persuade to reduce
d. tolerate　e. blame

(5) May I bring up just one more point?

a. care for　b. cause to stop suddenly
c. call attention to

(6) How do you account for the accident?

a. count out　b. tell the number of
c. give an explanation of　d. tell the detail of

(7) A deadlock was reached in the discussions, as neither side would give way to the other.

a. yield　b. follow　c. insist　d. persuade

(8) The matter was held over until the next meeting.

a. begun　b. discussed　c. invited　d. postponed

(9) You have to postpone your departure for England till next week.

a. put off　b. put out　c. put on　d. put forth

(10) Continue your story. That is so interesting!

a. Keep down　b. Carry off　c. Go on with　d. Give out

ヒント　(2)「作り出す」　(3)「～を見つける」　(4)「～をがまんする」　(5)「〈論点などを〉持ち出す」　(6)「～の説明をする」　(7)「譲る」　(8)「延期する」　(9)「延期する」　(10)「続ける」

(11) The monument was erected in the market place.
a. taken up **b.** picked up **c.** turned up **d.** set up

(12) Proficient in English, he is looked on as a good teacher.
a. investigated **b.** regarded **c.** inspected **d.** watched

(13) I cannot put up with his bad manners.
a. look at **b.** forgive **c.** stand **d.** forget

(14) She didn't turn up at the party though she had promised to.
a. appear **b.** change **c.** happen
d. seem **e.** vanish

(15) He is looked up to as the captain of our team.
a. considered **b.** despised **c.** respected
d. started **e.** thought

(16) Ken has experienced various hardships.
a. set out **b.** stood for **c.** worn out **d.** gone through

(17) Do you have a friendly relationship with your aunt?
a. get along **b.** put up
c. have much to do **d.** do away

(18) I was walking along the street, when I ran across your sister in front of the museum.
a. crossed **b.** encountered **c.** escaped
d. recognized **e.** stopped

(19) He abandoned his hope of becoming a teacher.
a. expressed **b.** fulfilled **c.** gave up **d.** stuck to

(20) We had agreed to meet at the station, but he didn't show up.
a. dress up **b.** come **c.** disappear
d. answer **e.** display

(21) The riots were quickly suppressed by the police.
a. put on **b.** put over **c.** put down **d.** put in

ヒント (11)「建てる」 (12)「見なされて」 (13)「～をがまんする」 (14)「現れる」 (15)「～を尊敬する」 (16)「経験する」 (17)「～とうまくやって行く」 (18)「～と出会う」 (19)「あきらめる」 (20)「現れる」 (21)「制圧する」

C 次の各文が同じ意味になるように，（ ）内に適語を1つ入れなさい．

(1) I will take care of the work he left half finished.
I will see ( ) the work he left half finished.

(2) I am not concerned with the matter.
I have nothing to ( ) ( ) the matter.

(3) There isn't any petrol left.
We have run ( ) of petrol.

(4) He couldn't understand what she said.
He was not able to ( ) out what she said.

D 次の文の（ ）内に，適語を選んで入れなさい．

(1) It never ( ) me that he had done it.
a. noticed **b.** realized **c.** occurred to **d.** struck to

(2) Would you ( ) for something to eat?
a. care **b.** demand **c.** desire
d. like **e.** order **f.** want

(3) I must hurry to make ( ) for lost time.
a. down **b.** off **c.** on **d.** up

(4) When you are learning a new language, you often have to look ( ) words.
a. after **b.** up **c.** for **d.** at

(5) The accident resulted ( ) the death of two passengers.
a. at **b.** for **c.** in **d.** on

(6) They finally ( ) him up for lost.
a. caught **b.** gave **c.** kept **d.** made

ヒント **C** (1)「〈仕事など〉を引き受ける」 (2)「～とかかわりがある」 (3)「～が切れる」 (4)「理解する」 **D** (1)「思い浮かぶ」 (2)「～したい」 (3)「～の埋め合わせをする」 (4)「〈辞書で〉調べる」 (5)「～の結果になる」 (6)「あきらめる」; for lost「行くえ不明として」

章末問題解答

序章・章末問題〈*p*. 22〉

A (1) イ (2) ヘ (3) ヘ

B (2), (4), (7), (8)

C (1) ホ (2) ニ (3) ロ (4) イ (5) ハ (6) ハ (7) ホ (8) ロ (9) イ (10) ロ

D (1) イ (2) ホ (3) ロ (4) ハ (5) イ

E (1) 3 (2) 1 (3) 1 (4) 1 (5) 2 (6) 3 (7) 1 (8) 2 (9) 1 (10) 2 (11) 2 (12) 1 (13) 2 (14) 3 (15) 1 (16) 2 (17) 3 (18) 2 (19) 1 (20) 2 (21) 1 (22) 1 (23) 3 (24) 2 (25) 1

F (1) イ 1, ロ 3 (2) イ 1, ロ 1 (3) イ 1, ロ 2 (4) イ 1, ロ 2 (5) イ 1, ロ 2 (6) イ 1, ロ 1 (7) イ 1, ロ 2 (8) イ 2, ロ 2 (9) イ 2, ロ 2 (10) イ 1, ロ 3

G (1) 2 (2) 4 (3) 2 (4) 2 (5) 5

章末問題 1〈*p*. 44〉

A (1)(弟は英語を勉強している.) brother (S) is studying (V) English (O) (2)(私はアメリカへ行ったことは1度もない.) I (S) have been (V) (3)(メアリーは，まっ青になった.) Mary (S) turned (V) pale (C) (4) ⓐ (彼は大きな家を建てた.) He (S) has built (V) house (O) ⓑ (彼は大きな自宅を建てた.) He (S) has built (V) himself (IO) house (DO) (5)(不運のため，彼は気が狂った.) Misfortune (S) drove (V) him (O) mad (C) (6)(彼らは自分たちの子供をトムと名づけた.) They (S) named (V) child (O) Tom (C) (7)(雨が降ったにちがいない.) It (S) must have rained (V) (8)(私は昨日ジョンに会った.) I (S) saw (V) John (O) (9)(犬はネコが大きらいだ.) Dogs (S) hate (V) cats (O) (10)(ペンにはインクを入れる.) We (S) fill (V) pen (O) (11)(彼女は彼に新しいシャツを買ってやった.) She (S) bought (V) him (IO) shirt (DO) (12)(彼女は彼にその本を与えるだろう.) She (S) will give (V) him (IO) book (DO) (13)(人々は彼を大統領に選んだ.) people (S) elected (V) him (O) President (C) (14) ⓐ (メアリーは，ブ

ラック・コーヒーが好きだ.) Mary(S) likes(V) coffee(O) ⓑ (メアリーは,コーヒーはブラックが好きだ.) Mary(S) likes(V) coffee(O) black (C)

B (1) I gave a record to Tom. (2) Mother bought a new hat for me. (3) Please hand that dictionary to me. (4) He left £500 to his son. (5) May I ask a favor of you?

C (1) ⓐ 彼はその部屋に残っていた.(完全自動詞) ⓑ 彼は一生貧乏暮らしだった.(不完全自動詞) (2) ⓐ 彼はロンドンに現れた.(完全自動詞) ⓑ 彼はとても若そうに見えた.(不完全自動詞) (3) ⓐ 彼は犬を飼っていた.(完全他動詞) ⓑ 彼はいつまでも黙っていた.(不完全自動詞) ⓒ 歯はいつもきれいにしておかなければならない.(不完全他動詞) (4) ⓐ 彼は詩を作った.(完全他動詞) ⓑ 彼は私たちに食事を作ってくれた.(授与動詞) ⓒ その事件で彼は英雄になった.(不完全他動詞) (5) ⓐ それで彼のいったことの正しさが証明された.(完全他動詞) ⓑ そのうわさは本当であることが分かった.(不完全自動詞) ⓒ 彼は自分が勇気があることを証明した.(不完全他動詞) (6) ⓐ 彼は話をした.(完全他動詞) ⓑ 彼は子供たちに話をした.(授与動詞) ⓒ 彼は子供たちに話をした.(完全他動詞) (7) ⓐ 彼はドアをあけたままにしておいた.(不完全他動詞) ⓑ 彼は子供たちに大財産を残した.(授与動詞) (8) ⓐ 地球は太陽の回りを回る.(完全自動詞) ⓑ 彼の髪は年をとったため白くなった.(不完全自動詞) ⓒ 彼はドアのノブを回した.(完全他動詞) ⓓ 暑気のために牛乳がすっぱくなった.(不完全他動詞)

D (1) ⓐ ドアがすばやくあいた. ⓑ 彼はドアをすばやくあけた. (2) ⓐ 車は家の前で止まった. ⓑ 彼は車を家の前で止めた. (3) ⓐ 赤ちゃんはベッドに横たわっていた. ⓑ 彼女は赤ちゃんをベッドに横たえた. (4) ⓐ 男の子は隅に立っていた. ⓑ 先生は男の子を隅に立たせた.

章末問題 2 〈*p.* 57〉

A (1) ⓐ 副詞 ⓑ 前置詞 ⓒ 接続詞 (2) ⓐ 前置詞 ⓑ 動詞 (3) ⓐ 形容詞 ⓑ 副詞

B (1) 名詞句 (2) 副詞句 (3) 形容詞句 (4) 名詞節 (5) 副詞節 (6) 形容詞節 (7) 名詞節 (8) 副詞節

C (1) that (2) who (3) when (4) who (5) (Al)though (6) when (7) What (8) where (9) If

D (1) a (2) c (3) b (4) b (5) b (6) b (7) c (8) a (9) d (10) c

⑾ c ⑿ a ⒀ a ⒁ b

章末問題 3 〈*p*. 75〉

A (1) Who broke the window? (2) What is Mary? (3) Who is John? (4) What did he buy at the bookstore? (5) Where was his daughter born? (6) When did John come back? (7) How do you go to school?

B (1) ⓐ あなたの身長はどれくらいですか. ⓑ あなたはなんと背が高いのでしょう. (2) ⓐ 彼女はなんという女の子だろう. ⓑ 彼女はどういう女の子ですか. (3) ⓐ この川の幅はどれくらいですか. ⓑ この川はなんて広いのだろう. (4) ⓐ どれくらいまで歩きましたか. ⓑ ずいぶん遠くまで歩いたものですね.

C (1) What a beautiful picture this is! (2) How (very) well he speaks English! (3) What a (very) lucky fellow he is to have such a thing! (4) What nice friends she has! (5) How it pours!

D (1) Does she usually have breakfast at about eight? (2) Isn't it a lovely day? (3) Be careful. (4) Don't be lazy. (5) Everyone wishes to be free. (6) He seldom goes to church, does he?

E (1) be (2) will (3) shall (4) What (5) How (6) No (7) Keep

章末問題 4 〈*p*. 82〉

A (1) I have done (2) rains (3) did (4) will be (5) laid

B (1) goes (2) belongs (3) saw (4) comes

C (1) am knowing → know (2) will rain → rains (3) will come → comes (4) will get → get

D (1) leave (2) comes (3) get, rid (4) have (5) suggested (6) match (7) took (8) pay

E (1) e (2) c (3) b (4) a (5) c (6) a (7) c (8) e

章末問題 5 〈*p*. 89〉

A (1) will (2) will (3) going (4) is (5) to

B (1) am → will be (2) is setting → will set (3) gives → is giving (4) will rain → rains

C (1) will be (2) will buy (3) am going to read (4) is going to be (5) starts (6) are to meet

章末問題 6 〈*p*. 99〉

A (1) Scarcely [Hardly] (2) had (3) by (4) had (5) been dead (6) have passed since (7) have finished

B (1) had known (2) had bought (3) bought, had been stolen (4) hadn't met (5) began, have just finished (6) has been (7) have had

C (1) b (2) b (3) c (4) b (5) a (6) b

D (1) has passed → is/〈米〉 has been または It has passed three years → Three years have passed (2) have written → wrote (3) gone → been (4) have read → read (5) returned → had returned (6) have you finished → did you finish (7) am knowing → have known (8) have gone → went (9) often saw → had often seen (10) do not → have not (11) live → have lived (12) is → has been (13) we reached → had we reached (14) has → has been (15) will set → will have set (16) left → had left (17) forgot → had forgotten

E (1) Nobody knows what has become of the child since then. (2) Please do not throw away the magazine because I haven't read it yet. (3) The weather turned out fine as we had expected. (4) If I visit Paris again, I shall have been there three times.

章末問題 7 〈*p.* 108〉

A (1) am knowing → know (2) is belonging → belongs (3) is going → goes (4) is raining → will rain (5) is having → has

B (1) ⓐ 彼はばかだ. ⓑ 彼はばかなまねをしている. (2) ⓐ 私はバス通学です. ⓑ 私は今週はバスで通学している. (3) ⓐ 来月アメリカへ向けて発ちます. ⓑ 来月アメリカへ向けて発つことになっています. (4) ⓐ 私はゆうべ1冊の本を読んだ. ⓑ 私はゆうべ1冊の本を読んでいた.

C (1) go, am going (2) is having (3) wears (4) is raining (5) is working (6) were you doing (7) is always complaining (8) owns (9) was traveling

章末問題 8 〈*p.* 112〉

A (1) have you been doing (2) has been raining (3) have been telephoning (4) had been reading (5) has been raining (6) shall [will] have been studying (7) has been learning (8) has been collecting

B (1) was waiting → had been waiting (2) has suffered → has been suffering (3) live → have lived / have been living (4) has snowed → has been snowing (5) will learn → will have been learning

C (1) Jane has been wearing glasses for 15 years. (2) John has been lying in bed since breakfast. (3) He has been reading his paper for 10 minutes. (4) I felt tired because I had been working hard. (5) Tom knew that Bob had been crying.

章末問題 9 〈*p.* 119〉

A (1) misses (C) (2) washes (C) (3) judges (C) (4) sits (B) (5) stops (B) (6) loves (A) (7) plays (A) (8) studies (A)

B (1) listened (A) (2) arrived (A) (3) needed (C) (4) invited (C) (5) cried (A) (6) stayed (A) (7) asked (B) (8) dropped (B)

C (1) keep—keeps—kept—kept—keeping (2) lie—lies—lay—lain—lying (3) fall—falls—fell—fallen—falling (4) shut—shuts—shut—shut—shutting (5) catch—catches—caught—caught—catching (6) take—takes—took—taken—taking (7) teach—teaches—taught—taught—teaching (8) think—thinks—thought—thought—thinking

D (1) wounded (2) founded (3) hung (4) hanged (5) laid

E (1) c (2) a (3) a (4) a (5) c (6) c (7) a (8) b (9) d (10) a (11) d (12) d (13) d (14) b (15) d

章末問題 10 〈*p.* 128〉

A (1) having (2) Do, do (3) Do (4) did (5) does (6) did (7) do (8) did

B (1) あとの am → do (2) do → will (3) was → have (4) do not → do not do (5) did go → went (6) I saw → have I seen

C (1) is talking (2) isn't raining (3) Is John working (4) be taken (5) was stolen (6) didn't learn (7) Did it rain, did (8) I've just written (9) Have you seen (10) Have you ever eaten

章末問題 11 〈*p.* 154〉

A (1) Will (2) dare he (3) should (4) would (5) should (6) should (7) rather (8) have taken (9) wouldn't have (10) mustn't (11) that he pay (12) finish writing (13) should

B (1) will (2) will (3) shall (4) can (5) shall (6) must (7) should (8) should (9) should (10) will (11) must (12) well (13) must (14) been (15) It, is (16) I (17) must

C (1) Will → Shall (2) will → shall (3) shall → will (4) has → have (5) shall → will

章末問題 12 〈*p.* 168〉

A (1) being painted (2) done away with (3) to be swept (4) made (5) be forgotten

B (1) Several authors have told the story. (2) You [We] can rely upon that young man. (3) They sent for the doctor at once. (4) Can we put up with such a state of things? (5) You should take great care of them. (6) They sell sugar at that store. (7) They speak English in New Zealand.

C (1) Who were you shown the way by? /〈文語〉By whom were you shown the way? (2) Who was she made fun of by? /〈文語〉By whom was she made fun of? (3) A goat was seen feeding by a wolf. (4) A pin could have been heard to drop. (5) He was made to go there at once. (6) He was looked down upon by the villagers. (7) Has a plan been agreed upon? (8) What is this fish called? (9) The door must not be left open. (10) Let the door be shut.〈文語〉 (11) The old building is being pulled down. (12) The poor orphans were taken care of by the kind lady. (13) He was spoken to by a foreigner in the train. (14) A flashing nickel had been seen to fall to the ground by her. (15) Something was heard to knock against the windowpane. (16) The name of this actress is known to even those little girls.

D (1) with → at (2) relied → relied upon (3) slept → slept in (4) laughed → laughed at (5) interesting → interested (6) surprised → was surprised (7) a fool → a fool of

章末問題 13〈*p*. 183〉

A (1) buyer, collector, conqueror, creator, dictator, editor, inspector, laborer, sailor, writer (2) assistant, beginner, coward, diplomat, economist, lawyer, librarian, millionaire, mountaineer

B (1) resignation, seizure, applause, dissolution, residence, excellence, betrayal, derision, resemblance, restraint (2) approval, omission, reception [receipt], utterance (3) depth, anger, terror, singularity, vanity, bravery, heat, pride (4) combination, discovery, performance, occurrence, explanation, motion [movement], foundation, description, entrance, service (5) belief, arrival, choice, speech, deed, loss, argument (6) appearance, behavior, intention, sale, condensation, persistence (7) poverty, warmth, delicacy, breadth, freedom, misery

C (1) fault (2) case (3) German (4) exports (5) heart (6) place (7) purpose (8) temper

D (1) peoples → people (2) pence → pennies (3) a few papers → some paper, composition → a composition (4) poetry → poems

(5) grasses → grass (6) a very → very (7) people → peoples
(8) ill → illness

E (1) time (2) own (3) time (4) part (5) charge (6) life (7) terms (8) top (9) piece (10) loss (11) mind (12) failure (13) depth (14) mind (15) idea

章末問題 14 〈*p*. 200〉

A (1) oxen, foxes; houses, mice; leaves, roofs; Messrs., Misses; Japanese, Americans (2) series, heroes, chimneys, baths (3) brushes, valleys, loaves, potatoes, sons-in-law (4) halves, oases, passers-by, photos, data, step-sons, menservants, pianos

B (1) lass, aunt, niece, hen, duchess, mistress, maidservant, empress (2) heroine, landlady, cow, tigress (3) heiress, lord, womankind, king (4) Mrs., lad, actress, uncle, widower, bull, son

C (1) sheeps → sheep (2) teen → teens (3) is → are (4) friend → friends (5) hand → hands (6) fishes → fish (7) Chineses → Chinese (8) five-dollars → five-dollar (9) a Bob's friend → a friend of Bob's

D (1) refusal (2) decision (3) ability (4) curiosity (5) fitness (6) admiration (7) reference (8) knowledge

章末問題 15 〈*p*. 216〉

A (1) mine (2) it (3) herself (4) that (5) those (6) it

B (1) not (2) it (3) such (4) me (5) it (6) himself (7) for (8) it (9) himself (10) it (11) it (12) it

C (1) that → those (2) than → than that of (3) His this garden → This garden of his (4) it's → its

D (1) b (2) e (3) d (4) d (5) b (6) c (7) a

E (1) It is certain that he will succeed in life. (2) It is difficult to answer this question. (3) It is very kind of you to lend me your umbrella. (4) It seems that he saw your father at the station. (5) It took her two hours to read the book through. (6) It is impossible to tell when a big earthquake will visit us. (7) We consider it wrong to cheat in examinations. (8) I felt it my duty to help my family.

章末問題 16 〈*p*. 232〉

A (1) each other (2) All (3) some (4) One

B (1) others (2) another (3) Nor [Neither], does (4) it (5) every (6) another (7) anything (8) anything (9) anything

C (1) The bus starts from here every two hours. (2) Would you have another cup of tea? (3) The box contained nothing but old newspaper. (4) She has nothing of the lady in her. (5) None of your foolishness (, please)!

D (1) the other → another (2) it → one (3) one → it (4) any → some (5) each other → to each other

E (1) a (2) d (3) b (4) a (5) d (6) a

F (1) nothing (2) all (3) nothing (4) something (5) one

章末問題 17 〈*p*. 247〉

A (1) *The* Thames (2) *the* shoulder (3) *a* month (4) *an* excellent (5) *an* / *the* only (6) *the* beautiful (7) *an* Edison (8) *The* French, *a* very polite people (9) such *an* honest girl

B (1) The most → Most (2) Bravery → The bravery (3) Bay → the Bay (4) A hero → Hero (5) younger → the younger (6) editor → the editor (7) difficult → difficult a (8) in great hurry → in a great hurry (9) The boys → Boys (10) Mississippi → The Mississippi (11) a greatest → the greatest (12) by the bus → by bus, by the train → by train (13) weather → the weather, long → a long (14) pity → a pity (15) Newton → a Newton (16) light → a light, a distance → the distance (17) day → a day (18) lucky man → lucky a man / so → such a (19) A soldier → Soldier (20) sunset → a sunset (21) an interesting → interesting a

章末問題 18 〈*p*. 267〉

A (1) used (2) a few (3) much (4) sweet

B (1) comic, energetic, gentlemanly, preferable, quarrelsome (2) courageous, hateful, lively, obedient, pleasant (3) heroic, honorable, obedient, ornamental, famous

C (1) two first → first two (2) a little → little (3) illness → ill (4) healthily → healthy

D (1) twelve thousand, six hundred (and) thirty-five (2) nought [〈米〉 zero] point two five grams (3) AD fifty-six (4) two and three fifths (5) the nineteen sixties (6) Edward the Seventh (7) June the third [〈米〉 June third], nineteen eighty-three (8) two seven two, four double one [〈米〉 one one] O [+〈米〉 zero] (9) twenty-five (minutes) past [〈米〉 after] three p. m. (10) chapter three

E (1) c (2) c (3) d (4) c (5) c (6) b (7) e (8) a (9) a (10) a (11) a

(12) c (13) d (14) a

F (1) enough (2) divided (3) Does, it, snow (4) wrong (5) few, words (6) like (7) late, teens, twenties (8) degrees, below, zero

章末問題 19 〈*p*. 284〉

A (1) so (2) hardly (3) out (4) much (5) ever (6) as well (7) always likes (8) very rapidly (9) neither can David (10) respectively (11) and I am, too

B (1) yet (2) already (3) highly (4) well (5) off and on

C (1) tomorrow here → here tomorrow (2) beautifully → beautiful (3) ever seen one → seen one once (4) Yes → No / don't → do (5) Yes, certainly. → Certainly not. (6) very → much (7) lately → late (8) enough large → large enough (9) too → either

章末問題 20 〈*p*. 293〉

A (1) largest (2) much (3) worse (4) later (5) any other boy (6) better (7) as (8) high

B (1) I have never seen such a terrible sight as this. / I have never seen a more terrible sight than this. (2) This is the most amusing picture that I have ever seen. (3) Jane is prettier than any other sister. (4) John is the tallest boy in his class. (5) He is more famous than any other dramatist. (6) No (other) bird flies so fast as a swallow. (7) He arrived there earlier than any of them [any others]. (8) Taro is cleverer than any other boy in the class. (9) This is the most interesting story that I have ever heard. (10) He looks younger than he is. (11) Time is the most precious thing of all. (12) Osaka has more bridges than any other city in Japan. (13) Mary is less tall and beautiful than Sally.

C (1) later → latter (2) other cities → cities (3) like → like better (4) studiousest → most studious (5) than → than that of (6) than → than that of

D (1) best, of (2) higher, than (3) better (4) that (5) best (6) than (7) more

章末問題 21 〈*p*. 306〉

A (1) deepest (2) much less (3) no more (4) to (5) to

B (1) of (2) by (3) by (4) all (5) the (6) less (7) any (8) so (9) not (10) good (11) as, as (12) not less (13) better

C (1) He is as great a man as ever lived. (2) His house is twice as large as mine. (3) We were better off when I was a child. (4) He paid no less than 90 dollars. (5) He paid not less than 90 dollars. (6) He was two years my senior at the university. (7) I'll begin as soon as possible, if you don't mind. (8) I prefer working to sitting idle.

D (1) than → better than (2) best → better (3) wiser → more wise (4) than → to (5) the better → better

E (1) d (2) d (3) a (4) d (5) d (6) c

章末問題 22 〈*p*. 319〉

A (1) what (2) Whose (3) Which (4) Who (5) what (6) how (7) how

B (1) Do you know what his name is? (2) Can you tell me when she bought her hat? (3) How long do you think he will be gone? (4) What do you think will happen there? (5) Ask him how far away New York is from here. (6) Tell me what kind of music you like.

C (1) What → How (2) Do you think who → Who do you think (3) Where do you know → Do you know where (4) ought we → we ought (5) Whom → Who (6) Do you think where → Where do you think

D (1) Which do you like better, winter or summer? (2) How does she go to school? (3) What is he going to do? (4) How long have you been studying English? (5) When did Paul go to London?

E (1) how (2) how (3) What (4) what

F (1) I don't know what has become of the girl. (2) Where do you think he was teaching English five years ago? (3) How far is it from here to the museum? (4) Which of these books have you found most useful [has been most useful to you]? (5) Will you look over this essay of mine and tell me what you think of it?

章末問題 23 〈*p*. 340〉

A (1) when (2) whom (3) whose (4) whom (5) who (6) by which (7) on which (8) in which (9) which

B (1) whom (2) which (3) whose (4) when (5) that (6) whose (7) that (8) when (9) that (10) wanted (11) which (12) whom (13) that [who]

C (1) She was a well-known singer whose voice delighted the whole world. (2) My uncle, through whose kindness I got my present job, has just paid me a visit. (3) An old man whom we had not seen before stopped to talk to us. (4) She spoke in German, which language I could not understand well. (5) I have forgotten the place where I left my umbrella. (6) What is the building whose roof we see over there? (7) He had many children, most of whom died in their infancy. (8) I went over to the garden, where she was sitting under a tall palm tree. (9) I was impressed by the great enthusiasm with which they discussed the problem.

D (1) which → that (2) whom → who (3) whom → who (4) was born in → was born / where → which [that] (5) which → when

章末問題 24 〈*p.* 348〉

A (1) whoever (2) whoever (3) but (4) what (5) more (6) as (7) what (8) but

B (1) as (2) as (3) as (4) what (5) where (6) Whatever (7) whoever (8) than (9) but (10) what (11) whomever (12) as (13) but (14) What (15) What (16) Whoever (17) What (18) what

C (1) whomever → whoever (2) that → as (3) whomever → whoever

D (1) He is not what he used to be five years ago. (2) As is often the case, he came late. (3) I gave the boy what little money I had. (4) There were more applicants than was expected. (5) Don't read such books as you cannot understand.

章末問題 25 〈*p.* 374〉

A (1) of (2) not to go (3) me to read (4) to (5) beat (6) fall (7) look (8) occur (9) for him to (10) to wait (11) To do (12) smile (13) had better not

B (1) to (2) enough (3) to (4) to (5) enough (6) have

C (1) He was too foolish to do it. (2) He was so fortunate as to find his lost watch. / He was fortunate enough to find his lost watch. (3) He went to India, never to return. (4) I was glad to hear my mother's voice. (5) The boy was seen to enter the room. (6) We have no one to help us. (7) The box was too heavy for me to lift. (8) He pretended not to hear me. (9) He desires you to see her at once. (10) He stood aside for her to enter.

D (1) to me → for me (2) for me → me (3) hope you to succeed → hope that you will succeed (4) moving → (to) move (5) thinks to go → is thinking of going (6) became → came (7) to leave → leave (8) to go → go

E (1) It is difficult for us Japanese to master English. (2) It is dangerous to swim in the river. (3) He is certain to help us. (4) He is likely to come again. (5) It is very kind of you to invite me to dinner. (6) It was careless of me to make such a wrong guess. (7) It was kind of you to give me a nice gift. (8) It is hard to please him. (9) Maggie is hard to talk to. (10) Mr. Sato is said to be a very good administrator. (11) Wilson is said to be very honest. (12) It seems that he was quite satisfied. (13) All you have to do is (to) pay me what you owe me. (14) That car is too expensive for me to buy. (15) My grandmother lived till she was eighty. (16) This bed seems comfortable to sleep in. (17) He was so fat that he could not wear the uniform.

F (1) It is very kind of you to come and see me all the way. (2) I tried very hard only to fail again. (3) I am sorry to have kept you waiting for a long time. (4) I think it wrong to tell lies. (5) Jimmy is the last man to do such a thing. (6) I forgot to call up Mr. Smith although I had promised to do so. (7) You are old enough to know better than to do that. (8) I awoke one morning to find myself famous. (9) As a boy I made it a rule to listen to the radio every afternoon. (10) It is the custom with young people to give up their seats to old people in a crowded bus.

章末問題 26 〈*p.* 396〉

A (1) cheating (2) thrown away (3) himself understood (4) repaired (5) pulled (6) made

B (1) Feeling very warm, I opened all the windows. (2) Not feeling well, I stayed at home all day. (3) Becoming very tired, I stopped to rest. (4) (While) standing in the door, he found someone approaching. (5) The last bus having gone, some had to walk home. (6) It being a very dull evening, we left as soon as we could. (7) It being fine today, let us take a walk in the suburbs.

C (1) excited → exciting (2) drowned → drowning (3) situating → situated (4) to wait → waiting (5) carry → carried (6) I was blown off my hat → I had my hat blown off (7) Seeing → Seen (8) Comparing → Compared (9) Waving → As I waved (10) nothing could be bought → she could buy nothing (11) sweep → swept (12) was stolen her gold ring → had her gold ring stolen

D (1) d (2) a (3) b (4) d (5) d (6) a (7) a (8) c (9) d (10) b (11) d (12) d (13) b (14) b (15) c (16) d (17) a (18) b

E (1) as [since] she has eaten nothing (2) As he is very careful (3) As he felt that he wasn't wanted (4) As she did not know where to go (5) As I was injured (6) If the other conditions are equal, (7) Because [As] my wife earned (8) Because his resignation had been accepted, Mr. Jones retired ....

章末問題 27 〈*p.* 413〉

A (1) from coming (2) visiting (3) On (4) seeing (5) singing (6) sharpening, sharpened

B (1) having (2) like (3) getting (4) getting (5) no (6) of

C (1) They passed by me without noticing me. (2) Bad health prevented her from working. (3) They prohibit us from smoking in this room. (4) On leaving school, he went into business. (5) There is no knowing what may happen. (6) The rain prevented us from starting. (7) On seeing that it was a wet day, Mary put on her new raincoat.

D (1) c (2) d (3) c (4) d (5) c (6) a (7) d (8) b (9) c (10) b (11) d (12) c

E (1) Would you mind waiting here for a while? (2) I had no difficulty in solving the problen (3) They sneaked out without their parents knowing it. (4) Do what you believe right without paying attention to what others say. (5) Young people sometimes complain of not being able to communicate with their parents.

章末問題 28 〈*p.* 428〉

A (1) had (2) were (3) live (4) should (5) Would (6) Had he possessed

B (1) If, worked (2) Were (3) pity (4) for (5) could (6) had, have (7) not, have, been (8) had, been (9) had, advised (10) But (11) it

C (1) had (2) Be (3) should [would] (4) were (5) had, would (6) would (7) could (8) Had (9) Should

D (1) If I had gone there, I would have given him your message. (2) If the burglar had not been armed with a pistol, we could have seized him. (3) If I had had enough money, I would have bought that book. (4) If I had been there, it would not have happened. (5) If it were not for air and water (6) If you assisted me [would assist me] (7) If it had not been for your help (8) If he had been born in better times (9) He died because he did not take his doctor's advice.

E (1) was → were, will → would (2) am → were (3) live → were to live, cannot → could not (4) knew → had known

章末問題 29 〈*p.* 451〉

A (1) since (2) If (3) when (4) as if (5) as

B (1) a (2) a (3) d (4) b (5) a (6) d (7) c (8) c

C (1) Neither (2) if (3) That (4) that (5) Whether (6) while (7) than (8) and (9) before (10) since (11) as (12) so (13) far (14) nor (15) Though (16) as

D (1) scarcely [hardly], been, when [before] (2) before, for (3) whether (4) whether (5) only

E (1) It was not until yesterday that he heard the news. (2) It was not long before he returned from his trip abroad. (3) He ran so fast that I could not catch up with him. (4) The question was so easy [such an easy one] that everybody could answer. (5) Because I kept silent, he got all the more angry. (6) The camera was so expensive that I didn't feel like buying it. (7) She won't marry unless she finds somebody rich and handsome. (8) As long as the earth continues to exist, day and night will never cease.

章末問題 30 (A) 〈*p.* 472〉

A (1) at (2) in (3) of (4) at (5) for (6) with (7) on (8) with (9) on (10) in (11) to (12) to (13) to (14) into (15) to

B (1) at (2) at (3) for (4) for (5) of (6) from (7) on (8) with (9) of (10) from (11) in (12) on (13) to (14) to (15) of (16) from (17) of (18) to (19) of (20) to

C (1) from → on (2) to → with (3) by → with (4) at → with (5) to → of (6) with → from (7) from → for (8) from → of (9) to → in (10) on → of

D (1) a (2) b (3) b (4) c (5) b (6) c (7) d (8) d (9) b (10) a (11) c (12) b (13) d (14) d (15) d (16) b

章末問題 30 (B) 〈*p.* 476〉

A (1) on (2) on (3) at (4) beside (5) by (6) after (7) under

(8) of (9) of (10) means (11) of (12) of (13) on (14) from (15) of (16) in (17) of (18) of (19) of (20) of (21) for

B (1) on, after (2) behind, in (3) between (4) between (5) into (6) into (7) into (8) at, over (9) without (10) into (11) under (12) on [upon] (13) into (14) into (15) by, on (16) by (17) among (18) between (19) against (20) behind (21) beyond

C (1) within → in (2) on → over (3) till → to (4) besides → beside (5) by → till (6) under → below

D (1) b (2) b (3) a (4) d (5) b

章末問題 31〈*p*. 488〉

A (1) I did not buy any of them. / I bought none of them.〈文語〉 (2) I don't know all of them. (3) He cannot speak both German and French. (4) Nobody believed it. (5) Not everybody went.

B (1) so (2) not (3) not (4) so

C (1) no (2) without (3) from (4) from (5) above (6) last (7) anything (8) far

D (1) → Nobody knew him. (2) → It seldom rains here. (3) Rarely I have → Rarely have I (4) something → anything (5) didn't get → got (6) neither → either

E (1) never (2) denied (3) free (4) last (5) Some (6) never (7) from

章末問題 32〈*p*. 496〉

A (1) is (2) is (3) is (4) is (5) is (6) makes (7) have (8) studies (9) wins

B (1) was (2) am (3) am (4) is (5) are (6) is

C (1) is → are (2) Do → Does, have → has (3) make → makes (4) are → is (5) have → has (6) are → is (7) was → were (8) were → was (9) seem → seems (10) were → was (11) were → was (12) go → goes (13) あとの was → were (14) are → am (15) are → is (16) were → was

章末問題 33〈*p*. 510〉

A (1) He said to me, "Have you ever been abroad?" (2) I said to him, "How long have you lived in Japan?" (3) John's father said to her, "Who discovered the North Pole?" (4) He said to John, "Wait here till I come back." (5) He said to me, "You had better consult the doctor at once." (6) He said, "Oh, how pretty these flowers are!" (7) A stranger said to Peter, "Can you tell me the way to the post office?" (8) I said, "I wish I were rich enough to buy these pictures." (9) He said, "I met her yesterday, but I have not seen her since." (10) He said, "If I had known your address, I would have written to you."

B (1) He said that he would do his best. (2) He said that he was going to leave there the next day. (3) The man of science said that water boils at 212°F. (4) He told me that if he were me he would admit it. (5) He said that he wished he had not gone there. (6) I asked him last night if he thought his father would be able to come this morning. (7) My mother asked me if I had been studying in my room. (8) I asked him if he thought it was right. (9) She asked me if I could play the piano. (10) He told the students not to play there. (11) She asked me to shut the window. (12) She suggested to me that we should go into the garden. (13) He cried with regret how foolish he had been. (14) My father told me that I ought to be ashamed of myself and told me never to make such a mistake thereafter. (15) She asked me to tell them anything I had seen, and said that they should be most grateful if I would. (16) I asked him if he could leave me alone, and said that I was tired as I hadn't had any sleep.

C (1) that how → how (2) said → told me (3) said that → said, (4) me → me if (5) am I? → I was. (6) said → told (7) to not → not to (8) for that → for

D (1) said, is [was] (2) that, asked, if (3) do, me (4) not, to (5) shouted, for (6) asked, me, not (7) wished

章末問題 34 〈*p*. 522〉

A (1) I see a letter written in English on the table. (2) Do you mind my closing the window? (3) They were talking very softly lest they should wake up the others. (4) Charles studied with such diligence that he was soon at the top of his class. (5) How long do you think he will be away? (6) The teacher scolded him for being lazy. (7) The book is too difficult for me to read./The book is so difficult that I cannot read it. (8) I am very sorry to have kept you waiting so long. (9) The weather was so stormy that the ship could not leave.

B (1) On finding the truth, she was much delighted. (2) I happened to be away from home on that evening. (3) He seems to have had bitter experiences of life when young. (4) He speaks too fast for me to follow. (5) Being ill today, he cannot go to school. (6) I am sure of your passing the examination. (7) But for intellectual freedom,.... (8) With all his learning, he is a fool. (9) I reminded him of the truth of my words. (10) I think him to be guilty. (11) My mother's illness prevented me from accompanying you. (12) Look at the woman with her baby in her arms. (13) She has no friends with whom to talk about the matter.

C (1) While I was staying in America, I visited New York twice. (2) It is known that he was very wild in his youth. (3) It is so warm that you can play out of doors. (4) Old as he is, he still plays cricket. (5) They insisted that I should attend the meeting. (6) When you reach manhood,.... (7) He was sorry that he had to leave so soon. (8) I am certain that I shall give you satisfaction. (9) I believe that he is honest. (10) The question was so difficult that nobody could answer it. (11) It seemed that he had been rich. (12) As my task was completed, I went to bed. (13) When I returned in the afternoon,.... (14) When it saw the guest, the dog began to bark. (15) Tell me when and where you were born.

D (1) Be faithful, and they will rely upon you. (2) Hurry up, and you will be in time for school. (3) He hoped to succeed, but he could not. (4) His father failed in business and he was forced to live on his own.

E (1) It happened that a stranger visited me. (2) You must be the last person to deceive others. (3) Little did I dream that I should see my mother again. (4) She found that the grammar book was too difficult for her./ She found the grammar book too difficult for her. (5) This is twice as large as that. (6) Would you mind giving me that box of matches? (7) I will give you this watch for nothing. (8) She speaks English well. (9) She was so astonished that she was robbed of speech.

章末問題 35 〈*p.* 531〉

A (1) A few minutes' walk brought me to the school. (2) What made you change your mind? (3) This bus will take you to the station in about ten minutes. (4) Bad weather prevented us from going on a picnic. (5) The picture always reminds us of our native town.

B (1) caused (2) sudden death (3) reminds (4) sight, home (5) laughter

C (1) What has brought you here? (2) The vacuum cleaner makes it easy to clean the house. (3) Sickness deprived me of the pleasure of seeing you. (4) Computers enable us to reserve seats on planes. (5) John's lie caused him to be expelled from school.

章末問題 36 〈*p*. 540〉

A (1) can (2) Should (3) does (4) had

B (1) go (2) she loves (3) there, are, errors (4) that (5) it, is

C (1) あとの am → do (2) they found → did they find (3) comes it → it comes (4) are you → you are (5) I have → have I (6) me → to me (7) it is → is it

章末問題 37 〈*p*. 547〉

A (1) e (2) c (3) f (4) d (5) a

B (1) d (2) d (3) d (4) d (5) c (6) c (7) a (8) d (9) a (10) c (11) d (12) b (13) c (14) a (15) c (16) d (17) a (18) b (19) c (20) b (21) c

C (1) to (2) do, with (3) out (4) make

D (1) c (2) a (3) d (4) b (5) c (6) b

重要語句索引

〈1〉 数字はページを示す.

〈2〉 慣用句は最初の語で引く(たとえば, be sure to は be で引く).

[X, Y, Z]

安藤　貞雄　（あんどう　さだお）

広島大学名誉教授・文学博士（名古屋大学）. 1973 年ロンドン大学留学. 1976 年市河賞, 2006 年英語語法文法学会賞, 2008 年瑞宝中綬章. Who's Who in the World (1993-), Men of Achievement (1995-) 記録.

主な編著書：*A Descriptive Syntax of Christopher Marlowe's Language* (University of Tokyo Press), 『英語教師の文法研究』（正・続）（大修館書店）, 『生成文法用語辞典』（共著, 大修館書店）, 『英語学の歴史』（共著, 英潮社）, 『新クラウン英語熟語辞典』（第 3 版）（共編, 三省堂）, 『新英和大辞典』（第 5, 6 版）（共編, 研究社）, 『言語学・英語学小辞典』（共編, 北星堂書店）, 『現代英米語用法事典』（共編, 研究社）, 『英語学の視点』, 『英語学入門』（共著）, 『英語史入門』, 『現代英文法講義』, 『英語の文型』, 『英語の前置詞』（以上, 開拓社）, 『英語イディオム・句動詞大辞典』（編, 三省堂）, など. そのほか訳書多数.

【新装版】
基礎と完成　新英文法

<一歩進める
英語学習・研究ブックス>

1984 年 2 月 1 日　初版　第 1 刷発行（数研出版）
1987 年 2 月 1 日　改訂版第 1 刷発行（数研出版）
2021 年 4 月 26 日　新装版第 1 刷発行
2024 年 9 月 12 日　第 3 刷発行

著作者　安藤貞雄
発行者　武村哲司
印刷所　日之出印刷株式会社

発行所　株式会社　開　拓　社
〒112-0003 東京都文京区春日 2-13-1
電話　(03) 6801-5651（代表）
振替　00160-8-39587
https://www.kaitakusha.co.jp

ISBN978-4-7589-1216-7　C0382